Sobrevivir
a Mauthausen-Gusen

Enrique
Calcerrada Guijarro

Sobrevivir
a Mauthausen-Gusen

Memorias de un español en los campos nazis

Adaptación y prólogo de

Florencio Pavón Mariblanca

Papel certificado por el Forest Stewardship Council®

Primera edición: abril de 2022

© 2022, Herederos de Enrique Calcerrada Guijarro
© 2022, Penguin Random House Grupo Editorial, S. A. U.
Travessera de Gràcia, 47-49. 08021 Barcelona
© 2003, 2022, Florencio Pavón Mariblanca, por el prólogo
© 2022, Carlos Hernández de Miguel, por la nota a la presente edición

Printed in Spain – Impreso en España

ISBN: 978-84-666-7184-2
Depósito legal: B-2.686-2022

Compuesto en Llibresimes, S. L.

Impreso en Liberdúplex
Sant Llorenç d'Hortons (Barcelona)

BS 7 1 8 4 2

A mis camaradas muertos en Gusen

NOTA A LA PRESENTE EDICIÓN[I]

ENRIQUE CALCERRADA: LOS OJOS DE GUSEN, EL MATADERO DE MAUTHAUSEN

Gusen sigue siendo, a día de hoy, uno de los campos de concentración nazis más desconocidos. Dos son las principales razones que lo han mantenido siempre en un lugar secundario, alejado de la atención casi constante, la emoción y la indignación que provocan en la sociedad mundial recintos como Auschwitz, Dachau o Buchenwald. La primera de ellas es, quizá, la más lógica y obvia: la enorme magnitud que tuvo el sistema concentracionario creado por Heinrich Himmler, y que llegó a contar con más de veinte mil recintos para prisioneros diseminados por Europa y el norte de África.[II] El segundo motivo es que Gusen era un campo satélite de Mauthausen,

---

I. Una aclaración inicial: las notas que aparecen a lo largo del texto con números romanos son mías, mientras que las que aparecen en números arábigos fueron añadidas por Florencio Pavón.

II. Datos facilitados por el United States Holocaust Memorial Museum, Washington. En esta cifra se incluyen los *stalags, en los que se confinaba a los prisioneros de guerra, los campos de tránsito, concentracioón y exterminio.*

por lo que, en todo momento, permaneció eclipsado por el nombre y la relevancia que tuvo el campo central.

Esa doble realidad puede justificar la falta de conocimiento que existe sobre Gusen en el resto del planeta, pero no en nuestro país. No en nuestro país porque en ese lugar murió la inmensa mayoría de los españoles deportados a los campos de concentración nazis. Aunque hubo cientos de compatriotas, hombres y mujeres, que perecieron en Buchenwald, Sachsenhausen, Ravensbrück, Dachau o Auschwitz, lo cierto es que, de los cerca de 5.500 españoles asesinados en todos los campos nazis, 3.959 lo fueron en Gusen. En otras palabras, tres de cada cuatro murieron entre las alambradas de ese campo olvidado, y solo pudieron salir de él convertidos en humo y cenizas, a través de la chimenea de su crematorio. Y si estos son los terroríficos datos, ¿cómo es posible que en España la inmensa mayoría de la población no haya ni siquiera escuchado el nombre de Gusen? La respuesta nos lleva a añadir un tercer motivo, puramente ibérico, a los dos anteriormente mencionados: porque sus víctimas fueron también víctimas del franquismo.

Está sobradamente documentado que el dictador español, a través de su cuñado y superministro de Gobernación y Asuntos Exteriores, Ramón Serrano Suñer, acordó con Hitler y con Himmler la deportación a los campos de concentración nazis de más de siete mil españoles. Todos ellos se encontraban, en ese momento, cautivos en campos para prisioneros de guerra, custodiados por soldados del Ejército alemán que, más o menos, respetaban los principios del Convenio de Ginebra y, por tanto, los derechos humanos de los internos. Nuestros compatriotas habían terminado allí porque habían combatido, en su mayor parte, en el Ejército republicano y habían tenido que huir a Francia tras el triunfo de las tropas fascistas. El Gobierno democrático galo los trató como a perros y los encerró en campos de concentración situados, principalmente, en las playas de la costa mediterránea más próximas a la frontera española. A pesar de ello, miles de ellos se alistaron en el Ejército francés para combatir en la guerra que se avecinaba contra Alemania. Ya fuera en la Legión Extranjera o, muy mayoritariamente, en las Compañías de Trabajadores Españoles, acabaron siendo capturados por la Wehrmacht y encerrados, junto a los soldados franceses, belgas o británicos, en esos campos para prisioneros de guerra llamados *stalags*. Allí deberían haber permanecido el resto de la contienda, como lo hicieron los cautivos del resto de nacionalidades, pero las conversaciones entre la cúpula franquista y la del Reich cambiaron para siempre su destino.

Los prisioneros de guerra españoles, y solo los españoles, fueron sacados de los *stalags* y enviados hacia Mauthausen. Un total de 7.532 hombres fueron llegando, en trenes destinados al transporte de ganado, hasta ese campo de concentración situado en la Austria anexionada por Hitler. La mayoría de ellos no permanecerían mucho tiempo en el campo central y fueron enviados a diversos subcampos y grupos de trabajo. El grueso, casi 5.300, acabaron en Gusen, el lugar que sería bautizado muy acertadamente como «el matadero de Mauthausen». La dictadura franquista estuvo informada, a través de diversas vías, de lo que ocurría en el campo. Tanto fue así que, en diversos momentos, pidió la liberación de varios prisioneros, cuyas familias tenían contactos con altos cargos del régimen. Así, Joan Bautista Nos Fibla y Fernando Pindado fueron liberados por los nazis en julio de 1941 y entregados a la policía franquista. El resto de las peticiones que se cursaron no pudieron atenderse porque llegaron tarde; según informaron puntualmente las autoridades alemanas, los prisioneros cuya repatriación se solicitaba ya estaban muertos.

Entre 1943 y 1945 serían deportados a campos de concentración nazis, en este caso ya no solo a Mauthausen, otros dos mil españoles y también españolas que habían militado en la Resistencia. Así se completaba la historia de la deportación española, más de 9.300 prisioneros y prisioneras de los que, como se ha dicho anteriormente, perecieron cerca de 5.500. Más de nueve mil héroes y heroínas cuyas historias fueron enterradas durante la dictadura porque eran las historias de sus enemigos republicanos y a la vez las historias de sus víctimas. Franco y los suyos se encargaron de borrar y reescribir lo ocurrido para eliminar las huellas de su amor por la cruz gamada y, ya de paso, maquillar su criminal actuación. Tristemente, tras la muerte del dictador, nuestra democracia no quiso recuperar la verdad histórica y dejó las cosas en el terreno de la manipulación, la ignorancia y la equidistancia en el que nos encontramos actualmente.

Así que sí, esa es la tercera razón por la que Gusen es un campo desconocido en España, porque Gusen es una de las pruebas más brutales de lo que fue y lo que supuso el régimen franquista.

Enrique Calcerrada Guijarro: un testimonio único

Mientras realizaba la investigación que plasmé en *Los últimos españoles de Mauthausen* me obsesioné con recopilar el mayor número posible de testimonios de los supervivientes de los campos. Entrevistar personalmente a veinte de ellos fue uno de los mayores regalos que me ha hecho la vida. Escuchar de los labios de un hombre o de una mujer de noventa años sus vivencias en el interior de Auschwitz, Buchenwald, Ravensbrück, Gusen o Mauthausen es algo que te marca para siempre. Sin embargo, sentí algo muy parecido cada vez que leía los diarios o las memorias de otros deportados españoles ya fallecidos. No estaban allí y, sin embargo, era tan fuerte y tan emotivo todo lo que relataban que los sentía a mi lado, hablándome cara a cara. Ese sentimiento me invadió especialmente cuando cayó en mis manos el libro de Enrique Calcerrada Guijarro.

Fue Adelina Figueras, la hija del superviviente de Mauthausen Josep Figueras, quien me lo descubrió y prestó. Era imposible comprarlo porque apenas se habían impreso unas decenas de ejemplares para la familia y los amigos del protagonista. Aunque se trataba de una edición muy modesta, me sorprendió lo cuidada que estaba, gracias en buena medida al trabajo de Florencio Pavón, cuyo prólogo se ha recuperado para esta obra. Enseguida me percaté de que estaba ante un testimonio único y de enorme valor.

Enrique relata de forma ágil y directa su dramático periplo desde el final de la Guerra de España. Si no supiéramos que todo lo que cuenta es, simplemente, su día a día, podríamos pensar que estamos ante una trepidante novela bélica. No me extenderé en describir ni en calificar su narración porque ya lo hace perfectamente Florencio en el prólogo. Sin embargo, no puedo dejar de destacar la lucidez con la que Enrique Calcerrada cuenta y también analiza los terribles hechos que van aconteciendo. Me parecen brillantes, por ejemplo, las reflexiones que comparte en el momento en que pasó de ser un prisionero de guerra bien tratado a convertirse en un paria, con un traje rayado, condenado a acabar en el crematorio. El madrileño incide en los interrogatorios que la Gestapo realiza, en un perfecto castellano, a cada uno de los españoles que se encontraban confinados en el campo de prisioneros de Sagan, en la actual Polonia. «Ese trabajo de zapa de la Gestapo no debía ser ajeno a las idas y venidas a Berlín, en el otoño del año 1940, de Serrano Suñer, ministro de Asuntos Exteriores del general Franco», apunta certeramente Calcerrada. Debemos recordar que estas memorias datan de los años setenta, cuando en España no solo no habíamos comenzado a investigar el tema, sino que seguíamos moviéndonos al paso que marcaban el dictador y sus herederos. Pues bien, Enrique nos demuestra que ya en aquel momento los exiliados franceses sabían la verdad, aunque no contaran con documentos que la avalaran. Habría sido algo extraordinario que él y el resto de supervivientes españoles hubieran vivido para ver el día en que esa documentación salía a la luz. Muchas veces fue gracias a que los Aliados rescataron buena parte de los archivos nazis. La dictadura destruyó sus documentos, pero quedaron las copias alemanas. Así conocimos detalles clave de la responsabilidad directa de Franco en la deportación de Enrique y de sus compañeros. Supimos lo que hacía Serrano Suñer en esas «idas y venidas a Berlín» que al autor le parecían tan importantes. Fruto de una de esas visitas a la capital alemana fue la orden que cursó la Oficina de Seguridad del Reich a todas las dependencias de la Gestapo el 24 de septiembre de 1940: «Por orden del Führer [...] de entre los combatientes rojos de la guerra de España, por lo que a los súbditos españoles se refiere, procede directamente su traslado a un campo de concentración del Reich». El documento se cursó el día que Serrano Suñer abandonaba Berlín tras pasar varias jornadas reuniéndose con Hitler, Himmler y Heydrich. Enrique nunca conoció la existencia de esta orden, pero sufrió sus consecuencias. Fue una semana después, el 1 de octubre, cuando los agentes de la Gestapo se presentaron en Sagan y comenzaron los interrogatorios. Pocos días más tarde, tal y como relata pormenorizadamente el autor, los nazis separaron a los españoles de los cautivos de otras nacionalidades. Su destino estaba definitivamente sellado.

El 22 de enero de 1941, Enrique y otros 775 españoles fueron obligados a subir a un tren con vagones destinados al transporte de ganado. Ninguno de los forzados pasajeros conocía que la única y última parada de ese convoy sería en Mauthausen. Tampoco podían imaginar que 595 de ellos estaban realizando el último viaje de su vida. Es desde este momento cuando el testimonio de Enrique cobra otra dimensión. Creo que, tal y como me ocurrió a mí, el lector empezará a sentirse parte de ese convoy y compartirá la suerte de esos hombres... la mala suerte. Gracias a los detalles y al estilo narrativo del autor, se puede sentir Mauthausen, oler Mauthausen, vivir Mauthausen.

Como investigador tengo que decir que estas memorias me permitieron también conocer a fondo determinados hechos que ocurrían en el campo de concentración. Unos hechos de los que ya tenía constancia, pero que después de seguir la pluma de Enrique fui capaz de visualizar. ¿Cómo era bajar cada día las empinadas y resbaladizas escaleras de la cantera de Mauthausen calzado con unos rudimentarios zuecos de madera? No lo lea, siéntanlo: «El descenso a esa sima en los amaneceres del invierno o primeros días de la primavera era un tropel diabólico formado por miles de chancletas zapateando por el duro suelo. Los escalones de piedra, todos desiguales en altura, fueron con frecuencia medidos con nuestras espaldas, porque las lisas suelas de madera resbalaban en las piedras heladas y los presos, al caer, golpeaban a otros que a su vez caían sobre los demás, formándose a veces montones de presos en la escalera. Algunos infortunados se iban a pique, cayendo por el costado descubierto y aplastándose, en caída libre, cincuenta metros más abajo».

El destino quiso que este brillante cronista fuera enviado a Gusen en octubre de 1941. Esa cruel realidad solo tuvo un efecto positivo que los nazis no podían ni imaginar. Enrique Calcerrada no solo consiguió sobrevivir, sino que inmortalizó para siempre la tragedia que se vivió en «el matadero de Mauthausen». Sus palabras nos ayudan a reconstruir la historia del campo olvidado y a entender mejor por qué perecieron en él casi cuatro mil españoles. Gracias al relato de Enrique sabemos cómo el sufrimiento comenzaba ya en el traslado desde el campo central. Los prisioneros recorrían a pie los cinco kilómetros que los separaba de Gusen, recibiendo golpes de los SS y mordiscos de sus perros. Los que lograban llegar con vida al campo se desmoralizaban al ver el estado en que se encontraban los prisioneros que habían entrado semanas atrás.

Y a partir de ahí, cada día era una lucha constante por la supervivencia: hambre, parásitos, enfermedades, trabajo extenuante, humillaciones... Calcerrada confirma además la especial crueldad que exhibían los *kapos*, los prisioneros que ejercían como ayudantes de los SS y que se encargaban de la disciplina en el interior del recinto. Jamás pudo olvidar a uno de ellos que era español y que terminaría pasando a la Historia y siendo tristemente célebre entre los deportados de Gusen: Indalecio González, alias «El Asturias». Un republicano que se pasó al lado oscuro, cometió múltiples asesinatos y terminaría siendo juzgado y ahorcado tras la guerra. Muy relevante es también el testimonio que brinda Enrique sobre el plan que tenían los nazis para exterminar a todos los prisioneros en el caso de que perdieran la guerra. En Gusen, los SS pretendían encerrar a los internos en unos túneles y después volarlos con dinamita. Y ahí estuvo el autor, ayudando en los preparativos, extrayendo tierra con un pico y una pala sin saber que estaba cavando la que debería haber sido la tumba suya y de sus compañeros.

El valor histórico de esta obra no puede eclipsar su vertiente más humana. Una vertiente que nos permite, aunque sea mínimamente, entrar en la mente de un prisionero de Gusen. Contemplamos el horror, sentimos el hambre, lloramos por los compañeros muertos. Y así llegamos a comprender por qué Enrique está a punto de suicidarse, lanzándose a la alambrada electrificada. O le entendemos cuando intenta sacar fuerzas de donde no las tiene para integrarse en el equipo de fútbol del campo, sabiendo que si lo logra tendrá una ración de comida extra. Asumimos como normal que se bromee y que se intente reír en el corazón del mismísimo infierno.

Enrique logró sobrevivir y ser testigo de la llegada de las tropas estadounidenses que el 5 de mayo de 1945 liberaron el campo de concentración. Poco después, junto al resto de los supervivientes españoles, realizó un juramento en el que se comprometía a seguir luchando contra el fascismo y a mantener viva la memoria de lo que allí había sucedido. Fiel a ese Juramento de Mauthausen, Enrique escribió esta obra que coronó con un exhaustivo listado de 3.820 españoles asesinados en Gusen. Se trata de una relación que contiene algunos errores, pero de un altísimo valor histórico, porque estamos ante un trabajo épico. El listado proviene de las anotaciones que hacían los propios prisioneros que trabajaban en la secretaría del campo de concentración. Cuando los SS no los veían, copiaban los datos de quienes eran asesinados. Sabían que si los alemanes se percataban de ello, los matarían... pero siguieron adelante. Enrique tuvo la oportunidad, tras la liberación, de copiar aquellos registros y los conservó durante largos años. Mientras que en Francia, Polonia, Holanda o Bélgica se conocieron antes de 1950 los nombres de la mayor parte de sus víctimas del nazismo, en España seguían mandando los aliados de los verdugos. Fueron los supervivientes, desde el exilio francés, quienes realizaron las tareas de investigación y de difusión de lo ocurrido. El listado de Enrique representa, por tanto, un documento único. A pesar de los lógicos errores en algunos nombres y apellidos, fruto de las sucesivas transcripciones, apenas falta un centenar de víctimas españolas de Gusen. Sugiero, por tanto, al lector que busque la exactitud en la base de datos del Memorial Democràtic de Catalunya y aprecie el valor histórico y heroico de la lista de Enrique.[III]

Sobrevivir a Mauthausen-Gusen es, en definitiva, un libro que no podía quedarse en el reducido ámbito para el que se concibió la modesta edición de 2003. Si alguien lo tuvo claro desde el primer momento fue Esther Calcerrada, sobrina nieta de Enrique. En 2015 tuve el privilegio de conocerla, cuando contactó conmigo, sorprendida al ver que había incluido algunos extractos del relato de su tío en *Los últimos españoles de Mauthausen*. Ya entonces me transmitió su deseo de publi-

III. <https://banc.memoria.gencat.cat/ca/app/#/results/deportats>.

car la obra dándole una dimensión nacional. Desde entonces no ha parado de luchar para que este libro alcanzara el lugar que merecía. Hoy ese sueño es una realidad. Hoy ese sueño es la demostración de que el Juramento de Mauthausen no murió el 3 de octubre de 2020, el día en el que se marchó para siempre Juan Romero Romero, el último superviviente español de ese campo de concentración. Los hijos, las nietas, los sobrinos y las bisnietas han ido tomando el testigo que dejaban los deportados y deportadas españoles fallecidos. El Juramento perdura y perdurará. Esther lo heredó de Enrique Calcerrada Guijarro. La prueba la tiene entre sus manos.

Carlos Hernández de Miguel

Prólogo

Mauthausen guarda ese aire desafiante y tétrico que sus arqui-
tectos, probablemente, quisieron darle para sobrecoger a primera vista a los que tuvieron la mala fortuna de entrar por su
portalón. Las barracas, de aspecto lúgubre, conservan una solidez que intimida, aún, con la historia que encierran entre sus
paredes. El silencio que emana de su uniformidad, de su quie-
tud y simetría, parece que va a estallar de pronto con toda la
carga del sufrimiento almacenado en sus habitáculos. El museo, testimonio, aunque parcial, de los horrores sufridos por
los prisioneros, conserva instrumentos, fotos y documentos
tan espeluznantes que solo la convicción de que aquella realidad existió nos garantiza que no estamos ante un trucaje in-
tencionado. El patio de recuento, las garitas, la escalera de la
cantera, el crematorio... todo en Mauthausen transmite horror.
El silencio de la zona en que se ubica y el ánimo con el que
entra en el campo quien sabe lo que allí sucedió, intervienen
para que el recorrido por sus dependencias se convierta en una
jornada inolvidable, mezcla de amargura, incredulidad y es-
tremecimiento.

Mauthausen, abierto hace ya muchos años al público,
poco a poco va purgando el mal generado en sus dependen-

cias con cada visita que recibe, y hoy en día es un museo de la sinrazón, que trata de hacer justicia a los que sufrieron la locura nazi.

El libro que aquí se presenta es una versión de lo ocurrido en ese campo de concentración, y en el de Gusen, su anejo, de 1941 a 1945, narrada por un español que estuvo allí recluido durante cuatro años, y que sobrevivió para contarlo.

Pero es también un testimonio de lo que el destino deparó a los exiliados republicanos que cruzaron la frontera francesa y más tarde no pudieron dirigirse a México, a la Unión Soviética o a otro país de acogida, ni regresaron inmediatamente a España. Es una reseña del exilio que tuvieron que sobrellevar muchos de los soldados del 18.º Cuerpo de Ejército de la Segunda República, y miles de civiles, la mayor parte de ellos catalanes, algunos de edad madura, que, ante el avance de las tropas franquistas, dejaron su tierra y pasaron a Francia, desde donde fueron a parar, como prisioneros, a campos de trabajo y exterminio nazis.

El autor dedica la Primera Parte de la obra, que se inicia en el preciso instante en que atraviesa junto con sus compañeros de armas la línea fronteriza, al tiempo que permaneció en Francia, hasta que fue apresado por los alemanes y conducido a Mauthausen. Se extiende en narrar su internamiento en los campos de concentración del país vecino, cuando todavía conservaba su ilusión por llegar a un puerto del sudeste francés desde el que embarcarse hacia la Zona Centro del territorio español, aún republicana.

La nostalgia del exiliado, que ya se descubre desde las primeras páginas, y el deseo de volver a contribuir a la defensa de esa República tan querida, se perciben a lo largo del libro, pero se hacen más patentes sobre la arena del campo francés, donde los españoles dieron al mundo, expectante, una imagen de dignidad y entereza que asombró a sus propios guardianes. La amargura del destierro, recién iniciado, se mezcla con la desesperanza, que poco a poco va impregnando el ánimo de los confinados, decaído por las noticias que llegan de España y por el convencimiento de que no tendrán billete de regreso a la Zona Centro; con la incongruencia de las discusiones y de las culpas arrojadas sobre el compañero, prolongación de lo que fuera el desacuerdo durante la guerra —que el autor no quiere ver, o que minimiza, quizá porque, pendiente de la lucha, no lo percibió en toda su magnitud—; con el fracaso de las ayudas; con los rumores sobre el recibimiento que se da a los que tratan de volver a Cataluña. Todo ello contribuye a una desolación paulatina, que se crece al constatar que las diferencias sociales y jerárquicas siguen manteniéndose en el campo, lejos ya de España, pues el acomodo en un nuevo país de acogida depende del dinero de que se disponga, para pagarse el billete a México, por ejemplo, o del cargo ostentado durante la guerra, para ser recibido por Rusia. Los soldados de a pie, sin más ayuda ni capital que su propia persona, seguirán siendo «proletarios», esta vez del exilio.

Pero de la estancia en las playas del Rosellón se desprende la lección de dignidad que esos españoles supieron dar al mundo en circunstancias tan adversas: la universidad sobre las arenas del Midi, quebrada solo por el encarcelamiento de los profesores, incómodos para las propias autoridades francesas; la pasividad generalizada con respecto a alistarse en la Legión Extranjera, a pesar del hambre previamente provocada para ablandar voluntades; y la integración, al final, en Compañías de Trabajo comandadas por españoles y franceses para participar en la defensa de la nación vecina, cuando comprenden que la lucha de ese país contra el nazismo es su propia lucha.

Nuestro personaje asiste a la debacle de Francia, que genera sentimientos de solidaridad entre franceses y españoles, ambos con los mismos enemigos. E inicia la resistencia, pasiva pero no estática, ante los propios alemanes, de los que se evade cuando puede, aunque de nuevo sea atrapado.

La Segunda y la Tercera partes nos introducen en el campo de Mauthausen y en su anejo, Gusen. En ellas se hace patente en toda su extensión el horror nazi. Horror que unas veces aparece descrito con detalle, y que otras, se disimula, pero que se percibe por más que el autor, probablemente con intención deliberada, busque apartarse de recuerdos amargos. Pero desde la llegada al campo y el encuentro con los jefes hasta después incluso de la liberación, tanto la entrada por el portalón de los comandos de trabajo, como las peripecias sufridas para mudarse a otro grupo, el cambio de la indumentaria y la desinfección, los castigos, la cocina, el hospital, las alambradas, el frío, la comida, las barracas y sus jefes..., todo en Gusen parece espeluznante. Es el horror llevado hasta más allá de la locura, hasta lo inimaginable, hasta convertirlo en un fin en sí mismo y no solo en un medio para dominar al prisionero.

En estas Segunda y Tercera partes se abordan además algunos aspectos de los campos de concentración especialmente interesantes:

• Que el régimen nazi, además de ensañarse con los judíos, explotó en sus campos a muchos cientos de miles de hombres de casi toda Europa: polacos, italianos, yugoslavos, griegos, albaneses, rusos, lapones, bielorrusos, mongoles, ucranianos, franceses, belgas, rumanos, checos, húngaros... e incluso alemanes. Y también españoles. Muchos miles de españoles, de los cuales solo en los campos de Mauthausen y sus satélites de Gusen I, II y III murieron unos cinco mil.

El texto, que da fe de esta tragedia, lleva implícita —en ocasiones de forma expresa— la censura del régimen de Franco, que fue cómplice de tal ignominia; que no hizo nada por evitarla, sino que la propició para así eliminar sin mancharse más las manos a miles de sus oponentes; o que incluso la utilizó como moneda de cambio por los servicios que le prestó Alemania durante la Guerra Civil y por la entrega de otros republicanos españoles apresados en Francia de especial interés para los vencedores. Denuncia, por lo tanto, que el gobierno franquista conocía la existencia de estos campos,[1] e induce a pensar que debieron de sospecharlo muchos de los familiares de los presos cuando, a partir de 1942, estos escribieron a sus casas, pero que se ocultó a la opinión pública tanto por el Régimen, al que llenaba de ignominia, como por los propios familiares, que aún con el miedo a la represión callaron todo aquello que los relacionara con la condición de republicanos; del mismo modo que se ocultó públicamente, y aún hay quien sigue negándolo, la existencia de campos de concentración y de trabajos forzados aquí en España, en los que fueron explotados hasta la extenuación y la muerte de miles de hombres que habían luchado en el Ejército de la República, que fueron til-

1. De ese conocimiento no tiene duda Benito Bermejo, quien afirma que «... En el Ministerio de Asuntos Exteriores en Madrid, hay documentos en los que las autoridades alemanas informan a las españolas de la existencia de dicho convoy (se refiere al convoy de Angulema, en el que iban 2.000 españoles, familias enteras, de los que quedaron en Mauthausen 430 hombres; el resto, mujeres y niños, fueron entregados a las autoridades españolas en Hendaya) y consultan el destino que ha de dársele». También afirma que la orden de no considerar a los españoles prisioneros de guerra y de mandarlos a campos de concentración coincidió con una larga visita de Serrano Suñer a Alemania, durante la cual se entrevistó con Himmler, jefe de las SS, y que hubo correspondencia entre los Gobiernos alemán y español a propósito de los presos de Mauthausen, de donde, por intervención del propio Serrano Suñer fue liberado uno: Bautista Nos Fibla. Cita también el discurso de 27-6-1941 de August Eigruber, *gauleiter* del Oberdonau, en cuya jurisdicción estaba el campo de Mauthausen, quien dice textualmente: «Ofrecimos estos 6.000 españoles al jefe de Estado Franco, el caudillo español. Rehusó y declaró que nunca admitiría a esos españoles rojos que lucharon por una España soviética»; y las declaraciones de Franz Ziereis, comandante del campo de Mauthausen, quien tras ser capturado en 1945 dijo que «... para librarse de ellos [los republicanos españoles], se había creado una comisión de investigación en Berlín por orden de Serrano Suñer, ministro de Asuntos Exteriores de España ...». Benito Bermejo, *Francisco Boix, el fotógrafo de Mauthausen*, Barcelona, 2002, pp. 54-58.

dados de «rojos» o a los que simplemente se les consideró «desafectos al Régimen».[2]

• Que, dentro del maltrato generalizado, los alemanes fueron menos rigurosos con los prisioneros franceses y, sobre todo, con los ingleses. ¿Sería porque Alemania trataba de negociar con estas naciones, o porque consideraba a sus ciudadanos más próximos a las cualidades de la raza aria?

• Que los austriacos y los alemanes sabían no solo que los campos de concentración existían, sino también lo que ocurría en su interior. ¿Cómo iban a desconocer la existencia de estos campos, por más apartados de las poblaciones que estuvieran, o por más que los trenes cargados de presos llegaran por la noche? El despliegue de medidas de seguridad, sus enormes edificios, las canteras, los túneles excavados, las fábricas, el continuo trasiego de vehículos y personal eran de tal envergadura, que no podían pasar desapercibidos. En el caso concreto de Mauthausen, el campo no estaba lejos del pueblo, y al lado del de Gusen había viviendas habitadas.

Pero, según se cuenta en este libro, lo que ocurría dentro tampoco podía ser desconocido. Hechos como los que aquí se denuncian traspasan muros y alambradas, se comentan en corrillos y en bares, se propagan en forma de secreto que pasa de boca a oído, se fanfarronea sobre ellos... Y, además, estaban los cabos especialistas, civiles austriacos o alemanes, expertos en ciertos trabajos de cantería o de mecánica, o los médicos, que cada noche abandonaban el campo para ir a sus hogares o a sus residencias, y que durante el día eran testigos del trato que recibían los presos, porque no se ocultaba a sus ojos. A sus testimonios, que no cabe duda de que los darían, al menos a los

2. Conocidos son los de Albatera, Los Almendros, Cuelgamuros, El Dueso, S. Gregorio, Toledo, etc. Ver al respecto: Javier Rodrigo, *Los campos de concentración franquistas*, Madrid, 2003; C. Molinero, M. Sala, y J. Sobrequés, *Una inmensa prisión*, Barcelona, 2003; Isaías Lafuente, *Esclavos por la patria*, Madrid, 2003.

parientes y amigos más allegados, aunque solo fuera para descargar su conciencia, hay que sumar los de algunos alemanes y austriacos, prisioneros ellos también, que se las ingeniaban para enviar notas escritas al exterior en las que informaban de lo que ocurría dentro. El caso del padre Gruber, del que se da fe en la Tercera Parte, es un ejemplo.

Que se sabía, y por mucha gente, está fuera de duda. Pero ¿querían o podían hacer algo los austriacos y alemanes para evitarlo? Trabas como el patriotismo, exacerbado siempre en tiempo de guerra, el miedo a las represalias, la xenofobia y otras ideas inhumanas alentadas por el propio sistema, el impacto que debió de causar en la población la instauración de un régimen tan duro y la fuerza exhibida por los SS, el férreo control del país por los nazis, la propia vergüenza y la resistencia íntima a reconocer que en su tierra estaba ocurriendo algo tan desagradable, puede explicar el silencio de la población y su inoperancia ante los hechos.

Este libro, que ofrece una visión directa de una página casi inenarrable de la Historia, es un testimonio duro, y a la vez sereno, que nos sumerge en los más intrincados recovecos del corazón humano. Es esta una historia que entra hasta el fondo del sentimiento, no por lo que tiene de bella, sino porque encierra una verdad que puede llegar a estremecer; pero una verdad que es necesario conocer para que no se olviden situaciones vividas por tantas personas víctimas del poder absoluto, de la cobardía ejercida por el fuerte sobre el débil, por el vencedor sobre el vencido.

Es un relato que plantea serios interrogantes sobre la naturaleza de la mente humana y sobre las razones de su proceder; y no solo por el comportamiento de las autoridades nazis, SS incluidos, sino porque en todos los escenarios, en el *Stube*, en la cantera, en el lodo, en las letrinas, sobre el patio de recuento, en las oficinas de los SS, en todo momento y lugar aparece, omnipresente, la figura del esbirro, personaje que se encuentra en cualquier narración, oral o escrita, sobre los campos de concentración, ya sean nazis o franquistas. Tanto si se le llama capo, cabo de vara o escolta, el esbirro desempeña el papel más desalmado y sucio de los que aquí cobran vida: el del servilismo del verdugo vendido a bajo precio a una causa que comúnmente no es la suya.

La narración pone de manifiesto —a veces el autor se detiene en resaltarlo explícitamente que el salvajismo de un régimen como el de Hitler solo es posible con la ayuda de individuos que por diversas razones —interés, ignorancia, miedo, soberbia, o cualquier otra debilidad— se ponen a su servicio. La observación de que es objeto por parte del autor el cabo polaco, apodado Napoleón, así como su propia experiencia, lo inclinan a asegurar que dichos comportamientos son producto más de la cobardía que del valor. Hay pues, en este punto, una nueva llamada de atención sobre la condición humana, que nos permite suponer que el Tercer Reich, y otros regímenes tildados de muy autoritarios, se han apoyado en personas de vil condición, o presas de un temor insuperable, para establecerse y sobrevivir.

La obra alerta sobre el individualismo en que puede caer el hombre ante una situación tan desesperada como la que se describe. La sumisión generalizada, infundida por el desamparo que desde el principio habían introducido los alemanes, con su estrecha vigilancia, en la mente de cada preso, la dura y desgarradora prueba que supone la selección dominical para mandar al crematorio a los que ya no son rentables por su debilidad física, el diario espectáculo de la entrada de la carreta al campo, el desprecio por el individuo que muestran los SS, la autoprotección a cualquier precio y el instinto de supervivencia que se desarrolla, con el único objetivo de salir con vida del campo, acaban haciendo a cada preso insensible a la muerte de los demás. Y es precisamente ese individualismo fomentado el que convierte en presa fácil a los miles de reclusos que hay en el campo. Solo cuando, por conciencia solidaria, dicho individualismo es superado, las posibilidades de sobrevivir aumentan de forma notable.

Es también una apología de la fortaleza del hombre y su capacidad de supervivencia cuando ese es el fin último y único al que orienta todas sus facultades; cuando resistir imperativamente al horror, aunque solo sea para contarlo, para dar testimonio de este, pasa a ser el objetivo fundamental; cuando en la lucha permanente por la existencia pone cada uno de los resortes a su servicio, y toda la imaginación, toda la inventiva, la resistencia física, y también la mental, las destina a tal fin, aunque cada minuto vivido lo pague con dolor.

En esa lucha permanente los mayores esfuerzos estaban orientados a vencer al peor enemigo: el hambre, siempre presente, que impregna, junto con los malos tratos, la obra entera. Un hambre machacona, persistente, raíz de la mayor parte de las muertes, que se convierte en enfermedad y en obsesión. Para aplacarla se ponen en juego todas las habilidades, destrezas y osadías, pues es necesario comer a cualquier precio para sobrevivir, para ganar peso, para tener fuerzas y no ser diana de los más brutos y sádicos, para no pasar por la enfermería, y para superar con éxito las periódicas selecciones que podían dar con los huesos y la poca piel que los envolvía en el crematorio.

La historia está narrada sin falso pudor. El autor no vacila en contar episodios que podía haber silenciado por ir contra su propia dignidad, pero parte del principio, lógico, de que la vergüenza no ha de tenerla quien es humillado a la fuerza, sino quien se vale de la fuerza y el poder absoluto para humillar. Pero tampoco es una hagiografía, ni una epopeya con sufridos héroes como protagonistas. Es, simplemente, una historia vivida, dura, pero verdadera, en la que, a pesar del contenido, se vislumbra una cierta ironía, propia de quien ve los hechos ya desde la distancia del mucho tiempo pasado desde que ocurrieron.

Por expreso deseo del autor, el libro recoge casi literalmente el manuscrito original. Es por ello una narración lineal, que no tiene pretensiones literarias ni moralistas; ambos campos han sido sobradamente ocupados con este mismo tema. Solo se han traducido los galicismos propios de una persona que vive en el país vecino desde 1945, se han adaptado algunas expresiones ya casi en desuso y se ha procurado dar al texto una coherencia gramatical, y en algunos casos temporal. Se ha intentado preservar al máximo la opinión personal del autor y su visión de los hechos, sobre todo en lo concerniente a la guerra civil española, por la frescura que guarda a pesar del tiempo transcurrido. Y se han conservado muchas palabras, y muchas expresiones, que son las mismas que usaban en los años cincuenta los combatientes republicanos cuando estaban entre personas de su confianza y hablaban de la guerra.

Enrique Calcerrada Guijarro nació en Madrid, pero su familia era natural de Puerto Lápice. En este pueblo, y en Villarta de San Juan, ambos de Ciudad Real, pasó su infancia, y fue uno de tantos autodidactas que no pudieron recibir una enseñanza académica reglada; de ahí su entusiasmo por la Segunda República, que pretendía la redención del analfabetismo. A finales de agosto de 1936, apenas iniciada la sublevación militar, se aprestó como voluntario a la defensa de Madrid y fue admitido en el Batallón Largo Caballero n.º 12 de las Milicias Populares, del que pasó al Batallón Octubre n.º 1. Luchó en la Casa de Campo, en la Ciudad Universitaria, en la Estación del Norte, en Argüelles y en el cerro Garabitas, donde fue herido por primera vez. Incorporado tras su recuperación a la 68.ª Brigada Mixta, participó a las órdenes del comandante Alejandro Benito, jefe del 270.º Batallón, en las batallas de Guadalajara, Brunete, Belchite, Teruel, en Andújar, en Fuentes de Ebro y Tortosa. Tras la Batalla del Ebro, el 18.º Cuerpo de Ejército,

mandado por D. Francisco Galán, al que pertenecía su brigada, encuadrada en la 34.ª División, quedó cortado de la Zona
Centro. Con él peleó en las cuencas del Segre y del Noguera
Pallaresa. Asistió a la Escuela de Guerra, sección de Mandos
y Especialidades, Descubiertas y Exploración de la Seu
D'Urgell, en abril de 1938, lo que le valió su primer permiso,
que disfrutó en Barcelona. Acabó la guerra con el grado de
teniente ayudante en el 270.º Bon. de la 68.ª Brigada a la que
pertenecía cuando el 13 de febrero de 1939 cruzó la frontera
francesa camino de un exilio que no esperaba.

Republicano irredento, tras ser liberado del campo de
Gusen recorrió algunos lugares de Europa hasta quedarse en
el sur de Francia, donde rehízo su vida y creó su propia familia.

Volvió a España en varias ocasiones durante los años cincuenta a recuperar la luz y los paisajes de su tierra, que añora,
y que como suya la siente.

Fiel al juramento hecho por los españoles supervivientes
de Mauthausen el día de la liberación, de contar al mundo el
horror vivido para que las siguientes generaciones fueran co-
nocedoras de la naturaleza del nazismo, escribió en los años
setenta estas memorias que por fin ven la luz.[3]

Antes de instalarse definitivamente en Francia, tomó cum-
plida nota de la información que se adjunta en el Apéndice.
Contiene la relación nominal de los 3.820 españoles muertos
en el campo de Gusen, de los que indica el día de su muerte,
número de prisionero y fecha de nacimiento. El material, interesante en sí mismo, merece algunas observaciones:

---

3. El contenido del juramento es, aproximadamente, este: «Los supervivientes que hemos tenido la suerte de volver a la vida, que llegamos al día de la
esperanza, y que somos testigos privilegiados de lo aquí ha acaecido, tomamos
conciencia de ser los depositarios de un porvenir pacífico para todos los hombres, y relegando el odio estéril, hacemos juramento de nada olvidar, poniendo
lo que esté en nuestro poder para que el mundo no vuelva jamás a repetir eso».

1.ª Un porcentaje muy alto de los apellidos son catalanes.

2.ª Muchos de los asesinados habían superado con creces los treinta e incluso los cuarenta años de edad.

3.ª La mayor parte de los hombres mayores de cuarenta años murieron en los primeros meses de 1941, nada más llegar al campo, y muy pocos sobrevivieron al invierno de 1941-1942, que fue catastrófico para los prisioneros españoles.

4.ª Examinando con detalle la lista, se aprecian algunas imperfecciones y ciertas curiosidades que pueden dar origen a interrogantes: hay nombres y apellidos que faltan, otros son muy extraños y a veces se repiten con demasiada proximidad entre sí; también hay números duplicados, a varios prisioneros les falta el suyo y en las últimas páginas aparecen algunos con doble numeración. Esto no es extraño ya que:

- Los datos fueron tomados por presos austriacos, funcionarios al servicio de los SS, o por presos españoles, secretarios de bloque, tal vez poco interesados en realizar dicha tarea.
- Las circunstancias que rodeaban la inscripción, o el acta de defunción, condicionaban demasiado el consabido rigor alemán.
- Los nombres fueron escritos unas veces a máquina y otras a mano, como indica Pierre Serge Choumoft.[4]

4. Pierre Serge Choumoft, *Les assassinats nationaux-socialistes par gaz en territoire autrichien, 1940-1945*, Viena, 2000, pp. 15-16. El autor afirma que él mismo fue seleccionado por funcionarios austriacos para que les ayudase a inscribir a los prisioneros franceses, ya que aquellos no conocían el idioma y tenían problemas con la pronunciación de los nombres de 400 prisioneros del país vecino. Enrique Calcerrada, consultado a propósito de este asunto, lo confirma, aclarando que los secretarios de bloque eran los encargados de anotar altas y bajas, y que tenían muchos problemas con la pronunciación de los nombres catalanes y valencianos; y añade que algunos españoles entraron en el campo con nombres supuestos, y que muchos voluntarios de las Brigadas Internacionales, rumanos, búlgaros o húngaros, que no pudieron volver a sus países por cuestiones ideológicas, se mantuvieron tan unidos a los españoles que fueron tomados por naturales de nuestro país.

Las listas que aquí se presentan fueron copiadas del libro de registro del *Schreibstube* (Secretaría General), por el señor Rakowski, preso de nacionalidad polaca, y conformadas con el original por la Comandancia de las fuerzas de ocupación francesas y por la correspondiente autoridad civil de Bregenz (Austria) en septiembre de 1946. El citado señor Rakowski permitió que el autor de este libro, y cuatro españoles más, las copiaran. Todo ello podría explicar sobradamente algunas de las rarezas encontradas, de los datos en blanco y de las repeticiones. Pero en cualquier caso nada de ello les resta un ápice de su valor como documento para la Historia.

F. Pavón Mariblanca

Introducción

Esta obra, amigo lector, es el recuerdo escrito de los sucesos acaecidos a muchos millones de individuos durante el sombrío periodo de la Segunda Guerra Mundial (1939-1945); en ella se hace especial mención a los miles de republicanos españoles que, exiliados desde el frío invierno de 1939 en la Francia metropolitana, corrieron la misma suerte que muchos europeos cuyos países fueron invadidos por los nazis.

No pretenden estas páginas, escritas más de tres décadas después de los hechos, despertar iras ni acumular nuevos rencores por lo sucedido en esa época difícil, sino ofrecer al historiador, al curioso o al interesado en conocer la condición humana, datos e información sobre lo que les tocó vivir a los miles de españoles que tuvieron que abandonar su patria empujados por el avance de las tropas sublevadas contra la República. Lo que aquí se ofrece es un cúmulo de situaciones precarias vividas por muchos republicanos que, aunque conocidas por los iniciados en el tema, pueden servir para corroborar lo que otros han contado o escrito antes que yo.

Largas reflexiones, comienzos, vacilaciones y nuevos comienzos, han llevado a mi alma y conciencia a la conclusión de que los hechos que relato en esta historia no tenían que quedar sepultados por el tiempo ni borrados por el olvido, porque quienes los conocemos de primera mano pagamos en su momento un precio demasiado elevado para que se pierda su memoria, y porque el silencio puede privar a muchas generaciones de saber los detalles de la amarga odisea que tuvieron que vivir muchos de sus antepasados, algunos quizá parientes suyos por línea directa, cogidos en el huracán de dos guerras en las que demostraron el coraje, la resistencia y la fortaleza de ánimo que tenían, y el orgullo que de ser españoles sentían.

Seguiremos paso a paso las huellas dejadas por los cientos de miles de españoles exiliados: Campos de Internamiento apostados sobre las costas mediterráneas, en departamentos franceses limítrofes con la frontera española; Batallones de Marcha franceses en los que se enrolaron muchos españoles; Legión Extranjera Francesa, donde fueron a parar otros pocos; Compañías de Trabajadores Españoles, donde fueron los más; salidas para diferentes puntos de América, Europa, Unión Soviética, etc.

Conoceremos cómo empleaban su tiempo y cuáles eran sus ambiciones; sentiremos sus dolencias; les acompañaremos incorporados en una de esas Compañías de Trabajadores Españoles al este de Francia, donde el río Rin sirve de frontera entre este país y Alemania; ubicados en la región de la Lorena participaremos, aunque de forma pasiva, como zapadores en la construcción de una línea de defensa, en la guerra entablada entre ambos países; asistiremos al descalabro del Ejército francés y, mezclados con todos, a la retirada de la población civil. Todo calcado de los cuadros apocalípticos vividos poco más de un año antes por nuestra población española, frescos todavía en nuestros recuerdos y en nuestros cuerpos; cuadros horrorosos que trazan todas las epopeyas guerreras.

Seguiremos el curso de algunas fugas efímeras, llevadas a cabo sin convicción, hasta caer, finalmente, en el saco sin fondo del vencedor como prisioneros de guerra.

Como botín de guerra quedaremos cautivos dentro del mismo territorio francés, hasta ser llevados, como bultos humanos, al vasto almacén alemán, donde seremos considerados *Kriegsgenfrangenschaft*, que en castellano significa prisionero de guerra. Caeremos, como muchos cientos de miles de prisioneros más, en uno de tantos campos, en la ciudad de Sagan, en la Baja Silesia.

Desde allí acompañaremos a la colonia española a otro lugar de ambigua reputación, al que apelaremos como «Campo de irás y no volverás». Peripecias del destino, fuimos como el preso que entra en capilla hasta que el hado o la fatalidad acaba con todo: con el hombre y con su destino.

Las durezas soportadas a lo largo de nuestra corta vida nos dieron ventaja por una vez, porque gracias a ellas aguantamos mejor el martirio que se nos avecinaba; los reclusos menos endurecidos no pudieron resistir con tanta entereza y su vida fue segada con más facilidad. Pero no nos hagamos demasiada ilusión respecto a los ya curtidos: el calvario por el que pasamos lo encontraremos a su tiempo, en la segunda y tercera partes de esta biografía.

La obra se inicia con la salida de los republicanos españoles hacia Francia, con la guerra perdida; con las dolorosas peripecias que tal riada humana lleva consigo, de las que son parte más sufrida los ancianos, los niños, las mujeres, los heridos y los enfermos; con el hundimiento moral de los jóvenes excombatientes; con los internamientos y la miseria de los campos... ¡qué duro es cargar con el peso de la derrota, y qué mal se lleva por todo bien nacido!; con el recuerdo de la expatriación forzosa de tantos hermanos, desarraigados todos de su medio, de sus seres queridos, precisamente cuando su calor era más necesario. Seguiremos su destierro para rendirles el homenaje merecido por sus fatigas, por su perseverancia, por su valor al afrontar las adversidades, porque son parte de una España intencionadamente olvidada.

Sigue con la narración de los dramáticos hechos ocurridos en los campos de concentración nazis; esta parte, por su dureza, no se recomienda a aquellos de corazón extremadamente sensible. De Mauthausen, campo de «Irás y no volverás», pasaremos al peor de sus campos subalternos, el de Gusen, donde se vivieron situaciones tan execrables que cualquier cerebro humano en su sano juicio sería incapaz de imaginar. Allí permaneceremos hasta su liberación, asistiendo, día a día, al deceso de casi treinta mil hombres, debido a la dureza del trabajo, a los malos tratos o directamente a su incineración en los hornos crematorios.[IV]

Su lectura nos hará preguntarnos más de una vez cómo es posible que tal barbaridad haya ocurrido en pleno siglo xx. ¿Cómo se pudo acabar, en apenas cinco años y en un espacio de pocas hectáreas, sin cataclismo natural que ayudase a ello, con la vida de tantas personas como en esa época tenían ciudades como Pamplona, Vitoria, Nevers, Auch o Salzburgo? Pero que esto ocurrió es incuestionable, por más espantoso que parezca o que trate de negarlo la mala conciencia de algunos.

No pretendo referir todo lo ocurrido en aquel campo nazi; hacerlo sería imposible para uno solo de sus prisioneros. Los hechos fueron tantos y afectaron a tanta gente, que una sola persona sería incapaz de conocerlos, retenerlos en la memoria y narrarlos después todos. Nadie puede arrogarse esa capacidad. Pero sí puedo afirmar que lo aquí expuesto es absolutamente verídico, que me ocurrió a mí o a los del entorno en el que yo me movía.

La precipitación de los acontecimientos en los últimos días

IV. Las últimas investigaciones elevan a entre treinta y cinco mil y cuarenta mil el número de víctimas mortales en Gusen. R. A. Haunschmied, J.R. Mills y S. Witzany-Durdai, *St. Georgen, Gusen, Mauthausen, Concentration camp Mauthausen. Reconsidered*, edición de los autores, Alemania, 2007.

de la Alemania nazi, y la rapidez con que nuestro campo fue liberado, impidió que todos los documentos almacenados por la administración penitenciaria pudieran ir al fuego, como deseaban sus dirigentes, con lo que no pudo ocultarse al mundo la masacre llevada a cabo en su interior. Los que afortunadamente escapamos a la «solución final» podemos corroborar con nuestros testimonios la veracidad de lo que en ellos se muestra y afirmar que fueron ciertas las muertes de españoles contabilizadas día a día, mes a mes y año a año; las entradas masivas, las bajas, las salidas y los supervivientes finales; las raciones entregadas por persona y día con sus calorías aproximadas; el *Revier* o enfermería; el gaseamiento periódico de los considerados inválidos para el trabajo; los sigilosos «camiones fantasma»; la eliminación de presos por agotamiento, por sufrimiento, por palizas...

La narración de lo ocurrido dentro del campo se alternará con una breve exposición de la marcha de la guerra en el exterior de este, para ver cómo afectaba el desenlace de cada batalla o episodio bélico a la moral de los prisioneros.

Asistiremos a la liberación del campo con su zumbido de vítores en una cacofonía de lenguas diferentes, y nos prepararemos para abrazar la nueva vida que se nos acercaba con la libertad recuperada.

Ahí terminará esta obra. Su continuación, si la tiene, la supedito a la suerte que hayan tenido estas tres partes y a la salud que para entonces me acompañe.

Advierto al lector de que la hostilidad que pueda encontrar en algún pasaje de estas memorias no es reflejo de aversión, rencor o venganza contra las naciones que dieron pie a tal ignominia: Alemania y, en menor grado, Italia. Si así lo creyese ha de saber que (con todos los respetos) está equivocado. ¡Quiero que esto quede claro!

Condené y sigo condenando, por puro convencimiento, cualquier abuso que se cometa sobre el hombre; pero no debo condenar por ello a naciones enteras. No puede condenarse a unos pueblos porque, por propia voluntad o por la fuerza, de buen grado o con repulsión, muchos de sus ciudadanos colaborasen al escarnio de otros seres humanos, atropellasen a pueblos enteros o masacrasen a millones de seres inocentes, puesto que ellos mismos sufrieron en sus cuerpos y en sus almas el peso de singulares tiranías, y han quedado por ello estigmatizados, justos y pecadores, por muchas generaciones.

Pero queda el imposible olvido. Quedan las secuelas del mal estúpido que nos colma los sentidos; mal que empuja a increpar a todo lo que tuvo que ver con aquello, porque fuimos castigados sin motivo ni razón; mal que nos causa un enojo y una exasperación que a veces se parece al odio.

Deseo con todo mi ser huir del resentimiento que deja sin gracia ni perdón al culpable. Solo quiero revivir una época infeliz, colocando el acento allí donde se cometió la falta, y resaltar las virtudes y los vicios que alberga el hombre en su simpleza, en su vanidad y en todo su complicado ser.

En esta autobiografía no aparece la mayor parte de los nombres de los protagonistas. Estas son las razones:

La fundamental es que ninguna mente humana hubiera podido retener en su memoria, y durante tantos años, los nombres de todos los individuos, ni siquiera de la mayoría, salvo que los hubiera ido anotando. Pero los registros y los continuos cambios de lugar, de ropa y de ocupación, habrían hecho imposible la custodia de tales anotaciones.

La segunda razón es que nunca pensé escribir la historia de mi vida particular y menos la de otros, por lo que el tiempo fue borrando los nombres de los traídos a colación. Si hoy me esfuerzo en narrar aquello que nunca pensé hacer, por incapacidad intelectual, o simplemente por tratar de borrar la memoria, es más por considerarlo una obligación moral frente a la Historia que por autosatisfacción. Poco a poco, los testigos oculares y las víctimas directas nos vamos marchando. No sería justo que antes de dar el último paso no levantásemos el dedo en señal de advertencia.

Es esto todo lo que se me ocurre, amigo lector, como introducción a esta historia. Espero que de ella saques provecho, cualesquiera que sean tus ideas.

VALE

PRIMERA PARTE

La Preste

La Preste es un pueblecito de montaña de los Pirineos Orientales franceses, anclado en el valle del Tech, al pie de los montes más altos que jalonan la frontera franco-española en el quebrado istmo de la península ibérica.

En los contornos inmediatos de este pueblecito francés, sudan sus humores cristalinos las montañas que forman las estribaciones de los Pirineos, una vez que se ha derretido el amplio manto que los tapiza en invierno. Las aguas de este paradisiaco valle, lleno de vida y opulencia, se recogen en el río Tech, que a través de su cordón ondulado las vierte en el Mediterráneo, en ese cuarto de círculo cóncavo que abrazan las costas del Rosellón, al que se conoce también con el ampuloso nombre de golfo de León. Playas espaciosas se intercalan entre el infinito horizonte del mar y la cumbre soberbia del Canigó, asentado con la altiva majestad de sus 2.784 metros sobre el resto de la cordillera litoral.

Sobre este bello panorama el sol extendía su brillo invernal el día 13 de febrero de 1939 cuando, a través de montes y valles, senderos y atajos abiertos por vecinos y contrabandistas de ambos lados de la frontera, el cuerpo militar en el que yo combatí durante la guerra civil española pasaba a Francia, vencido, después de haber luchado heroicamente, en una lidia fratricida, durante casi mil días con sus noches. La ausencia de rutas más apropiadas para atravesar estos montes abruptos dificultó el paso de la unidad militar, una de las últimas del Ejército de Cataluña en cruzar a Francia.

Necesitamos muchas horas para descolgarnos por las sinuosas sendas y llegar hasta un puentecito, a cuyas puertas íbamos dejando las armas y demás pertrechos militares de tipo ofensivo, recogido todo por las autoridades francesas apostadas en ese recóndito lugar.

La luz del día empezaba a palidecer apagándose tras las montañas cuando, ya desarmados y formando grupos compactos, descendimos por la carretera que enlaza La Preste con la ciudad más próxima, Prats de Molló, entonando los himnos épicos que solíamos cantar siempre que marchábamos sin incidentes. Tras las cumbres que forman la frontera quedaban nuestras viejas ilusiones, vara y reloj que hasta entonces nos habían servido para medir distancia y tiempo; a partir de ese momento pasaríamos a desempeñar el papel del «feo» y del «malo» en el guiñol de los derechos.

La oscuridad nos sorprendió a medio camino, obligándonos a buscar reposo sobre una vaguada adyacente. Esta fue la primera noche que saboreamos las amargas mieles del exilio; sin embargo, también fue una de las pocas en las que desde hacía treinta y dos meses pudimos dormir a pierna suelta, sin el sobresalto del estruendo del obús o el temor a que el asalto del enemigo pudiera cortarnos el sueño.

Era un alto normal, producto de la noche; parada obligada hasta el día siguiente en que reemprenderíamos camino hacia la costa con intención de alcanzar un puerto cercano donde embarcarnos, lo más pronto posible, y volver a España, a la zona gubernamental del centro. La rocalla y los guijarros nos sirvieron una vez más de colchón y, pese a sus inconvenientes, todos dormimos de un tirón. Las benignas molestias del roquedo no bastaron para recordarnos las vigilias de la guerra. El cansancio acumulado durante días y días de retirada facilitó el buen reposo, evitándonos caer, como consecuencia de algún movimiento brusco, al fondo del barranco dando trompicones.

El clima, que con deferencia nos recibió seco y templado el día anterior, no tardó en recobrar su lógica invernal, cambiando súbitamente de humor y transformando el paisaje verde y lozano en refrigerador nórdico, con ráfagas locas y violentas de nieve y viento. La costumbre y la veteranía de varios años de lucha intensa contra la intemperie no bastaba para combatir un frío inusual, que además no daba señas de remitir.

Al caer la noche, un sudario blanco cubría el paisaje, dejando al crepúsculo alargar su entrada perezosa entre furtivos claros de luna. Las protecciones de ocasión, hechas a base de chasis de palos y mantas tensadas, eran arrancadas de sus frágiles amarres por remolinos de viento, obligándonos, como a los marinos en alta mar cuando son sorprendidos por la tormenta, a aguantar las velas y el timón al descubierto.

La mochila ya estaba vacía y el hambre nos empezaba a roer el estómago con afilados colmillos; la nieve y el viento, profusos por demás, impedían encontrar sobre el terreno cualquier elemento comestible. Los caballos del «Cuerpo de tren», a su libre albedrío, se refocilaban durante la noche desbocados por la tormenta, saltando en manadas salvajes, echando a pique en sus repentinos remolinos los improvisados habitáculos y enviando todo al fondo del barranco. La rueda de la fortuna, en su ininterrumpida marcha, no hacía distinción entre animales racionales e irracionales, midiendo a todos con su mismo rasero.

De los males que nos acompañaron en los primeros pasos del destierro, el hambre y la suciedad eran los que más nos preocupaban. Los días pasaban sin que hallásemos qué comer; el agua, sin embargo, la íbamos encontrando en abundancia, unas veces fría, otras, congelada. Conmovidos por nuestro infortunio, los civiles y simpatizantes del entorno acudían a socorrernos en lo más inmediato, con combustible y alimentos.

A los pocos días el mal tiempo se aplacó; las borrascas de nieve dieron paso a los chaparrones de lluvia y viento, de los que solo el ganado sacaba provecho en forma de hojas verdes y pastos; amarga recompensa para el precio que, como irracionales, les tocaba pagar, puesto que cada día varios de ellos eran sacrificados para saciar nuestros estómagos.

El campo de Le Barcarès-sur-Mer

Entre quince y veinte días duró la romería sobre el costado francés de los Pirineos, al cabo de los cuales vino a recogernos el servicio del «Cuerpo de tren», compuesto por camiones «Zis» de origen ruso, desterrados igualmente en Francia tras haber cumplido sus servicios en el Ejército Republicano, y nos llevaron al término de una línea férrea cercana, posiblemente la que acababa en la ciudad termal de Amélie-les-Bains.

Encontrar un buen medio de transporte nos causó tal regocijo que, rebosando de contento, dimos por buenos los días de vacaciones pasados en la montaña, sobre todo al comprobar que nuestro tren tomaba la dirección del mar. Llegamos a pensar que, en pocos días, estaríamos navegando con dirección a la zona republicana del centro. En los pueblos por los que pasaba el tren, las gentes, en particular los jóvenes, salían a saludarnos, alboreando pañuelos con claros gestos de simpatía.

Desde que cruzamos la frontera francesa no teníamos noticias de cómo habían evolucionado en España la guerra y los demás asuntos derivados de esta; pero viendo la dirección que seguía nuestro tren, siempre hacia el Este, donde estaba el mar, nos embelesábamos hasta tal punto que descartábamos que se hubieran producido grandes cambios. Acercándonos a los llanos del litoral, divisamos a lo lejos el mar, con sus aguas calmas, semejante a una planicie infinita. A nuestra mente volvió la idea del barco que, partiendo de las costas francesas, nos dejaría un amanecer en algún puerto de la zona republicana del centro: Cartagena, Valencia, Alicante o cualquier otro.

Pero nuestro loado tren, contra toda previsión, se estancó en un espacio despoblado, libre de buques, grúas y demás signos portuarios. En todo el contorno solo se veían playas interminables, pequeñas dunas de arena fina y nada más. Al borde del mar se divisaban materiales de construcción, desparramados, en particular maderas y utensilios de trabajo, con hombres ocupados en levantar un buen número de barracas de madera. Una bonita villa y unas casitas de pescadores rompían la monotonía del paisaje. Después supimos que el apeadero formaba parte de la comuna de Le Barcarès-sur-Mer, situada a unos veinte kilómetros al nordeste de Perpiñán, capital del departamento de los Pirineos Orientales. A unos ochenta kilómetros, allá en la montaña, quedaban los puestos fronterizos de Le Perthus y Cerbère.

Los gendarmes y guardias móviles franceses, con porte severo y rígido, empezaron a dar vueltas a nuestro alrededor, repitiendo órdenes, *Allez, allez, circulez!*, de mal humor, alejando a varios centenares de metros de nosotros a los reporteros, periodistas, fotógrafos y curiosos que allí se habían acercado. Así nos llevaron al tercer grupo de barracas, «*Illot* C», listas ya para recibirnos. Este islote, como los dos anteriores y los que se harían después, estaba cercado con alambradas de pinchos por tres de sus lados, dejando libre el que daba al mar. Su puerta se abría a una imaginaria calle principal; dicha vía, con el tiempo, dividió el campo en dos mitades. Cada islote tendría una decena de barracas, con capacidad para alojar a unos quinientos concentrados aproximadamente.

Las salidas del campo nos fueron prohibidas sin una razón que lo justificase. Los paseos o giras por la playa, al borde del mar, solo se autorizaron en el horario establecido por la autoridad del campo: de ocho de la mañana a seis de la tarde.

Estas normas, impuestas nada más llegar, y las dificultades que ofrecía la lengua, no eran fáciles de digerir ni de entender; máxime cuando al que cogían los gendarmes por la orilla del mar fuera del horario establecido, le costaba un mínimo de veinticuatro horas de castigo dentro de un recuadro alambrado, a cielo descubierto, conocido como el *hipódrome*. La sentencia era dictada, y aplicada sobre la marcha, por el propio gendarme.

Las barracas, montadas a toda prisa, tenían bastantes defectos, en particular en las juntas de las planchas, por donde el frío del invierno y de las primeras semanas de la primavera entraba con todo su rigor. En las noches que había fuerte marea las olas revueltas alcanzaban las primeras barracas, aunque no originaban grandes problemas; a la mañana siguiente encontrábamos la playa llena de moluscos y de estrellas de mar, con otros sedimentos marinos abandonados por el agua en su reflujo. La fragancia del mar perduraba muchas horas después, mientras las olas, ya más calmadas, seguían su constante vaivén.

Desde estas espléndidas playas contemplábamos la cordillera pirenaica, con los picos más altos que sirven de frontera entre Francia y España. Detrás de nosotros, el mar infinito, con una tranquilidad desconcertante, mecía a lo lejos algunos barcos de pescadores. ¡Qué alegre y bonito es contemplar el mar Mediterráneo desde esta parte de la costa del golfo de León! ¿Y qué decir de las típicas casitas de pescadores, de sus redes colgadas sobre largos secaderos imitando telas de araña? Y a la villa, blanca como una paloma, la apodamos «Casa Blanca», emplazada esta también sobre la arena, al borde de la carretera de entrada y salida del campo; parecía el punto de amarre de cientos de balsas fluctuando sobre un mar de arena.

Las barracas siguieron montándose a ritmo acelerado, y en pocas semanas se completó el campo de Le Barcarès-sur-Mer con tantos islotes como letras cuenta el abecedario francés: veintiséis. En los momentos de máxima ocupación dieron acogida a unos veinte o veinticinco mil concentrados.

Pasaron algunos días antes de que las cocinas pudieran servirnos rancho caliente con regularidad. La ración que nos correspondía era insuficiente, pues el avituallamiento recibido en la intendencia para una determinada cantidad de individuos tenía que ser repartido entre muchos más, debido a la continua entrada de nuevos concentrados. A menudo el racionamiento no solo era escaso, sino que resultaba difícil de digerir por su alto contenido de grasa, blanca y fuerte, que nuestro organismo, algo empobrecido, no llegaba a asimilar bien; lo mismo pasaba con unas judías pequeñas, de las que yo no sabría asegurar su procedencia, que nos obligaban a andar ligeros, complicando el aparato digestivo con dolorosas diarreas y gastritis. Para atender a estas y otras necesidades se había previsto una especie de letrinas, así como un servicio de limpieza que se ocupaba de esa faena.

El campo estaba vigilado, y la guardia encargada de ese servicio se mostró al principio poco amable. Esto, unido a que el descontento crecía por la pobre alimentación, provocó entre nosotros un sordo malestar, que acabó en que un día nos negamos a comer lo que se nos daba, protesta que se generalizó inmediatamente a varios islotes. El gesto en sí mismo nos imponía un pesado examen de conciencia, pues iba contra la fama del país que nos había dado hospitalidad; y fue mal visto por las autoridades que tenían la carga, tal vez no muy cómoda, de administrarnos. Estas, no queriendo embarazarse con niñerías ni razonamientos pegajosos, no encontraron mejor medio que la mano dura con sus ingratos e indeseables huéspedes, llegados inoportunamente a comerse el pan de su ejército.

La respuesta a nuestras quejas fue poner todo el islote en

ayunas durante veinticuatro horas, rodeándolo además por un cordón de soldados coloniales, del cuerpo de «tiradores senegaleses», con la bayoneta calada, y con orden de atravesar el estómago, vacío en ese caso, al que quisiera acercarse a unos metros de ellos. El simple hecho de querer hablar con los «tiradores» era causa suficiente para verlos echarse el fusil a la cara en señal preventiva de advertencia. Pero eso ocurrió en las primeras horas de servicio, hasta que se dieron cuenta de que el león no era tan fiero como se lo habían pintado. Al final del día, no solo acabamos acercándonos a ellos, sino que además los convertimos en compradores privilegiados de nuestras peculiares reliquias que tenían algún valor comercial o sustancial: relojes, anillos, alianzas o prendas de vestir, a ser posible de colores vivos y chillones. Pero, fuera cual fuese la calidad o valor del objeto puesto en venta, su precio no cambiaba: todo a cinco francos, precio máximo impuesto por los compradores. Al principio solo las prendas relativamente baratas eran vendidas a ese precio; pero a medida que avanzaba el día y el estómago se desesperaba, otras prendas o reliquias de mayor valor sustancial o espiritual iban saliendo al retortero, siempre bajo el precio firme impuesto de común acuerdo por los compradores, quienes no sabiendo qué hacer con tanta chatarra y quincallería, se hacían de rogar en la negociación, sin salir del acordado precio de *cinq francs et rien de plus* («5 francos y nada más»), ayudando a la expresión con los cinco dedos de una mano abierta. Finalmente, nuestros rígidos guardianes, cansados ellos también de las severas reglas, confiaban su arma al vendedor mientras sacaban las divisas de sus escondites, pues no siempre las tenían guardadas al alcance de cualquier caco.

Tanto la protesta como su castigo terminaron en agua de borrajas porque, bien visto, no podía ser de otra forma; de modo que acabamos todos calmándonos por las muchas horas pasadas en ayunas y con el aire tranquilizante del mar.

Hundimiento de la Segunda República española

Al vernos ya instalados en ese campo de Le Barcarès, fuera de nuestra tierra, comprendimos que la causa democrática, la de nuestra Segunda República, estaba perdida o en vísperas de ello. Por la prensa regional *L'Independant* de Perpiñán y *La Deppèche de Midi* de Toulouse, que entraban al campo, leíamos cómo la guerra de España tocaba a su fin, y con los mismos síntomas con que se inició treinta y dos meses antes; con los mismos síntomas para los observadores y críticos imparciales, pero con dolor para los que nos habíamos fijado como meta de nuestra vida la defensa legítima de esa malograda República, pues se trataba de las lidias bélicas de última hora y de las discrepancias intestinas entre los que tenían como misión defender esa democracia y obedecer las órdenes del legítimo Gobierno. Sublevaciones, abusos de poder, chaqueteos y tantas vilezas más gastaban las magras fuerzas del Ejército Popular de la República, de nuevo en batallas fratricidas, unos por terminar la guerra por su cuenta y otros por continuarla, quizá por su cuenta también, con la idea de apuntarse en su favor algunos tantos, que ya no valían nada; algo propio de nuestro carácter, obcecados en zurrarnos y desgastar nuestras propias fuerzas antes que unirlas en un fin común y honroso, buscando el lugar común de encuentro, la virtud del medio, arrimando cada cual su hombro todos con el mismo fin, como debería ser. Y todo eso ante la mirada del Ejército rebelde y de las fuerzas extranjeras de intervención, prestos a terminar con la legitimidad del Estado, cortando el nervio o cordón umbilical del Centro con las provincias que mantenían la democracia.

Casi tres años de sufrimiento, privaciones, destrucción y sangre de ese pueblo bravo, de ese pueblo orgulloso, caían al precipicio. ¿Qué pueblo se ha batido con tanto empeño y se ha sacrificado hasta ese extremo por tan elevados valores? Esa esperanza frustrada nos impedía ahora mirarnos frente a frente y preguntarnos a nosotros mismos: ¿hemos hecho cada cual lo que debíamos?

¿Y ahora? Esta derrota nos golpeaba el alma con la fuerza de un martillo de repetición, alargaba sus tentáculos hasta este puto campo, y soplaba por bocas oscuras de gente de dudosa condición, que encontraba su gozo minándonos la moral, con discordias preparadas y críticas incongruentes, listas a minar una avenencia bastante frágil, rota ya con todos esos reveses.

Las discrepancias políticas y regionales, fuera de lugar en los frentes de batalla, aparecían en este arenal levantadas por individuos de pocos quilates, que no quisieron o no supieron comprender los valores de nuestra obstinada lucha por la democracia de nuestro pueblo. Al mal humor de sentirnos derrotados y arrojados fuera de nuestro suelo se sumaba la disputa vana y estéril, queriendo cada cual por su cuenta justificar su persona, cargando sobre los otros los errores de esa inmerecida pérdida. Una pérdida quizá no valorada en su justo precio hasta ahora; ahora que notábamos que nada más podíamos esperar.

Recluidos en aquel campo podíamos meditar sobre el camino que nos había traído hasta ahí, encerrados, fuera de nuestra familia, de nuestros puestos de trabajo, frágiles como las prendas ligeras expuestas al viento, que, como dijera el poeta:

Hojas que del árbol caen,
juguetes del viento son...

Sí. A esa situación mal comprendida, nos era difícil adaptarnos sin que nuestro fogoso carácter nos acosara con sacudidas rebeldes e irreflexivas. Sin embargo, bien mirado, incriminar de chaqueteros, de derrotistas o de trapaceros a hombres que abrazaron la República y su causa, ofreciéndose al servicio de ese pueblo lleno de faltas y también de virtudes, sin poner condiciones por la entrega de sus servicios, ni límite al esfuerzo de su trabajo, no era justo. No era justo tratar así a tantos intelectuales, políticos, militares, enseñantes, artistas..., hombres que se colocaron al lado de su pueblo, al frente de esa legión de iletrados, y que lo acompañaron sin desfallecimiento hasta la sima de su derrota, en la que cayeron ellos mismos. Sea esto dicho en su honor.

Una universidad sobre la arena

Con la llegada de la primavera y su sol radiante, un poco de mejoría en la alimentación y, sobre todo, un poco más de serenidad, fueron disminuyendo los achaques por el cambio de situación, cicatrizando las heridas de la nostalgia y reculando las enfermedades que nos acompañaron al destierro, ahora tratadas con medios higiénicos y profilácticos, y por la voluntad de cada uno puesta al servicio de ese combate por la salud.

Los comités internacionales de socorro y filantropía nos habían donado ropa y útiles de aseo y limpieza, de forma que pudimos desprendernos de la indumentaria usada durante varios meses consecutivos, cocerla y desinfectarla hasta acabar con los parásitos, la sarna y el lote de molestias ocasionadas por la suciedad. Familiares o amigos de algunos de nuestros camaradas, residentes en Francia o en otros países, llegaron a punto de combatir la penuria, socorriendo a sus protegidos y, aunque en pequeñas dosis, introduciendo un poco más de riqueza en el campo; y esto es justo que sea subrayado. Con estos obsequios, agregados a una ligera mejoría en la intendencia, y a que el jefe del campo levantó la mano en lo referente a la comunicación entre los concentrados, el campo de Le Barcarès-sur-Mer llegó a convertirse en un lugar de agradable recuerdo.

Los intelectuales se movilizaron con ahínco y generosidad para implantar sobre la arena de esas playas una universidad de las más singulares en su género, a la que acudían asiduamente miles de jóvenes estudiantes, deseosos de profundizar en sus conocimientos o refrescar sus estudios anteriores, abandonados por la guerra, pues a pesar de los restringidos medios de enseñanza que había, con una férrea voluntad conseguían éxitos didácticos remarcables, obligados en ocasiones a servirse del suelo arenoso como encerado, a falta de telón más apropiado. No estaría de más señalar, en honor del cuerpo de enseñantes españoles, que el analfabetismo, que alcanzaba el veinticinco o el treinta por ciento de los soldados de la República al comienzo de la guerra, había bajado casi a cero al término de esta, porque los maestros y profesores, llamados durante la campaña «Milicianos de la Cultura» consiguieron prodigios en el ejercicio de su profesión durante la contienda, arriesgando sus vidas (muchos de ellos murieron) para llevar el fruto de la cultura hasta las líneas de fuego. Los intelectuales fueron, pese al diablo que todo lo enzurrulla, el hierro de la lanza pedagógica, quizá sin comparación en los anales de la enseñanza de nuestro país. Un cuerpo de ilustrados, en su mayoría autodidactas, ya que la enseñanza superior, salvo excepciones, estaba reservada a la clase más pudiente, compuso la osamenta intelectual de la República. Ellos comprendieron cuáles eran las necesidades culturales más urgentes del pueblo español.

También en el campo de Le Barcarès se movilizaron los artistas, profesionales y aficionados, que consumaban con maña y talento estimadas maravillas en pintura, escultura, dibujo... En una habitación de la «Casa Blanca», donde se exponían trabajos de talla pequeña, pero refinados y de buen gusto, habilitada para ello por el comandante del campo, queda como testigo un museo con pinturas y esculturas de las que allí se expusieron.

No faltaron los juegos de paciencia e inteligencia como el ajedrez; ni los deportes, sobre todo los llamados de punta, como el fútbol, el boxeo, o la natación, para los que disponíamos de inmensas playas. Los equipos organizados en el campo eran a menudo solicitados para disputar competiciones en las localidades próximas, e incluso en Perpiñán.

Sobre la explanada situada frente a la referida villa, se repetían los domingos exhibiciones deportivas a las que asistían, como espectadores, los empleados de la administración, sus familiares e invitados, con gran contento, a juzgar por el calor de sus aplausos.

En este concierto, como en tantos otros, hubo falsas notas, que llenaron mi corazón de un resentimiento de impotencia. Recuerdo, por ejemplo, con cierta aflicción, que varios de nuestros enseñantes, cogidos en su labor didáctica por una policía poco comprensiva, fueron encerrados en el fuerte de Colliure con etiqueta de agitadores comunistas, palabra tabú en aquella época. Por entonces moría en ese mismo pueblo de Colliure uno de nuestros mejores poetas contemporáneos: Antonio Machado.

Pero sigamos en el campo de Le Barcarès para rememorar las otras ramas florecientes del árbol etnológico hispano, las que nos sustentan el alma y de las que cada cual pone y saca su fruto inyectándole su propia savia. Me refiero a los poetas, cantaores y músicos, germen de la canción lírica, romántica y clásica, bien inspirada en las últimas décadas del siglo xix y no menos divulgada en el siglo xx.

La música se presentaba como la hermana pobre en ese concierto, no por falta de músicos ni de melómanos, ni tampoco de interesados en ese maravilloso arte, sino por carecer, salvo excepciones, de los instrumentos musicales adecuados y de sus medios de adquisición. Por contra, la canción, en todas sus facetas y ritmos, proliferó por doquier: coros vascos y norteños, con sus estilos regionales cantados por duchos en esa especialidad del canto, y por los que se les iban agregando sobre la marcha; zarzuelas picarescas, que encontraban sus adeptos entre los madrileños y catalanes, aunque estos últimos se inclinaban más por la sardana, propia de su tierra, a la que poco a poco nos uníamos los demás tarareándola oportunamente; canciones pícaras y graciosas cantadas por los valencianos en su propia lengua; las simples y enérgicas de los maños; las irónicas de los murcianos y andaluces; y las ingenuas y perspicaces de los manchegos. Los valencianos, músicos por excelencia y temperamento, eran los que con mayor pesar sentían la falta de sus instrumentos musicales, de los que, salvo en caso de necesidad, no se separaban nunca.

Lo hasta aquí referido no expresa todo el capital musical de los concentrados; los fandanguillos, soleares, pasodobles, jotas y otros más, eran a menudo un testimonio de nuestra intimidad, pues la falta de ese murmullo intuitivo se presenta en el carácter español como señal de mal presagio: «Cuando el español no canta, está jodido o poco le falta». Ahora bien, lo que más me marcó, tanto por lo extraordinario de las representaciones como por el sitio donde tenían lugar, fueron las zarzuelas y las óperas. Muchos de los concentrados no estábamos educados para ese estilo de canto, posiblemente por nuestros orígenes provincianos y labriegos; sin embargo, nos fuimos arregostando a tales divinidades, hasta convertirnos en melómanos asiduos y practicantes, en algunos casos demostrando buenas aptitudes. Entre las obras que a mi parecer tenían mayor audiencia citaría, convencido de acertar, *La Dolorosa*, *Katiuska*, *Carmen*, junto con tantas otras operetas cantadas por el Angelillo en sus comedias musicales; sin olvidar otras de tan alto relieve, que aquí no menciono. Los intérpretes de esas obras no eran siempre aficionados ni socarrones; salían cuando menos se esperaba algún que otro barítono o tenor, ejercitados, según se decía, en La Escala de Milán, en el Liceo de Barcelona, o en salas y teatros nacionales e internacionales de elevada reputación. La voz de esos artistas, enternecida por la nostalgia del destierro, extendía su eco sublime sobre las playas del Rosellón como el fulgor del relámpago, en el anochecer o anocheceres del año 1939, escuchadas con silencio devoto por miles de oídos cautivos, embriagados por la brisa aromática del silencioso Mediterráneo.

El podio o escena en la que se repetían tan famosos conciertos no carecía de originalidad: por irónico que parezca, se trataba de las letrinas del campo, que debido a ello alcanzaron mayor prestigio que ningunas otras en el mundo; y es porque eran el único lugar elevado donde podía situarse el artista para ser convenientemente escuchado por todos. Por esos escenarios tan inusuales pasaron cantantes, charlatanes, cómicos y mimos, ejercitando sus profesiones o habilidades para placer de todos los que, a cielo descubierto, queríamos escuchar sus conciertos y recitales o evadirnos gratuitamente. Esos podios recibieron a verdaderos artistas, a los que hoy día mucha gente, dicha de alta alcurnia, habría escuchado en salas y palacios decorados adecuadamente para la ocasión.

Estos hombres, cuyo comportamiento es digno de los más encarecidos elogios, con el paso de los días fueron desprendiéndose de sus títulos y de los honores propios de su encumbramiento social, y adoptaron en la práctica el de «camarada», digna palabra cuyo significado engloba tantos otros que se usan para expresar la unión respetuosa, desinteresada y amistosa entre los hombres. Ellos, que sin duda merecían ser honrados según la tradición en curso en nuestra sociedad multiforme en función de su estado social e intelectual, parecían admitir de buen grado el mismo tratamiento que los otros internados, como si todos estuviésemos cortados por el mismo patrón. Así, la palabra «camarada» corría del viejo al joven, del alto al bajo, del feo al hermoso, sin remilgos ni grimas. Los títulos honoríficos como excelencia, alteza, señoría... ocupaban plaza solo en las parodias cómicas, que se hacían eco de una sociedad arcaica, muy remota ya en nuestros días.

Pero esa costumbre adquirida entre las alambradas nos

costó después muy cara, pues la pagamos en vejaciones y escarnios cuando caímos en manos de mandones y administrativos nada dispuestos a que se les tratase con llaneza, y sí a que se les ponderasen sus privilegios, aunque fuesen mínimos o ridículos, como veremos sobradamente en lo que queda de esta historia.

Yo, que analicé con calma tan franco y común comportamiento, saqué como conclusión que la sociedad no sería peor suprimiendo la arrogancia de los unos y el servilismo vergonzoso de los otros; pensé y sigo pensando, aunque tolero la opinión contraria, que los títulos nobiliarios no engalanan al personaje que se los arroga frente a sus semejantes, sino que, por el contrario, lo ascienden hasta la cúspide de la falsedad.

Dispersión de los republicanos españoles

Desde que llegamos al campo de Le Barcarès, un huésped no muy bien apreciado por nosotros nos rendía visita con frecuencia, y no de forma desinteresada. Estas visitas, normalmente, estaban precedidas de algunas horas de ayuno, para que acogiésemos las propuestas del huésped con mayor apetito. Se trataba de un contrato voluntario para alistarse en la Legión Extranjera por cinco años, con derecho a reenganche si el contratante lo deseaba, previo cumplimiento de lo firmado, con el cebo de quinientos francos repartidos en dos pagos, mitad al enganche, mitad al final del contrato; naturalmente si el reclutado se mantenía con vida, párrafo que no figuraba en el contrato. Como excepción a la visible hostilidad de la mayor parte de los concentrados en lo concerniente a aceptar tal compromiso, algunos cientos de ellos accedieron a firmarlo atraídos por la inmediata ventaja de aplacar el estómago, antes que por el gusto, poco común entre todos, de tentar tales y tan ambiguas aventuras.

La repulsa y hostilidad de la mayoría de los concentrados respecto de entrar en tal negocio no suponía disuasión ni imposición para los que optasen por tal compromiso admitido de propia voluntad; en tales circunstancias, nadie está completamente seguro de haber elegido o seguido en mejor camino, y por lo tanto no debe reprocharse la elección de los demás. ¡Hágase su voluntad!

De esta forma se iniciaba la separación de los que juntos salimos de España, que se hacía dramática para todos, pues a nuestro futuro no se le presentaban muchas variantes. A esas alturas ya sabíamos que volver al país suponía exponerse a las represalias, abusos y venganzas cometidos contra los republicanos de todo pelo; la otra alternativa era abrazar con los ojos cerrados las trabas que nos imponía el destierro.

Para alojar a los que optaron por la repatriación se construyó otro pequeño campo próximo al nuestro. Al principio, y durante los meses que siguieron a la entrada en Francia, no había mucho entusiasmo por volver a España; solo algunos centenares, de los miles que estábamos, pidieron el retorno inmediato; otros fueron decidiéndose sobre la marcha, cansados del alejamiento familiar, pero siempre en cantidades minúsculas y con vacilaciones. Algunos cientos más se decidieron a volver cuando el retorno fue aconsejado para aquellos que no tuviesen miedo a sufrir represalias; se trataba de evitar, tanto como fuera posible y a tantos como fuera conveniente, las desventuras poco halagüeñas del exilio, cargado ya de nubes oscuras y porvenir incierto.

Pero a pesar de los ruegos y llamamientos a los que pudieran volver a sus casas sin riesgos, no había mucho entusiasmo entre los refugiados por retornar a una España que estaba bajo el régimen del general Franco. Se comentaba que algunos transportes de repatriados habían sido recibidos a tiros a su llegada al lugar de concentración de Figueres, o sus alrededores, por los «caballeros» del Tercio o Legión Española, e incluso linchados por bandas de delincuentes cuando llegaron a sus casas.

No se sabe, y quizá nunca se sepa, cuántos españoles pasamos a Francia con la retirada del Ejército Republicano ni cuántos optaron por el regreso al país; los cálculos han aproximado las cifras al medio millón de refugiados en la Francia metropolitana, de los cuales en torno a un diez por ciento eligió la opción del retorno.[V]

Para facilitar la vuelta de los exiliados, sus familiares buscaban en las ciudades y pueblos de origen influencias entre los adictos al nuevo régimen, que proporcionasen «avales» que los protegieran, habida cuenta de los frecuentes casos de linchamiento y venganzas particulares que se veían en el territorio últimamente ocupado por las huestes «nacionales». Sabido fue de todo el mundo, incluso fuera de nuestras fronteras, que las represalias incontroladas, e incluso controladas, fueron moneda corriente en esos días, meses y años trágicos, llevadas a cabo no solo por dolientes y resentidos a causa de los abusos cometidos por los republicanos, que también existieron desgraciadamente, sino por personajes oscuros e interesados, sin ideas ni conciencia y de mala calidad cívica, envueltos en mala fe y embriagados por el lucro. Todo lo que parecía «rojo» era atacado, con pretexto o sin él, por gente impúdica, que, si no fuese por minuciosidad y por ayudar a la veracidad de la Historia, no se deberían sacar al retortero, pues siendo de nuestra misma patria nos ensucian a todos con sus atrocidades.

Para los que elegimos quedarnos, llegó pronto la dispersión por diferentes rutas de Francia, país de acogida en aquellos duros momentos. Cuando llevábamos algunas semanas en

V. Las investigaciones más recientas calculan que regresaron a España unos doscientos cincuenta mil exiliados, es decir, la mitad de quienes cruzaron la frontera en febrero de 1939. El autor, al hablar del diez por ciento, parece referirse al porcentaje de retornados de entre los que formaron parte del ejército republicano.

el campo de Le Barcarès, los servicios de inmigración nos entregaron unas fichas, para rellenarlas, donde debíamos anotar de forma explícita el país o los países a los que queríamos ser enviados. Solo unas pocas naciones estaban dispuestas a admitirnos, bajo ciertas condiciones, siempre que se tratara de un número reducido de refugiados. Ni sabíamos ni sabemos el crédito que se les podía otorgar a tales fichas. Pensábamos que poco, y los resultados, que nunca nos llegaron, nos dieron la razón. No obstante, guiados por propia voluntad, cada cual los rellenamos y los devolvimos después de marcar el país o los países añorados; no nos parecía bien meternos en dudas de conciencia, pues pocos eran los países que nos ofrecían asilo. Esos países fueron fundamentalmente la Unión Soviética, donde ya se había acogido durante la guerra a algunas centenas de jóvenes del norte para alejarlos de la contienda, y que admitió a una buena parte de los dirigentes del Partido Comunista de España, entre ellos a bastantes militares de alto grado del Ejército Republicano; la República Argentina y otros países sudamericanos, que acogieron refugiados españoles que contaban allí con familiares, amigos o simpatizantes bien situados; algunos países de América Central, Antillas y América del Norte, pero siempre en pequeñas cantidades: políticos, artistas y diplomados en su mayoría; México, país al que quisiera aquí mismo rendir mi homenaje sincero, que admitía dentro de sus fronteras a tantos españoles como pudieran pasar el charco pagándose ellos el viaje, lo que en la práctica era imposible de realizar por nuestra parte; y Bélgica, que ya había recibido anteriormente algunas centenas de niños, gesto bravo y loable. Con todo ello, entre el setenta y el setenta y cinco por ciento de los refugiados españoles pasados a Francia a consecuencia de la guerra quedamos dentro de sus fronteras.

Francia, objeto de acerbas críticas por parte de algunos compatriotas, los menos sin duda, fue el único país que nos acogió tal como éramos, sin discriminación política ni religiosa, como pudimos apreciar por nuestra cuenta cada uno de los que allí nos quedamos. Cualquiera que fuese el talante, cualquiera que fuese nuestra condición, e incluso cualquiera que fuese la opinión que los franceses tuvieran de cada uno de nosotros, Francia nos acogió a todos. Por ello deseo expresar a este país la gratitud de cientos de miles de españoles: en su nombre, de cuya opinión creo que no estoy errado, le digo *Merci*.

La ayuda a los refugiados

La llegada del verano facilitó la desaparición total o casi total de las enfermedades cutáneas, sarna y pedicular, junto con otros sinapismos que se pegan al hombre, protegidos por la suciedad y por la miseria, su hermana gemela. Los baños de sol, y los no menos estimados de mar, fueron a ciencia cierta los mejores cirujanos de esa calamidad. La comida mejoró algunos puntos con la ayuda recibida del exterior, enviada por particulares caritativos y por comités internacionales de beneficencia, pues las amistades, familiares y simpatizantes con nuestra causa, en Francia y fuera de ella, así como un organismo republicano, el SERE, acudieron en nuestra ayuda. El rancho fue más abundante, debido a que las raciones de los que nos habían dejado, alistados en la Legión Extranjera o reclamados fuera, seguían llegándonos después durante algunos días.

Unas horas de recreo dentro del campo, para poder visitarnos entre conocidos y familiares alojados en distintos islotes de dicha instalación, contribuyó también a mejorar los ánimos. El dinero que poseían algunos privilegiados facilitó que los comerciantes de los alrededores acudieran dos veces por semana a colocar sus puestos de mercancías en los costados de la vía principal, donde se abastecían de comida y prendas de uso corriente, aseo y limpieza, los que podían pagarlo.

Todo parecía marchar hacia una estancia más llevadera, aunque en cautividad. Y fue entonces, cuando todos teníamos la impresión de haber alcanzado la recompensa al sufrimiento pasado, cuando aparecieron los caprichos del temperamento de cada uno, que vinieron a poner trabas a las ventajas logradas. ¡Pues sí! Y es que no todo fue maravilloso en las relaciones entre españoles en el campo de Le Barcarès.

La enseñanza, las artes, los deportes, la canción, todo lo referido y tal vez algunas cosas olvidadas, no fueron lo único que ocupó nuestro tiempo. Las tiranteces políticas o regionales, con sus desavenencias y rencores, por virtudes o defectos de los que tienen que convivir juntos, también aparecían cuando hacía menos falta, y de la forma más inesperada. Las polémicas políticas que en su momento oscurecieron el cielo de nuestra retaguardia, atizadas por los matices del sistema democrático, que no llegaron a los frentes de batalla más que en ínfima parte, campaban en Le Barcarès con la vehemencia verbal que envuelve nuestro temperamento meridional, iniciadas casi siempre por los inconformistas, que no cesaron de soplar contra nuestra infortunada República; treinta meses en los que sus defensores, de una u otra ideología, lucharon codo con codo fraternalmente, se enturbiaban sobre esta limpia arena porque, con intención o sin ella, valientes y bravos compañeros habían cogido un carnet, o incluso varios, de organizaciones o partidos diferentes entre sí. Con mal ejemplo, altas personalidades que habían defendido con toda su capacidad, contra viento y marea, las instituciones republicanas, eran calumniadas y arrastradas por el cieno por tipos de dudosa calidad, que no llegaron a comprender los valores por los que luchamos, ni tan siquiera las necesidades populares. Brutos y charlatanes, repito, se servían de la depresión moral de los concentrados para sacarles del espíritu la fe en una lucha que, incluso perdida, conservábamos con el calor que se conserva un bien propio. La franqueza mantenida entre bravos hombres se perdía: «Cuidadito, ese no es de aquí..., es de allá», se repetían desconfiados. Tal sospecha, cuando surgía, nos encerraba en la confusión hasta llegar a dudar de nosotros mismos. Afortunadamente, la fatídica ola de desconfianza pasó o bajó de intensidad al cabo de pocos meses de su aparición, dejando, no obstante, secuelas desagradables en las relaciones personales.

La marcha continua durante muchos meses consecutivos sobre la mullida arena, con la rotación del pie y la pérdida de algunos centímetros en cada paso, nos viciaba el cuerpo, desplomándolo hacia delante algunos grados, atraídos como por un imán por la masa de la Tierra. La arena estaba inmersa en todos los ámbitos de nuestra vida: en el pelo, en el cuerpo, en la comida... La arena nos servía de colchón, de encerado, de achaque sobre el bien y el mal; tan pronto recobraba prestigio y elogio como se la culpaba de todos los males. ¡La arena...! Tal era ya la obsesión con que la veíamos, que cuando desvariábamos o teníamos lapsos mentales decíamos que la arena nos había entrado en la mollera. De dos maneras distintas hablábamos sobre la arena: cuando comentábamos sus atributos lo hacíamos de forma sincera, sana e incluso poética; por contra, cuando ironizábamos sobre su abundancia y molestia lo hacíamos con indignación y rebeldía, no por renegar de su limpieza suave y servil bañada por dorados rayos de sol o por aguas transparentes, sino porque a través de esa arena maldecíamos la desdicha que nos había llevado hasta ahí. Sin embargo, ella era nuestra única riqueza, nuestro pasatiempo, el injusto pagano de nuestras deudas. En las horas tranquilas y de recreo, frente al azul claro del Mediterráneo, la brisa marina nos embelesaba con reminiscencias lejanas y sueños de una juventud que se alejaba antes de habernos llegado. Sobre esa arena quedaron mis veinte años, como los de tantos otros jóvenes, mayores y menores, encerrados todos en esa ratonera preparada por el destino.

Con la marcha de los intelectuales, cada cual donde pudo o le convino, llegó el reposo y el ocio permanente y el no saber qué hacer, que nos encerraba a todos en una parásita monotonía. Los juegos de cartas nos juntaban las noches con los días a la luz de un candil o de una bujía, en partidas interminables, en las que nos jugábamos enormes cantidades de imaginarios billetes. Todos esos billetes, ¡muchos millones! iban cayendo en las manos de los jugadores más astutos, y luego en las tinas de las inmundicias, después de haber cumplido su último trabajo. ¡Triste ejemplo!

Los padres de familia y los casados parecían ser los que peor llevaban el peso de la larga y penosa separación, y más oscuro veían su futuro, pues solo había dos alternativas: volver al hogar corriendo los riesgos ya mencionados o quedar en el extranjero sin perspectivas de reunirse algún día con los suyos. Problemas de ambigua solución que les absorbía el juicio hasta meterles el cerebro en la más incurable demencia.

Empieza la Segunda Guerra Mundial

Mientras los españoles probábamos el duro exilio, la política internacional seguía su curso acelerado, amenazando día a día la tranquilidad de los pueblos por las desorbitadas ambiciones de Hitler y Mussolini.

Para los republicanos españoles aparcados entre alambradas, observadores atentos de la situación, las ambiciones de esos regímenes en ascenso, que los grandes políticos decían no conocer, fuera por auténtica ignorancia o por complacencia, se presentaban claras: Hitler no recularía en su marcha triunfal ante ruegos o tímidas amenazas. Los representantes de la República española previnieron en su día al mundo, cuando España perecía bajo las armas y la metralla fascista, del peligro que se avecinaba sobre los otros pueblos democráticos, sin que la mayor parte de sus dirigentes levantasen un dedo; antes al contrario, metieron la cabeza debajo del ala como el avestruz.

Las dudas, si las había, sobre las ambiciones de los regímenes fascistas, no tardaron en aclararse cuando los nazis invadieron Polonia, sometiéndola a sangre y fuego por los cuatro costados. En solo treinta días, a pesar de una resistencia heroica, el Ejército polaco fue derrotado. Polonia caía ante las mismas armas que habían destrozado España y empujado a casi medio millón de españoles fuera de sus fronteras, colocando las libertades del pueblo español bajo la apisonadora fascista por algunas décadas. Lo mismo habían hecho con Albania, cinco meses antes, las hordas fascistas italianas. La cosa estaba clara; todas las vueltas que se le quisieran dar no eran más que ambigüedades, una forma de sembrar confusión o de querer justificar lo injustificable. ¡Había pruebas irrefutables!

Los gobiernos de Gran Bretaña y Francia, puestos entre la espada y la pared por su alianza con Polonia, empujaron a sus países a la guerra cuando la situación era ya irreversible. Francia entraba en un serio conflicto y las repercusiones lógicas de la nueva situación en nuestra patria de acogida pe¶7 saban tanto en la moral de los franceses como en la nuestra. El mal humor de la población y los problemas generados por la defensa del país no nos eran favorables. Las restricciones dejaron secuelas en el racionamiento, que fueron aprovechadas por el reclutador de la Legión Extranjera, quien intensificó sus visitas, aunque cada vez con menos éxito; y es que tal institución militar nos infundía alergia, pues nos traía a la memoria la de España, conocida también como el Tercio, la Legión Española o simplemente la Legión, que en manos de Franco resultó ser un cuerpo represivo.

Cuando fue evidente que los esfuerzos de recluta de la Legión Extranjera eran inútiles, apareció por el campo de Le Barcarès un nuevo cuerpo militar, semejante al anterior, pero con diferente fachada, invitándonos a enrolarnos en sus filas. Se trataba de los Batallones de Marcha, igualmente retribuidos, pero firmando solo por el tiempo que durase la guerra. Si al término de esta el enrolado seguía vivo podía adquirir la nacionalidad francesa si así lo deseaba, quedando a partir de entonces libre de todo compromiso militar. Esa forma de servir a este país de acogida la encontrábamos más adecuada, y nos permitía continuar la lucha por la causa que habíamos defendido.

Los Batallones de Marcha eran también unidades militares integradas por extranjeros, en este caso españoles, que componían la base y las clases subalternas; pero los cuadros medios y superiores eran franceses. Su reclutamiento tomó como base el campo de Le Barcarès, que empezó a ser desocupado por sus primeros moradores para dejar plaza libre a este nuevo cuerpo militar puesto al servicio de la Defensa Nacional.

Los refugiados españoles no enrolados en dicha unidad debíamos marchar a otros campos instalados en esa misma costa. ¿Dónde íbamos de nuevo a poner el huevo? Nadie lo sabía; ninguno de nosotros, quiero decir. Y en el fondo, ¿qué importancia tenía? De todas formas había que admitir el hecho tal como se nos presentase; en tal caso era mejor no romperse la cabeza.

Además del campo de Le Barcarès, situado sobre la costa del golfo de León a unos veinte kilómetros al este de Perpiñán, estaban los de Saint-Cyprien y Argelès-sur-Mer, al otro lado de la referida capital, a unos veinte kilómetros; el campo de Agde, en la misma costa, pero en el departamento vecino de Herault; el de Vernet d'Ariège, en el departamento de Ariège; el de Judas en la comuna de Septfonds, en Tarn-et-Garonne; el de Gurs, en los Bajos Pirineos, y el de Bram,[VI]

VI. El campo de concentración de Bram estaba ubicado en el departamento del Aude.

cuyo emplazamiento exacto desconozco. En ocasiones escuché que además de estos campos había algunos refugios que acogieron a mujeres y niños y quizá a familias enteras; pero solo tengo referencias concretas del de Angulema, en el departamento de La Charente. Es posible que existieran otros campos similares a los ya mencionados y otros refugios en Francia, como los había en Argelia, según también escuché.[VII]

En el campo de Saint-Cyprien

El aviso del traslado nos llegó un día de octubre, ocho meses después de nuestra entrada en Francia. No nos quedaba otro remedio que despedirnos de ese lugar de fortuna, en el que dejábamos, entre añoranzas y pesares, ocho meses arrancados a nuestra juventud.

El convoy en el que yo fui trasladado tenía como destino el campo de Saint-Cyprien, instalado también junto al mar, al sudeste de Perpiñán, más cerca, por consiguiente, de la frontera española, que quedaba tan solo a unos cuarenta kilómetros a vuelo de pájaro por los puestos fronterizos de Cerbère y Le Perthus. El campo de Saint-Cyprien era, a primera vista, tres o cuatro veces mayor que el de Le Barcarès, y su organización, más anárquica. Se decía que en su pleno apogeo albergó a unas cien mil personas entre mujeres, niños, ancianos, civiles y excombatientes. Cuando llegó nuestro convoy no parecía que tuviera ni la mitad; suponemos que el resto había seguido el camino de los que salieron de Le Barcarès: Legión Extranjera, Batallones de Marcha, emigración a otros países, trabajo en la vendimia o en otros oficios, o la repatriación.

Muy cerca del campo de Saint-Cyprien estaba el de Arge-

VII. El autor no se equivocaba. Hubo otros recintos, de diferente tamaño, en los que se confinó a los exiliados y exiliadas españoles.

lès-sur-Mer, el mayor de todos, que quedó grabado en la mente y en las memorias de la emigración española; fue el que alcanzó mayor notoriedad, el que no olvidará el exilio español, aunque sus integrantes vivan más años que Matusalén. Raramente un refugiado español de esa época mencionará dicho campo sin emoción ni tristeza. El campo de Argelès-sur-Mer empezó a recibir moradores tan pronto como se abrió la frontera francesa. Las primeras avalanchas humanas entraron en Francia por los montes nevados, en una huida masiva y desorganizada, envueltos en una manta, con una maletilla aguantada con cuerdas, con una bicicleta sin neumáticos o con un cochecito de niño cargado con un enfermo, medio descalzos, casi desnudos, arrastrando sobre la nieve un miembro herido o helado. Solo con el ajuar cogido a toda prisa o con sus pocas reliquias arrancadas al hogar con la precipitación de la huida, llegaron a Argelès cuando el campo no tenía barracas ni preparación sanitaria alguna.

Todos se fueron amontonando sobre el despoblado de esa costa, ofreciendo al mundo civilizado, y a sus reporteros, un cuadro inolvidable, indigente, de tristeza y miseria; de escenas reales que prolongaron un drama iniciado treinta y dos meses antes, y que amenazaba con el descalabro a los que trataron de llevar la empresa republicana adelante. El anhelo de libertad, el rechazo de la tiranía y el deseo de mantener la democracia se había pagado, y seguía pagándose, muy caro. Raro será el español exiliado en Francia durante esos terribles meses de invierno y primavera de 1939 al que no se le encoja el corazón de emoción al evocar o recordar esas imágenes lejanas pero imborrables en nuestra memoria. Pocos de los que han sobrevivido de entre las doscientas cincuenta o trescientas mil personas amontonadas en aquel descampado, antes de que fueran distribuidas por otros campos de concentración, olvidarán los primeros días vividos en el exilio.

No es propio de mi temperamento quejarme de vicio, pero

mi sensibilidad quedó dañada por estos hechos y por los que aquí se irán narrando; por ello pido comprensión si me dejo llevar un poco por mis sentimientos.

El campo de Saint-Cyprien parecía, a nuestra llegada, una selva de barracas, y su aspecto lóbrego nos hizo sentir mal. La falta de entretenimiento y los vientos salados del mar habían ennegrecido la madera, agrandado las rendijas y quebrantado el habitáculo, construido aprisa y de forma circunstancial. El viento del otoño, que soplaba de los montes al mar y viceversa, conocido por los nativos de la región como Tramontana, atravesaba arremolinado los tabiques y planchas protectoras, envolviéndonos en polvo y arena, como a nómadas del desierto, y obligándonos, para protegernos de esa molestia, a construirnos cabañas en el interior de las barracas. En los largos anocheceres no teníamos otro alumbrado que el proporcionado por la grasa blanca de la comida, que se helaba y solidificaba con la temperatura ambiente. Los candiles para el alumbrado los fabricábamos con latas de conserva.

El campo estaba tan cerca de la frontera, que nuestras miradas se posaban durante horas en ella, como si quisiéramos entrar furtivamente en nuestro país, atacados de nostalgia por tantos meses de exilio. Algunos veteranos que aguantaban allí desde que se construyó el campo nos contaban cómo muchos infortunados perdieron el juicio mirando devotamente, día tras día, hacia España, llorando y divagando como almas en pena.

Allí no había ninguna distracción; la estancia se hacía larga y pesada. Varias horas del día las pasábamos frente a la puerta principal del campo, esperando que algún particular, con necesidad de brazos, llegase a sacarnos para trabajar fuera; el ansia de salir, el deseo de distracción, la golosina del pequeño suplemento de comida y alguna cosilla extra ofrecida por el empleador, como un cigarrillo que completase ese extraordinario suplemento, nos hacía aguantar, casi siempre en vano, muchas horas al día. A menudo para una plaza demandada nos presentábamos varios cientos de postulantes, todos asegurando maestría en el oficio, y casi siempre con bastantes años de experiencia; por fin el demandante elegía a bulto, según la impresión recibida, pero sin la seguridad de haberse decidido por los más aptos para sus necesidades. Otras veces sucedía que algunos guasones, o bellacos, al corriente de nuestro deseo de salir del campo, solicitaban orfebres, científicos o artistas; al llegar al puesto de trabajo se les daba una pala o un pico y la faena correspondiente a esas herramientas, y sin compensación alguna. Los contratiempos de esa índole se presentaban con más frecuencia que las gangas, pero todo era soportado con paciencia y buen talante, esperando que la próxima vez hubiera más fortuna. Tales eran las desventuras que causaba el deseo de cambiar de paladar y gusto en la comida.

Hacia finales de octubre volvieron los amigos que salieron del campo de Le Barcarès para la vendimia, con alguna repostería recibida como gratificación a su trabajo, que devoramos todos juntos con agrado. También traían referencias de la amabilidad y humanitarismo de la población francesa. Los que no habíamos tenido la oportunidad de salir de aquellos campos solo conocíamos Francia a través de los gendarmes que nos guardaban, cuya obligación no les autorizaba, según nuestro criterio, a tratarnos con grandes rasgos de cortesía.

Las Compañías de Trabajadores

La etapa que siguió no fue más halagüeña de lo que venimos contando hasta ahora. Las noticias llegadas al campo contaban la marcha de las operaciones bélicas: por el frente del Rin, la guerra, iniciada el 1 de septiembre por los ejércitos francés e inglés, seguía su curso larvado, poco claro para el profano; detrás, las restricciones alimenticias se hacían cada vez más patentes.

La rapidez con que había sido aplastada Polonia presentaba a los ejércitos nazis como invencibles, y sembraba la duda e incluso el pánico en las naciones aliadas. Mientras, nosotros, pobres refugiados, presentíamos en silencio que marchábamos hacia el desastre, aunque manteníamos la esperanza de que los ejércitos francés e inglés juntos fueran lo suficientemente sólidos como para rechazar por primera vez a los alemanes e infligirles la derrota merecida.

Pero con el triunfo en España de su ahijado Franco, los nazis contaban con un punto de apoyo que les sería precioso si la guerra se estancaba. En esos casos las mañas políticas contaban casi tanto como las militares. Esta era, para ambas partes, una guerra imperialista, aliñada con asuntos ideológicos; en este juego tan intrincado, mezclado y oscuro, no podía saber uno con certeza del lado que se encontraban los amigos y los enemigos, pues el mundo entero fluctuaba sobre esta guerra, mirando cada cual sus intereses, inclinándose cada cual por su beneficio.

Las necesidades de la guerra nos sacaron de la indiferencia con que habíamos seguido su preparación. ¡Por fin llegaríamos a ser útiles para algo!

Las Compañías de Trabajadores trataron de reclutar prosélitos; pero como a pesar del hastío que imperaba en el campo no eran muchos los que daban el paso adelante, poco a poco el reclutamiento se fue haciendo de oficio, quiero decir, por orden, aunque sin que se llegara a obligar a ultranza a los refractarios. El alistamiento por orden nos aligeraba la conciencia, ya que seguíamos una corriente impuesta; si la única forma de salir del campo era esa, vamos pues, nos decíamos, y que nos lleven adonde mejor les parezca; si el difícil paso que se avecina está llamado a resolverse en Francia, mejor es que lo aceptemos con todas sus consecuencias, esperando que un día el aire sople a nuestro favor y podamos regresar a nuestra patria con todos los derechos del ciudadano honrado.

En la segunda quincena del mes de diciembre el jefe de

administración de la barraca nos anunció que la nuestra, con otras aledañas, debía completar una de las referidas compañías; la inscripción quedaba abierta a amigos o familiares que, hallándose en otra más alejada, quisiera entrar a formar parte de esta compañía para no separarse de sus allegados.

La compañía que se organizó estaba mandada por españoles, un capitán y cinco antiguos oficiales, uno por cada sección; contaba con un intérprete francés, un cocinero, un furriel y un ayudante o secretario; en total éramos unos ciento cincuenta miembros. Aconsejado por mis amigos yo fui a mandar una de esas secciones, la segunda.

Así pues, cumplidos los requisitos necesarios, no quedaba otra cosa por hacer que empaquetar el ajuar: algún libro, el bolso de la escritura, el escaso recambio de ropa y alguna cosilla de poca importancia, con más valor sentimental que real; algún capricho o recuerdo salvado de los cambios de domicilio desde que cruzamos la frontera; el dinero ya había hecho defección mucho tiempo atrás. Con este escaso equipaje me presenté en la puerta principal del campo, desde donde escribí unas letras a la familia para prevenirles del traslado.

Las fiestas de Navidad se acercaban cuando salimos de Saint-Cyprien para ir al campo de las mujeres, previamente desocupado de sus huéspedes a fin de que pudiera prestar este nuevo servicio; allí esperaban nuestros futuros patronos, el nuevo uniforme y la nueva misión. ¡Adiós, pues, al campo de Saint-Cyprien, al golfo de León, a sus playas generosas y tranquilas, al mar Mediterráneo, a la frontera allá arriba en la montaña y a toda esa región! El frío de las últimas semanas nos excusaba de abandonar aquellos lugares desolados con pena, aunque nunca se deja el hogar que te cobijó sin sentir una humana aprensión.

En el nuevo campo, los cuadros franceses que mandarían nuestra compañía, que estaban al corriente de todo lo que la prensa había hablado de nosotros, nos esperaban con curiosidad. La impresión que sacaron de nuestra pobre presencia solo ellos la sabrán; por nuestra parte, el cambio nos parecía interesante, e incluso divertido, sobre todo cuando alguien descubría alguna prenda femenina, olvidada o estimada en desuso por su dueña, y la exhibía como trofeo humorístico. El nerviosismo que acarreaba cada cambio de situación ayudaba a la hilaridad generalizada y cualquier novedad se convertía en fiesta.

Allí se nos equipó de pies a cabeza: muda limpia, calzado nuevo o en muy buen uso, uniforme militar de color gris plomizo con su gorro en forma de barco puesto al revés, bandas para meter por encima de los pantalones, que eran de montar, y bolsa para las provisiones, con su fiambrera y cantimplora. Después de intercambiarnos los trajes para ajustarnos mejor las tallas y dar cada cual a las prendas de vestir los retoques que creyó más adecuados, salimos fuera del vestuario semejando soldaditos de plomo, de esos que ponen en los escaparates para las colecciones marciales.

El nuevo uniforme era de una calidad bastante correcta, abrigaba bien, y los entendidos en materia castrense dijeron que provenían de los excedentes militares de la guerra de 1914-1918, ahora en desuso; estaban hechos para medidas más voluminosas, y a nosotros, los diez meses pasados en esos campos, nos habían moldeado con formas rectilíneas, de suerte que para rellenar uno de aquellos uniformes hubiésemos tenido que meternos por lo menos dos en el mismo. Pero eso no era ningún problema, ya que, en tiempos de escasez, era mejor disponer de vestimenta bien aireada para tener algo en abundancia sin deberle nada a nadie. Los uniformes, por otro lado, eran fuertes y de garantía.

Las botas también eran nuevas, o en buen estado, aunque por lo general de algunos números por encima del que calzábamos, lo cual agradecimos, estética aparte, pues así podríamos inflarnos los pies con trapos cuando el frío nos lo exigiera, algo que para nosotros era primordial.

Los franceses, que tienen por condición ocuparse bien de las personas que están bajo su tutela, estuvieron acertados en el uniforme. También lo estuvieron en el rancho de ese día, de gusto y sabor ya olvidado por nuestro paladar, y en la vitualla para el futuro viaje: recibimos comida en frío para cuatro días y tabaco para una quincena.

Cuando la vestimenta, formalidades y requisitos tocaron a su fin, el nuevo comandante de la compañía, el capitán Charles, convocó a los responsables españoles, con su capitán a la cabeza, para establecer contacto y realizar las indispensables relaciones y conocimiento mutuo. Con el capitán Charles estaban los subalternos, uno por sección, un sargento administrativo y un furriel. Aparte de nuestro intérprete, Blasy, joven estudiante catalán, ninguno conocíamos la lengua francesa; en el campo de Le Barcarès habíamos tomado algunas lecciones, pero tan españolizadas que en realidad se podía presumir que estábamos vírgenes en la lengua en que se nos hablaba. El francés del capitán Charles, según nuestro experto intérprete, era cuando menos un poco cerrado, propio de los loreneses del este de Francia; si se dirigía a uno de nosotros sin mediar el intérprete, le contestábamos con un inacabable *oui, oui, oui*, sin comprender lo que nos decía.

Dos horas aproximadamente pasamos en su compañía, escuchando sin provecho, pero con naturalidad. Solo a Blasy, nuestro intérprete, le cabía el honor de meter el cuezo, respondiendo a veces con frases escuetas por no cortar el hilo oratorio del jefe, que ninguno éramos capaces de seguir. Los guardias móviles presentes tampoco pudieron abrir la boca, por haberlos puesto el capitán, como a los demás con su interminable perorata, fuera de combate. Cuando la sesión tocó a su fin volvimos a las barracas junto con los otros camaradas, que nos esperaban con gran curiosidad para conocer las nuevas y recibir el último cazo de rancho en esos campos de internamiento.

Recibido el rancho, que estaba muy bueno, nuestros compañeros nos pidieron que informásemos de la reunión, pero poco pudimos decirles, porque de ella salimos tan blancos y puros como habíamos entrado; nos limitamos a explicarles lo que nos pareció haber comprendido y lo visto por nuestros propios ojos: que el capitán Charles se presentó como oficial de reserva, que era grande y fornido, con un peso que excedía de los 100 kilos a juzgar por su volumen, de cara mofletuda, que tendría entre cincuenta y cincuenta y cinco años de edad, con un espeso bigote *à la gauloise*, de presencia bonachona, algo fanfarrón y con un acusado don de mando; iba vestido con uniforme color caqui, guerrera larga y bien entallada al cuerpo, abierta por la parte baja en forma de campana, pantalón *britz* de montar, botas y polainas negras y brillantes, gorro color caqui en forma de barco al revés, con tres barras doradas debajo de una corneta, emblema del Cuerpo de Infantería, y en la bocamanga de la guerrera.

Los guardias móviles lucían, igualmente, uniforme caqui, con una banda negra y azul de arriba abajo en los pantalones, con ribetes negros y azules por todo el uniforme, y vestían limpios y aseados; llevaban, a modo de galones, tres barras blancas inclinadas, como los suboficiales de infantería; pertenecían a un cuerpo similar a nuestros guardias de asalto, y su edad oscilaba en torno a los treinta años. Poco más pudimos saber de ellos, pues el capitán Charles los había mantenido mudos, como a los demás; pero en esos momentos poco importaban esas pequeñeces; el tiempo que habríamos de estar juntos nos ofrecería ocasiones sobradas para un conocimiento más amplio.

El sargento y el cabo furriel pertenecían al Cuerpo de Infantería, algo que dedujimos por la indumentaria más que por sus explicaciones, dado que a ellos tampoco se les permitió decir palabra.

Aquella noche nos metimos en la cama antes de que nos faltase la luz del día, pues habíamos legado los candiles a los que quedaron en el campo. La tertulia, entablada ya en posición horizontal, con el estómago bien guarnecido y tabaco abundante, fue extensa, como bien puede imaginarse. Entre una neblina densa, las colillas, que horas antes hubieran supuesto para nosotros una fortuna, eran arrojadas con profusión.

Si esa noche dormimos o soñamos cada cual lo metió en su propia cuenta; a la mañana siguiente, 24 de diciembre, víspera de Navidad, al clarear el día emprendimos camino a la estación o apeadero ferroviario más cercano, del que hoy no sabría recordar su nombre, donde montamos en tres vagones de mercancías y uno mixto que nos esperaban estacionados sobre una vía muerta. El medio vagón de pasajeros acogió a los funcionarios, y los de mercancías, a los reclutas y operarios, unos cuarenta individuos por vagón. Esa clase de transportes era habitual cuando un país entraba en un conflicto bélico y crecían las necesidades de movimiento; para nosotros era familiar por haberlo usado en España durante la guerra. El vagón de mercancías habría resultado un poco exiguo para cuarenta hombres si cada viajero hubiese ocupado la plaza que por lógica y volumen le correspondía, pero los diez meses de campo nos habían moldeado la figura de tal forma que los cuarenta viajeros podíamos estirarnos y removernos allí con toda holgura.

Todo a punto, el tren inició con empujones, chirridos, tirones y silbidos, su viaje con rumbo para nosotros desconocido: el comandante se guardó de comunicarlo, y si nos lo dijo, quedó tan incomprensible como el resto del discurso; suponíamos, de acuerdo con el suministro que nos habían dado, que el trayecto sería largo. El tren arrancó perezosamente, quizá para permitir que nos despidiéramos de la región sin precipitaciones, pero paulatinamente acrecentó su punto de velocidad, que nunca llegó a ser vertiginosa. A través de las rendijas de las planchas laterales del vagón, pudimos ver que rodaba en dirección este, bordeando el mar Mediterráneo. Al caer la noche tapamos las rendijas con trapos y papeles para protegernos mejor del frío que entraba del exterior, y la estampa que nos ofrecía el mar desapareció.

En esas condiciones recibimos la Nochebuena, sin otra preocupación que situar el bolso de costado con las provisiones cerca de la cabecera, para no tener que ir a buscarlo lejos, y por si las moscas... Un asunto delicado quedaba en suspenso, y debíamos encontrarle solución antes de que nos entrara el sueño, para evitar posteriores desavenencias. Se trataba de encontrar un medio apropiado para librarnos de las necesidades derivadas de la cocción de los alimentos en el estómago. Después de menudas y sabias propuestas, el asunto quedó zanjado con voto unánime, dándole una solución que no es preciso narrar, por no entrar en menudos detalles que poco aportan. Después nos dimos por entero a la tertulia, disparatando tanto y tan a rienda suelta, que no quedó un chiste de Jaimito, una simpleza del Bizco Pardal, una quijotada y quién sabe cuánto más, que no fuera sacado mil veces al retortero. La algarada alcanzaba a veces tal nivel que se hacía imposible entender los más razonables y prudentes juicios. El tabaco, abundante aún, provocó neblinas irrespirables, que levantaban de vez en cuando una orquesta demencial de toses de quinto. Con las rendijas del vagón tapadas, el aire fresco y limpio del exterior no podía pasar a sanear la atmósfera; pero destaparlas habría sido abrir las puertas a un fuerte enemigo: el frío.

La tertulia duraba ya varias horas, pero a medida que entrábamos en el corazón de la noche su vehemencia bajaba de intensidad. La digestión, más pesada de lo habitual por encontrar el estómago desacostumbrado a tales trotes, nos iba empujando al reposo y, poco a poco, aquí y allá, empezaron a oírse, con pausas cada vez más cortas, algunos ronquidos y resoplidos. El silencio acabó imponiéndose, dejando paso al tac-tac de las ruedas del tren sobre las juntas de los raíles. Yo entonces me sentí asediado por la nostalgia, con el corazón invadido de pena, y se me llenaron los ojos de lágrimas y la garganta de congoja al tomar consciencia de que me alejaba de mi patria y sin destino conocido. ¡Cada vez más lejos, cada vez más lejos de su frontera! Aquella frontera que tenía tan cerca, la que, durante muchas horas, día tras día, a lo largo de diez meses, contemplé absorto, evocando mis recuerdos, de niño y de adulto; frontera que por momentos se alejaba, sin que tuviera la certeza de volver un día a verla. La respiración me faltaba, las lágrimas se me enfriaban sobre el rostro azotadas por un frío glacial y los pensamientos se me amontonaban en desorden dentro del cerebro, buscando cada uno por sí una salida y pegando sobre el casco con revoltoso estruendo.

¡¡¡Cielos!!! ¿Cómo hemos podido llegar a este término? ¡Pero hombre, pero hombre...! ¡Tanto sacrificio, tanto disgusto para terminar de esta manera...! ¡Maldita sea la...! Aquí nos tienes, a los defensores de la República, tendidos todo a lo largo en este cajón concebido para animales y trastos, donde nos quiera llevar el tren, como si nada hubiera ocurrido; este tren que se aleja, y nos aleja, aunque sea trémulamente, de nuestra meta. Y qué decir de las ilusiones de vivir en nuestra tierra, con toda dignidad, ocupándonos de nuestro trabajo, de nuestros problemas, alcanzando el mérito que merecen los pueblos libres ¡Pero hombre...! ¿Qué pensarán los que sufren en las cárceles, muchos de los cuales tendrán puestas en nosotros sus esperanzas, y los que labran la tierra, los que templan y moldean los metales para fabricar las máquinas del porvenir, y las mujeres, los niños, los ancianos, todos los que nos confiaron las armas para que defendiésemos la sociedad, la patria republicana...? Aquí nos tienes roncando, ahítos de comer y charlar, niñeando, mientras el tren nos aleja a lo desconocido, volviendo la espalda a lo jurado, como liebres espantadas, ¡como qué sé yo...! Tengo entendido, de hombres prudentes, que los grandes valores exigen altos precios, y una causa tan codiciada no se puede ganar titubeando ni llori-queando; que es preciso defenderla con el valor y el sacrificio que exige su precio, con la perseverancia y voluntad que se emplea en defender la propia vida. ¡Pero si enfrente teníamos también a nuestros hermanos! Salvo que esto fuese un juego de locos. ¿Es preciso llegar a este término, Señor, para comprender, querida patria mía, cómo uno se encuentra huérfano fuera de tus fronteras? ¡Cómo se hace triste alejarse de ti, derrotado, igual que el navegante que ha perdido la brújula en la tormenta, que estorba fuera porque no le queda nada que ofrecer, porque está derrotado y el derrotado es miserable, mal recibido y mal tolerado! Cuántas cosas puede fabricar un cerebro cuando el alma está aplastada por la infelicidad, angustiada por la desgracia, lejos de la tierra que la vio nacer, en la noche oscura...

Con esa dura pesadilla alargaba yo mi Nochebuena de 1939 hasta que, exasperado por la desazón y destemplado por el frío del alba, apercibí, por las finas rendijas que no llegamos a cerrar, la luz del memorable día de Navidad, que entraba a saludarnos familiarmente, a darnos los «buenos días», saludo tradicional de la fiesta familiar.

Con la ayuda de otros amigos ya despiertos abrí la puerta corrediza de un costado del vagón, para echar un vistazo al exterior y saludar por nuestra parte la Navidad a la luz del día. Poco a poco el barullo se fue adueñando del habitáculo, asentándose sobre las mismas bases abandonadas por cansancio la noche anterior. El frío iba creciendo a medida que subíamos hacia el Macizo Central, de forma que volvimos a cerrar las puertas y a cobijarnos con las mantas para mantener el calor ambiental recluido en el vagón. Visitamos de nuevo la bolsa de costado para consolar el estómago, que también empezaba a despertarse previniéndonos de que era fiesta, y de que un poco de repostería no le caería mal.

Durante ese día y la noche siguiente no ocurrió nada que

merezca la pena reseñar; ignorábamos el itinerario seguido por no disponer de mapa del país ni conocer su geografía lo suficiente para que el nombre de las estaciones nos indicase por dónde estábamos. El tren hacía frecuentes paradas, unas veces para agregarnos vagones de mercancía y maquinaria, y otras para dejar paso libre a convoyes de mayor importancia. Entonces aprovechábamos para atender algunas necesidades urgentes y para abastecernos de agua, no prevista en el racionamiento, como tampoco lo estaban el vino y otros licores, aunque nos pasábamos muy bien sin ellos, ya que les habíamos perdido el gusto por no probarlos en mucho tiempo.

Al tercer día de viaje el frío se hizo más intenso. Un fenómeno raro y poco conocido por nosotros hizo su aparición: todas las cabezas de los tornillos que comunicaban con el exterior estaban cubiertas de una capa de hielo, por dentro del vagón; nunca habíamos visto tal cosa. Al amanecer del quinto día el tren se paró definitivamente en una pequeña estación, anclada en un país todo blanco. Los responsables nos anunciaron que el convoy quedaba allí y que el viaje por ferrocarril había terminado. Antes de alejarnos de la estación pudimos leer su rótulo: Lehning, departamento de La Moselle.

Unos camiones militares nos esperaban fuera de la estación para llevarnos por carretera al destino definitivo. Al cabo de una decena de kilómetros de ruta nos dejaron en una granja agrícola. Una cuadra desocupada de sus équidos y un pajar repleto de heno, con un gran patio y su correspondiente abrevadero, hicieron las veces de dormitorio, comedor y sala de aseo. Bien que mal nos acomodamos como quisimos o pudimos, hasta que los patrones nos invitaron a pasar lista, formados militarmente, sobre el patio o sala de aseo. No se notó ninguna ausencia; la formación quedó asentada en el reglamento como una obligación diaria o rutinaria, disciplina que levantó en nuestro carácter inconformista un sordo descontento. Creyéndonos civiles teníamos que aguantar sinapismos militares, aunque bien sea dicho, a esas alturas ya no sabíamos lo que éramos: si se nos decía que éramos civiles respondíamos que no, que éramos militares, y si se nos decía que éramos militares decíamos que lo contrario. Para salir de dudas y tratar de aclarárselo a los demás, decíamos que éramos civiles empleados militarmente en trabajos de defensa pasiva.

La temperatura había descendido a un nivel desconocido para nosotros, y el capote color plomo lo llevábamos pegado al cuerpo día y noche, sin interrupción. La disciplina empezó a incomodarnos por las continuas formaciones y recuentos, que superaban lo deseado. El nuevo *caporal-chef*, Mathieu, silencioso hasta entonces, empezó a imponer sus dotes de mando, llevado por su carácter quisquilloso, hasta que, cansados de tolerarlo, terminamos mandándolo al diablo para abemolarle su cólera.

La flema, cuando no la rebeldía, con que respondíamos a las frecuentes y repetidas formaciones exasperaba el amor propio de los responsables franceses, que para castigarnos sin comprometerse recurrían a la ya muy justa ración de comida, disminuyéndola en cantidad y calidad. El hambre reapareció con todo su rigor, obligándonos a hurtar productos del campo, patatas, coles y nabos, para saciar la necesidad de alimento. Si nos quejábamos por el rancho se nos decía que estábamos en guerra y que la comida la necesitaban los que ya se encontraban en las primeras líneas de fuego. A nuestro juicio, esas evasivas no eran otra cosa que una forma encubierta de vengarse de nuestra rebeldía; claro que tampoco nosotros éramos santos. A tal punto llegó la tirantez que un día nos negamos a comer lo que se nos daba en señal de protesta ante el abuso de autoridad; ambas partes habíamos llegado más lejos de lo que todos hubiésemos deseado. El asunto se puso desagradable y tuvo que intervenir la alta autoridad militar, que un día apareció de improviso a pasarnos revista, constatando que nuestro estado físico y moral no era el más conveniente. A partir de ese día todo mejoró: la comida y el trato, antes vejatorio, de los encargados; solo el caporal Mathieu conservaba su carácter mandón, siendo recibido, en cada uno de sus enojosos ataques, con un torrente de picardías.

El frío invierno de 1939-1940

El invierno de 1939-1940 fue uno de los más fríos que se conocieron en esa región del este de Francia, según los propios del lugar. La temperatura media diaria oscilaba entre los 20 y los 30 grados bajo cero. El abrevadero de las bestias que nos servía de cuarto de aseo estaba helado permanentemente, y para poder usarlo teníamos que empezar por romper la costra de hielo.

Nuestro trabajo consistía en ir a los bosques aledaños a cortar leña para el frente. Las primeras líneas de fuego estaban a unos quince kilómetros, junto a las ciudades fronterizas de Forbach y Merlebach. El trabajo dentro del bosque, protegidos por la maleza, se hacía llevadero; pero cuando íbamos y veníamos, o quedábamos al descubierto del bosque, corríamos riesgo de congelación en las partes expuestas del cuerpo: nariz, orejas, labios y manos. Tanto era el frío, que cada pelo o vello que afloraba quedaba cubierto por una gota de hielo.

El lugar poblado más próximo era el pequeño pueblo de Grostenquin, que distaba unos dos kilómetros. No estábamos autorizados a visitarlo, aunque nuestra falta de recursos financieros ya nos disuadía de hacerlo. Nuestro salario correspondía al del militar francés de grado más bajo, 0,50 francos por día, que solo alcanzaba para costearnos algún objeto de aseo y lo preciso para la correspondencia. El franqueo postal debíamos pagárnoslo según orden de nuestro capitán, pero como no siempre disponíamos del dinero necesario, probamos con buen acierto a enviar con F.M. (franqueo militar) las cartas, sin que la administración postal nos formulase queja alguna, quizá porque la región en que estábamos quedaba dentro de la zona de guerra. Tan cerca estaba el frente que los estampidos del cañón y el repiqueteo de las armas automáticas, ametralladoras y otras, los oíamos en las noches serenas.

Nuestra presencia en la zona de guerra no se limitó a cortar leña y realizar pequeños trabajos agrícolas como hacíamos al principio; tan pronto como el clima lo permitió, fuimos empleados en la excavación de una barrera antitanques en la retaguardia de la prestigiosa Línea Maginot, una gran trinchera, con fortines de cemento armado, construidos en los puntos más estratégicos.

Los primeros días, no habiendo mejorado las temperaturas más que someramente, tuvimos la sorpresa de encontrarnos con una costra de tierra helada, de algunas decenas de centímetros de profundidad. Era inútil todo intento de penetrar en su seno la herramienta ni un solo centímetro: la tierra se desmoronaba en polvo de hielo y no dejaba al pico levantar patena. El tajo sobre el suelo endurecido por el hielo teníamos que abrirlo rompiéndolo con barrena y haciéndolo saltar con dinamita.

A los rudos fríos de ese invierno hubo que añadir un percance en nuestra residencia agrícola, que nos privó de una buena parte del alojamiento. Un atardecer, mientras se repartía la cena, un espectacular incendio, atizado por fuertes ráfagas de viento, consumió un tercio del pajar donde se alojaba la compañía, aunque por fortuna sin consecuencias para los allí hospedados. Todos acudimos con los pocos cacharros que había a nuestro alcance, lanzando hielo y nieve al fuego, ya que era inútil buscar agua porque todas las cañerías estaban heladas. Cuando llegaron los bomberos no quedaban más que cenizas y brasas en todo lo que alcanzó el fuego. Aquel imprevisto nos obligó a apretarnos un poco más en la otra parte de la residencia, la cuadra de caballos.

Las temperaturas, excepcionalmente bajas, nos obligaban a traer y repartir el reavituallamiento de una forma original: el vino, por ejemplo, lo conseguíamos rompiendo las duelas del barril que lo contenía y transportándolo en mantas; luego lo repartíamos en trozos de hielo hechos a porrazos y así lo ingeríamos. El pan tenía que ser cortado con sierra para poder distribuirlo, dependiendo del buen apetito de cada uno las prisas con que entraba al cuerpo, donde se calentaba; ello nos ocasionó a todos súbitos males de estómago durante el tiempo que duraron las bajas temperaturas y las hambres desesperadas.

Así pasamos ese rudo invierno de 1939-1940. Al comienzo de la primavera dispusimos de una barraca nueva, bastante mejor acondicionada que el albergue que antes teníamos, pegada a la granja, en la que entramos toda la compañía. Hasta un cuartito pequeño fue previsto para la plana mayor francesa, incluido el capitán Charles, lo que aproximó las relaciones personales entre franceses y españoles, todos un poco dolidos por los hechos narrados.

Atraída la curiosidad de un grupo de oficiales franceses por nuestra exótica presencia en aquellos parajes, un día acudieron a departir con nosotros, de todo y de nada. Es posible que, puestos al corriente de nuestros orígenes, quisieran tantearnos por cuenta propia, observar de cerca a esos forasteros de los que tanto había hablado la prensa durante los últimos tres años. Solicitaron para ello el debido permiso a su comandante y al capitán Charles, y se fijaron como preferencia entablar diálogo con los antiguos oficiales del Ejército Republicano. El capitán Charles asintió un poco a regañadientes, temeroso de que se nos escapara alguna indiscreción sobre su pasado comportamiento. Nuestro amigo Bonaque, conocedor de la lengua francesa, nos ofreció sus servicios de intérprete, sacándonos del atolladero que suponía tener que expresarnos con gestos y señas. Los visitantes abrieron el coloquio preguntándonos cosas simples respecto a la indumentaria y a los orígenes del uniforme que llevábamos, que como era sabido pertenecía a las existencias usadas en la guerra de 1914-1918 por su propio ejército. Luego hablaron de mí, insinuando que por mi juventud me consideraban incapaz de ser responsable y de merecer el respeto de la tropa, y lo hacían con un punto de malicia. Como yo había hecho algunos progresos con el francés, barruntaba en sus expresiones ciertas trampas, que Bonaque vacilaba en traducirme por encerrar ciertas alusiones despectivas, poco conformes con las reglas del respeto, tales como «con semejantes oficiales no podían ganar una guerra», o bien «en lugar de un fusil le tenían que haber entregado un biberón». Pero según nuestro intérprete, todo se decía en tono de broma y no debíamos tomárnoslo con rigor.

Tras departir con ellos durante casi dos horas, en las que todo fue repasado, nos separamos amigablemente. Los franceses debieron de deducir que no andábamos muy holgados de dinero e insistieron con generosidad en ayudarnos, ofrecimiento que, después de agradecérselo sinceramente, recusamos, antes quizá por un pequeño punto de orgullo que por exceso de numerario en nuestros bolsillos.

Llegado el buen tiempo, los trabajos de las excavaciones y construcción de blocaos para la línea de defensa antitanques avanzaban con rapidez, y sus resultados se notaban cada día. Los ingenieros encargados de la obra elogiaban nuestro trabajo y nuestra buena voluntad, aplanando una equívoca reputación divulgada a nuestra costa en los primeros meses del invierno. En el trabajo ganamos bastantes puntos ante la alta comandancia del frente, y a partir de entonces la comida y otros suministros nos llegaban más abundantes. Nuestro cocinero, el Abri, despreciado y abominado en el periodo de las vacas flacas, realizaba ahora prodigios culinarios dignos de elogio. Incluso las relaciones entre el capitán francés y el español, mantenidas en profundo letargo, se despertaron, iniciando con ello una nueva etapa.

A principios de mayo cambiamos de campamento, yendo a ocupar unas barracas ya instaladas a la espalda de la iglesia del pueblecito de Grostenquin. De esta manera nos acercábamos al tajo y nos desenvolvíamos con más holgura. Los domingos, considerados días de asueto, podíamos pasear por las calles del pueblecito y contemplar a las jóvenes lugareñas, ellas también atraídas por los nuevos huéspedes y por la evasión a la que se entrega la gente joven, atizada en ese caso por el polen de las flores de la primavera. Para nosotros la presencia de las chicas reavivaba el tiempo de las ilusiones y nos situaba, aunque solo fuese por un corto tiempo, como a todo ser natural, dentro del verdadero espacio. Una pequeña ilusión, un sueño, ¿por qué no puede estar al alcance de todo el mundo? Un pequeño aliciente que invitaba a refinar la forma de vestir, a rasurar la barba con más frecuencia, y a recurrir a todo tipo de coqueterías, como hace un hombre cuando quiere galantear. Cuando terminaba un domingo empezábamos a pensar en el siguiente, con toda naturalidad, siempre esperando cruzarnos con las chicas que nos parecía que nos habían destinado una furtiva sonrisa, pensando en intercambiar con ellas, si era posible, algunas palabras de complacencia.

Algo no menos apetecible, que llegó también con la complicidad de los rayos del sol y el calor de la primavera, nos puso la miel en los labios: los dos costados de las carreteras del departamento de La Moselle y de la región de la Lorena estaban plantados de cerezos y su fruto empezaba a tomar color, ofreciéndonos días fastos en golosinas del país.

Un detalle nos incomodaba en el nuevo campamento: las barracas, aunque montadas sobre un prado, estaban al lado de la iglesia, y las campanas acababan moliéndonos los cascos con sus tañidos, que cuando no daban las horas dobladas tocaban para las frecuentes misas de Cuaresma, machacando nuestro descanso. Pero estar en un poblado permitía, a los que tenían dinero, frecuentar el bar del lugar y pagarse algún vasillo extra, o incluso algún pequeño festejo. El bar del pueblo era el único centro de reunión para viejos y jóvenes; era donde se celebraban los regocijos, festejos y toda clase de animaciones pueblerinas. Finalmente, el descanso dominical permitía a los fumadores escasos de tabaco hacer acopio, rebuscando colillas.

La ofensiva general alemana

Los cañones continuaban con su duelo de contrabatería por el frente que cubría la Línea Maginot, de forma ininterrumpida, desde que se declararon las hostilidades a principios de septiembre de 1939. Los días claros podíamos ver los combates aéreos, hartamente conocidos por nosotros durante la guerra de España; combates espeluznantes y desagradables, por terminar la mayor parte de las veces en detrimento de los pilotos franceses, considerados ahora como «los nuestros». A la larga terminamos por acostumbrarnos a ese tipo de combates, conocidos entonces como la *drôle de guerre*.[VIII] Está entró en nuestras costumbres como si tuviésemos que continuarla toda la vida.

Pero la guerra cambió su curso. Fueron los ejércitos alemanes los primeros en romper la tranquilidad, puesta ya en capilla: el 10 de mayo de 1940 lanzaron sus fuerzas en violento huracán contra Holanda, Bélgica y las Ardenas francesas. Los dos pequeños países fueron ocupados a los pocos días del ataque, y entonces las operaciones se orientaron con todo su empuje hacia el territorio francés. Por la radio y los diarios seguíamos los partes informativos, que presentaban la situación de Francia muy inquietante. El Ejército alemán presionaba con ímpetu hacia la capital, dejando cortadas las costas del estrecho por Calais, con bastantes divisiones francesas y belgas y casi la totalidad del cuerpo expedicionario inglés. Las divisiones acorazadas de Hitler avanzaban hacia París. El cañoneo

VIII. «Guerra de mentira», así conocida porque el frente se mantuvo inactivo hasta que Hitler lanzó la invasión de Holanda, Bélgica, Luxemburgo y Francia en mayo de 1940.

aumentaba a todo lo largo de la Línea Maginot; cerca, donde nos encontrábamos los de la 115.ª compañía, aún se guardaba cierta calma, pero los alemanes estaban cada día más próximos. El asunto se presentaba inquietante para nosotros, que con temor veíamos cómo una cadena suplementaria se acercaba a sujetarnos por los tobillos; en aquellos momentos no se nos ocurría otra cosa que pensar.

Las primeras semanas de junio las pasamos en la más absoluta consternación. Las cerezas, antes tan codiciadas, maduraban en sus ramas sin que nuestro paladar les tomase el gusto; bien sea dicho, tal como se presentaba la situación, sus huesos no hubiesen cabido por el nudo de nuestra garganta. Los trabajos de fortificación los seguíamos maquinalmente; trabajos que, como todo lo que depende de la guerra, no solamente resultan costosos sino también, en el mejor de los casos, inútiles.

El desenlace, harto esperado, nos llegó una mañana anunciado por un cañoneo de pequeño calibre, como toque de diana; una diana floreada que sacudía el corazón y hasta las telas de araña de la barraca. El pueblecito, antes relativamente tranquilo, se puso en efervescencia. Nadie preguntaba de dónde venía ni contra quién. El capitán Charles, sospechando la acogida que nos reservaban los alemanes, nos puso en camino a uña de caballo para apartarnos del peligro y, al parecer, apartarse él también y no caer todos prisioneros. Nos dirigimos a la estación de ferrocarril de Lehning, la misma que nos recibió seis meses antes. Allí nada iba bien: una locomotora en vía muerta, quejándose de su soledad, lanzaba cúmulos de humo sin dejar los raíles que la mantenían en pie. Solo fue necesario un pequeño alto para comprender la situación, ver la imposibilidad de embarque y, envueltos en sudor y polvo, reemprender el camino, sin itinerario fijo, a través del campo o por vías secundarias, menos castigadas por la aviación enemiga, que volaba sembrando el terror.

Civiles de los contornos y compañías similares a la nuestra se unían al retroceso en anárquica ola humana que se iba incrementando como bola de nieve; cada confluencia vecinal aportaba nuevos grupos de civiles a la cohorte, sin destino fijo. Los grupos más afortunados hacían tirar sus carretas por caballos o bestias de trabajo, cuando no por ellos mismos, en una marcha penosa, meciendo en balumba un sinfín de prendas y objetos heterogéneos, miembros de la familia, enfermos, viejos o niños, que malamente podían soportar el maratón impuesto por el ritmo de la marcha. Atados a los vehículos seguía una reata de animales domésticos que, sin el sostén y cuidado de sus dueños no hubiesen podido seguir viviendo por sus propios medios. Los grupos menos afortunados afluían empujando o tirando de cacharros manuales, cargados hasta los topes, hasta que agobiados por el cansancio se iban despojando sobre la marcha de los bienes considerados menos imprescindibles.

Toda esa población, fuera de quicio, no tenía otra meta que la huida; huir como fuese, no importaba dónde, pero huir. Ante todo, no quedar en poder del enemigo, y salvar sus vidas. Ese mundo amedrentado tenía que marchar, como suplemento a su pena, por vías secundarias, caminos y atajos menos expuestos a los ataques de la aviación enemiga, a los artilleros del cielo, que hacían de las vías más importantes y de los nudos de comunicación sus blancos predilectos.

La ciudad lorenesa de Château-Salins, que durante el día había sido atacada por la aviación, lanzaba enormes lenguas de fuego que iluminaban la noche, con vivo resplandor. La siguiente noche era la bellísima ciudad de Lunéville la que mostraba el mismo espectáculo desolador y triste.

De todos los pueblos de la Lorena la gente seguía agregándose a la cohorte en desbandada; mientras, los resignados a quedarse en su lugar salían a las puertas a obsequiarnos con tisanas calientes y los pocos alimentos que tenían. ¡Qué pena! Los mismos cuadros que en España, que en Polonia, que en tantos y tantos otros lugares por donde pasa la locura creada por el hombre, esa locura que encubre sucios intereses de unos pocos: la guerra. Este éxodo caótico renovaba en los españoles las cicatrices de nuestra tragedia, todavía frescas en el corazón. Personas de todas las edades invadían los campos, caminos y carreteras en un reflujo anárquico, como un mar en furia, todos con el mismo objetivo: huir. Aquel mundo enloquecido ante la amenaza del invasor, obstruyendo vías terrestres en busca de una salida, eran nuestras gentes, formaban uña y carne con nosotros, errabundos, acometidos por el mismo mal, por la misma desgracia, por similar ruina. Yo sentía que ahora quería a Francia como no pensaba que hubiese llegado a quererla nunca. Esos infelices, aterrorizados, ávidos de vida, eran en esos momentos toda mi familia, mi cuerpo y mi alma: yo mismo. Esta tierra que caía en manos del enemigo era mi patria; sus desplazados, mi propia persona. Sin duda ni vacilación, en mi espíritu y en mi voluntad, la lucha continuaría, pues la revancha era necesaria; pero lo importante en estos momentos, a cualquier precio, era no caer en manos del enemigo.

Prisionero de guerra

El 20 de junio llegamos a la ciudad de Baccarat, en los Vosgos, y pensamos hacer allí noche. En la bella ciudad del cristal y la vajilla nos juntamos con otras compañías similares a la nuestra, que llegaban también retrocediendo, como nosotros. Todos fuimos acantonados en un recinto amurallado, que podía ser un cuartel o una fábrica de las muchas que existían en la villa. La situación nos daba pie a creer que allí terminaría nuestra retirada, y que de un momento a otro podíamos cambiar de patrones. Un prisionero alemán, caído quizá por error en manos de una patrulla francesa, nos hizo pensar que las avanzadillas alemanas no estarían muy lejos. Entonces, un grupo de amigos nos dirigimos al mando francés para solicitar armas con las que ayudar a la defensa de la plaza; nuestra oferta fue rechazada. No nos quedaba otra opción que esperar a los alemanes, cautivos como estábamos en esa ciudad, o saltar el muro por la noche y escapar en dirección a Saint-Dié, a una treintena de kilómetros de distancia.

Así lo hicimos. Marchamos toda la noche en esa dirección, no sin tropiezos, que en cualquier momento hubiesen podido acabar con la fuga bajo el fuego de una patrulla francesa de las muchas que vigilaban constantemente los enlaces ruteros. Había que contar, además, con los problemas que podía acarrear no comprender la lengua, con los supuestos aterrizajes de paracaidistas alemanes, como se rumoreaba, y con los enigmáticos «agentes de la Quinta Columna». Afortunadamente, entre los miembros de las patrullas francesas que nos salieron al paso siempre aparecía, como por milagro, un García o un Fernández conocedor de nuestro idioma, que nos sacaba del mal paso, porque el único documento válido que poseíamos, extendido por la autoridad francesa, consistía en una cartulina dactilografiada, con nombre y apellidos del poseedor y la estampilla de la 115.ª Compañía, que era la nuestra.

Gracias a la suerte, que nos sacó de algún atolladero, antes de rayar el día avistamos las primeras casas de la ciudad de Saint-Dié, término proyectado para esa etapa nocturna. Pero antes de entrar en la villa decidimos apartarnos de la ruta y descansar unas horas mientras llegaba el día, ya que resultaría peligroso dejarse cazar por alguna patrulla de vigilancia en las horas calmas del amanecer. Cuando nos despertamos el sol había subido un buen trecho y, no faltos de pereza, reemprendimos el camino. Al volver a la carretera nos dimos de bruces con un grupo de civiles que huían con sus carros cargados con sus apechusques, en dirección contraria a la que nosotros traíamos.

—*Ou allez vous?* (¿Dónde van ustedes?) —les preguntamos extrañados.

—*Les allemands arrivent de ce coté-la* (Los alemanes vienen por esa parte) —respondieron, señalando con la mano detrás de ellos—. ¡Bah...! ¡Buena la hemos hecho!

—*De ce coté-ci, aussi* (Por este lado también) —les señalamos.

La cosa no estaba clara, y cada cual siguió el camino que le alumbró su estrella. Ellos continuaron en dirección al norte y nosotros seguimos hacia el sur, comprendiendo que, cercados como estábamos, no había otro remedio que seguir la aventura iniciada. Nos encaminamos hacia Saint-Dié, que quedaba cerca, dispuestos a estudiar sobre la marcha la ruta a seguir. Íbamos mohínos, encerrados en cálculos y meditaciones, de modo que no apercibimos a tiempo una patrulla de control que nos salió al paso. Sus componentes parecían, como los de las anteriores, desconfiados, y no niñeaban en sus prevenciones.

—*Halt! Voulez-vous nous montrer vos papiers?* (¿Quieren mostrarnos sus papeles?).

Eso para empezar. Vuelta a los papeles, a las explicaciones por señas y grimas; pero esta vez no aparecía en la desconfiada patrulla, armada de mal humor y desconfianza, el García o el Fernández que hubiese podido esclarecer la situación de manera pertinente, evitándonos tener que recurrir una y mil veces a gesticulaciones ridículas y simiescas. La cosa no fue muy lejos: hartos de escuchar réplicas vanas y perder el tiempo, la patrulla nos condujo a un edificio municipal, al parecer el cuartel de los bomberos, dejándonos en una gran sala que debía de ser la de sesiones, donde fuimos entregados a la autoridad, que no estaba claro quién la representaba en esos momentos, pues nadie se dignaba ocuparse de los cinco detenidos para bien ni para mal. Allá quedamos esperando que alguien nos preguntase qué hacíamos allí. Los funcionarios, unos vestidos de civil, otros de uniforme, tornaban y retornaban en todas las direcciones, decididos y nerviosos, pero indiferentes ante los cinco parias.

Poco antes del mediodía, un galoneado con aires de mandamás, reunió a todos los que se encontraban por allí, sin guardarse de los cinco huéspedes, para arengarlos, y tal vez arengarnos a los demás como si todos tomásemos parte de la misma corporación.

—*Messieurs* —les dijo con tono autoritario, aunque un poco empañado ya por las circunstancias—, los alemanes entrarán en la ciudad dentro de pocas horas; debo recordarles que han de guardar calma y tranquilidad; los alemanes son gente organizada y todo seguirá marchando, sea como sea. Sobre todo, nada de pánico.

Tal fue lo que creímos entender tras aplicar bien el oído. Continuó con algunas frases más, quizá las formales, y salió por la puerta por la que había entrado.

Los funcionarios dieron a continuación algunas vueltas de rutina y sin prestarnos atención se fueron marchando uno tras otro. Los cinco detenidos, sentados sobre los bancos del muro, observábamos la maniobra sin rechistar, y vimos cómo el último en salir cerró la mampara por fuera y se metió la llave en el bolsillo sin decir ni adiós. Quedamos perplejos, aunque confiábamos en que hubiera alguien en el piso superior para ocuparse de nosotros; hasta entonces nadie nos había dirigido la palabra ni para bien ni para mal. Recuperados de la sorpresa recorrimos el edificio, subimos al piso superior y constatamos con asombro que los únicos que quedábamos allí para recibir a los alemanes éramos los cinco detenidos. ¡Vaya broma en la que nos hemos metido! Esperar a que alguien recordase que nos habían dejado encerrados y volviese para abrirnos no solucionaba la cuestión ni calmaba nuestro estómago, que ya empezaba a perder el sosiego con todas aquellas tribulaciones. Fisgamos por todos los rincones, esperando que alguien con poco apetito hubiera olvidado comer el desayuno, que para nosotros sería bienvenido; pero tampoco hubo suerte. Luego encontramos un patio trasero donde había una verdadera mina: varias cajas de madera estaban apoyadas en un muro y cada una de ellas contenía un centenar de latas de sardinas en aceite. Destripamos sin miramiento una caja y nos servimos de tantas latas como nos convino. Las ingerimos sin problemas, pero al poco rato la untuosa sustancia y su excedente graso empezaron a rebosar los canales y a buscar una salida precipitada por donde menos falta hacía. Comprendimos entonces que un poco de pan habría empapado el excedente graso y ayudado en su trabajo al estómago, pero ahora ya era tarde.

Con el estómago en paz, el pensamiento volvió hacia la puerta de salida. Esperar que los alemanes llegasen a cazarnos en esa jaula no era de nuestro agrado. Volvimos a fisgar por todas partes en busca de una salida sin obtener mejores resultados. Luego pensamos que la puerta vidriera o mampara podría facilitarnos la salida, siempre que por sus cuadros de vidrio hubiera hueco para una persona no muy voluminosa. «Si consiguiéramos levantar uno de ellos sin ocasionar a la puerta grandes desperfectos tendríamos vía libre a nuestro alcance», nos dijimos. Descolamos con la navaja la masilla de un cuadro y sacamos el cristal sin más problemas. Ahora necesitábamos encontrar un escondite desde el que contemplar la entrada de los alemanes sin ser vistos.

Salimos del edificio. Los soldados atestaban las calles, las escaleras, los espacios vacíos de la ciudad, unos sentados y otros durmiendo, esperando morosamente la entrada del enemigo para entregar las armas. Al volver una esquina vimos una larga cola formada por un grupo variopinto, en su mayoría civiles, y quisimos curiosear qué pasaba. Nuestra alegría fue tremenda al saber que formaban cola para participar en el reparto de comida; en efecto, unas cuantas monjas afanosas procedían con toda naturalidad al reparto de rancho caliente. Probamos fortuna y, como a todos, nos llenaron la tartera; una tartera que, como buenos previsores, guardábamos colgada permanentemente a la cintura. Una lega servía con buen donaire grandes cazos de una sopa espesa con la continuidad de una noria, indicando con la mano que le quedaba libre hacia otra monja, un poco separada, que al mismo ritmo repartía pedazos de pan a los ya servidos. La cosa iba saliendo mejor de lo que hubiésemos pensado, nos decíamos con cierta admiración por las santas legas.

Bien comidos y con un buen pedazo de pan en reserva, aprovechando que los alemanes no hacían su entrada en la ciudad, deambulamos por las calles, que seguían repletas de tropa esperando formalizar su rendición. Los vehículos militares invadían plazas y espacios verdes; los soldados ocupaban las aceras en reposo forzado; hasta el parque zoológico, que era muy bonito, estaba saturado de trastos, tales como cocinas, intendencias, utensilios militares...

Ironías del destino, nosotros estábamos saboreando por vez primera en Francia la libertad de movimiento y de actuación; y lo hacíamos en una ciudad de calles espaciosas, de rincones amenos, de bellos edificios que, como nosotros, se enfrentaba a la incertidumbre de una ocupación militar. El día 22 de junio tocaba a su fin sin que los alemanes hubieran entrado ni nosotros encontrado un escondite para pasar la noche en buenas condiciones.

¿Y si volviésemos al refugio de la mañana, a ver si todo seguía en las mismas condiciones? Así lo hicimos, constatando con satisfacción que nadie había tocado la puerta, puesto que todo se encontraba como lo habíamos dejado. Desplazamos el vidrio postizo y entramos en el aposento. Los largos bancos nos ofrecieron cama, que agradecimos. ¡Ya vendrán los alemanes a despertarnos...!, nos decíamos, creyéndonos irremediablemente cautivos.

La noche pasó sin contratiempos; al hacerse de día salimos a contemplar el ambiente, tan altaneros como si esa residencia ocasional nos perteneciera. En el exterior todo seguía en calma; las calles y aceras de la ciudad, repletas de tropa, unos durmiendo y otros en silencio. En el parque zoológico solo una gacela pacía en un rincón agitando su cabeza nerviosa, sacudiendo sus largas orejas, al parecer extrañada por la novedad. El resto de las fieras había abandonado sus jaulas desperdigándose por el campo, si por mala suerte para ellas no cayeron antes en alguna de las muchas calderas que había por la ciudad. Por mi parte, las horas que me quedaban de libertad las respiré a pleno pulmón en aquella reducida ciudad, todavía libre. Pasado el tiempo, cada vez que he tenido ocasión de visitar una ciudad bella y graciosa me ha venido a la memoria la de Saint-Dié, no sin un punto de emoción, de tristeza y de cariño.

Hacia el mediodía del 23 de junio las fuerzas alemanas irrumpieron en Saint-Dié sin hallar resistencia. Su primera faena fue echar de la ciudad a sus ocupantes vencidos, amontonándolos en cuarteles y recintos amurallados como prisioneros de guerra. La redada, en la que entramos los cinco fugitivos de los días anteriores, cayó en un terreno amurallado en duro, al este de la villa; ahí, entre los varios miles de cautivos, nos juntamos con algunos compatriotas enrolados en los Batallones de Marcha, salidos igualmente de los campos del Rosellón. Ellos nos informaron de la existencia del armisticio pactado por el mariscal Pétain y las fuerzas de ocupación alemanas, por el que se daba fin a la resistencia armada del Ejército francés. También nos pusieron al corriente de un manifiesto radiado desde Londres por un general francés en fuga, el general De Gaulle, incitando a la resistencia armada, por todas partes y por todos los medios, hasta la victoria.

A primera vista, a nosotros, como españoles, ese asunto que se refería al pueblo francés no nos concernía, incluso siendo nuestros objetivos y fines paralelos e iguales; pero, pensándolo bien, tampoco nos dejaba indiferentes. La guerra, según manifestaba De Gaulle, llegaría a tomar dimensiones mundiales, por lo que los españoles tendríamos que jugar nuestra carta democrática y nacional al lado de las otras democracias, que seguirían batiéndose contra los regímenes tiránicos. Por lo tanto, nuestra plaza se hallaba del lado de los franceses y de todos aquellos que estuviesen dispuestos a continuar la lucha contra los nazis, allí donde se encontraran. Pero en ese momento debíamos esperar a que los dirigentes de la coalición republicana fueran por fin razonables y se situaran a la altura de las circunstancias. ¿Qué hacer mientras tanto? Con buena voluntad siempre hallaríamos la forma de seguir la lucha si de verdad queríamos entrar en la danza.

Hasta entonces, lo que yo encontraba más apropiado, asumiendo los riesgos propios de la situación, era desperdigarnos entre la maleza, aunque eso tropezaría a corto o largo plazo con la falta de apoyo de la población atemorizada, o enrolarnos en trabajos agrícolas, para lo cual necesitaríamos mucha suerte, ya que a los ocupantes no se les engañaría con facilidad, y los campesinos nos acogerían y darían empleo con muchas reservas.

Había otra alternativa: buscar la frontera de Suiza y escapar por ella, pero ya nos habían llegado rumores de cómo las gastaba ese país. También cabía llegar a una población grande donde, con suerte, podríamos pasar desapercibidos y protegidos por la resistencia francesa, que no tardaría en empezar a organizarse. En tal caso yo optaba por encaminarnos a Lyon, o a París, ambas ciudades bastante alejadas, por cierto, de los Vosgos, donde nos encontrábamos, cuando pasaran unos días y con ellos el núcleo de la tormenta.

La fuga

Puestos de acuerdo sobre la solución que debíamos buscar, los componentes de nuestro grupo saltamos el muro que nos recluía, ayudados por los «batallonistas», después de una despedida emotiva. Esa noche fuimos a escondernos fuera de la ciudad a un pabellón elegido como refugio por una parte de nuestra compañía, que había llegado a Saint-Dié un día antes.

A la mañana siguiente, cuando lo teníamos todo preparado para reemprender el camino, observamos que los soldados ocupantes daban vueltas por los alrededores, quizá en nuestra busca. Sospechamos que algún vecino, no satisfecho de nuestra presencia, había dado el soplo. Nos capturaron y fuimos conducidos bajo rígida escolta a la comandancia del Ejército alemán, situada en uno de los más bonitos y lujosos edificios de la ciudad, donde los invasores acababan de instalarse.

El primer contacto con los alemanes, mal estimados por nosotros por la ayuda que habían prestado a los generales facciosos españoles, nos dejó perplejos; nos parecieron por sus formas, en esos momentos más que nunca, gente llegada de otro planeta: saludos enérgicos, gritos guturales de órdenes y acatamiento, taconazos escandalosos, movimientos automáticos que más parecían tocar a la exultación que al uso castrense, todo fuera de nuestras costumbres, en las que impera la parsimonia; limpios y bien aseados a pesar de la guerra, semejando objetos fabricados en una cadena de producción. Veamos: uniforme verde oliva flamante, guerrera bien tallada, pantalón ancho metido por debajo en botas altas hasta media pierna, el casco enganchado a un lado de la cintura, una máscara cilíndrica al otro lado, un macuto de espalda aguantando una manta enrollada, una cantimplora de aluminio forrada con lienzo oscuro; en fin, algo que, visto en un solo individuo no nos hubiese chocado, pero que, en todos por igual, lo encontramos impresionante.

No habíamos salido todavía del asombro cuando reparamos en un serio problema que se nos venía encima: la lengua. ¿Cómo nos vamos a entender con esta gente no hablando nosotros el alemán si ellos no hablan el castellano o por lo menos el francés? En efecto, como era de esperar, el alemán que parecía ser el jefe, un teutón grande y fuerte, cargado de entorchados, hombreras trenzadas y rombos brillantes representando estrellas, nos preguntó con grandes voces en su lengua:

—¿Alguno de ustedes habla alemán?

Nada. Silencio.

Los franceses observaban desde sus ventanas y balcones con caras que delataban temor y tristeza; y es que nuestros semblantes no debían de parecer halagüeños, sobre todo para los que supieran que se nos tildaba de «rojos españoles» por los mismos alemanes que protegieron a los generales rebeldes al Gobierno de la República y les ayudaron a echarnos fuera de nuestras fronteras.

Nos pareció que ahora los franceses nos comprendían mejor, viéndonos con sus propios ojos infelices, compartiendo su misma desgracia. Las preguntas que nos lanzaba el teutón solo tenían como respuesta un «no comprendemos», que aventurábamos también en francés: *ne comprent pas*. El coloso alemán, bonachón de apariencia, reía a carcajadas al ver que no entendíamos lo que nos preguntaba, hasta que de entre los curiosos que presenciaban el espectáculo salió un intérprete voluntario, conocedor de la lengua alemana, que se prestó a traducirnos al francés las preguntas que nos tenían en suspenso. El amable traductor empezó por hacernos comprender que el «general» hablaba fuerte porque así parecía ser su costumbre, pero que no era agresivo, que buscaba tranquilizarnos haciéndose cargo de nuestra incomprensión y reticencia.

—Bueno, bueno, *monsieur*, ¿qué dice que desea?

—Les dice que no se inquieten, que hará lo posible para que vuelvan a su país cuando la situación del transporte lo permita.

—*Tres bien, monsieur,* ¿y qué más dice?

El intérprete empezaba a buscar la traducción de las otras frases del alemán, pero antes de que las encontrara se le dijo:

—¡Muchas gracias! *Merci, beaucoup, monsieur!*

Realmente no solo no comprendíamos lo que escuchábamos: es que tampoco poníamos el suficiente interés; sabíamos que estábamos prisioneros, el resto tenía poca importancia.

Bueno... por lo pronto no había parecido agresivo, como decía el intérprete; era la única cosa buena que podíamos esperar de él. Más trágico habría sido que nos hubiese enviado al paredón.

Cuando el «general» creyó haber dicho lo que le parecía imprescindible o más interesante, sacó un mapa topográfico del sector y en él señaló un punto, indicando al responsable de nuestra detención un lugar aislado de la ciudad, alejado unos tres o cuatro kilómetros, donde fuimos conducidos. Volvimos a darle las gracias al intérprete y marchamos, siguiendo al guía en formación, hacia el lugar fijado. El alemán que mandaba el servicio de escolta resultó campechano y de buen fondo, pues trataba de hacernos comprender por gestos lo que no comprendíamos con palabras. Durante el trayecto se comportó con familiaridad; sus gestos eran bruscos, pero parecían amables. En el fondo, nos decíamos, entre esta gente tiene que haber también buenas personas.

Mi intención de llegar a una gran ciudad seguía vigente a pesar de las palabras tranquilizadoras del jefe alemán. Esa noche, cuatro de los cinco escapados de Baccarat —uno no quiso tentar de nuevo a la suerte con otra huida— nos reafirmamos en el proyecto de fuga. ¡Para estar prisioneros siempre habría tiempo! Moralmente, aún no estábamos dispuestos a bajar los brazos antes de empezar la pelea.

Puestos de común acuerdo sobre la forma y destino, antes de clarear el largo día 27 de junio, los cuatro cómplices burlamos la ligera guardia alemana y nos pusimos en camino. Rodeamos la ciudad de Saint-Dié buscando a lo lejos la carretera que conduce a Épinal, capital del departamento de Vosgos, etapa decisiva para elegir derrota, ya a París, ya a Lyon. En un mapa topográfico hallado entre los despojos militares íbamos siguiendo los cruces y enlaces de carreteras y los sitios susceptibles de tropezar con patrullas alemanas que pudieran entorpecernos la fuga. Así marchamos ese día sin tropiezo alguno, abasteciéndonos de lo necesario en lo que encontrábamos abandonado por el Ejército francés antes de ser hecho prisionero.

Pasamos la noche en un otero, desde donde podíamos divisar una gran extensión de terreno sin ser apercibidos. El 29 de junio, tercer día de la huida, encontramos montones de armas de guerra por todos sitios, y miles de objetos valiosos, imposibles de adquirir con todo el trabajo de una vida. Cambiamos la indumentaria militar por otra civil mejor presentada, y tuvimos la cautela de no cargarnos con cosas inútiles para evitar molestias en la larga gira que nos esperaba.

El 30 de junio, tras haber pasado una noche tranquila, reemprendimos camino, siempre con cautela para no caer en alguna encerrona de las patrullas alemanas; pero antes de llegar a la pequeña villa de Bruyères, situada a la izquierda de la carretera general de Épinal, en la confluencia vecinal nos dimos de boca con una, sin saber cómo ni de dónde salían.

—*Halt!!! Papiers!*

—*Pas de papiers* —respondimos los cuatro viandantes.

Posiblemente nos preguntaron otras cosas que no supimos responder, y nos hicieron señas para que los siguiéramos, uno de ellos delante, y los demás detrás de nosotros. Nos condujeron a una casita aislada en la que se encontraba el resto de la guardia con los oficiales o suboficiales que los mandaban; entre ellos había uno que hablaba francés.

—*Vous n'avez pas de papiers?* —nos preguntó.

—No, *monsieur*, no tenemos papeles —respondimos.

—*Vous n'êtes pas des français?* —volvió a preguntar.

—No, somos españoles —respondimos.

Enseguida pensamos que no debíamos de ser los primeros españoles que veía durante esos días en que el tejemaneje era frecuente, porque tras departir con sus colegas, volvió a dirigirse a nosotros, otra vez en francés:

—*Vous pouvez partir!* (¡Pueden marcharse!). *Venez!* (¡Vengan!). —Nos condujo hasta la puerta de salida y, una vez fuera, repitió—: *Partez!*

Nada mejor hubiéramos podido esperar en tales momentos. Una vez fuera, emprendimos la marcha callandito, como sardina que se lleva el gato, mostrándole una sonrisa hipócrita en señal de agradecimiento.

No habíamos andado ni veinte metros cuando volvimos a oír su voz invitándonos a volver.

—*Un moment! Revenez!*

¿Qué tripa se le ha roto a este ahora?, pensé. Cuando nos encontramos de nuevo cerca de él le preguntamos por medio de gestos qué quería. Se cuadró frente a nosotros y en lengua castellana exclamó:

—¡Arriba España! ¡Viva Franco!

Bueno, si todo consiste en eso... Nuestro oficialote bajó la mano todo contento y sonriente, se dio media vuelta y sin nada más entró en la casita y nos dejó partir.

Blancos como la cal y corridos como una mona, bajamos la cabeza y reemprendimos la marcha, murmurando que no sería la primera vez que el aprendiz de nazi soltara semejante apología a espaldas de nuestro pueblo. Pasado el bochorno, libres de nuevo, retomamos con renovado brío la marcha fugitiva. Una vez en la carretera, aligeramos el paso para recuperar el tiempo perdido, conscientes y temerosos de que la fuga no sería un viaje de placer y que no saldría tan fácil como lo habíamos pensado. Este percance volvía a ponernos en guardia contra la inatención para operar en adelante con más cautela.

A los pocos kilómetros de marcha acelerada alcanzamos a unas familias que, no habiendo encontrado salida o escape al ejército invasor regresaban con sus carros a sus hogares. Los cuatro forasteros nos agregamos a la caterva sin complejo y sin pedir parecer a nadie, pero tampoco fuimos rechazados.

El resto del día lo pasamos agregados al grupo de civiles, franqueando los siguientes controles a su abrigo, o escurriéndonos entre ellos, cuando presentaban a los ocupantes su documentación en toda regla. Nosotros procurábamos ocultar cuanto nos era posible nuestra nacionalidad española y el mal conocimiento de la lengua francesa. Al caer la tarde los caminantes franceses iban solicitando en los caseríos agrícolas próximos a la carretera, alojamiento bajo techado donde reposar durante la noche y dar agua y pienso a sus caballerías, no siempre con éxito, debido al miedo a las represalias de las nuevas autoridades de ocupación. Los cuatro agregados no perdíamos ocasión de expresar en lenguaje poco comprensible los mismos deseos, buscando fortuna como los demás.

Una de las veces escuchamos al propietario de una *ferme*, casa agrícola, que antes había rechazado prestar su servicio al conjunto de la caravana, gritar con grandes ademanes:

—*Les espagnols, restez-là!* (¡Los españoles, esperad ahí!).

—¿Es a nosotros a quien se dirige ese hombre? ¿Y por qué a los españoles y no a los otros?, nos preguntamos sorprendidos. Bueno, vamos a ver qué se le ocurre a ese buen hombre...

Volvimos a la *ferme*, donde seguía esperando sin alterarse, y con palabras dulces nos invitó a acompañarlo hasta el pajar donde guardaba el heno, y una vez allí nos dijo:

—*Vous pouvez passer la nuit ici, si vous le desirez* (Pueden ustedes pasar aquí la noche si lo desean). —Y continuó diciendo con voz poco audible—: Solo que no tengo mucha cosa para darles de cenar.

—No importa, *monsieur*, nosotros llevamos comida.

El granjero nos dejó elegir sitio donde mejor aposentarnos,

siempre dentro del pajar, y allí preparamos la cama antes de que nos faltase la luz del día, pues la noche entraba ya a uña de caballo y no podíamos servirnos de alumbrado artificial dentro de la pajera.

El paisano se volvió pausadamente sobre sí mismo y se despidió con un *bonne nuit*, cosa rara en un francés, ya que estos se despiden con un *bonne soir* cuando es temprano en la noche. Metidos en la paja hasta el cuello, no sabíamos cómo elogiar la bondad de aquel hombre que, sin conocernos, nos brindaba una hospitalidad voluntaria, que otros por desconfianza no hubieran concedido. Antes de entregarnos por completo al descanso revisamos la ruta a seguir y quizá con los ojos abiertos y la lengua libre llegamos más lejos de lo que requería el tacto y la mesura; bien a menudo los sueños, aunque los veamos despiertos, van más lejos que la realidad, y en las circunstancias que nos encontrábamos esto era comprensible.

No habíamos acabado los planes de fuga, cuando vimos una luz mortecina que entraba en el dormitorio, buscando algo por los rincones de la pajera. Con la respiración suspensa distinguimos la silueta de una muchacha joven, con la cara sonrosada por la mortecina llama de un quinqué. El reflejo de la luz doraba su cabellera, situándola más cerca del ensueño que de la realidad.

—*Eh!, les espagnols*.

—*Oui, oui*, aquí estamos.

—Mi padre me envía a decirles que vengan ustedes a *souper* con nosotros.

Su lámpara de carburo o quinqué seguía iluminando su rostro, que más parecía de cera o alabastro cuanto más se acercaba. La seguimos, atraídos más por su belleza que por el hambre, como si marcháramos por un legendario castillo en lugar de por el patio de una granja agrícola. Sus padres, marido y mujer, nos esperaban sentados en torno a una gran mesa rústica, rectangular, adorando un cazuelón de patatas cocidas, ya peladas, grande como una montaña cubierta de nieve, y un pequeño cazo con una salsa para nosotros desconocida, hecha a base de cebolla, ajo, tomate y cerdo. Saludamos en nuestro corto repertorio de francés y nos preguntaron si queríamos acompañarles a rebajar aquella montaña de nieve que tenían sobre la mesa. Aceptamos su invitación, agregando que un par de botes de «Corned-Beef» de nuestra intendencia, recuperada de los despojos militares el día anterior, ayudarían al pala dar a soportar mejor tal sacrificio. El Malaguilla, nuestro intendente, bajó a picar en la repostería y, una vez puesto sobre la mesa, fécula blanca incluida, aquello nos pareció un banquete de boda o un festín ambrosiaco celebrado en familia.

Los cuatro hubiésemos preferido, cada uno por nuestra parte, departir con la muchacha, que parecía tener una voz más agradable al oído, pero los padres estaban tan atentos a nuestras explicaciones y a la repetición de palabras no comprendidas que la muchacha no conseguía introducir ninguna. No por eso su silencio era menos atractivo. Hablamos de todo; una vez metidos en el hilo de la conversación, rara era la palabra que teníamos que volver a repetir por segunda vez. ¡Qué lástima que las personas no lleguen a conocerse antes de hacerse la guerra...! Los dueños ponían sumo interés cuando les explicábamos, sin malicia y con el entendimiento de una persona de veinte años, nuestras costumbres familiares, nuestros hábitos, creencias, algunas mal interpretadas en ciertos medios de comunicación por nuestros detractores. Aprovechando el lance de la conversación les pedimos si podían ocuparnos en su granja o en cualquier otra de las cercanas, aunque solo fuese por la comida, con la intención de hacer tiempo hasta que llegase el sosiego general. Nos hicieron ver, no sin cierta aflicción, que no podía ser; no porque no tuvieran necesidad de brazos, pues con la guerra y sus acontecimientos la faena del campo llevaba retraso, sino por temor a sufrir represalias por parte de los ocupantes, pues habían sido ya advertidos de no recibir ni ocultar a gente extraña. Nos sacó un pequeño periódico del día, que empezaba a publicarse bajo la égida del ocupante, *L'Écho de Nancy*, en el que amenazaban a los campesinos y demás ciudadanos con sanciones penales si albergaban a gente de paso e indocumentada. Peor aún: la presencia de toda persona sospechosa tenía que ser puesta en conocimiento de la autoridad militar o judicial. En la sección de sucesos aparecían ya algunas detenciones de personas, acusadas de haber disparado contra aviones y pilotos alemanes previamente alcanzados por la DCA francesa, y de actos contra el nuevo orden público.

Tarde sería pues cuando volvimos a dormir a la pajera, maravillados del afable comportamiento de aquella familia con la que habíamos charlado largo y tendido, cada cual en su lengua materna, si se puede decir así, alcanzando tal entusiasmo que parecía que nos conocíamos de toda la vida. Nos despedimos por fin con el corazón lleno de agradecimiento, después de prometer, bajo solicitud expresa, enviarles señales en tiempo oportuno de nuestro paradero, e incluso de rendirles visita cuando las circunstancias nos lo permitieran.

El 1 de julio abandonamos la hospitalaria pajera para seguir el camino de Épinal como ya teníamos proyectado en nuestro itinerario de fuga. El sol se había elevado ya bastante y miramos en todas direcciones para ver si aparecían, como el día anterior, otros transeúntes a los que agregarnos; nos parecía que a la sombra de otras gentes del país esconderíamos mejor nuestra falta de documentos.

Las montañas que rodean Saint-Dié habían quedado atrás, y las llanuras que se extendían a lo lejos nos permitían ver a muchos kilómetros a la redonda. Al pasar por un campo de labranza vimos una mujer, al parecer de avanzada edad, que con grandes gestos y desmesurados gritos se dirigía a nosotros; gestos que tomamos como de demencia o desconfianza, si no de amenazas. Continuamos camino sin concederle mayor importancia pues era mejor que prestásemos toda la atención a la posible llegada de los alemanes, ya que la experiencia nos había demostrado que esa no era una tarea menor.

Por el mapa calculamos que estábamos cerca del cruce con otra carretera y lejos de cualquier poblado. Seguimos la marcha, prestos a esquivar el peligro a cualquier inicio de sospecha. A lo lejos se veía una casa con algunas dependencias; una de esas casas frecuentes en las rutas nacionales y en particular en los cruces de caminos, con restaurantes, bares y fondas, en las que consumen, duermen y descansan en tiempo normal los transeúntes. Seguimos nuestra marcha ingenuamente hasta que, en un abrir y cerrar de ojos, sin saber por dónde ni cómo, fuimos rodeados por una patrulla de verdes armados hasta los dientes. De nada servirían los aspavientos; y ¿para qué intentar escapar? Esperamos que la suerte no nos abandonase del todo.

—*Halt!!! Papiersss!* —La cosa no cambiaba.

—*Pas de papiers.*

El asunto quedó zanjado ahí. Encuadrados *manu-militari* nos condujeron detrás del edificio a un gran patio cerrado, pero descubierto, en el que entramos a engrosar una partida de unos cincuenta detenidos, fruto probable de la caza de ese día. En aquel patio se repetía la mezcla de militares, civiles, medio militares y medio civiles, entre los que nos pareció reconocer a algunos acompañantes del día anterior. Entre ellos había un sujeto de nacionalidad italiana, que al oírnos hablar en castellano se agregó al grupo. Ya encerrados y con fuerte custodia recordamos a la vieja, con sus voces y gesticulaciones que nos habían parecido insultos, y con pena en el corazón fuimos conscientes de nuestra ingratitud. Los gestos y gritos serían tal vez de advertencia, y la vieja es posible que no lo fuera tanto como creímos en su momento. A quienquiera que fuese, gracias por su gesto. Nosotros ya nos reprochamos en su momento nuestra falta de delicadeza.

Este era el segundo mal paso que dábamos en los cuatro días de fuga, y presentimos con tristeza que podría ser el último, el que pusiera cerrojo a posteriores intentos de evasión. Poco después nos llegó un trozo de pan y un huevo cocido, traídos por la guardia.

El número de detenidos siguió aumentando hasta media tarde. Entonces, bien escoltados, nos encaminaron con paso raudo hacia la ciudad de Rambervillers, a unos diez kilómetros de distancia, trayecto que fue hecho en menos de dos horas. La cadencia maratoniana de la marcha puso en dificultades a los detenidos menos aptos y a los no habituados a andar a buen ritmo, para los que dos horas sin parar fueron un interminable calvario. A la hora de cenar ya hacíamos compañía a varios miles de prisioneros. De la palabra detenidos se pasó automáticamente a la de *Kriegsgefangenen*, o dicho en nuestra lengua, prisioneros de guerra.

La tartera o *gamelle*, que no dejábamos ni para dormir, nos sirvió para recoger un cazo del llamado *souper*, que a modo de una noria árabe iba vertiendo su contenido de lavazas, en el que ocasionalmente se dejaban ver algunas judías pintas. Pero resultaba más ventajoso coger esa ración de hambre que marcharse al catre sin probar bocado. La opción consistía en tomarla o dejarla. Seguidamente fuimos conducidos al compartimiento de extranjeros, siempre con el italiano pegado al grupo como una ventosa, donde encontramos, entre individuos de otras nacionalidades, franceses incluidos, a una quincena de españoles, procedentes igualmente de las Compañías de Trabajadores, de los ya conocidos Batallones de Marcha y de la Legión Extranjera, cazados también por esa región del este de Francia. El italiano pudo hacer valer su nacionalidad y a los pocos días Testoni, que así se llamaba, recobró la libertad; al menos salió por la puerta, según pudimos ver.

Yo seguía con la intención de fugarme. Las repetidas detenciones me habían empañado la moral y no sabía qué tecla tocar para poder incorporarme a los irreductibles, a los grupos que, en breve tiempo, quizá en cuestión de pocos meses, empezarían a aflorar un poco por todas partes para continuar la lucha. No podía aceptar que los malhadados controles empezasen a meter plomo en mis pies, trabas en las alas ni hielo en las ideas, a pesar de que las dificultades, que antes parecían superables, ahora se me antojaban montañas insalvables. ¡Ah!, esa lengua! ¡Esos papeles! ¡Ese dinero! Todo montañas, si asumía la vida monótona y dócil de prisionero de guerra.

Era preciso escapar, sin embargo; continuar la pelea al lado de los que quisieran batirse por la buena causa de la libertad y de la justicia; no permitir a la tiranía, germen del fascismo, imponer su ley bárbara, su régimen sanguinario y feroz. Ahora hacía falta, más que nunca, lanzarse contra la bestia, porque era ahora cuando estaba en su máximo apogeo, reduciendo a su voluntad a hombres y países, a grandes y a pequeños; había que hacerlo ahora que sus dentelladas eran más destructibles. Julián García Salcedo, mi inseparable amigo, compartía los mismos ideales, y tramando evadirnos nos sentíamos felices.

En el cuartel de Rambervillers había encerrados oficiales de alto rango, por lo que los puestos de guardia estaban reforzados permanentemente, y las salidas al exterior, muy vigiladas. No obstante, al cabo de unos días vimos que se formaban grupos de trabajo, en los que no podían entrar oficiales uniformados, para ocuparlos en servicios exteriores. Para Julián y para mí, que manteníamos el empeño de huir, cualquier clase de servicio fuera de los muros del cuartel era bienvenido; una vez fuera podríamos vislumbrar las posibilidades de fuga y estudiarlas minuciosamente.

Tan pronto pudimos nos enrolamos en un grupo de trabajo que se ocupaba de limpiar el alojamiento de la guardia, ordenar la intendencia y de otros servicios de poca importancia. En intendencia debíamos seleccionar ropas del Ejército francés y ordenarlas, para embarcarlas después, tal vez en calidad de botín de guerra, con rumbo desconocido. Una ocupación así me iba que ni pintada, ya que con un poco de sagacidad salía de la faena vestido con dos o tres trajes civiles, que no era poca cosa en verano, con lo que, tras diversos trueques, combinaciones y solicitudes, proporcionaba al grupo un pequeño suplemento de comida, materia prima para la fabricación de bisutería y algunos francos para asegurar la próxima evasión, que a pesar de los pesares seguía vigente. Debo indicar que los guardianes no veían con mal ojo esas raterías, quizá porque solo fuera una pequeña cantidad en comparación con lo que ellos se llevaban. Ese trabajo no duró lo que hubiésemos deseado, porque la intendencia quedó vacía en poco tiempo. Luego fuimos requeridos para recoger los muchos caballos que campaban en libertad por los prados aledaños, procedentes, lo más seguro, del Ejército francés. También los caballos eran embarcados en tren con dirección desconocida; quizá acabasen en las granjas alemanas o en las cocinas de la Wehrmacht.

La recogida de caballos nos ofreció múltiples ocasiones de escapar sin ser apercibidos. El negocio de la ropa había proporcionado algunos francos, terrones de azúcar y fuerza moral, sobre todo, lo cual nos permitiría, con un poco de suerte, alejarnos de esa zona, donde la ocupación alemana se hacía muy visible. La reserva la teníamos escondida en sitio casi seguro aguardando el momento oportuno para usarla; la experiencia nos había enseñado que todas las precauciones eran pocas donde abundaba el hambre.

Una cena mal digerida

Por fin un día decidimos fugarnos. Con el acopio hecho durante los anteriores nos presentamos a la hora acostumbrada en la puerta de salida; esta vez emprenderíamos la fuga en mejores condiciones. Pero el tiempo pasaba sin que los verdes asomaran por ninguna parte; quiero decir que ese día no hubo salida. Se dijo luego que durante la noche hubo un intento de fuga formando un zipizape monstruoso dentro del cuartel. Con fastidio nos desprendimos de nuestras reservas y preparativos por si había un registro personal. No quedaba otro remedio que esperar una nueva llamada, y mantenerse con un ojo en las reservas y otro en la puerta.

A la mañana siguiente tampoco hubo salida. La paciencia y la moral nos fueron bajando algunos puntos; enfangados en mil cavilaciones, y pensando en los dichosos caballos, mucho después de la hora de costumbre apercibimos que junto a la puerta de salida se formaba un grupo, como los días anteriores, que estaba siendo organizado por el mismo sargento que los había mandado antes.

¿Qué hacer? Si subíamos al alojamiento a por las reservas corríamos el riesgo de no volver a tiempo de coger el grupo ya preparado; si entrábamos a formar parte de este dejábamos perder lo que tanto nos había costado acumular. Pero ¿quién sabía si se nos presentaría otra ocasión? ¡No importa! Salgamos y veremos sobre la marcha lo que se puede hacer.

Nos llevaron de nuevo a recoger caballos y embarcarlos en vagones de tren; parecía que eran ya los últimos, de modo que las salidas por tal motivo acabarían ese mismo día. Si se nos presentaba la ocasión había que aprovecharla. La ocasión se presentó y a los pocos minutos Julián y yo estábamos lejos de la guardia y libres de su alcance, muy desconsolados por cierto por no haber podido coger las reservas guardadas para la ocasión. Asumimos que había que caminar toda la noche sin comer, lo cual, incluso en verano, exige fuerzas; exige comer fuerte y sólido, algo lejos de nuestro alcance en esos momentos mal elegidos. Llegamos incluso a dudar si no sería más acertado reincorporarnos al grupo y calmar durante un tiempo nuestro ardor, pero finalmente decidimos darnos un homenaje en algún restaurante y marcharnos después sin pagar. La insolvencia tiene sus riesgos, y no podíamos pronosticar la forma en que saldríamos de tal paso; sin embargo, sabíamos que con el estómago lleno podríamos caminar toda la noche y antes de que clarease el día habríamos pasado la aglomeración de Épinal. Desde allí veríamos mejor lo que podíamos hacer; y así sucesivamente hasta el Sena.

Al caer la noche entramos en la ciudad de Rambervillers por una avenida que nos pareció importante. A unos pocos cientos de metros vimos un restaurante repleto de clientes, que tranquilamente consumían vasos de cerveza y otras bebidas refrescantes. Nos pareció que tal establecimiento podía satisfacer sin mucho riesgo nuestras necesidades. Pasamos, tomamos plaza airosamente, sin complejos, y pedimos lo que más nos apeteció; bien sólido, pues a pesar de las restricciones impuestas por la guerra, allí servían buenas comidas, copiosas y de excelente calidad. Por el precio tampoco regateamos, ya que como está dicho, ni podíamos ni pensábamos pagar.

Comimos tanto cuanto pudimos, y guardamos algunos trozos de pan para el camino; mientras comíamos observábamos las posibles vías de escape, prestos a no perder la menor ocasión o descuido del servicio, para salir sin ser apercibidos. Pesarosos por nuestra innoble actitud, hubiésemos querido dar una explicación o justificarnos, rogando nos permitieran pagar la cena con algunas horas de trabajo, o con algo accesible a nuestras posibilidades, ya que, irremediablemente, no teníamos dinero; pero temimos que nuestra franqueza echase todo por la borda y terminara en un Trafalgar prematuro, como así ocurrió finalmente.

El personal de servicio, más ducho que nosotros en esa clase de trucos, no debió de tardar mucho en adivinar nuestras intenciones, pues no nos quitaban los ojos de encima, y tal vez tratando de probar sus sospechas, en un abrir y cerrar de ojos desaparecieron todos como por encanto. Tan pronto como nos vimos libres de aquellas miradas que nos comían, intentamos escurrirnos sagazmente hacia una puerta de salida que previamente habíamos convenido. La ingenua astucia no nos sirvió de nada: una media docena de gallardos nos esperaban fuera, tan enojados y corridos que no repararon en medios para ajustarnos bien las cuentas. Nada más salir a la calle fuimos asediados cada uno por un trío de mocetones enfurecidos, cascando cada cual por donde encontraba hueco, como si de repente se hubieran vuelto locos. Del caudaloso torrente de picardías soltadas por los excitados agresores solo llegamos a captar las concernientes al pago de la comida. Mientras tanto, pies, manos, codos y rodillas no quedaban inactivas, menudeando una copiosa ensalada de golpes altos y bajos. Aprovechando las cortas pausas en la enmarañada contumelia aparecían los ajustes de cuentas y las demandas de explicación.

—*Qui va payer la addition, mon cochon...?* (¿Quién va a pagar la cuenta, tío guarro?).

A lo que respondíamos con palabras estudiadas de antemano: *n'avons pas d'argent*.

Nuestras respuestas debían de entenderlas con toda nitidez a juzgar por los mojicones que seguían.

—*Nous n'avons pas d'argent... Nous n'avons pas d'argent!* —repetían de carrerilla, como si las palabras se les hubieran clavado en el corazón cual flechas encendidas.

Acoquinados, pero sin levantar el menor grito de queja, admitíamos los golpes como bestias a las que la carga les ha roto el aparejo, o como si ese castigo pudiera solventar o reemplazar el justo pago, preguntándonos en nuestro interior cuánto haría falta para completar la cuenta.

Ironías del destino, los alemanes llegaron en nuestro socorro y nos sacaron de aquel duro tropiezo, preguntando el porqué de aquella pelea, qué era lo que pasaba. El que parecía ser el jefe o dueño del establecimiento gesticulaba con agitados ademanes tratando de explicar que habíamos cenado y nos escapábamos sin pagar. El asunto, por inesperado, resultaba complejo para la patrulla alemana. Hubieran comprendido mejor una insubordinación, un sabotaje o un acto de resistencia; pero comer sin pagar era, para un ejército vencedor, un hecho sin importancia, y nuestro caso tuvo que dejarlos fríos. No alcanzamos a comprender ni una palabra de lo que unos y otros hablaron, pero al fin la patrulla impuso su autoridad a todo el mundo: restableció el orden, soltó a las dos víctimas y pronunció las palabras rutinarias de esos días:

—*Papierrrsss!*

Papiers eran los documentos de identidad legal extendidos por la autoridad, civil o militar según el estado del individuo. Para los republicanos españoles volvía la pesadilla de la documentación, no porque no tuviésemos la de España, sino porque temíamos que esos documentos nos complicaran más la situación. De Francia solo poseíamos una cartulina dactilografiada, con el nombre y los apellidos, estado y edad, y el número de compañía a la que pertenecíamos. Ante los alemanes era mejor no mostrar ese documento, pues podía ser comprometedor. De modo que, como ya habíamos hecho en otras ocasiones, respondimos:

—*Pas de papiers!*

Sin más explicaciones, los verdes nos llevaron al cuartel de prisioneros de donde procedíamos.

Los miembros de la patrulla no parecían sentirse muy incómodos por nuestra osadía, a juzgar por la hilaridad de sus gestos y sus risas sarcásticas ante un hecho anodino. En el puesto de guardia tuvimos que trapichear las explicaciones para eludir el verdadero motivo de la acción y no caer en falta. Por suerte allí estaba el suboficial que mandaba el grupo de los caballos; nos reconoció fácilmente y cuando supo los detalles del caso nos preguntó, en tono de buen padre de familia y en mal francés:

—*Pourqoa fus avess fet-ça?* (¿Por qué habéis hecho eso?).

—Porque teníamos hambre, simplemente. *Faim! Compris?*
—*Ahhh... Bonnn... bonnn... Compris! Hunger!*
—Si, eso es... *oui, oui, ya, ya.*

El pleito del restaurante no llegó más lejos. Los soldados del cuerpo de guardia que escucharon las explicaciones nos hicieron señas de calmarnos y esperar. Al cabo de pocos minutos el oficial volvió con un montón de pedazos de pan, un puñado de puros gordos y rechonchones, semejantes a los petardos, y unos paquetes de cigarrillos emboquillados y nos los dio. Seguidamente nos metieron en el cuartel con los demás prisioneros como si nada hubiese pasado. En resumidas cuentas, incluida la somanta con escozor de los desollones, el intento de fuga se saldó con algunas ventajas para el grupo hispano; además de lo conseguido en el cuerpo de guardia estaban las reservas escondidas, que recuperamos intactas.

Así pues, la intentona de fuga fue abortada, como las anteriores. ¡Maldita sea nuestra suerte!, nos decíamos decepcionados. Tras aquel mal paso nos vimos condenados a permanecer con los pies pegados al suelo por un tiempo. Aquí nos tienes, cautivos, más por la mala suerte que por las temidas fuerzas alemanas. ¡Que el diablo no venga a cerrarnos todas las puertas al mismo tiempo! Esperemos además que esta triste conformidad no se convierta en chaqueteo.

En el cuartel de Rambervillers

Los días que siguieron los pasamos dándonos de cabeza contra los muros del cuartel como pájaros en jaula. Los demás compatriotas, resignados a recibir lo que viniera, se desvelaban por disuadirnos de la inutilidad de nuestras intenciones, como si los miles de cautivos que allí había tuviesen que aguantar el mismo mal con igual resignación. Lo importante no era escapar sin ton ni son, decían, sino preparar la fuga en buenas condiciones.

¡Cómo me gustaría conformarme con ese planteamiento!, les respondía, mientras clamaba para mí: «¡Ah! Esa lengua, esos francos y toda la ristra de enseres necesarios al fugitivo en su huida...». Pero cada cosa de valor exige su precio. En fin... cada desventura deja algo bueno, entre lo mucho malo, en el pecho del desventurado, siempre que lo haya podido contar. Vayamos entonces a los aspectos positivos de la malograda fuga: los trozos de pan y el tabaco recolectado entre la guardia causaron gran regocijo entre los quince miembros del grupo hispano, que en esos días guardaban entre sí algunas reticencias; aquello fue oportuno para borrar los obstáculos de la indiferencia y abrir el camino de la concordia, que se impuso en los días sucesivos.

En el grupo hispano había refinados artistas en bisutería, parte de los cuales, si no todos, hicieron su aprendizaje en los campos de refugiados de las playas del Rosellón; tan pronto como fue posible se pusieron a fabricar anillos, dijes y peque- ños figurines, bastante atractivos, por cierto, de hueso y metal. El hueso no costaba nada, pues se obtenía de los despojos de la cocina, de donde cogíamos las piezas tubulares, que son las más homogéneas y duras; el metal se sacaba de las monedas de plata y bronce. Los objetos fabricados fueron nuestra moneda de cambio a falta de otra de curso legal. Cada miembro del grupo ocupaba su lugar en la industria, trabajando, limando, agujereando, puliendo, en la representación o en la venta. El maestro ponía la fineza de sus manos; los ayudantes, elegidos por el maestro entre los más capaces, hacían el producto; los menos aptos nos dedicábamos a su difusión y venta, a la bús- queda y obtención de materias primas, y a la adquisición de comida. Este trabajo, que absorbía mucho tiempo, nos sacaba de la monotonía y evitaba la tentación de nuevas fugas suici- das, además de proporcionarnos cierto beneficio. Con nuestro trabajo de bisutería nos ganamos excelentes amistades entre los bretones, separados por los alemanes como una nacionali-

dad aparte. Los bretones, muy diligentes, por cierto, eran cocineros, y además de traernos cada tarde una lata de comida,
nos ayudaban a vender las joyas entre sus conocidos. Gentiles
a toda prueba, nos apadrinaron y nos defendían en todo lo que
podían.

Los transportes en tren de prisioneros franceses hacia Alemania, que venían realizándose con frecuencia, disminuyeron,
ya que las detenciones habían bajado casi a cero. Por eso, y
porque el acecho de intrigantes dentro del cuartel se volvía
cada vez más estricta, tuvimos que buscar una ocupación que
justificase el empleo de nuestro tiempo, y a la vez nos dejara
libre todo el que fuera posible.

Nuestros amigos bretones nos proporcionaron una ocupación en la limpieza de los retretes. Ese trabajo, poco solicitado, nos dejaba bastante tiempo libre y nos protegía de otras
faenas más pesadas y, con frecuencia, peores. En una hora teníamos el trabajo hecho, y el resto del tiempo lo dedicábamos
a nuestro negocio; yo, por mi parte, también a ojear libros y
revistas en la biblioteca, que seguía abierta. Allí, encontré un
método Assimil «Francés-Alemán» con su correspondiente
diccionario traductor de las dos lenguas, que usé para iniciar
el aprendizaje de la lengua alemana. La francesa, escrita, no
supone para los españoles una gran dificultad; es su pronunciación lo que nos crea más problemas.

Dos días por semana entraban en el cuartel de Rambervillers unas monjas con un carro tirado a mano, cargado de comida y algunas golosinas para los prisioneros. Al principio los
españoles rehuíamos esa clase de ayuda temiendo ser rechazados por nuestra condición de republicanos, muy mal reputados
en algunas esferas francesas que desprestigiaron nuestra causa. En las circunstancias en que nos encontrábamos, un desprecio de las monjas habría supuesto un golpe moral muy
desagradable. Pero el Malaguilla, que no tenía nada de punti-
lloso, probó fortuna, no sin antes prevenir de antemano a las

religiosas de que era español, preguntando si podía participar del beneficio de su socorro. Estas, extrañadas por la pregunta, respondieron que sí. A partir de ese día, antes de empezar a repartir su limosna miraban por todos lados preguntando:

—*Les espagnols sont-la?* (¿Están los españoles?).

Mi XXII aniversario

Corría el mes de julio de 1940 y nosotros seguíamos en Rambervillers, cautivos, ocupados en trabajos degradantes, más por la imposición que por la naturaleza del oficio que, en cualquier caso, alguien tenía que realizar.

El cautiverio, bajeza que degrada al cautivador y pena agobiante para el cautivo, pasaba a ser costumbre diaria, como un oficio, un vicio, o una manía; y los días se sucedían unos a otros, en la cadena de la vida que nunca toca a su fin. Uno de esos días, el 15 de julio, dejé atrás mis veintiún años; y los dejé como prisionero de guerra, de una guerra que nunca había deseado, con mi nombre marcado en la rueda de la fortuna, aguantando un destino que no había elegido. Prisionero de guerra, repito, y bajo la ley del vencedor; metido en el saco sin fondo de su botín, envuelto entre sinsabores, agobiado por las causas que me llevaron al destierro hacía ya año y medio. A mis veintidós años formaba ya parte de las piezas acumuladas por el vencedor, como los caballos o la ropa embarcada hacia Alemania, bienes confiscados a sus dueños legítimos, ganados y reunidos con el esfuerzo de una o varias vidas de labor y fatigas, restando de su estómago y de su reposo un poco cada día.

Por ese mismo expolio, bajo la misma bota, habían pasado los republicanos españoles un año y medio antes. Yo, en el exilio, había conservado, aunque solo en parte, el mayor bien que a toda criatura le da el cielo: la libertad. Esa libertad tan codiciada, que ahora se hallaba bajo la apisonadora del vencedor. Nada nos quedaba salvo la esperanza, que nadie puede quitar, y que, si uno no la pierde por desaliento, puede seguir manteniendo espiritualmente esta engañosa vida.

Los ratos de ocio eran cada día menos; los «verdes» buscaban con insistencia alguna ocupación rutinaria que nos hiciera comprender que el cautiverio no es un reposo pasajero para los cautivos, sino trabajo y obediencia al vencedor, procediendo sistemáticamente a la caza de los rezagados y esquivos. El servicio de limpieza, en el que nos ocupábamos los españoles, era respetado por los guardianes, pero convenía tener siempre a mano los útiles del oficio; así, muchas horas de trabajo las pasaba en la biblioteca, pero siempre con el hisopo y el cubo al alcance de la mano, para disimular si un «verde» encargado de la limpieza aparecía buscando a los rezagados.

Por aquellas fechas de mi veintidós aniversario, pasaba por mi mente, en lenta pesadilla, el recuerdo de mis familiares, a los que imaginaba cavilando sobre su tristeza con todo este río revuelto. Pensaba en las causas que me habían traído hasta aquí, envuelto entre miles de jóvenes de mi edad, y recordaba mi vida desde que cobré el juicio hasta la hora presente, buscando claridad en un enjambre de ideas o en una escena en la que desempeñaba el papel de figurante. El pensamiento deambulaba en una carrera infernal, sin freno ni control, saltando de recuerdo en recuerdo, brincando de los alegres a los tristes, de los cómicos a los trágicos, unas veces con reflexiones juiciosas y otras con delirio exultante, martilleándome el cerebro con frenesí. Recobrar la libertad, a cualquier precio, era mi obsesión, no por rechazar sistemáticamente las leyes que te imponen los otros, como el ácrata, pues nunca busqué únicamente hacer carrera, sino por el deseo de sumarme a los míos, con quienes adquirí un compromiso moral de defensa de un tipo de sociedad que en esos días creía en peligro de extinción.

Yo, prisionero, veía en mis guardias a hombres a su vez presos de una fuerza superior, a la que ellos servían como autómatas, de forma mecánica, sin voluntad propia. Pero ¿qué hemos hecho los unos y los otros para encontrarnos hoy, unos guardianes y los otros sus prisioneros, si ni siquiera nos conocíamos antes de este episodio? ¡Ahí está el traste! El mundo, comenzando por Europa, marchaba a campo través contra el buen uso de la razón, colocando títeres a la cabeza de los estados, y a perversos y ambiciosos en la dirección de los países.

Y sin embargo... estos alemanes parecían ser gentes de buena calidad, de buenos quilates. Si en algunos momentos hubiésemos tenido que calificarlos en tanto que hombres desprovistos de pertrechos guerreros, no hubiésemos dudado en darles bastantes puntos. Pero la situación real muerde en la imparcialidad, y no podía obviar los muros que nos separaban: ellos con armas, yo cautivo.

En esos días el instinto de conservación me obligaba, como a miles de mis colegas, a aceptar las leyes de la fuerza, a obedecer de buen o mal grado, a defender mi vida, presentándome dos veces a coger el cazo de judías pintas, sustento estudiado para bestias cautivas. De esta forma se sucedían los días; así aumentaba mi quimera.

Pasada la primera quincena del mes de julio, la salida de prisioneros del cuartel se hizo otra vez más frecuente, sin que conociésemos la dirección que tomaban los transportes. Algunos optimistas pensaban que serían entregados a la Cruz Roja y que ese organismo se encargaría de encaminarlos a sus hogares. Para los pesimistas, yo entre ellos, los transportes de prisioneros irían a Alemania para compensar la mano de obra movilizada, trabajando en la agricultura y en la industria, civil y de armamento, colaborando, mal que les pesara, al esfuerzo de guerra del Tercer Reich. El vacío que dejaban en el cuartel lo iban ocupando otros prisioneros sacados de sus escondites y buscados entre la población civil. Entre los meses de julio y agosto salieron del cuartel de Rambervillers casi todos los cautivos capturados en los primeros días de la invasión; quedamos solo los grupos extranjeros minoritarios: belgas, bretones, españoles, polacos y judíos. Dos de esos grupos, judíos y bretones, eran franceses, y no supimos, ni ellos tampoco lo sabían, por qué los bretones fueron diferenciados del resto de sus compatriotas. La cosa fue así y no vale buscar el por qué sí o el por qué no.

Acabando el mes de agosto llegaron los «tiradores senegaleses», esta vez como prisioneros. Nunca había visto a tantos negros juntos. A estos colegas circunstanciales tuvimos ya ocasión de conocerlos en el campo de Le Barcarès-sur-Mer, donde ellos eran guardianes y nosotros, concentrados. Entonces, en posesión de sus armas, parecían más severos; ahora, en Rambervillers, al verlos tan afligidos, los compadecía. Como prisioneros eran poco locuaces, estaban más calmados y no parecía fácil sacarlos de su mutismo. Su desconfianza podía deberse al mal humor por sentirse prisioneros, lejos de su tierra natal, o bien por resentimiento contra los blancos, autores de su cautiverio que, como cada cual, lo toleraban mal. No ocupaban el tiempo en ninguna actividad, y pasaban horas enteras cepillándose los pelos que afloraban de la cara.

Por fin, a finales de agosto nos sacaron del cuartel a todos los blancos, salvo a los bretones, que como ya sabemos eran los cocineros, y fuimos enviados a otro de la capital del departamento, Épinal, donde también había unos cuantos miles de prisioneros. Épinal, nuestro punto de mira en las evasiones frustradas, etapa elegida desde donde iríamos a Lyon o a París; Épinal, repito, que alcanzamos por fin, sin hacer más planes ni esfuerzos, y además en tren, pero como prisioneros.

En el cuartel encontramos presos de distintas nacionalidades y razas, entre ellos unos ochocientos españoles, procedentes de los ya conocidos Batallones de Marcha y de la Legión Extranjera. Allí nos juntamos con compañeros escapados de

Saint-Dié, de donde huyeron a Suiza. Después de mil peripecias lograron llegar a ese país, de donde fueron expulsados *manu-militari* y entregados a las fuerzas de ocupación alemanas. No supimos ni sabemos aún el peligro en que ponían nuestros compatriotas a las autoridades suizas. Ciertamente la situación por aquellas fechas no se prestaba a milagros, pero que cada cual asuma sus responsabilidades ante la Historia. En la riqueza no se ve peligro, y por eso es bien recibida, sin escrúpulos, como lo demuestra que los mismos suizos acogieran con clarividente espíritu a otros españoles desterrados, a la familia de nuestro anterior soberano Alfonso XIII, que, aun cuando se preocupase por su incierto retorno, pudo ablandar con el peso de sus maletas el más duro corazón de las humanas autoridades suizas.

No me corresponde a mí dar lecciones de moral a nadie, ni siquiera en este caso particular, pero espero que se me otorgue por lo menos el derecho a expresar lo que sentimos en aquellos días por la conducta de los suizos y a legarlo a la posteridad, negro sobre blanco. No pretendo reprochar a todo ese país haber acogido a la familia de nuestro exsoberano con la dignidad merecida; lo que me pasma el alma es que Suiza, anclada en bases deontológicas, obrase así con nuestros compatriotas que con tantas penas llegaron a protegerse bajo su bandera, y que fuesen entregados a sus enemigos, sirviéndose de soflamas políticas circunstanciales, empujándolos a una muerte segura.

De Épinal a Sagan como prisionero de guerra

En el cuartel de Épinal, como antes en el de Rambervillers, los prisioneros estábamos agrupados por nacionalidades y por razas; había franceses, que era el contingente más numeroso, belgas, judíos, polacos, españoles, etc. Los bretones se habían disuelto como la sal en el agua, y no se veían en Épinal. Los magrebíes ocupaban un pabellón aparte, así como los indochinos, separados del resto tanto por sus costumbres raciales como por los muros de sus pabellones.

El hacinamiento de miles de prisioneros requirió la toma de drásticas medidas higiénicas, propias de todas las aglomeraciones en situación caótica. Los excusados habituales fueron desbordados en todos sus límites y debieron ser reemplazados por largas zanjas recaudadoras de despojos e inmundicias. Hasta ahí, todo es estribillo; el problema venía cuando estas se colmaban y había que vaciar su contenido. Podría pensarse que con una bomba aspiradora esa sucia faena se convertiría en un juego de niños. Estoy casi seguro de que los gobernantes del campo pensaron lo mismo, pero en Épinal esa tarea fue destinada a un grupo especial de prisioneros: los judíos. Los alemanes les obligaron a realizar ese trabajo de forma humillante, pues las inmundicias debían ser sacadas de las zanjas con cascos militares y, para colmo del caso, con la mano desnuda, cargadas en grandes recipientes descubiertos y transportadas en una carreta, empujada y tirada a fuerza de brazos. El suelo del cuartel era de tierra apisonada y con muchos baches y desniveles, por lo que la carreta, en su desacompasado vaivén, esparcía su inmunda carga sobre sus servidores, rociándolos de excrementos. Yo, que observaba por primera vez tal vejación, temeroso de que algún día me tocase por turno, pregunté a un compatriota más antiguo en el cuartel, que también observaba el espectáculo.

—¿Está reservado solo a los judíos ese sucio trabajo, o tenemos que hacerlo todos por turno?

—Me parece que nosotros no —respondió—; antes mataría a un cabrón de esos verdes... aunque después me pegaran cinco tiros.

A decir verdad, en Épinal no tuvimos que realizar esa tarea: el mes aproximado que pasamos allí los llegados de Rambervillers lo ocupamos en faenas fáciles, instalando alambradas de puntas alrededor del cuartel para reforzarlo contra las evasiones.

Hacia finales del mes de septiembre, o principios de octubre, a los casi mil españoles prisioneros en Épinal nos metieron en un largo convoy, en dirección a Alemania, con muchos cientos de franceses y belgas. Un día y una noche pasamos en tren antes de alcanzar nuestro destino, que era un inmenso campo de barracas donde ya había instalados varios miles de hombres; un campo de prisioneros de guerra con el nombre alemán de «Stalag VIII C», en las cercanías de la ciudad de Sagan, allá en la Baja Silesia. Un día y una noche atravesando el corazón del Gran Reich alemán, recibiendo por las delgadas ventanillas del vagón, destinado a animales o mercancías, guijarros y patatas, con otros proyectiles de materias desconocidas, arrojados por las cuadrillas de mujeres y cosecheros de patatas; sin contar las picardías que nos decían a gritos que, por suerte, no llegábamos a comprender. La evasión, tema tabú del cautivo, quedaba aplazada *sine die*. Metidos en aquel rincón de Europa, no merecía la pena ni siquiera planteárselo.

En ese *Stalag* pasamos a ser prisioneros de guerra al cien por cien. «Prisioneros metidos en la sima legendaria, los que, si antes no han sido sumergidos por el tiempo, cuando vuelvan a su país no serán reconocidos por ningún contemporáneo si no han dejado un perro, que ya viejo, pueda atestiguar la vuelta y presencia, lamiéndole la mano a su dueño», como decía Ulises. Aquí, en esta tranquilidad forzosa, había que adaptarse a la situación: «Mal de muchos, consuelo de todos, o de tontos», dice el refrán; había que continuar con el aprendizaje de la lengua alemana, ya iniciado en Rambervillers, como una distracción útil. Ya sabíamos lo que son los campos de barracas y los cuarteles de reclusos. En el de Sagan la única diferencia era el idioma; salíamos de Málaga para entrar en Malagón.

Pues sí; henos ahí al otro lado de la Europa Central aprovechando los últimos rayos solares del otoño, cazando los parásitos de nuestro cuerpo, que sin complicación de lenguaje ni complejos raciales aprovechaban las noches frías y las mañanas heladas para lanzarse hambrientos a chuparnos la sangre, que cada día que pasaba nos parecía más blanca.

En las barracas que ocupamos los españoles, y al parecer en las otras también, había una pancarta emplazada sobre uno de los costados más visibles que nos advertía, amenazándonos con castigos severos, incluso con la pena de muerte, de la prohibición de seducir o refocilarse con mujeres alemanas. Advertencia inútil, impropia de la situación y fuera de lugar, puesto que, encerrados y bien vigilados, ¿cómo podríamos seducir a las mujeres alemanas si ellas no entraban al campo por su propia iniciativa a solicitar nuestra gentileza? El aviso podía interpretarse como se quisiera, pero tratándose de una advertencia nazi no estaría de más tomarlo en serio; aunque no era nada serio pensar que en aquella situación alguien podía cortejar a una mujer, menos aún jugándose la cabeza que, incluso cautiva, conservaba para cada cual un alto precio. A pesar de los ardientes anhelos propios de la juventud, nuestra necesidad inmediata giraba en torno al plato de comida necesaria para saciar el hambre. Las prevenciones sobre la moral las aplicaría cada uno de la forma que mejor le gustase, si por milagro se le ofrecía la oportunidad, pues morir colgado, morir de hambre o morir de amor, no cambiaba mucho el resultado final.

El comandante del *Stalag*, un coronel reservista ya maduro, bastante campechano, por cierto, y los suboficiales encargados de las barracas de los españoles, se mostraban afectuosos y magnánimos con nosotros; es posible que se debiera a nuestro carácter, a nuestras maneras y costumbres, tan diferentes de las suyas, rígidas y uniformes; suponiendo, ¿quién podría saberlo?, que los halagos no fuesen fingidos, como se actúa con los niños cuando se les quiere sacar la verdad.

En Sagan nos ocuparon en tareas rudimentarias, por lo general fáciles, que nos proporcionaban, aunque cueste creerlo, algunos «marcos de campo» de recompensa, con los que se podían comprar cigarrillos rubios y negros o pan blanco. Mientras tanto, la policía política actuaba entre nosotros, sometiéndonos a largos y detallados interrogatorios desde el punto de vista político y con relación a la guerra de España, todo ello con la minuciosidad de la policía alemana.

Los agentes de la Gestapo que nos interrogaban hablaban un castellano casi perfecto. Con intención de enardecerlos por su buen acento les preguntábamos en qué parte de España lo habían aprendido. Respondían que habían trabajado en compañías alemanas instaladas en los puertos mercantiles españoles. Fuera o no cierto, lo que sí es probable, algunas referencias lo avalan, es que ese trabajo de zapa de la Gestapo no debía de ser ajeno a las idas y venidas a Berlín, en el otoño del año 1940, de Serrano Suñer, ministro de Asuntos Exteriores del general Franco. No creo que sea una ligereza decir que, en esas fechas precisas, tales visitas tuvieron, entre otros objetivos que nunca llegaremos a dilucidar ciertamente, el de la eliminación de los republicanos españoles cazados por las fuerzas alemanas en su irrupción en Francia, que ya había comenzado.

Salida de Sagan al campo de Tréveris

Las investigaciones llevadas a cabo por la Gestapo entre los españoles se dieron por terminadas sin que supiésemos los resultados alcanzados. Pocos días después se nos dijo que en breve volveríamos a Francia como liberados civiles, pero que antes pasaríamos a manos de la Cruz Roja Internacional, que nos acogería bajo su tutela, nos trasladaría y repatriaría. Además, nos dieron toda una serie de explicaciones, a cuál más dudosa, que en una situación menos agitada no habría merecido el menor comentario. Pero cuando se está prisionero y postergado en esa región del otro lado de Europa, todo lo referente a una liberación, incluso ilusoria, activa la imaginación, abriendo una grieta, aunque sea pequeña, hacia la esperanza.

Bien visto, no nos explicábamos por qué, considerándonos civiles, nos tenían encerrados en un campo de prisioneros de guerra; si ha habido un error tendrán que corregirlo algún día, nos decíamos. Claro que ahí había mucho que desmenuzar; posiblemente los jerarcas nazis lo hubieran pensado también, pero en sentido inverso. Cómo era o cómo iba a ser, no estábamos lejos de saberlo por la realidad: a mediados de diciembre de 1940 nos sacaron del Stalag VIII C y nos llevaron al campo-etapa de Tréveris, de donde, se nos decía, seríamos retornados a Francia siempre bajo la égida de la Cruz Roja Internacional.

El campo de Tréveris se halla en la cuenca del Mosella, cerca de la frontera con Luxemburgo, a unos 50 kilómetros de la frontera francesa, y a casi el doble de la belga. Está en lo alto de una colina, al norte de la ciudad, según creo, pues llegamos de noche y lo abandonamos también de noche; no salimos nunca del recinto alambrado y no pudimos apreciar las laderas que hay entre el campo y la estación ferroviaria situada en la parte baja de la ciudad.

El de Tréveris no era solo un campo para tránsito de prisioneros: allí también había unos cuantos miles de ellos en permanencia. Los casi mil españoles fuimos alojados en un inmenso hangar, que sirvió de garaje para unidades acorazadas, tanques y demás material de guerra, antes de emprender la ofensiva del ejército alemán contra los pequeños países del Benelux y contra Francia el mes de mayo de 1940. Se decía entonces que por ese campo transitaban los enfermos repatriados y los civiles que fueron hechos prisioneros en la fuga ante el avance alemán, errores que estaban en vía de rectificación. Con todos los reparos imaginables, aun concediendo cierto crédito a lo que decían los jefes alemanes, lo que a los españoles nos preocupaba era tener que pasar por Suiza, sede de la Cruz Roja Internacional, pues el viaje se alargaría varios días,

que, teniendo en cuenta los momentos que vivía Europa, podían dar lugar a todo tipo de complicaciones.

Pisándonos los talones llegaba una ola de frío, de nieve y
de hielo, que sufrimos en el hangar donde estábamos alojados.
Ni abrigo ni remedio a esta calamidad llegó de parte de la administración del campo; al contrario, contra nosotros se desa-
tó una hostilidad sin igual, desconocida en los alemanes que
habíamos encontrado en Francia o en el *Stalag* anterior de Sagan. La antipatía mostrada por las autoridades del campo iba
seguida de toda una cadena de vejaciones por parte de la guardia y de la administración siempre que entrábamos en contacto con ellos. Las formaciones, con tan bajas temperaturas, eran
interminables; la comida nos la daban tan justa y manipulada
que si no morimos de hambre fue porque los prisioneros franceses nos proporcionaron bastantes platos de rancho de su
propia ración.

Además, en el campo de Tréveris había presos de otras tres
nacionalidades: belgas, ingleses y franceses. Solo los prisioneros ingleses, en número restringido, gozaban de prerrogativas
especiales y estaban exentos de servicio. Por contra, los alemanes trataron de reducir a cero la dignidad de los españoles,
colocándonos al nivel de parias o leprosos. Nuestra reticencia
sobre el nazismo y sus crímenes no era ajena a su conducta.
Las ilusiones que hubiéramos podido conservar sobre la hipo-
tética repatriación a Francia, entrega a la Cruz Roja, etc., se
iban deshaciendo como el hielo al sol o la sal en el agua. A los
alemanes volvíamos a catalogarlos tal como los creíamos antes
de caer en sus manos, salvando las excepciones, y yo creo que
con justa razón. Sus abusos, desprecios, vejaciones e insultos
nos mostraban que algo grave ocurría, que algo se había cru-
zado entre ambos grupos. El menor contacto les servía de pretexto para humillarnos, recurriendo a la fuerza para litigar las
faltas de disciplina u obediencia. A menudo tomaban como
blanco de sus perversidades a los más robustos y fuertes com-

patriotas, con provocaciones fuera de razón para, en caso de respuesta irreflexiva, poder servirse de las armas de fuego alegando defensa propia.

Un ejemplo puede ilustrar lo dicho: en una de las muchas y rutinarias formaciones a que nos sometían, el suboficial que hacía el recuento le pegó, sin motivo que lo justificase, dos buenas bofetadas a un español fuerte y corpulento, quizá uno de los pocos que hasta esos días había conservado su fuerza física. Nuestro camarada formaba par con otro hermano suyo, del que no se había separado desde que entraron en Francia. Ambos eran conocidos por todo el grupo hispano como los Colosos de Aragón, pues eran naturales de la provincia de Zaragoza, «de las orillas del Ebro», como a ellos les gustaba decir. Nos contaban, con toda la cachaza propia del medio rural, que eran agricultores, y que, cuando trabajaban la tierra y las caballerías estaban cansadas y no podían tirar del arado o la carreta, se uncían ellos dos y realizaban el trabajo de las bestias. Aquellas exageraciones, con apariencia de bravatas, nos distraían, y aunque nadie las tomaba en serio, conociéndolos bien, nos ponían en duda.

Pues bien, la reacción del baturro a la ofensa recibida fue la que el teutón deseaba, ya que se lanzó contra el alemán con los brazos levantados como si fuera un gorila, con furia violenta, presto a aplastarlo como a una mosca. Una buena docena de los que formábamos a sus costados nos llegamos a sujetar al maño, que amenazaba con comerse al alemán vivo, a riesgo de caer todos bajo las armas de la guardia, incapaz esta de contenernos con las culatas de los fusiles puestas en acción contra la ira de nuestro compatriota, su empuje y el grupo de pacificadores que no conseguíamos contenerlo. «¡Este es el primer hombre que me toca la cara!», decía nuestro maño encolerizado; y por lo que estábamos viendo, podíamos confiar en que era cierto.

Mientras bregábamos por impedir que el maño acabara

con el alemán pegón, por el otro lado de las filas se había levantado una trifulca no menos violenta: el hermano del aragonés arrastraba tras de sí a otro grupo espeso de apaciguadores, pues con resolución deliberada quería vengar la ofensa o baldón acaecido sobre su familia. La guardia, reforzada de urgencia, descargaba también por esa parte rociadas de culatazos, sin mirar dónde daba y sin escatimar los golpes. El furioso revoltijo produjo pavor entre los alemanes, que tras disparar repetidamente al aire consiguieron calmar la pelea. Poco a poco la efervescencia fue perdiendo terreno; una efervescencia que a sangre caliente nos ganó a todos, dolidos como estábamos desde hacía tiempo con los nazis por la ayuda que prestaron a los generales facciosos españoles. ¡Putos alemanes! Además de servir de baluarte para arrancar las libertades a nuestro pueblo, y para echarnos de nuestra tierra, nos venían a humillar, ahora que estábamos atados de pies y manos, con oprobios y escarnios.

Para calmar el enojo de nuestros vejados compatriotas, e incluso el de algunos más, tuvimos que asegurarles que entre todos tomaríamos venganza cuando las circunstancias nos fuesen favorables; por entonces era mejor calmarnos, no echar tales abusos en saco roto, y no meternos en nuevos fregados de los que solo podíamos sacar la cabeza llena de bollos y una buena parte de las costillas rotas, cuando no el cuerpo agujereado por las balas que no le dieron a Franco esos esbirros del imperio nazi. En caliente sentíamos las bofetadas recibidas por nuestros compatriotas como si nos las hubieran dado a cada uno de nosotros. Con la sangre congestionada en la garganta, nuestro calmoso baturro quedó afásico por varios días, sin poder tragar los escasos alimentos que nos daban.

Así llegaron las fiestas de Navidad y del nuevo año, 1941, que pasaron, como las de los años anteriores, sin festejos. Nada nos regocijaba el ánimo ni nos elevaba la moral, salvo los guitarristas Botella y el Vito, nuestros músicos de cámara, que nos endulzaron la velada con sus melodías, como ya venían haciendo desde que los conocimos; sus prodigiosos instrumentos llegaban cuando más falta nos hacía para regocijarnos el alma. Zambras, mazurcas, pasodobles y otras muchas tonadas, unas veces en redoble de mandolina, otras en solos, formaban su repertorio. Recuerdo que el frío acumulado en el hangar no permitía a los músicos pisar bien las cuerdas contra los trastes del mástil de la guitarra, obligándoles, para despabilarse los dedos, a continuar la bulla con un áspero rascado de notas, guardando la mano helada en el bolsillo por largo rato mientras continuaba la fiesta.

Los casi dos años de destierro, llenos de experiencias amargas, habían calmado nuestro carácter impulsivo y espaciado las frecuentes pendencias que nos exacerbaban en los primeros meses del exilio. Gran parte de las rencillas, del amor propio herido y del estúpido rencor, casi siempre por razones políticas o regionales, lo rehuíamos ahora con mayor madurez, evitando remover asuntos que nos enfadasen ni litigios que nos enfrentaran. Cada cual guardaba el amor a su patria chica sin coartar la voluntad de nadie y todos quedábamos cobijados bajo la misma bandera; una bandera que tiempos atrás cada uno enarbolaba con sus colores preferidos y que, con excesivo celo, cada cual amaba a su manera. Las vicisitudes adversas, ya que las favorables eran raras, llegaron a soldarnos en un grupo compacto y homogéneo. El obcecado, el incongruente, el extremista o rompefiestas cedía su tesitura al juicio general, dejando que la razón colectiva prevaleciera. Simultáneamente, la ofensa que llegaba sin motivo a uno o a varios del grupo era considerada, dentro del conjunto, como una ofensa propia. No es que aquellos largos meses de exilio nos hicieran perfectos ni nos diesen la vuelta como a un calcetín; es que habíamos aprendido a ceder cada cual un poco de su parte, y ahora formábamos todos un grupo equilibrado. Lo habríamos pasado peor, tanto por la visible hostilidad de las autoridades del campo como por el frío del hangar, donde en solo un mes y medio de estancia pasamos más que casi en el resto de nuestra vida, si no hubiésemos sido solidarios y responsables.

Aparte de las tres formaciones diarias, ninguna otra ocupación teníamos para emplear el tiempo; solamente algunas horas, no siempre con buen resultado, dedicadas a buscar pitanza. Nuestros augustos intelectuales, prolíficos en verbo, nos exhortaban con charlas y cuentos ilustrativos, como debieron de hacer sin duda en sus cátedras, rodeados de alumnos atentos, antes de que la guerra llegase a trastocar la vida de cada uno. Tanto las gloriosas como las dramáticas epopeyas de la historia de nuestro país, muy abundantes las unas y las otras, nos las explayaban con cierta nitidez, pigmentadas y matizadas según su credo, pero sin esconder ni aumentar ni una sola. Hombres que hoy rememoro con un punto de emoción en el corazón, de los que no quiero recordar los nombres por si me olvido de alguno, pues todos eran merecedores del laudo de la República. Estos hombres aguantaban el destierro con una resignación ejemplar, y el óxido del exilio y la cautividad no puso mácula en su acusada moral. Para lo demás, a los que se les suele dar el calificativo de «todo el mundo», estar al lado de tales maestros de las letras y de las ciencias era un regalo concedido por la adversidad y el hado, que cubría en buena parte el estigma de la espada de nuestros enemigos.

Camino del infierno

El 19 de enero de 1941 corrió el rumor de que se preparaba un transporte para sacar prisioneros del campo de Tréveris sin destino conocido. Al día siguiente, nuestro compañero Mario, un italiano que decía haber combatido en las heroicas Brigadas

Internacionales, con algunos más de su entorno, desaparecieron sin dejar rastro ni prevenir a nadie de su partida. Al otro día, es decir, el 21 de enero, a cada uno de los ochocientos cincuenta o novecientos españoles nos dieron dos latas pequeñas de sardinas en aceite y medio kilo de *biscuits*, todo procedente del Ejército francés, para los días que durase el viaje. Bajamos del campo hacia la ciudad de Tréveris, a la parte más baja, donde está la estación ferroviaria, para montar, como de costumbre, en vagones de mercancías, procedentes del botín de guerra sacado de la conquista de Francia.

La guardia que nos acompañó hasta el tren se había reforzado especialmente: en las esquinas, en los recovecos por donde pasamos, por todos sitios había soldados, que se portaron con no menos aspereza que dentro del campo. En la estación de embarque la vigilancia era aún mayor.

Entramos en cada vagón unos cuarenta hombres, algunos más que en los anteriores viajes. Una vez dentro, las puertas corredizas laterales fueron cerradas y precintadas, como si fuésemos mercancía de fraude caída en manos de la justicia. Tantas y tan variadas precauciones nos dejaron perplejos; pero la tensión dio rienda suelta al humor y a la creencia de que solo la Cruz Roja en Ginebra sería la única entidad autorizada para abrir los vagones, sacarnos de esas jaulas y recibirnos.

La temperatura exterior, aun siendo fría, había subido algunos grados. El tren partió. El paisaje que veíamos por las estrechas ventanas del vagón estaba cubierto por la nieve, la nieve por el polvo, y el polvo por el humo de las fábricas, que se sucedían unas a las otras, como las ciudades, en el curso del Sarre. Todo se mezclaba en los valles, siguiendo la corriente de ríos y arroyos: nieve, polvo, humo, casas, fábricas con chimeneas gigantes; todo bajo un techo gris de plomo que aplastaba al cielo contra la tierra.

Nuestro tren rodaba hacia el este sin variar la ruta, alegrando el corazón de cada uno y el de todos. Siguiendo esta dirección, decían los entendidos, dentro de dos días estaremos en Suiza. Así, el rumor que se extendió por la colonia hispana sobre nuestro envío a Ginebra parecía materializarse. ¡Ah! Los alemanes son serios. Es posible que de vez en cuando encontremos algún botarate que se obceque en hacernos la vida imposible cuando le venga en gana, pero aparte de esos condenados, los alemanes son serios; sí, la dirección que sigue el tren no se presta a confusiones.

Todo lo que duró la luz del día continuamos viendo ciudades, máquinas gigantes, hierro y más hierro, ríos escombrados por materiales mecánicos; y de cuando en cuando un prado medio cubierto por la nieve oscura donde pastaban vacas berrendas y pajizas, como monstruos mitológicos de tiempos remotos, cuando los animales eran los dueños y señores de la Naturaleza. En cada estación donde paraba el tren, soldados armados se plantaban a su alrededor, con celo implacable, mientras que los burgueses nos contemplaban con ademanes toscos, como se observa a los animales raros.

—Preferimos la plaza en que nos encontramos a la vuestra —les lanzábamos malhumorados desde nuestro cajón—; nosotros, aunque encerrados de la manera en que nos veis, somos personas de espíritu libre... Vosotros, libres como os vemos, sois presos en espera; presos de vuestro sistema; presos de vuestro clima, de vuestra vida, de vuestro hierro...

No conocíamos el itinerario exacto que seguía el tren, ni nos interesaba demasiado; solo confiábamos en su rumbo, siempre al este. El primer día de viaje se nos volvió a plantear el viejo problema de solucionar las necesidades de cada uno en lugar cerrado. Con uso y maña ya experimentados, y respetando el «haz y deja hacer», pasamos ese día; en los que siguieron, tal preocupación resultó superflua: los *biscuits* del suministro en frío se encargaron de chupar, dentro del cuerpo, todos los humores y jugos gástricos contenidos en el estómago y en los intestinos. A partir del segundo día la comida entraba en el cuerpo, pero de este nada salía, quedando, como consecuencia, todo lo ingerido seco como una masilla. El cierre hermético de las puertas impedía que entrase en el vagón algún líquido que pudiera desahogar los intestinos, lo que daba rienda suelta al humor y se hacía broma sobre los alemanes, que con sus cálculos meticulosos habrían querido economizar con nosotros hasta lo más necesario, como era el agua, conscientes de que en lo sucesivo no les seríamos de provecho. A menudo el tren permanecía quieto durante horas en vías aisladas, siempre vigilado, tal vez por la intensa utilización del transporte en esos años de guerra.

Dos días con sus noches llevábamos ya encerrados en el tren y ningún indicio aparecía de la frontera suiza. Achacábamos tal retraso a las continuas paradas.

—En condiciones normales deberíamos haber llegado ya a Suiza —comentaba el maestro asturiano, conocedor, según decía, de la geografía de esa región europea.

»Podría ser también que entremos por la frontera del norte, la que linda con Austria —continuó diciendo el maestro.

—Me da mala espina. Este viaje queda fuera de lo normal y parece disimular algo que nosotros no comprendemos bien —dijo otro que no parecía ser menos entendido.

—No abráis el paraguas antes de que llueva —largó otro desde un rincón.

—Igual podíamos estar ya dentro de Suiza —soltó un optimista, como quien no dice nada.

—¿Y por qué frontera hemos pasado? —volvió a decir el maestro.

—¡Para los alemanes no hay fronteras! —soltaron varios al mismo tiempo, que habían permanecido callados hasta entonces—. Bueno..., estemos atentos para que no se nos pase el nombre de la próxima estación importante. Veremos entonces aproximadamente en qué punto nos encontramos.

—Incluso así, ¿qué sabemos dónde se encuentra tal o tal ciudad si no contamos con el mapa de Alemania?

—Claro —dijeron varios.

—Vais a ver: esta gente es capaz de guardarnos entre sus manos —soltó otro cargado de recelo.

—No nos hagamos mala sangre, hombre; lo que sea sonará —volvió a retocar el optimista.

Con estas pláticas y muchas más a las que aquí no damos plaza, pasó el tercer día de viaje y la tercera noche, sospechando que, a pesar de las frecuentes paradas y de su escasa velocidad, debíamos de haber entrado ya en Suiza. Teníamos que haber llegado ya, comentábamos inquietos. La noche del tercer día pasó sin que el tren se moviera, o lo hizo muy poco. Después de bien entrado el cuarto día el tren arrancó y poco después, a lo lejos, percibimos por los cúmulos de humo y por las altas chimeneas de fábricas que llegábamos a una gran ciudad. Poco antes nos habíamos dado cuenta, sin darle mucha importancia, de que los nombres de las estaciones estaban escritos en caracteres romanos; hasta entonces estaban escritos en góticos.

—¡Ya estamos en Suiza, amigos! —saltó con énfasis uno de los que no quería soltar su plaza de ventanilla.

—¿Quién dice eso? —preguntamos maquinalmente varios.

Tantos como pudimos nos acercamos a las ventanillas estirando el cuello dos cuartas para asesorarnos de la buena noticia.

—¿En qué conoces, ignorante, que estamos en Suiza? —preguntó el maestro asturiano al exaltado avizor.

—Porque salta a la vista. ¿No lo ves ahí, bocazas? —replicó este, lleno de enojo—. ¿No encuentras la diferencia?

—Sí, en efecto. Parece algo distinto de lo visto hasta ahora, pero no hace falta que me insultes...

Los demás tratamos de cortar esa discusión que empezaba a tomar un gusto agrio para concentrar la atención en el nombre de la estación que empezaba a vislumbrarse: LINZ.

—¿No veis allí, Linz? —volvió a gritar el vigilante que no había cedido su plaza de ventanilla a nadie.

—Cierto, ese nombre me suena fuera de Alemania —dijo el maestro reflexionando un buen momento—, pero me parece que no es tampoco de Suiza. Creo —continuó— haberlo leído en una novela que salió hace ya algún tiempo sobre el Oriente-Exprés.

—Buena la hemos hecho —lanzó otro que estaba callado, pero que iba escuchando todo.

—¿Y qué? —retornó el maestro, que no había caído todavía en la cuenta.

—Piénsalo un poco, señor maestro, y caerás en la cuenta —continuó el callado—. Si no es Alemania ni Suiza, no puede ser otro país que Austria.

—Austria no existe ya como nación —lanzaron varios que hasta entonces habían permanecido en silencio.

—¿Se puede saber por qué? ¡Ah, claro que no! No había caído yo todavía en eso. ¡Claro que no...! —continuó el maestro, cambiando de tono.

Salimos de Málaga y nos metimos en Malagón. Sabido era de todos que Austria ya no existía como nación puesto que había sido anexionada por Alemania durante la guerra de España; y al parecer fue un regalo más concedido por las democracias occidentales a las ambiciosas aspiraciones imperiales de Hitler.

Después de una prolongada espera en la estación de Linz, el tren arrancó lentamente y volvió a pararse una media hora más tarde. El atento observador, que no abandonaba para nada su plaza de ventanilla, volvió a gritar admirado al ver el nombre de la estación que acababa de leer.

—¡¡¡San Valentín!!! Ahora no me diréis que esto es Alemania. Escrito como en español ¡San Valentín!

—¡Casi como en español! —repuso el maestro—, pero ese Sankt Valentin lleva K, y además eso no es Suiza ni la madre que la parió.

Sobre el andén, como en todas las estaciones que habíamos

dejado atrás hasta ahora, los guardias se apostaban vigilantes, prestos a disparar a la menor sospecha. Como en casi todas las estaciones por las que habíamos pasado, veíamos prisioneros de guerra franceses vestidos con su uniforme nacional y con las letras «KG» (*Kriegsgefangenen*) pintadas en blanco sobre la espalda. Prisionero de guerra. A uno de esos prisioneros, que desde lejos nos miraba, le preguntamos:

—*Eh, monsieur!, Où sommes nous?*

El francés, señalando con el índice al suelo, nos respondió:

—*Ici.*

—*Où est ici?* —volvimos a preguntarle.

—*En Autriche.*

—*Merci, beaucoup, au revoir!*

Llevábamos ya un buen rato parados en la estación de Sankt Valentin cuando un oficial alemán nos comunicó, en lengua francesa, que en pocos minutos llegaríamos al término del viaje, que estuviésemos preparados.

El tren volvió a arrancar lentamente y rodó por espacio de un cuarto de hora hasta que se estabilizó por completo en una pequeña estación sobre una vía muerta. Con el hatillo en la mano aguardábamos la apertura de las puertas correderas para saltar al exterior y desperezar los músculos dormidos durante cuatro días. La noche había caído casi por completo y en todo el contorno no se oía un alma. Empezamos a escuchar, cada vez más fuertes, baladros con acento gutural, así como un murmullo lejano de aullidos de perros, como si hubiera alguna perrera en los alrededores. El nombre de la estación o apeadero no alcanzábamos a distinguirlo; solo veíamos, por el margen exiguo de las ventanillas del vagón, un río muy ancho, cuyas aguas oscuras brillaban al reflejo del crepúsculo semejando a la opalina negra o un mar de vidrio.

Pocos minutos llevábamos parados cuando la puerta corredera lateral empezó a abrirse. Simultáneamente se fue levantando un barullo indescriptible entre baladros de hombres y ladridos rabiosos de perros. Embelesados por tal zipizape, no oímos abrirse la otra puerta del vagón. Sin dejarnos desperezar las piernas, o buscar apoyo en alguna parte donde engancharnos con las manos, salimos volando, lanzados por los SS, para caer varios metros más lejos, en vuelo plano, sobre el balasto o los raíles, encima de los que habían caído antes.

En pocos minutos todos los presos componentes del convoy nos encontrábamos sobre el andén, alineados en cinco filas, encuadrados por dos barreras de militares de las SS, que vigilaban atentamente, fusil a la cadera, algo separados unos de otros. Retenían una jauría de perros lobo prestos a saltar contra los rezagados, inadvertidos o lisiados.

Así, iniciamos el camino a pie. Dos vehículos con potentes faros enviaban su flujo luminoso, alumbrando hacia la atropellada formación. Los perros lobo y sus servidores levantaban un escándalo ensordecedor entre aullidos y baladros, lanzándose en salvaje asalto contra los heridos y menos aptos para seguir la rauda marcha impuesta por los SS.

La incógnita quedaba completamente aclarada. Se acabaron las ambigüedades, los rumores y las vanas esperanzas. La cosa quedaba sentada en todo y por todo. De nada servía ya abrir la boca para opinar. Cada uno por su cuenta se convencía de que estábamos, a todos los efectos, en poder de nuestros enemigos.

Los culatazos, patadas y puñetazos menudeaban por todas partes, sin causa ni razón que lo justificase, siendo los menos capacitados para seguir la dura marcha, ancianos o heridos los que acaparaban la mayor cosecha.

La ruta ascendía sin parar y la formación se estiraba enervando a la guardia, que daba rienda suelta a los perros para que estos acometiesen a los rezagados. Poco más de una hora duró la agitada marcha a través de aceleradas pendientes. Por último, tras subir unas curvas rápidas avistamos a un fuerte emplazado sobre una meseta, alumbrado por potentes reflectores, situados estos en altas garitas de guardia, girando permanentemente en torno al bastión, dejándonos ver, con su azote luminoso, torres, muros y corredores como los de una fortaleza.

SEGUNDA PARTE

Mauthausen, campo de irás y no volverás

¡Esto es un penal!, nos decíamos exaltados ante lo que veían nuestros ojos. Flotando sobre un paisaje nevado, como surgiendo de un mar de espuma, aparecían tenebrosamente las murallas de un fuerte, su oscuro portalón de doble hoja, las garitas de observación y vigilancia, las máquinas ametralladoras, la silueta inmóvil de un centinela y de un reflector eléctrico, cuyo foco luminoso azotaba con ráfagas sucesivas la blanca meseta, cubriendo con sombras negras los relieves y reveses del bastión.

Un extenso y alisado terraplén se anteponía a la entrada del fuerte. Sus gruesos muros, construidos con piedra de sillería, dejaban hueco al negro portalón, que tenía dos puertecitas, una a cada lado, colocadas con perfecta simetría. A su izquierda, una gran torre circular; a su derecha, otra torre, rectangular, mucho más alta, que enlazaba los muros de contención con el muro del fuerte. En medio de la fachada central, sobre el portalón de entrada, aparecía la imagen imponente del águila imperial sosteniendo con sus fuertes garras una corona circular, que en su interior contenía la cruz gamada, emblema místico, símbolo del Tercer Reich, feroz régimen salido del *Nationalsozialismus*.

Ya dentro, pasado el muro, aparecía un patio amplio y rectangular, empedrado a la manera ántica o macadam. El lado izquierdo y el frontal del patio interior contaban con una fila de porches ojivales, todos similares, que sostenían un corredor de defensa con garitas de guardia en sus esquinas. A mano derecha, apoyándose sobre la torre rectangular, seguía un muro de contención, aguantando la meseta, con garajes y dependencias subterráneas, hasta desembocar al fondo en una ancha escalinata de granito, que daba acceso a otra explanada superior, sobre la que estaba, entre otras dependencias penales, la puerta principal de entrada al campo.

Esta segunda portada se parecía, por sus mayúsculas dimensiones, a la del fuerte, y tenía, como la otra, una puerta más pequeña a cada lado. Estaba coronada en toda su extensión por un mirador rectangular, sostenido por fuertes y voluminosos montantes, fijados con cemento y piedra de sillería; servía de puesto de observación y estaba guarnecida por armas automáticas y reflector rotatorio, cuyo flash luminoso alumbraba con ciclo cadencioso el habitáculo de barracas, los muros de defensa y las demás dependencias del bastión. Tras ese segundo portalón aparecía un extenso patio, bien nivelado, al inicio del cual había cinco barracas de madera, formando cabecera de otras tantas filas paralelas, que servían de morada a los presos o cautivos de ese campo. Dos focos colgados de lo alto de dos columnas de hierro, fijadas estas en cada una de las cabeceras del patio grande, alumbraban el campo y sus contornos, dando casi la misma claridad que proporciona el día.

A medida que entrábamos en ese segundo patio, íbamos formando en largos paralelepípedos humanos.

Pero... ¿qué es esto, señor mío?, nos preguntábamos ya en la formación.

Gigantes endiablados, con cabeza oscura y brillante, con

trajes de rayas, azules y blancos unos, y azules y negros los otros, todos con el gorro en la mano, se precipitaban con cadencia demencial de autómatas en todas direcciones, lanzando aullidos a todos los vientos mientras recibían órdenes y ladridos de los SS.

Atónitos, aturdidos, asustados, nos dejábamos manejar, sin reflejos ni voluntad propia, por aquellos vociferantes rayados, persuadidos, no ya de haber entrado en un lugar de reclusión nazi, sino más bien en una casa de locos.

—¡¡¡Este es el campo de irás y no volverás!!! —comentábamos entre dientes, sin poder escapar al aturdimiento.

—¡Esta será nuestra última etapa! —murmuraban otros.

Los dos potentes focos permitían ver que el campo estaba rodeado de una alambrada de pinchos, electrificada por alta tensión, y defendida por una serie de torres de madera, usadas como garitas, con puestos de observación sobreelevados, y con guardias plantados entre torre y torre, fusil a la cadera, con gesto de utilizarlos a la menor sospecha.

Yo, que conocía algunas palabras y frases en alemán que, no sin dificultad, ya nos habían sacado de algún apuro, era preguntado por mis camaradas sobre el significado de tal comportamiento y de aquellas voces tan anormales, lanzadas por los militares hacia los presos endiablados y hacia nosotros mismos, sin que yo supiera qué responderles. El desconocimiento del idioma y la estupefacción del instante me cerraban el oído y el entendimiento. A las alborotadas voces u órdenes que los militares impartían a los presos de cabeza rapada, estos respondían con un *jawohl* de acatamiento, tras ponerse firmes allá donde estuvieran, acompañando la voz con un cortante taconazo. *¡Jawohl! ¡jawohl! ¡jawohl!*, era la única voz que nuestro entendimiento captaba con claridad, y pensábamos que su significado no era otro que «¡Sí, está bien!».

El sistema de formación impuesto por los exaltados cautivos parecía ser el más sencillo y matemático: filas de a diez, pequeños delante, grandes detrás, formando escalera y separados de diez en diez por un pequeño espacio vacío. Líneas perfectas, disciplinadas y en silencio. Para llevar a buen término esa formación, los cautivos usaban todo tipo de métodos violentos: palos, puños, pies, sin límites ni miramientos.

Pocas lecciones fueron necesarias para hacernos comprender que era conveniente aportar cada cual su parte de buena voluntad y lograr un rápido aprendizaje, sobre todo viendo el precio que había que pagar por la torpeza. Pronto fuimos conscientes de que habíamos caído en muy mal lugar; y, sin embargo, el cuadro que acabábamos de presenciar, e incluso protagonizar, no era sino el prólogo o comienzo de un episodio que no hacía más que empezar.

Por fin se acabó el recuento. El largo paralelepípedo fue seccionado en grandes paquetes de varios cientos de recién llegados, y en formación cerrada fuimos conducidos a las últimas barracas, al fondo del campo, llamadas de cuarentena, para ser allí alojados.

La faena de aquel memorable día terminó cuando extendimos unos sacos de paja sobre el entarimado de la barraca para pasar la noche encima, más en vela que durmiendo. La superficie alojable de la habitación debía de oscilar entre los cuarenta y cinco y cincuenta metros cuadrados, y allí teníamos que dormir más de doscientos individuos: cuatro o cinco por cada metro cuadrado. La estrechez era tal que los vagones que acabábamos de dejar horas antes, y que en su momento nos habían parecido demasiado justos para tantos viajeros, ahora nos parecían los Campos Elíseos. Como a esas alturas era ya mucho lo aguantado, y las restricciones se habían convertido en un hábito para nosotros, estábamos acostumbrados a buscar para cada situación una solución apropiada. En ese caso, y de nuevo, si queríamos dormir echados, cada uno de nosotros debía servir de apoyo o cabecera a otros más.

Antes de rayar el día 25 de enero, ya estábamos formados

frente a la barraca para pasar el primer recuento matinal y, como era costumbre en tal caso, ser informados, con una temperatura de varios grados bajo cero, de las normas del campo y de su reglamento; un reglamento bien cargado de artículos y recomendaciones, que descartaba definitivamente los esperanzados rumores sobre la vuelta a Francia, a Ginebra, o nuestra entrega a la Cruz Roja.

La realidad que ahora nos envolvía era otra muy diferente: nos alojábamos en una barraca, que en el campo recibía el nombre de *Block*; había un gran patio de formaciones, llamado *Appellplatz*; nosotros ya no éramos prisioneros de guerra, sino *Häftlinge* (presidiarios); y el bastión que nos erizó los pelos a nuestra llegada no era uno de esos castillos imaginarios descritos por Andersen, sino el *Konzentrationslager Mauthausen* (KLM, o Campo de Concentración de Mauthausen), campo de eliminación de los enemigos del fascismo alemán, o dicho de otra forma, «Campo de irás y no volverás»; y el país en el que estábamos no era ya Austria, puesto que Alemania se la había anexionado tres años antes, sino la Región del Niederdonau (Bajo Danubio), parte integrante del Tercer Reich. Por lo tanto, el ancho río que vimos la noche anterior a nuestra llegada a través de las ventanillas del vagón, no era otro que el reputado Danubio Azul, cuya fama se extiende por el mundo entero, tanto por sus historias medievales sobre la vida de los Nibelungos y otras de igual notoriedad, como por las operetas musicales de Franz Lehard y los maravillosos valses vieneses de Johann Strauss.

Los autómatas de cabeza rapada y lisa como el mármol que tanto nos impresionaron no eran sino funcionarios presos, bien gorditos y lustrosos, por cierto, encargados de la administración interior del campo; estaban marcados con brazaletes de paño negro, letras y cifras blancas puestas sobre la manga izquierda del pijama, y clasificados en las siguientes categorías:

L. Ä.- 1	*Lagerälteste N.º 1*	(jefe de campo n.º 1)
L. Ä.- 2	*Lagerälteste N.º 2*	(jefe de campo n.º 2)
L. Sch.	*Lagerschreiber*	(escribiente general)
Bl. Äl.	*Blockälteste N.º X*	(jefe de bloque n.º X)
St. Äl.	*Stubenälteste A*	(jefe de habitación A)
Bl. Sch.	*Blockschreiber*	(secretario de bloque)
Bl. Fr.	*Blockfriseur*	(barbero del bloque)

Los que lucían una «V» de cinta blanca sobre fondo negro, cosido en la manga izquierda, eran los capos o *Kapos*, conocidos en España como cabos de vara. Pero todos eran presos, como nosotros.

Cada barraca o *Block* constaba de dos grandes habitaciones principales o dormitorios comunicados entre sí, llamados *Stube*, con entrada casi directa a cada uno de ellos, donde dormíamos la casi totalidad de los presos, más una pequeña habitación para los jefes, unos cuantos lavabos colectivos y retretes.

Las primeras formalidades por las que pasamos fueron el rapado y el cambio de ropa.

El pelado y rapado del cuerpo lo realizaban barberos de ocasión, poco sensibles a dolencias particulares, que desollaban más que pelaban, a cambio de un plato de comida suplementario, una vez concluido su trabajo. Su falta de delicadeza, su ineficacia, sus prisas, sus pobres utensilios —herramientas normalmente anticuadas—, o su envilecimiento, se llevaban por delante, arrancándolo de cuajo, cualquier mechón rebelde. Todas las partes peludas y velludas del cuerpo, rincones incluidos, tenían que ser afeitadas, sin que las protestas del afeitado calmaran la impaciencia del peluquero, más atento al plato que le esperaba que a la sensibilidad de sus clientes. Pelo y ropa que nos habían acompañado en nuestro viaje se perdían para siempre.

Así, desnudos y limpios de polvo y paja, fuimos a otra barraca para recibir la ropa, luciendo al aire libre y a la nieve las partes desolladas. Ahí quedaban los bigotillos de moda, los bucles, la mecha de pelo que caía por la frente, conservados hasta entonces como un capricho estético.

El cambio de ropa se hizo al aire libre, con temperaturas muy por debajo de los cero grados. Nos dieron un traje de rayas blancas y azules o azules y negras, del tamaño que cayese. También una camisa, un calzoncillo largo, un gorro redondo sin visera y, como calzado, un par de chancletas de suela de madera, sin calcetines ni otra prenda que los reemplazara. Como prenda de abrigo el jefe del bloque lanzó, como haría después cada mañana, unos veinte capotes al aire para aquellos de los cuatrocientos cincuenta presos que alcanzaran a cogerlos, y que debían ser devueltos al finalizar la jornada. Algunos atrevidos guardamos el jersey y los calcetines que traíamos, pero la mayoría de los recién llegados no dispusieron, en principio, de otro abrigo que el ya indicado. Allí dejamos nuestro atuendo personal, nuestras pertenencias, nuestros recuerdos materiales y sentimentales, los documentos y fotos personales y de familia, los objetos de aseo personal y limpieza, todo abandonado para iniciar una nueva vida, tan larga como la suerte quisiera.

Una vez realizadas las formalidades del pelado general del cuerpo y del cambio de ropa, el *Blockschreiber* de nuestra barraca nos incluyó en sus estadillos, o listas, y nos asignó un número de orden a cada uno, así como un triángulo de color azul celeste con la «S» de *Spanier* encima. El número y la letra teníamos que fijarlo sobre una banda de lienzo blanco que iba a su vez cosida al uniforme o pijama que nos entregaron. El nombre y apellidos de cada uno desaparecía, reemplazado por el número de matrícula asignado, que servía, pronunciado siempre en alemán, para citaciones, llamadas, castigos y otros menesteres, y ¡ojo con el que no lo aprendiera de memoria y lo pronunciase correctamente en alemán! Los colores de los triángulos indicaban las causas penales atribuidas a cada preso, incluidos los alemanes, y las nacionalidades se apreciaban por la inicial de cada país puesta sobre el triángulo, salvo para los alemanes, que estaban exentos de llevar esa última señal.

Los SS y los jefes administrativos presos demostraron un interés particular por todo aquello que brillaba o resplandecía en los enseres de los recién llegados: relojes, anillos, alianzas, prótesis dentarias, prendas de buen gusto, eran solicitadas o arrebatadas a sus dueños, quienes en caso de resistirse al expolio ponían en peligro su propia vida. Aquellos que habían ocultado durante algún tiempo una pieza de oro trataban de deshacerse de ella sin ser vistos, antes de que su brillo llamara la atención de cabos o militares, que no repararían en medios para apoderarse de ella.

Inmediatamente apreciamos que el frío pasado en el hangar de Tréveris nos aclimató a las bajas temperaturas, de forma que la intemperie de aquella meseta austriaca no nos venía de nuevas. La diferencia estaba en que las prendas y trapos usados en Tréveris ya no los teníamos en nuestra nueva morada. Aquí, la única protección contra el frío de la noche era precisamente lo exiguo del habitáculo donde dormíamos, pues al hacerlo apiñados se conservaba mejor el calor corporal, salvo para aquellos a quienes tocase dormir junto a las ventanas, que permanecían abiertas durante toda la noche. El jefe de habitación —el de la nuestra era George, un preso alemán condenado por asocial y vago— vigilaba atentamente el cierre de ventanas, saltando por encima de nosotros para abrirlas si los que dormían debajo las cerraban al sentirse medio helados.

Si nuestro carácter impulsivo no se rebeló la primera noche, fue porque creímos que tal estrechez se debía a la falta de plazas o a la tardía hora en que llegamos al campo. Pero pronto caímos en la cuenta de que esa forma de dormir, aplastados los unos bajo los otros, era regla corriente en el campo, y que solamente las salidas hacia el crematorio de una parte de los apiñados daban holgura a los que iban quedando; solo hasta recibir nuevos refuerzos, completando así el ciclo.

El tañido de una campana, accionada por el jefe preso del campo (*Lagerälteste*) varias horas antes del alba, servía de toque de diana; pero el reglamento del campo no prohibía a los jefes de barraca levantarnos antes del toque de campana y hacernos apisonar la nieve fresca de la noche, ejecutando movimientos disciplinarios, marchando en formaciones cerradas, marcando el paso: media vuelta aquí, media vuelta allá, derecha, izquierda, quitándose y poniéndose el gorro, *Mützen... ab!!!*, *Mützen... auf!!!*, todo ello repetido mil veces, hasta que saliesen con golpe perfecto el quite y pon del gorro, ¡pam... pam!, y dejando de lado la cortesía y amabilidad para el que, distraído o mal entendedor, no alcanzase el ¡pam... pam! de forma perfecta.

Los funcionarios de las barracas, jefes de *Block*, de *Stube*, etc., tenían sobre nosotros derecho de vida o muerte; antes de muerte que de vida. Para que las lecciones nos entrasen con mayor precisión en la cabeza, bien fresquita y rapada, por cierto, no reparaban en humillaciones y castigos violentos, para lo que disponían de una panoplia de instrumentos: palo, goma de compresor, pies, puño..., que podían entrar en juego en cualquier momento.

La alimentación que nos dieron nos pareció muy deficiente, pero como los primeros días de estancia en el campo los pasamos en cuarentena, sin desgaste laboral, mantuvimos nuestras reservas de energía. La cuarentena nos aislaba del resto de los presos llegados antes que nosotros, pero algunos de ellos, burlando la vigilancia, llegaban hasta las ventanas de nuestra barraca al olor del cigarrillo o de algún resto de comida traído de fuera del campo. Al principio tendíamos a rechazarlos por su aspecto astroso, por temor a que nos contagiaran alguna enfermedad incurable. Enjutos, oscuros, cadavéricos, curtidos por los vientos fríos de la meseta austriaca, parecían haber soportado un riguroso régimen penitenciario durante muchos años. Su presencia miserable infundía en nuestra ignorancia un sentimiento de horror y tristeza. Pero cuál no sería nuestra estupefacción cuando los escuchamos hablar en nuestra lengua y supimos que su estancia en aquel penal oscilaba entre los dos y los seis meses a lo sumo. ¡Hombre... hombre... hombre!, exclamábamos llenos de admiración. Por algunos rasgos físicos descubrimos que aquellos esqueletos andantes no eran otros que nuestros propios camaradas de la guerra de España, de los campos de concentración de Francia o de las Compañías de Trabajadores a las que habíamos pertenecido en el país galo. Ellos nos dijeron que habían sido apresados en la misma región francesa del este por el Ejército alemán y traídos al campo desde Francia o desde Alemania, y que muchos compatriotas que habían llegado con ellos ya habían desaparecido, quemados en los hornos del crematorio que ellos mismos acababan de construir. Por acuerdo unánime guardamos todos unos minutos de silencio en homenaje a los desaparecidos, acto que con el tiempo se convertiría en costumbre. El aspecto de esos infortunados nos mostró lo que nos esperaba a los demás en poco tiempo.

Con el convoy de Tréveris entró en el campo de Mauthausen un pequeño aliento de vida y una ola de calor humano. No solamente para los españoles, infelices por el alejamiento y clima soportados, sino también para los presos de otras nacionalidades. Los virtuosos músicos de guitarra, Botella y el Vito, que habían podido conservar o salvar sus instrumentos, nos brindaban sus talentos los domingos por la tarde, considerados días de asueto. Querría rendirle el homenaje que le es debido al indomable cómico y mímico Caruso, el Ramper de aquel lugar siniestro, quien, con simplezas y mimos nos exaltaba el alma cuando más necesitada estaba de ese alimento espiritual, por lo general en perjuicio de su propia persona. Por otro lado, contando con la afición que profesan los alemanes por los juegos deportivos, algunos domingos, sin previa autorización, aunque no sin miedo, organizábamos competiciones deportivas, fútbol y boxeo, con medios muy rudimentarios. Hasta entonces la vida dura en el campo central de Mauthausen se había reducido a los sufrimientos internos, propios del trabajo y de los malos tratos.

El trabajo más duro que había entonces en Mauthausen era el de su propia ampliación; el peor de ellos, el de su cantera de Wiener-Graben, hoy de triste recuerdo. Al campo de Mauthausen se le fueron agregando *kommandos* (lugares de trabajo aparte), donde se destinaba a los presos excedentes. El más célebre de ellos, donde cayeron los ya desgastados físicamente, fue el de Gusen. Allí fueron enviados, para dejar plaza a los que nos trajeron de Tréveris, cientos de republicanos españoles.[IX]

A los recién llegados nos instalaron en las barracas 17 y 18, y después de una decena de días en cuarentena, nos fueron sacando a trabajar, por lo general para faenas manuales si no contábamos con un oficio preciso que se adaptase a alguna especialidad dentro del campo. La mayoría fuimos empleados como mano de obra para construcción y cantera: *Baukommando* y *Kommando Wiener-Graben*. A mí me tocó trabajar en las grandes excavaciones para el ensanche de la infraestructura del campo, tirando de pico y pala, y empujando vagonetas cargadas de piedra y tierra.

Esta gigantesca obra fue ejecutada a base de fuerza humana, sin más máquina que la carretilla y la parihuela. Todo, ca-

---

IX. El primer traslado de españoles desde Mauthausen a Gusen se produjo el 24 de enero de 1941, un día antes de la llegada del convoy en el que viajaba Enrique.

var, mover material, transportar, se realizaba a fuerza de brazos, con una cadencia infernal, sin importar el clima que hiciera. El trabajo en la cantera reunía todos los requisitos para convertirse en un sumidero de energías. Su ritmo era tal que solo podían aguantarlo, y con mucha suerte, los jóvenes dotados de una naturaleza fuerte, los especialistas ocupados en trabajos menos duros y los cabos de vara mientras conservaran su puesto. El descenso a aquella sima en los amaneceres del invierno o en los primeros días de la primavera era un tropel diabólico formado por miles de chancletas zapateando por el duro suelo. Los escalones de piedra, todos desiguales en altura, fueron con frecuencia medidos con nuestras espaldas, porque las lisas suelas de madera resbalaban en las piedras heladas, y los presos, al caer, golpeaban a otros, que a su vez caían sobre los demás, formándose a veces montones de presos en la escalera. Algunos infortunados se iban a pique, cayendo por el costado descubierto y aplastándose, en caída libre, cincuenta metros más abajo. La bajada matinal a la cantera semejaba un cordón de siluetas negras que en paso fúnebre descendían al abismo conducidas por el mismo demonio.

En la cantera, cada grupo de trabajo, grande o pequeño, contaba con un cabo de vara, cuya única especialidad era la de desollarte a palos durante todo el día. El cabo, normalmente de origen alemán, vigilaba a los presos agregados a su grupo, y les hacía trabajar a ritmo infernal, sin sosiego ni descanso, las diez horas que duraba la jornada, bajo la amenaza continua del palo. Los insultos, las vejaciones, las amenazas, los golpes se sucedían sin descanso durante todo el día. Siempre se dirigía a los presos en alemán, acompañando sus palabras de patadas y puñetazos. *Auf!, auf!, auf...! Schnell! Tempo!* Cuando aprendimos alemán supimos que indicaban ¡rápido!, ¡trabajo! Pero a esas voces estimuladoras seguían siempre los insultos, *sau, hund, schwein, ferrück, faul...!* (¡perro, guarro, puerco, loco, vago...!). Y así durante todo el día.

Acabada la jornada de trabajo, teníamos que subir los ciento ochenta y seis peldaños de la dichosa escalera cargados con una gran piedra sobre nuestros hombros, que luego se usaba para empedrar el campo. Los cabos estaban exentos de esa carga para tener las manos libres. ¡Pobre del que fuera cogido con una piedra pequeña! Era castigado a subir las escaleras con otra claramente superior a lo que sus fuerzas podían soportar.

Para sancionar las faltas graves —no sabría decir qué no lo eran para los SS—, estaba prevista la «compañía de castigo», o *Straftkoompanie*. En ella se permanecía varios días, si el preso no moría antes, y era considerada lo peor entre lo malo. La pena consistía en montar por la escalera piedras de la cantera, a paso acelerado, día tras día, sobre un armazón adaptado a las espaldas; el descenso se hacía a la misma velocidad. La «compañía de castigo» disponía, además de los SS más crueles y sanguinarios, de dos o tres cabos que no les iban a la zaga. Las fustas, las gomas rellenas de arena y los palos se usaban para estimular las fuerzas al castigado cuando este ya no podía más. Las piedras que había que montar de la cantera eran previamente controladas para que pesaran bastante. Si el castigado no recibía de sus compañeros una ayuda alimenticia a hurtadillas, su resistencia podía acabar el primer día de castigo. Al principio hubo pocos presos españoles en la «compañía», y los que entraron mientras yo estuve en Mauthausen fueron socorridos por sus compatriotas, que durante todos los días que duraba el castigo dejábamos un trocito de nuestro pan para ellos.

La comida que nos daban no era más que un plato de nabos cocidos, de espinacas sin limpiar o de otras verduras, y sin más aliño que el que trajeran del campo. Como cena recibíamos un tercio de pan negro con una rodaja de salchicha que no superaba los cincuenta gramos. Y no había reenganche para los que no éramos especialistas. Los mecánicos, canteros, compresores y otros presos especializados conseguían un suplemento a su ración, si les alcanzaba, pues los cabos repartidores guardaban para sí y para sus amigos y compromisos un poco de lo que correspondía a cada uno de nosotros. Los especialistas, además de tener esa ventaja, se libraban de la carga y descarga de los camiones, de la parihuela y de cargar y empujar vagonetas de piedra. También los cabos de vara tenían su plato suplementario, mayor cuanto más hicieran rendir a los presos, extraído de la porción que nos correspondía a los que trabajábamos en la cantera. Y no reparaban en medios para conseguir ese complemento que a los demás nos robaban.

Durante los dos meses que permanecí en ese trabajo inhumano, el comando de la cantera perdió varios cientos de los, aproximadamente, mil quinientos presos con que contaba. Las pérdidas diarias, entre muertos y agotados, alcanzaban algunas decenas. El desgaste de los presos empleados en la cantera se apreciaba día a día, acelerado a veces por un mal golpe o una somanta que impedía, con frecuencia definitivamente, la vuelta a la sima. Solo unos meses, a veces semanas e incluso días, eran suficientes para que los de avanzada edad, los enfermos o los débiles físicamente, quedaran incapacitados para soportar tan duro trabajo. Únicamente si conseguían entrar en alguna de las especialidades menos expuestas, como talla de piedra, electricidad, compresores o mecánica relacionada con el trabajo de la piedra, podían retrasar su final. Por el contrario, el peonaje, descubrir cantera, transportar materiales con parihuelas, cargar y descargar camiones de piedra, el pico y la pala, eran por naturaleza un sumidero continuo de fuerzas y de hombres. La renovación del material humano se imponía, y como una cadena sin fin o un sumidero de energías sin fondo, el régimen alemán iba tragándose tantos enemigos, o tantos esclavos, como le eran necesarios para cimentar su imperio. Las empresas que nos explotaban estaban dirigidas por el cuerpo de las SS, y todos, empresas y SS, se beneficiaron de tanto esfuerzo, tanto dolor y tanta sangre allí dejados por los prisioneros.

La cantera de Wiener-Graben fue un reflejo del poder nazi y de su concepto de la sociedad. El testimonio que aquí ofrezco es fruto de mis vivencias en el campo, y quiere dejar patente cómo fuimos explotados miles y miles de presos, hasta extraernos todo nuestro jugo vital.

Al campo de Mauthausen entraban permanentemente presos, en mayores o menores cantidades, pero siempre más de los que sus instalaciones podían albergar. De ahí las continuas salidas a sus diferentes comandos o grupos de trabajo, que no se limitaban a la región a la que pertenecía el campo, la «Niederdonau Bezirk», sino que se extendían por un radio de cien kilómetros a la redonda. Llegaban detenidos de todas las regiones de Alemania, pero la mayoría eran originarios de los países conquistados por la Wehrmacht. Así, después de los checos y austriacos, primeros países conquistados por la fuerza, llegaron los polacos; luego, hasta la primavera del año 1941 llegó la oleada española, entre siete y ocho mil hombres apresados en Francia; luego llegaron unos seiscientos judíos holandeses, de los que al cabo de pocas semanas no quedaba casi ninguno; hacia fines del mes de abril de 1941 entró una buena tanda de yugoslavos. Además, cada día entraban, en grupos poco numerosos, reclusos de varias nacionalidades.

Algunos comandos, compuestos en su mayoría por españoles, salieron a trabajar al exterior del campo durante la primavera de 1941. Para entonces, unos tres mil españoles habían sido ya enviados al campo cercano de Gusen; los que quedábamos en Mauthausen no sabíamos con certeza la suerte que les era reservada.

Recordemos, en bien de la Historia, que la primera entrada de españoles en el campo de Mauthausen tuvo lugar en el mes de agosto del año 1940, poco más de un mes después de la llegada de las tropas alemanas a la región francesa donde estaban. Fueron enviados, por familias enteras, desde los refugios de Angulema, en la Charente Maritime, según han narrado mis

amigos A. Aznar y Mariano Constante en sus memorias. El
primero de ellos, Aznar, formó parte de ese grupo de prisioneros. Según él, en la ciudad de Angulema se reunieron algunas
familias de refugiados españoles esparcidos por otros campos
franceses. Pocos días después de la ocupación de esa región
por las fuerzas alemanas fueron embarcados en dos trenes diferentes, con pocos días de intervalo. Llegados los trenes a la
estación del pueblo de Mauthausen, los SS realizaron la clasi-
ficación: los hombres y los jóvenes a partir de los trece años
fueron llevados al campo. Los menores de trece años, las chicas
y las mujeres volvieron al tren. Los testigos de la separación
de los miembros de cada familia narran la escena como algo
sobrecogedor. Se dijo luego que parte de las mujeres y los niños fueron devueltos a España después de un accidentado viaje que los llevó hasta Berlín. Yo, por mi parte, no puedo con-
firmarlo ni desmentirlo.[X]

Mi estancia en el campo de Mauthausen duró, como ya he
dicho, dos meses aproximadamente, y no he querido exten-
derme en detallar todo lo que allí viví, pues otros lo han hecho
ya y mi exposición, además de alargar demasiado esta obra,
poco más aportaría.

Traslado al campo de Gusen

Antreten!!!, gritaban a grandes voces los cabos y los jefes de
bloque una mañana del mes de octubre de 1941. Los últimos
días había corrido el rumor de que una nueva selección de presos sería preparada para enviarlos del campo central de Mauthausen al cercano de Gusen. La algazara formada por jefes y

X. Los primeros republicanos llegaron a Mauthausen el 6 de agosto de 1940.
Eran cuatrocientos hombres trasladados desde el campo de prisioneros de guerra de Moosburg. Dieciocho días después llegó el convoy de Angulema, cuya
historia resume perfectamente el autor.

cabos no dejaba lugar a dudas: algo nuevo se preparaba. Bajo los ladridos y alaridos de los funcionarios, en pocos instantes todos los presos del campo, excluidos los pequeños comandos, nos hallamos formados en una columna compacta, a todo lo largo de la plaza, todos juntos, sin atender a la regla de formación por bloques, *Stubes* o comandos, aunque siguiendo el sistema habitual de pequeños delante y grandes detrás.

Los funcionarios se ocupaban del buen alineamiento del largo paralelepípedo humano, recurriendo sin falta al puño, al pie, o al palo, para meter en línea perfecta al que por inadvertencia se desviaba de la fila unos milímetros. El preso jefe del campo (*Lagerälteste*), emplazado en un extremo de la formación, observaba atentamente el correcto alineamiento, ordenando a grandes voces que guardásemos silencio. *Ruhe!*, exclamaba con toda la fuerza de sus pulmones, dejándonos a todos los presentes en un silencio frío y circunspecto. Acto seguido, colocándose frente a nosotros, en un lugar desde donde podía ser visto por todos, con otro grito no menos atronador repetía: *Stillstand!* (¡Firmes!) *Mützen... ab!* (¡Fuera los gorros!). Y a continuación se situaba a la cabeza de la columna, cerca de la puerta de entrada.

El *Lagerfüher*, Franz Ziereis, hizo su aparición seguido de todo su séquito, entre los que se encontraban el segundo *Lagerführer*, el *Rapportführer*, el *Kommandoführer*, etc.

Rutilante, fiero, destellando rayos de fuego por sus ojos, Ziereis inspeccionó la larga formación; derecho como una vela y con la mirada fija, avanzaba con paso largo de matamoros. Nosotros lo íbamos siguiendo con la vista como monigotes que han perdido el uso de la voluntad propia. El taconeo de sus botas al pegar sobre el suelo apisonado retumbaba en nuestros oídos como martillo de tonelero.

Terminada la revista de la larga formación, Ziereis volvió a reunirse con sus acólitos, que lo recibieron con el brazo levantado, forma ceremoniosa del saludo fascista. Cruzaron entre ellos planes y disposiciones incomprensibles para nosotros, dejándonos en la duda del significado de tal baluarte. Pero el despliegue turbulento de jefes y cabos nos hizo suponer que la operación esperada daba comienzo.

El *Lagerführer* en persona comenzó la selección, apuntando con el índice al preso que entraba en sus cálculos, quien a continuación salía de la formación, como el que elige melones de un gran montón. *Du, du, du...*, señalaba curvando el dedo con orden tajante tras el examen ocular. Los elegidos íbamos formando grupo aparte, que continuamente engrosaba su volumen, al ritmo que disminuía el de la formación original. Fijándose en el aspecto de los elegidos podía apreciarse sin esfuerzo que éramos los más desgastados el objetivo del dedo señalador del jefe del campo. Bastantes centenares de presos nos hallábamos ya en el grupo seleccionado cuando Ziereis llegó a las últimas filas.

Se hizo el recuento y la suma para completar el grupo previsto de antemano. En torno a unos mil seríamos los sacados de la formación inicial cuando el jefe del campo dio por terminada la operación. Marchó y dejó en manos de la administración interior el poner en orden los estadillos. Los no seleccionados volvieron a sus bloques respectivos, en tanto que los elegidos quedamos en la plaza esperando el plato de nabos cocidos del mediodía que nos acompañaría en el camino como único equipaje.

Poco a poco tomábamos consciencia del significado de aquel traslado, conocedores ya, aunque someramente, de cómo se pasaba en el campo subalterno al que íbamos destinados. El humor, que nunca se pierde por completo, excretaba de nuestros labios una sonrisa irónica, con gesto forzado, como si tuviésemos que sacarlo de un trasto oxidado que, para abrirlo, es necesario cierto esfuerzo. La depresión moral se unía a la tristeza, y esta, a la abulia, formando las tres un mismo cuerpo que se sumaba a la presunción de sentirnos como un desecho marginal e inoperante, que va a agotarse al sumidero.

El tiempo necesario para devorar el plato de nabos cocidos fue corto, como es fácil de suponer; mientras tanto, los secretarios daban el último toque a sus listas, anunciando la inminente marcha. Al otro lado de la puerta de salida empezaban a oírse gritos guturales, ruidos de botas, aullidos de perros lobo. La formación volvió a rehacerse, esta vez en filas de a cinco. Acto seguido se inició la salida, sobre el único vehículo dispuesto para la ocasión: nuestras chancletas.

Era octubre de 1941; del campo de Mauthausen, del que en su día llegamos a pensar que no saldríamos vivos, partíamos en esa columna unos mil presos, casi todos españoles, hacia el campo satélite de Gusen, con las esperanzas de sobrevivir aún más encogidas. Al bajar al patio donde se encuentra la segunda puerta de salida del recinto, miramos por última vez el águila colosal tallada en granito sobre el frontón, maldiciendo con muecas de asombro su símbolo rapaz al recibir en los ojos el latigazo de su presencia, como se recibe la nube que nos coge al descubierto. De ese campo exterminador no conservaríamos otros recuerdos que sufrimientos, miseria y pérdida de muchos camaradas. Este campo había cegado, hasta en sus últimas ranuras, el embudo de nuestro ostracismo. Fuera del recinto alambrado, caminamos por la carretera que desciende en declive acentuado hasta desembocar en el torrente que, naciendo en la cantera de Wiener-Graben, de infausto recuerdo, baja en dulce pendiente hasta los llanos de la cuenca del Danubio.

El alboroto de la guardia, mezclado con los aullidos de los perros, lanzados al mismo tiempo o por separado, formaban una diabólica comunión, mezclándose con una salsa de patadas, culatazos, mordiscos de perro en las piernas de los más enfermos y débiles, que de mal modo podían seguir la marcha infernal de la columna. Algunos infortunados caían al suelo, impotentes o heridos, dando lugar con ello a nuevos lotes de humillaciones e insultos por parte de los guardias que custodiaban la columna. Para muchos infelices era el comienzo de su fin; sus cuerpos continuaban el viaje colgados de los hombros de sus camaradas, que a duras penas podían con los suyos propios.

Paso a paso, la caravana se estiraba, siempre un poco más, provocando la enloquecida cólera de los guardias. Para remediarlo, estos repartían rociadas de golpes, cada vez con mayor intensidad, en un viaje que no terminaba nunca. La amena campiña, a ambos costados de la carretera, nos brindaba su óptimo esplendor: perales y manzanos mostraban sus suculentos frutos con irónica burla a los que estábamos en un calvario miserable. De tanto en tanto, unos pajarillos volaban sobre la formación, alegres y libres, provocando en nosotros el amor a la Naturaleza y a la vida y el anhelo de libertad; los seguíamos ansiosamente con los ojos hasta perderlos en el horizonte. Esa belleza sublime nos sacaba por momentos del pensamiento obsesivo de que hacíamos nuestro último viaje.

La caravana se había estirado ya algunos cientos de metros y los últimos de la cola llegábamos a la llanura cuando los primeros de la columna avistaban el pequeño burgo de Gusen. El peso de los heridos y enfermos nos había fatigado a los demás, y los últimos cientos de metros teníamos que hacerlos apoyándonos unos en otros, todos empujados por un pelotón de SS que golpeaban y gritaban como diablos enfurecidos. Nuestro esfuerzo se centraba en llegar a ese maldito campo donde deshacernos de una vida que el instinto de conservación venía defendiendo paso a paso, y ayudar a entrar a nuestros camaradas que no podían hacerlo por sus propios medios. Enrabietados por el dolor y el cansancio maldecíamos a nuestros malogrados amigos, llegando incluso a creer que usaban de turbias estratagemas para hacerse portar por los otros, cuando la verdad es que de sus vidas no quedaba más que un último suspiro. La mayor parte de esos infelices no llegaron a ver con sus propios ojos el lugar de su nueva y última morada.

¡Por fin llegamos...!, decíamos ansiosamente cuando avistamos el campo de Gusen, que no mejoraba con su aspecto la reputación que había adquirido de campo sangriento. Desde la llanura solo alcanzábamos a ver los techos negros de las barracas y los miradores para los centinelas construidos en madera, en forma de *derrick*, con las ametralladoras colocadas sobre sus trípodes. En las faldas de las colinas cercanas, a mano derecha, se distinguían grandes excavaciones y desmontes, que a todas luces eran canteras. Había mucho baluarte mecánico: vagonetas, vías, máquinas y talleres; y también bultos negros que se movían: pensamos que serían hombres.

Frente a la entrada había varias barracas de madera, todas con buen aspecto, aptas para almacenar provisiones y albergar a la guardia. Al fondo, formando ángulo recto con la carretera que continúa hacia la ciudad de Linz, en el centro de un edificio de mampostería con tejado a cuatro aguas, sobreelevado un nivel, con dependencias a ambos lados de un portal, se hallaba la gran puerta, rústica, de madera y con dos hojas, que servía de entrada y salida del campo. Encima de la puerta, por la parte interior del campo, un largo mirador saliente lo dominaba a todo lo largo, guarnecido, también este, con máquinas ametralladoras.

Varios SS graduados nos esperaban a uno y otro lado del portalón, observando con gestos irónicos de gozo y sin signos de piedad la maltrecha caravana. Grandes y repetidos alaridos nos ordenaban marcar el paso al pasar por la puerta, sin que, por incapacidad, pudiéramos cumplirlo. ¿Qué paso podríamos marcar con un moribundo sobre la espalda? Existía además el riesgo de tropezar en cualquier hito o desnivel del terreno y caer cuan largos éramos, aplastados por el peso de nuestros malogrados camaradas.

Ya estaba casi completa la formación cuando entramos las últimas decenas de la columna, cargados con nuestros moribundos, y fuimos al extremo más alejado a descargar los fardos. Los uniformes verde-gris, los presos jefes y los cabos revoloteaban en torno a los recién llegados, gritando y cascando salvajemente para que nos alineásemos en perfecta formación, rondando, como aves de rapiña, alrededor de la carroña. Algunos gallardos nos atrapaban con una sola mano y, levantándonos del suelo, nos emplazaban dos metros más allá. Aturdidos, atemorizados, nos parecía haber entrado en una reserva de alienados. En suma: ¡una repetición calcada del modelo del campo central, pero ampliada su maldad en muchos grados!

Excepto una veintena de compañeros que yacían por tierra, algunos de los cuales no se levantaron más, el casi millar de los recién llegados tuvimos que ejecutar por milésima vez la ristra de ejercicios disciplinarios, con sus repetidos *Mützen... ab!*, *Mützen... auf!*, y el interminable programa tantas y tantas veces repetido en el campo central. Acto seguido, hizo su aparición el *Lagerführer*, arrogante y altanero, como si estuviese formado por el mismo molde que aquel adalid que horas antes acabábamos de dejar. Se llamaba Chmielewski, y como pronto tuve la ocasión de conocerlo de cerca, no viene mal describirlo aquí mismo.

Chmielewski era un individuo cenceño, enjuto de cara, oscuro de piel, por lo que los españoles le conocimos como el Gitano,[5] con la altura media de los alemanes, entre un metro setenta y cinco y un metro ochenta, excediendo por lo tanto la media de los españoles; tenía ojos castaños y brillantes, capaces de herir el alma con la mirada, y dientes blancos y grandes, que dejaban escapar, bajo su cierre, un tono gangoso; vestía guerrera verde-oliva flamante, ajustada perfectamente al talle y por encima de las caderas; usaba pantalón de montar color crema, bien ajustado a las rodillas, botas altas de tubo, barnizadas, de

---

5. Ha de tenerse en cuenta que este apelativo no conlleva trasfondo racista; no era precisamente el racismo lo que caracterizaba a los presos españoles allí metidos. Además, es de notar que fueron precisamente los gitanos, por su condición de tales, otro de los grupos masacrados por los que sí eran racistas: los nazis.

color negro brillante, que creí confundir con su alma; llevaba gorra de plato al estilo imperial que, colocada sobre su pequeña y seca cabeza, daba la impresión de ser muy grande, bien por su tamaño real o por lo reducido del que cubría; lucía sobre sus hombros unas plateadas y trenzadas hombreras, con algunos rombos formando estrellas. Su graduación debía de ser superior a la de capitán, grado propio de los SS, que contaban con estructuras especiales.[XI] Lo que no sé decir es si el distintivo que lucía sobre los picos del cuello de la guerrera, en el centro de un rombo, era la calavera de la muerte o las SS en forma de centellas, pues ambas insignias eran propias del cuerpo represivo nazi. Es posible que ese detalle me pasara desapercibido cuando estuve frente a él teniendo que responder a las cuestiones que él mismo me hizo en esa ocasión.

Bien derechos y alineados contemplábamos al nuevo jefe de campo pasar revista a la larga formación y hacerse cargo de la mercancía que acababa de recibir. Luego se situó en el centro y preguntó:

—¿Hay entre vosotros alguien que comprenda y hable el alemán? —Nadie respondió, bien porque nadie hablara dicho idioma o porque si alguien lo conocía no comprendió o no quiso comprender la pregunta.

Yo, que venía aprendiendo esa lengua desde que fui cogido por los ocupantes y encerrado en el cuartel de Rambervillers, pero que a duras penas aceptaba servirme de ella salvo para sacar a mis camaradas de algún atolladero, blanco como la cal di un paso al frente:

—*Ich!* (¡Yo!).

—*Kome her zu mir!* (¡Ven acá!) —dijo, indicándome con un gesto que me dirigiera hacia él.

Fui hasta él, gorro en mano, cuerpo rígido, guardando un

XI. Karl Chmielewski fue el primer comandante de Gusen y su grado era SS-Hauptsturmführer.

frágil aplomo sobre mis chancletas, como era regla. Llegué cerca de él, me paré y quedé firme, esperando sus cuestiones, que comprendí, más por casualidad o intuición que por mis conocimientos de alemán.

—*Sprichst-du Deutsch?* (¿Hablas alemán?) —me preguntó.

—*Jawohl!, aber nicht ganze gut* (¡Cierto!, pero no muy bien) —le respondí sin complejo.

—Voy a explicarte las normas del campo —continuó en su lengua—, para que las traduzcas al castellano a tus colegas. Recálcales que las tengan muy en cuenta, por la buena marcha de la empresa y en vuestro propio interés. Vosotros habéis sido traídos aquí para trabajar, y de la obediencia que prestéis y de vuestro buen comportamiento dependerá vuestra tranquilidad y suerte.

Seguidamente desembuchó una sarta de advertencias y prevenciones, cargadas todas de amenazas, accionando en cada una de ellas una fusta que llevaba enganchada a la muñeca derecha, con la que señalaba, al final de cada frase, la dirección del crematorio. Yo traduje mal que bien las normas y advertencias recibidas, convencido de que no eran escuchadas por mis camaradas con mucho entusiasmo, pero procuré no dejar en olvido ninguna de ellas. Como fin de capítulo, Chmielewski ordenó que salieran de la formación los menores de veintiún años, y yo con ellos. Unos treinta presos menores de esa edad respondieron a la llamada, y juntos fuimos puestos de inmediato en manos del jefe del *Block* número 1, dando así por terminadas las explicaciones y ceremonias.

A continuación, el Gitano y su séquito se marcharon por donde habían venido, dejándonos a los recién llegados en poder de la administración interior del campo, que procedió a distribuirnos en los bloques que contaban con plantillas más mermadas. Los treinta jóvenes y yo fuimos al bloque 1, habitación B. Después supimos que el bloque 1 estaba ocupado por presos prominentes, lo cual interpretamos como un buen augurio.

Los prominentes eran los presos que, por su puesto de

trabajo y por su situación en el campo, sobresalían por encima de los demás, y sobre todo por encima de los presos de los grandes comandos, ocupados en la explotación de las canteras y desgastados por los trabajos agotadores y la mala alimentación. Sobre ese particular tendremos muchas ocasiones de hablar en esta historia. Pero antes parece conveniente describir el lugar donde habíamos metido de nuevo nuestros pies, para facilitar la comprensión del relato de los hechos.

El campo de concentración de Gusen está emplazado en el territorio de la comuna austriaca de Gusen, de donde adquirió su nombre, tangente a la carretera que, bordeando el Danubio, enlaza Viena con Linz, a unos veinte kilómetros a vuelo de pájaro de esta última ciudad. El nombre oficial del campo, asignado en la Cancillería del Tercer Reich tras informe del despacho del campo central era el siguiente:

Konzentrationslager Mauthausen / Unterkunft Gusen

La construcción del KL de Gusen comenzó en el mes de diciembre de 1939, bajo la dirección del *Oberscharführer* Anton Streitwieser y de Kurt Kirchner, con dos comandos de presos, uno para trabajar en la cantera de Kastenhofen y el otro para construir las barracas de madera. Los presos tenían que hacer el trayecto de ida y vuelta al campo central de Mauthausen, unos cinco kilómetros aproximadamente, dos veces al día. Los dos comandos ocupados en esos trabajos tenían que ser renovados a menudo por las frecuentes bajas de sus componentes, por desgaste físico, por enfermedad e incluso por muerte.

El campo de concentración de Gusen cabía en un rectángulo de 350 por 150 metros. Tenía treinta y dos barracas de madera o *Blocks*, cada una de las cuales disponía de cuatro departamentos: dos grandes, con el nombre de *Stubes*, donde entraba la casi totalidad de los presos, y dos pequeños en el centro, ocupados por los funcionarios, que eran los siguientes:

1	*Blockälteste*	(1 jefe de bloque)
2	*Stubenälteste*	(2 jefes de habitación) A y B
1	*Blockschreiber*	(1 secretario de bloque)
1	*Blockfriseur*	(1 barbero)

Existía también un servicio de *Stubendienst*, cuyos componentes eran elegidos entre los predilectos de los funcionarios. El campo de Gusen, como el central, estaba rodeado de una alambrada de pinchos, electrificada con alta tensión, de una altura superior a los tres metros, así como de un muro de la misma altura, de mampostería, con un corredor entre ambas vallas para que pudieran circular los centinelas que marchaban entre torre y torre con el fusil apoyado en la cadera.

Una gran plaza central, llamada *Appelplatz*, servía para hacer el recuento tres veces al día; los comandos que trabajaban en el exterior del recinto vallado pasaban el del mediodía en una explanada próxima al lugar de trabajo.

Al fondo del patio o plaza de formación estaban instaladas las cocinas, que disponían de un amplio edificio.

Los bloques o barracas estaban repartidos en seis líneas, formando un rectángulo. Los lavabos y retretes, con una ducha, se colocaban entre las dos primeras filas de barracas, con las que hacían cabecera. Los talleres, sastrería, zapatería, crematorio, cámara de ropa y duchas generales formaban cabecera entre la tercera y cuarta líneas. El *Revier* (enfermería) estaba entre la cuarta y la última fila de barracas, y comprendía parte de estas.

La primera línea de barracas, la situada frente a las cocinas, estaba incompleta: faltaban las barracas 6, 7 y 8, que fueron construidas posteriormente. Las barracas 14 y 15 estaban reservadas a la cuarentena y a otros servicios menos limpios, que iremos viendo.

Los trabajos exteriores, construcción, canteras, instalaciones mecánicas, picapedreros, etc., estaban instalados en torno al campo, bajo recinto alambrado y vigilado durante el trabajo.

En sus comienzos, los trabajos del campo de Gusen se centraron en la explotación de sus canteras, extrayendo la piedra y sus derivados; había además una fábrica de tejas y ladrillos particular, a poca distancia del campo, pero en su extrarradio: la tejería Lungitz. Puede pensarse que la implantación en este lugar de un campo de esclavos fue para obtener a escaso precio la piedra, material noble con el que pensaban los altos dignatarios del imperio alemán construir los monumentos que dedicarían a la paz de mil años que proponían al mundo. Pero las necesidades de la guerra obligaron a que todos los espacios libres, llanos y subterráneos, fueran utilizados para la instalación de maquinaria e industria militar, por lo que fue preciso construir nuevos campos anejos a Mauthausen, doblando e incluso triplicando el personal recluso, hasta terminar siendo el campo una instalación bélica de primer orden al servicio del Gobierno nazi.

Hacia mediados de mayo de 1940, el campo de Gusen tenía ya su primera plantilla de presos, distribuida así:

25 alemanes políticos (Bifo-DR)
122 austroalemanes (Bv-DR)
60 polacos (Polen-Sch)[XII]

El 25 de mayo de 1940 llegaron 1.080 presos polacos del campo de concentración de Dachau, que fueron distribuidos en los comandos de *steinbruch* Gusen, *steinbruch* Kastenhofen (canteras de Gusen y de Kastenhofen) y en el de la tejería Lungitz. Unos días antes habían llegado al mismo campo otros 480 presos polacos. En los meses siguientes entraron en Gusen

XII. Los primeros prisioneros se instalaron en Gusen el 9 de marzo de 1940. Eran 300 alemanes y austriacos procedentes de Mauthausen y 480 polacos trasladados desde Buchenwald.

cuatro mil presos polacos más, con bastantes alemanes procedentes de otros campos, la mayor parte de ellos presos políticos. Desde el primero de junio de 1940 hasta diciembre de ese mismo año habían perecido ya en ese campo 1.507 presos polacos y quince alemanes, además de los 240 estudiantes y oficiales polacos llevados al campo central del 12 al 15 de noviembre de 1940 para ser ejecutados.

Los jefes y responsables de los trabajos del campo eran, en mayor y menor escala, los *Kapos*, o cabos de vara. Pero solo los de más categoría de entre ellos llevaban un distintivo o galón en forma de V puesto sobre la manga izquierda del rayado uniforme.

También, como en Mauthausen, los presos portaban distintivos según su nacionalidad y la causa que les atribuían sus captores. Cada preso llevaba cosido a su traje de rayas dos trozos de tela con su número de cautivo, uno sobre el costado izquierdo de la pechera de la chaqueta y el otro en la pernera derecha del pantalón, a la altura de la mano bajada. El triángulo rojo indicaba que el preso lo era por causa política. Sobre él se colocaba la inicial del país al que pertenecía, excepto para los alemanes. El color rosa estaba destinado a los homosexuales, el violeta para los evangelistas y pacifistas, el verde para los criminales, el negro para los vagos y asociales, el marrón para los gitanos, la estrella amarilla de David para los judíos, y amarilla y roja para los judíos políticos; por fin, el triángulo azul celeste con la S de *Spanien* estaba destinado a los republicanos españoles. Un círculo rojo colocado sobre la espalda de la chaqueta del preso indicaba que su portador era considerado peligroso, que había intentado la evasión; esa señal era poco frecuente porque, tanto la evasión como su intento eran castigados con la muerte.

Pero volvamos a la plaza de formación donde los funcionarios quedaron encargados de distribuirnos en los bloques menos abarrotados de presos. Los treinta jóvenes menores de veintiún años y yo fuimos instalados, como ya dije, en el bloque 1, donde estaban los presos considerados prominentes. Con los cuerpos arqueados hacia delante, la cabeza rapada al cero, la piel oscura, mate, curtida por el frío, el viento y la intemperie, las caras enjutas, los pómulos, nariz y orejas salientes, los ojos hundidos, perdidos en un fondo mate, con uniformes a rayas azules y blancas, ya sucias, aleteando en todas direcciones como espantapájaros, moviéndonos con pasos menudos en una marcha perezosa, arrastrando las chancletas, que daban la sensación de estar pegadas por imán al suelo, se presentaba la flor y nata, lo más joven de los mil españoles llegados en el último transporte: treinta españoles que, en su mayor parte, acababan de franquear el escalón que hay entre la adolescencia y la madurez; jóvenes que, como tantos miles de presos, no escaparían a la regla, prevista por sus verdugos, de perecer en pocos meses, semanas e incluso días. Así entramos al bloque 1, donde fuimos recibidos por los funcionarios y por nuestros colegas ya instalados, en su mayoría alemanes y polacos.

El jefe del bloque era un alemán condenado por causa criminal, con aspecto y ademanes de bandido; los hechos confirmaron luego nuestra primera impresión. El jefe de habitación no le iba a la zaga: se jactaba, con arrogancia y sin remordimiento, de haber cometido numerosos asesinatos, tanto en su vida civil como en ese campo, lo cual, viéndolo de cerca, no parecía imposible.

Se nos asignó una cama por individuo, en literas de tres alturas, lo que representaba una notable mejoría respecto al anterior campo y a nuestros camaradas alojados en otros bloques, que se repartían la misma plaza entre dos, tres e incluso cuatro individuos. Nosotros, además, contábamos cada uno con una colchoneta de paja. Otros bloques no contaban más que con paja extendida sobre las planchas que, al estar molida, y no ser nunca renovada, caía como polvo de unas camas a otras, perturbando el sueño de los de abajo.

El rato que faltaba para la hora de llamada lo pasamos en

alistamientos y formalidades de secretaría. Yo, que hice de intérprete, pude apreciar que muchos de mis camaradas no llegaban ni a los veinte años. El tiempo pasado en el campo central, el trabajo agotador y la falta de alimentos, los había anquilosado de tal modo que, acabando de salir de la adolescencia, su semblante era de hombres de aspecto tierno, pero con apariencia de ancianos.

Terminados los asuntos burocráticos, el jefe del bloque nos reunió de nuevo para adoctrinarnos. Repetimos por enésima vez los consabidos movimientos disciplinarios *Mützen... ab!*, *Mützen... auf!*, *Recht... Links*, etc. (quitarse el gorro, ponérselo, derecha, izquierda); y volvieron las advertencias, las amenazas... todas las impertinencias rutinarias aprendidas en el campo central, que me ocasionaron mi primer calentón en este nuevo destino por no querer interpretar a mis camaradas toda la sarta de sandeces harto conocidas, enzarzadas las unas con las otras y adobadas por golpes y bofetones, ellos también sin regla ni tasa.

Citaré aquí algunas de las normas para no faltar a las explicaciones debidas, agregando que, debido a la mezcla de nacionalidades, y al desconocimiento del idioma alemán, las advertencias y explicaciones eran reducidas a tropos anfibológicos, gestos simiescos y onomatopeyas grotescas. Veamos: al que se le coja robando... (un gesto de la mano como si quisieras meterte algo en el bolsillo), *krematorium!*; al que entre en la habitación con las chancletas puestas... (otro gesto equivalente), *krematorium!*; al que trate de escurrirse del trabajo... (otro gesto aparente) *krematorium!* En fin, todas las advertencias que no se cumplieran al pie de la letra nos conducirían irremediablemente al puto crematorio; con tanta seguridad y convicción nos lo decía, que podíamos considerarlo cosa hecha. Por supuesto, al crematorio se iba para ser allí incinerado.

Cuando terminó el reparto de advertencias y mojicones, pues de todo hubo, nos llevó junto a los otros presos del bloque, ya formados, y en buen orden nos condujo a la plaza de revista para esperar la entrada de los comandos que realizaban su trabajo ultramuros, y pasar el recuento diario de la tarde o *Abends-Appel*. El bloque número 1, al que fuimos a parar los jóvenes españoles y yo, ocupaba la cabeza de una de las dos formaciones que se situaban frente a frente en la parte más próxima a la puerta de entrada, por la que en breves instantes comenzarían a entrar los comandos o grupos de trabajo. Las formaciones de revista o recuento no variaban: cada bloque iba a ocupar siempre la misma plaza, en filas de diez, pequeños delante, grandes detrás, por paquetes de a cien, separados por un pequeño intervalo; así se abreviaba y simplificaba el recuento.

La campana que anunciaba los horarios básicos, llamada a recuento, diana, toque de silencio, etc., era accionada a mano por el *Lagerälteste* (jefe preso del campo). Su tañido se extendía por todo el contorno. Hacía ya unos minutos que se había escuchado su toque, lo cual quería decir que los comandos de trabajo no tardarían en llegar. De pronto, la gran puerta se abrió de par en par, dejándonos ver, de un lado al otro del gran portalón, dos filas de uniformes de SS, una por cada costado, vigilantes y armados de flagelos y palos. Entre ellos se apercibía la silueta del Gitano y de toda la recua que nos recibió unas cuantas horas antes.

La entrada de los comandos

Al momento iniciaron su entrada los grupos de trabajo. Los primeros en hacer su aparición estaban lustrosos y bien aseados; iban formados en filas de a cinco, dando taconazos sobre el suelo apisonado, como si fueran uno solo, guardando un orden perfecto y un ritmo cadencioso. Un cabo marchando en la parte derecha de la primera fila marcaba con voz seca y contundente el compás del paso: *Links... links... links...! Eins... zwei... drei... vier! Links... links... links...! Mützen... ab!* (¡izquierda, izquierda, izquierda, uno, dos, tres, cuatro, izquierda, izquierda, izquierda, quitarse el gorro!). Al llegar a la altura del *Lagerführer*, que estaba en la parte derecha de la entrada, el cabo de cabeza lanzó una voz potente a su grupo: *Augen... recht!* (¡Vista a la derecha!). Y continuó gritando, vuelta la cara a su derecha: *Kommando «X»...* X y Y *Häftlinge* (comando tal... tantos y tantos presos). Una vez pasada la puerta gritó: *Mützen... auf!* De esa manera iban entrando al patio los comandos de los servicios especiales, los menos numerosos, unos detrás de otros.

Desde que se abrieron las puertas a los primeros comandos empezamos a oír un murmullo lejano, que iba acrecentando poco a poco su volumen, pero no lográbamos apreciar su origen. Los grupos de presos seguían entrando sin que hasta el momento se advirtiera en ellos señales de la mala reputación que tenía Gusen. Viendo entrar los primeros comandos, se podía incluso pensar que nos habían exagerado a propósito de las condiciones del campo. Solo una cuestión mantenía en suspenso nuestro espíritu: ¿dónde estaban nuestros compatriotas, a los que aún no habíamos visto? En los grupos que estaban pasando no veíamos triángulos azules, y sabíamos que varios miles de españoles habían venido a este campo desde el central.

Seguimos pues, expectantes, la interminable comitiva. Ahora los grupos eran más nutridos, de varios centenares de presos, y según iban pasando crecía la miseria en que se encontraban sus componentes. El ruido que nos tenía en suspenso, y que sin cesar aumentaba, continuaba sembrando recelos y espanto entre nosotros. La noche había entrado ya. Las siluetas se perfilaban en las zonas más esclarecidas por el alumbrado cuando empezaron a distinguirse, cada vez con más nitidez, los lamentos lastimeros y los quejidos de dolor.

Baukommando!, fünf hunder Häftlinge! (¡Comando de la construcción, quinientos presos!), gritó, mirando en dirección al jefe, el *Oberkapo* que encabezaba el grupo. A su lado pasaban las primeras filas, las de los especialistas del grupo, de presencia aún aceptable. Pero tras ellos el panorama cambió radicalmente. Ahora sí; ahora aparecían los triángulos azules, que formaban masa en un tropel desordenado. Los grupos llegaban en paquetes, agrupados en montón, en vez de en filas regulares, apoyándose los unos en los otros para avanzar sin caerse.

Mis ojos se abrían hasta salirse de las órbitas buscando entre los triángulos azules al primo, a los amigos con los que había pasado largos años juntos, a los camaradas salidos del campo central unos meses antes, pero... ¡nada!, ¡imposible reconocer a nadie! Eso ya no eran hombres, sino montones de trapos, que con solo mirarlos nos dejaban paralizados de tristeza y espanto.

Sin embargo, aquel cuadro dantesco, tan horripilante como se nos presentaba, no era sino el preludio de lo que venía detrás, en el último comando, el mayor de todos, el más numeroso, ¡el peor! ¡Lo más gordo, lo más horrible que una persona pudiese llegar a imaginar, estaba acercándose al portalón de entrada! Puedo asegurar que los minutos que siguieron fueron para mí de los más tristes de mi vida; una vida, por cierto, bien rellena de sucesos angustiosos y de trágicas sensaciones. Puedo asegurar que el mero hecho de tener que describir y narrar lo que sentí cuando, por primera vez, vi entrar en el campo al siguiente comando me acarrea trastornos y reminiscencias angustiosas e insoportables: mi cuerpo me asalta con temblores fríos, las lágrimas invaden mis ojos y la emoción me cierra la garganta. ¡¡¡No, no!!! ¡Ningún hombre, cualquiera que sea, haya sido o será, merece tal castigo! Ese comportamiento estaba fuera de toda regla, fuera de todos los extremos. Detrás del *baukommando* venía el tropel que tanto nos había erizado la rapada cabeza, el que producía aquel ruido sordo que escuchamos al abrirse las puertas del campo. Ahora que los teníamos a dos pasos podíamos distinguir las voces guturales, los lamentos y quejidos lastimeros; los estruendos de los golpes también los oíamos ahora con toda nitidez, ¡como si todo el murmullo del universo entrase en los oídos de un golpe, como un castigo de Satanás o las sentencias del Juicio Final!

Kommando Steinbruch Tausen fünf hunders Haftlinge...! (¡Comando de la cantera; mil quinientos presos!), gritaba con voz tremenda el *Oberkapo* dirigiéndose al *Lagerführer* Chmielewski y su pandilla, apostados a ambos lados del portal de entrada que se anteponía a la puerta, como si les ofreciese el fruto maduro de su macabra cosecha.

Las primeras centenas, en las que se encontraban los especialistas y comandos de trabajo mejor protegidos, llegaban sucias y con señales de hallarse en un miserable estado, pero todavía guardaban una cierta presencia. Pero tras estos privilegiados llegaba el gran tropel en un desorden indescriptible. La marcha se entrecortaba por momentos para aparecer a continuación amontonada en grandes racimos de hombres, apoyándose unos sobre los otros, tan mezclado y confuso todo que no se podía saber quién llevaba a quién. El estruendo de los golpes sobre espaldas, cabezas, hombros y piernas, con los gritos de furia aplastada y de resignación mal llevada que arrancaban de los prisioneros, se unían a los lamentos lastimeros de hombres ya acabados. Con rabia contenida y estupefacción, veíamos a estos infortunados, manchados de barro y sangre, como si salieran de un abismo. Traían las caras amoratadas, llenas de sangre y pupas, los labios abultados, los ojos hundidos y los pómulos muy salientes. Mi cuerpo empezó a temblar, como si todas mis fuerzas me abandonasen al mismo tiempo, cuando vi que la mayor parte de aquellos hombres llevaban el triángulo azul en sus ropas, rotas en su mayoría, simples trapos en muchos de ellos. Pero venían tan desfigurados que no podía reconocer a ningún amigo, compañero o anterior vecino de barraca. Mi imaginación bogaba por todos los mares del pensamiento, en todas las direcciones, recordando con ansia los trágicos hechos vividos, en particular el paso de la frontera francesa, con la guerra perdida. ¡Nos han traído aquí para darnos una muerte sin nombre! ¡La peor de todas!, grité en mi interior.

Y, sin embargo, no habíamos visto todavía lo más triste, lo más horrible que se pudiera pensar. ¡Válgame...! ¿Cómo podré dar salida a las palabras que me hacen falta para contar este tenebroso trance, esta inimaginable realidad que cada vez que la recuerdo me corta la respiración, me cierra la garganta y me invade los ojos con niebla y lágrimas? ¿Cómo podré contarlo sin hacer uso de la maldición, de la demencial soberbia, de la ira que busca venganza?

A esos grupos que llegaban amontonados, apaleados, pero que todavía entraban por su propio pie, seguían otros infelices en peores condiciones aún y, por consiguiente, peor tratados por sus guardianes. Medio descalzos, extenuados, curvados, arrastrando los pies, colgados de otros compañeros que los sostenían para evitar su exterminio, cayéndose en ocasiones, entraban los grupos más castigados de los presos de Gusen. Tras ellos, y para cerrar el cortejo, venía una carreta cargada con cuerpos exánimes, cuyas cabezas, piernas y brazos colgaban por todos los costados, empujada y tirada por una reata de presos apaleados por unos cuantos cabos para estimular sus fuerzas. Imposible hacerse una idea de los cuerpos que podía acarrear aquel vehículo infernal. Exaltados mis sentidos por tanto horror, yo hubiese querido gritar como un loco en plena basca: ¡¡¡Ánimo, camaradas, ánimo!!! ¡Gritar y gritar!; ¿dónde está eso que los hombres llaman justicia, humanidad, cuando este castigo nos llega de un país culto y avanzado?; ¿qué ha ocurrido para que este país, al que nada debemos, haya buscado esta forma infame de hacernos desaparecer, tan cruelmente, después de haber sido coautor de la mayor calamidad llegada a nuestro pueblo?; ¿con qué derecho cuenta para extinguirnos en esta ratonera inmunda?

Muchas horas de escritura me serían necesarias para expresar la emoción acumulada en mi corazón ante aquel cuadro bárbaro, sin igual, y quizá guiado por la pasión me saldría de mi propósito, que consiste en explicar lúcidamente los hechos verdaderos que no solamente me conciernen a mí sino a todos aquellos mártires que expiraron allí, después de sufrir horrores más allá de lo creíble, y ofrecerlos al lector, al historiador, al curioso, incluso al camarada que lo haya vivido, limpio de ambigüedades.

Una mirada al exterior

Con el fin de calmar el espíritu y serenar la emoción, dejaremos por unos momentos el campo de Gusen para dar una vuelta por el exterior[6] y seguir en lo posible los acontecimientos bélicos, pues, aunque siempre cabía la duda de que no fuera cierto lo que llegaba a nuestros oídos, como se dice en estos casos, «cuando el río suena... agua o barro lleva». Y es de comprender que, en nuestra situación, los reveses, reales o supuestos, de las fuerzas del Eje, nos aportaban un rayo de esperanza y un poco de rescoldo en la noche oscura.

Pero en ese otoño de 1941, la deseada derrota de las fuerzas fascistas del Eje parecía imposible. Había que ser optimista y crédulo para tener por aquellas fechas esperanzas de que los ejércitos amigos, los aliados, pudieran liberarnos. Lógicamente, según mi forma de pensar, más pronto o más tarde los países que habían sido invadidos y atolondrados por

6. Estas revistas al exterior se harán frecuentes, pero sin alterar en nada los hechos verídicos del campo. Se hace para relacionarlos con la moral que podíamos ganar o perder en función de lo que pasara fuera, pues sabíamos que nuestro futuro dependía en gran medida de los frentes de batalla.

el fulgurante ataque del Ejército alemán, casi todos los de Europa, reaccionarían contra su mala fortuna, heridos en su carne y en su amor propio y se levantarían llenos de ira para recuperar su libertad y dignidad, expulsar a los invasores de sus fronteras nacionales, acosarlos hasta su extinción y recuperar el bien perdido, librando a la Humanidad de la mayor catástrofe que, por una ambición sin límite, el hombre haya ideado.

Alabábamos a Yugoslavia, que con tanto coraje y sacrificio no había depuesto por completo las armas, que mantenía dentro de sus fronteras reductos invencibles, y continuaba la pelea a sangre y fuego; así como a la Gran Bretaña, que seguía plantando cara farrucamente dentro de su fortaleza insular, no solo impidiendo el desembarco tan añorado por los nazis en sus costas, sino devolviendo a los alemanes y a su Luftwaffe golpe por golpe. Por el contrario, el Ejército Rojo seguía perdiendo hombres y terreno ante el arrollador empuje alemán, aunque era el único ejército que en Europa mantenía con el enemigo contacto por tierra. Precisamente a finales del mes de octubre de 1941 más de mil prisioneros de guerra soviéticos entraron en el campo de Gusen, sumándose al número de víctimas, sin que los tratados de Ginebra sirvieran de nada para mejorar su condición de reclusos. Nuestros ojos se volvían en esas horas angustiosas hacia los países que continuaban batiéndose en la guerra, como se vuelven los ojos de los náufragos hacia la barca de salvación.

¿Y... España? ¡Ah, España...! Nuestro querido país, nuestra madre patria. ¡España!, que todos llevábamos en nuestro corazón, que cuanto más desgraciada era su suerte más la queríamos. ¡Ah, nuestra madre infausta! Tierra que nos vio nacer, en la que pensábamos vivir como hombres libres, como hombres dignos. Allí habíamos dejado nuestra familia, nuestros amigos, nuestra tierra, nuestro pensamiento, el fruto de nuestro trabajo y la fuente de nuestras esperanzas. ¡Cuán dura se hacía la ausencia! Tan dura y lejana como la distancia que nos separaba. Las noticias de antaño, las últimas recibidas, anunciaban la escarda y condena de sus hijos más prestigiosos, los que con mayor resolución habían defendido la causa republicana y democrática. Además de las venganzas rencorosas, los tribunales dictaban penas con pérdida de vida y de libertad perpetua contra hombres que no habían cometido otro crimen que el de cumplir con su deber, defendiendo su gobierno legítimo, su morada, su propia existencia. Por si no fuesen bastantes las calamidades acumuladas por la furia y sinrazón del hombre, la Naturaleza acudía con sus propias catástrofes a liquidar lo que quedaba de vida, tanto animal como vegetal. Todo aquello que había logrado resistir la sequía del verano, se lo llevaba el frío del invierno, recordando de forma tan impertinente ese proverbio de nuestra lengua de que «una desgracia nunca viene sola».

Después del recuento vespertino

Dejamos el examen de la situación exterior, de la marcha de la guerra, así como las noticias de nuestro país, que hemos evocado para calmar la desazón y congoja que nos habían provocado los sucesos de nuestro primer día en Gusen, para seguir con los hechos.

Los ocupantes de la carreta que venía al final de los grupos de trabajo, cuerpos exánimes o sin vida, iban, junto con los demás presos ya agotados que entraban al campo colgados del cuello de sus compañeros, a participar en el recuento de sus respectivos bloques; los que no se tenían en pie, echados por el suelo, ordenados, como los muertos, para ser contados.

Para que los cuerpos de los muertos, o los así considerados, pudieran pasar el último recuento, debían ser vaciados previamente de la carreta. La operación era, en sí misma, una afrenta a los ya difuntos, pues sus cuerpos no eran sacados uno a uno y colocados respetuosamente en el lugar que correspondiera de su centena. Eso, y socorrer al que viniera ya moribundo habría sido lo mínimo exigible entre humanos. Pero pedir allí semejante consideración era pedir peras al olmo. Los nazis que idearon esos campos y que, no faltos de imaginación, preparaban esta carnicería, contaban con medios más expeditivos para descargar la carreta. Además, ¿para qué recuperar a un lisiado si contaban con tantos enemigos en los países que habían conquistado? Los lisiados, pues, eran fáciles de reemplazar, por lo que para vaciar la carreta bastaba con poner a uno de sus lados a una veintena de presos de los más fuertes, estimularles las fuerzas con una buen vara y... a la una... a las dos, ... y a las tres: *Auf!!!* Allá que te va, la carga extendida por el suelo como una parva.[7] Una vez desparramados por tierra los infelices, no faltaba otra cosa que llevarlos de cualquier forma, como habían caído, al grupo del bloque al que habían pertenecido para pasar el control y ser anotados como bajas por los secretarios de este. Hecho el recuento, si salía exacto, los cadáveres eran llevados por el servicio del bloque hacia el crematorio, de donde emprendían su viaje al cielo en forma de humo. La carreta terminaba ahí su jornada, dejando su cajón abierto de par en par, en espera de volver a reclamar sus servicios al día siguiente; y cada día, mientras quedase títere con cabeza. Los que tras una dura jornada de trabajo podían aún

7. La operación de cargar los muertos o moribundos en la carreta no era menos afrentosa: los cuerpos yertos eran cogidos por cuatro presos, uno por cada extremidad, y un quinto preso daba al cuerpo ya levantado del suelo un empujón para lanzarlo al cajón de la carreta, sin atender a la forma en que aquel cayera en ella. Así del primero al último cadáver. Podía ocurrir que el peso del muerto superara lo que nuestras fuerzas podían cargar y que nuestro «remoloneo» fuera observado por algún cabo o un SS. En ese caso, nuestra energía era reforzada con una oportuna inyección de palos hasta que el cuerpo en cuestión ocupaba su plaza en el carro. Cargadas así las carretas hasta arriba, sin más orden ni cuidado, las cabezas, piernas y brazos de los muertos se balanceaban en torno al cajón, como objetos dislocados, cuando aquellas se desplazaban.

marchar por su propio pie volvían a los bloques en perfecta formación para recibir lo que allí se llamaba cena.

Nosotros, los treinta jóvenes españoles y yo, en el poco tiempo que habíamos tenido para conocer a nuestros colegas más veteranos del bloque, los privilegiados que ya sabemos, alemanes y polacos en su mayoría, habíamos notado que nuestra llegada a esa barraca no era bienvenida. Nos pareció que nuestra presencia indigente enturbiaba su linaje ancestral: vejaciones, escarnios, cuando no abusos corporales, fueron los saludos de recibimiento de esos distinguidos colegas, lo cual nos hizo pensar que en lo sucesivo no haríamos buenas migas con ellos. Pero la actitud más hostil nos llegó de los funcionarios del bloque, que nos amenazaron sin ambages con querer desembarazarse de nuestra presencia liquidándonos lo antes posible. La expresión *Spanier kaputt*, acompañada de agresiones, salía de sus bocas grasas, tanto de los jefes criminales como de los otros presos. Y cuando creíamos que, como los demás, habíamos terminado nuestra jornada y nos preparábamos para gozar de toda la anchura que nos deparaba una cama para nosotros solos, supimos que era precisamente en esos momentos cuando empezaba nuestro trabajo. A las ocho de la tarde, encuadrados por el jefe de bloque y de habitación, fuimos entregados a los cabos de servicio de la cocina.

El trabajo de la cocina, que por diferentes factores nos hubiera sido beneficioso, en la realidad fue un duro hueso. Protegidos de la intemperie, con algún bocadejo aprovechado de vez en cuando, nuestra suerte no habría sido mala contando incluso con los coscorrones de la barraca. Pero la cocina en la que entramos era una dependencia del campo de Gusen, lo mismo que las barracas, lo mismo que sus presos. En la cocina fuimos recibidos por el *Oberkapo* y sus secuaces con las gomas en alto, prestos a entrar en batalla, enviándonos a empujones a los cuatro bancos puestos en cuadro en torno a una caldera emplazada en el centro, lista para recibir durante toda la noche el fruto de nuestro trabajo: las patatas peladas. Los bancos no nos reservaban mejor recibimiento, pues sus bordes salientes fueron los encargados de amortiguar, contra nuestra cabeza, costillas o estómago, la inercia de nuestra llegada en vuelo plano.

El cabo jefe de la cocina se había equipado con cuatro suplentes, cuatro aprendices de criminal, que nos martirizaban sin interrupción del inicio al final de la velada. Los cuatro asesinos se relevaban de dos en dos, uno para cascarnos por la espalda, mientras el otro, emplazado en el centro, nos alineaba el cráneo pelado con una dura goma. La cosa se complicaba hasta convertirse en tragedia cuando, dominados por el hambre, introducíamos a hurtadillas un pedazo de nabo o de patata cruda en la boca y nos denunciaba nuestra propia masticación. La rociada de golpes caía de lleno en ese momento, enviando con ello el pedacito de bulbo al escondite secreto del estómago en el estado en que se encontraba; y mientras que el movimiento de la mandíbula quedaba paralizado, el del estómago emprendía una alborozada cadencia de olores desagradables y ruidos raros. Por todo lo anterior, cada madrugada salíamos de la cocina embrutecidos y dando traspiés, cayendo al suelo cuan largos éramos, o apoyándonos los unos en los otros para pasar el primer recuento en la formación matinal.

Con el tañido de la campana se encendía el alumbrado del campo y los presos ponían pie en tierra inmediatamente, so pena de ser arrancados de su pereza por el palo de los funcionarios. Media hora pasaba aproximadamente entre el toque de diana y la reunión de todos los bloques en la plaza del campo; media hora para vestirse, lavarse, hacer las camas, tomar el «café» y limpiar la habitación. Los peladores de patatas esperábamos en la plaza la llegada del bloque para sumarnos al pelotón y pasar juntos el recuento matinal.

El aspecto que ofrecía el campo al amanecer era sobrecogedor. Al fondo, un poco apartada, se percibía la chimenea del crematorio, de la que se escapaba un espeso chorro de humo gris, con un olor a carbón, carne y huesos, que se adhería a la garganta como una cataplasma. La atmósfera era tan densa y pesada que nos dificultaba la respiración, más cuanto mayor y más espesa se presentaba la bruma matinal. Ya con los primeros claros del día pudimos ver, un poco por todo el contorno, el horroroso espectáculo de los cuerpos electrocutados contra la alambrada, que aparecían como un siniestro cuadro en relieve y al natural. Y es que, muchos desgraciados, abandonando su reposo nocturno, desesperanzados, salían a lanzarse a la alambrada electrificada para así acabar de forma rápida con su particular y lento calvario. La mayor parte de ellos moría de forma instantánea, pero algunos eran rechazados hacia atrás, quemados, por la descarga eléctrica. (Una mañana pude yo comprobar esto último al ir a socorrer a un moribundo que yacía temblando en el suelo; la corriente lo había rechazado al tocar la alambrada. Le hice algunas friegas en el pecho; le levanté los brazos con movimientos de flexión, pero todo esfuerzo fue inútil porque la vida se le marchaba a grandes pasos). Los cuerpos que veíamos pegados a la alambrada no podían ser retirados hasta después del recuento matinal y la salida de los comandos; entonces cortaban la corriente del recinto alambrado y se procedía a la recogida de los suicidados. A veces se realizaba con gran aparato teatral, tomando nota del acto, trazando un croquis de la posición de la víctima y constatando oficialmente la muerte.

Los comandos de trabajo se organizaban inmediatamente después del recuento matinal. Su formación era otra de las peripecias que tenía lugar cada mañana. Los comandos pequeños y fijos se agrupaban pronto, sin mayores inconvenientes, pues todos sus miembros se conocían. Estaban formados por especialistas, asistentes de los SS, destinados en los almacenes de ropa y comida, etc., y contaban con muchas ventajas por las condiciones de trabajo, comida, vestimenta y trato recibido. Entrar en esos comandos, los mejor considerados, era la ambición de todo preso.

Por el contrario, la formación de los grandes comandos, el de la cantera, el *Baukommando*, o comando de la construcción, o el del molino de piedra, que juntos absorbían las tres cuartas partes de la mano de obra cautiva, terminaban cada día en un verdadero desastre, cuando no en un baño de sangre. Cada uno de esos grandes comandos estaba subdividido en otros más pequeños, con uno o más cabos de vara, a cuál más sanguinario. Los grupos mandados por los cabos más crueles, ya conocidos por amargas experiencias, eran rehuidos por los presos a ellos adscritos, maltratados ya en algunas ocasiones, conscientes de que un día más en uno de esos comandos podía ser el último de su vida, si no por muerte definitiva, por quedar incapacitado y tener que acudir al *Revier* (la enfermería), lugar siniestro como todos los de Gusen, pues entrar allí enfermo era casi garantía de salir poco después muerto.

Al comando dirigido por un cabo más clemente se le acercaba una cantidad de peones tres o cuatro veces superior a su número habitual, la mayor parte de ellos fugitivos de otros comandos más duros. Entonces se libraba una sorda batalla entre los miembros de ese comando, que no querían correr el riesgo de ser enviados a otro con peor fama, y los advenedizos, que casi siempre acababa con reparto generalizado de palos, propinados por los cabos y los SS.

Cuando por fin los comandos marchaban a su trabajo, los peladores de patatas nos retirábamos para descansar, pero siempre aparecía algún imprevisto que nos escamoteaba el reposo con su impertinencia: control de piojos, de calzado, de ropa, de pies, del cuerpo, con especial o caprichosa atención por el miembro viril; todo lo que conllevara un grado de molestia y pudiera recortar el tiempo de reposo recuperador era puesto en práctica por el jefe del bloque, al parecer muy interesado en acabar pronto con nosotros. Cuando conseguíamos entrar en la cama, helados, destemplados y casi siempre bien sobados, el sueño era lerdo en llegar; y cuando tímidamente aparecía necesitábamos salir al retrete con apreturas urgentes para librarnos del forraje ingerido durante la noche que, con ayuda del calor, buscaba una salida precipitada. Luego, para no quedarse corto a la hora de la formación del mediodía, el jefe de *Stube* nos levantaba una hora antes, a veces sin que hubiésemos empezado a tomarle gusto al reposo. Solo por la tarde nos dejaba saborear un poco más la cama, si no se le ocurría alguna impertinencia que nos acortase el descanso.

La comida y sus calorías

Tras el recuento del mediodía llegó la comida, llamada *mitagessen*, que no era más que un cazo de nabos cocidos con algunos pedacitos de patata en el fondo. Del montón de patatas peladas por el grupo de los jóvenes, solo una pequeña cantidad iba a las calderas de los presos; el resto era para los SS, cuyas cocinas estaban también dentro del campo, contiguas a las nuestras. El reparto de la comida se realizó mezquinamente. El guiso llegó en termos cilíndricos, de un diámetro de entre cuarenta y cuarenta y cinco centímetros y una altura de unos sesenta centímetros. El cazo usado para repartir los nabos sería de la misma altura, de modo que, al empezar cada recipiente, no llegaba al fondo ni con buena voluntad por parte del repartidor. Como además no se removió el termo, la comida densa y espesa quedó en el fondo. Los primeros en ser servidos de la marmita recibieron un caldo o especie de agua sucia, sin alimento ni consistencia; a los que llegaron cuando la olla había bajado a la mitad se les echó lo denso y espeso, con mayor cantidad de nabos y patatas.

Esta primera lección sirvió para que, a partir de ese día, todos hiciéramos lo posible por esquivar ser los primeros en recibir el cazo de caldo. Pero a pesar de ello, en el momento oportuno de coger la parte sólida siempre estaban los protegidos de los funcionarios de la barraca o los que más toleraban sus caprichos. Nadie aceptaba esa marrulla, y todos remoloneábamos para presentarnos con nuestro plato cuando el termo estaba ya mediado, lo cual, unido a la mezquindad de los funcionarios, convertía los repartos de comida en una batalla en la que el repartidor, siempre con mala ralea, daba rienda suelta a sus instintos bárbaros, repartiendo cazazos a diestra y siniestra, tanto si lo tenía vacío como si estaba lleno; bien a menudo se cogían más nabos en la cabeza y espalda que en el plato. Otras veces, cuando más encolerizados estábamos por tanta marrullería, el repartidor lanzaba la comida al aire dejándonos a muchos a dos velas.

Los mismos trucos hallamos en la distribución del pan de la tarde (*abendessen*), sustituto de la cena: los pedazos que nos dieron, cortados de antemano, eran más pequeños que los que correspondieron al repartidor y sus amigos, pero no nos quedó otro remedio que conformarnos con lo que nos tocó. Así ocurrió siempre y, bien por el hambre que padecíamos, porque en realidad nos dieran el trozo más pequeño, o por simple ilusión óptica, cada vez que había reparto de comida creíamos recibir el pedazo menor, incluso si el pan era entregado entero para un pequeño grupo de tres o cuatro, en cuyo caso las porciones eran medidas, pesadas y echadas a suertes para estar seguros de haber obrado en el reparto con la mayor equidad. La comida llegó a dominar nuestro cerebro como una rabiosa obsesión, pues la conquista del menor átomo de suplemento alimenticio equivalía a alargar la vida en proporción a su valor calorífico. El hambre estuvo siempre encima, siempre condicionó nuestros actos. Era un hambre insoportable, canina y feroz.

El antiguo preso político, historiógrafo del campo de concentración de Gusen, Hans Marsálek,[8] ha publicado su estudio bromatológico sobre la alimentación recibida por los presos, por día y persona, el cual, por sí solo, nos puede excusar de otros comentarios. Veámoslo detenidamente:

Baremo alimenticio medio, por preso y día, casos particulares aparte:

Mañana	Café (especie de malta que casi nadie bebía)	10 cl
Mediodía	1 litro de nabos cocidos, o espinacas, o patatas	362 cl
Tarde:	360 a 400 g de pan negro 25 a 30 g de salchicha	791 cl 40 cl
Domingos	una cucharada de mermelada (65 cl), que, repartida entre los 7 días de la semana, toca a	10 cl
Total persona/día		1.213 cl

Algún domingo, de Pascuas a Ramos, nos daban al mediodía, en lugar de los nabos, espinacas, patatas con piel o un litro de trigo pelado, como es costumbre comer en Alemania, un poco más nutritivo que nuestro arroz, que nos proporcionaba algunas calorías suplementarias. Así, con buena voluntad, las calorías diarias por persona podían llegar a las 1.250, siempre que ese alimento no fuera interceptado en mayor o menor medida por los encargados de su distribución, cayera bajo la cólera de algún condenado que ya conocemos, o nos fuese hurtado simplemente por otro hambriento poseído de muchas

8. Véase Hans Marsálek, *Die Geschichte des Konzentrationslagers Mauthausen*, Viena, 1980.

mañas, cuando no de mejores condiciones físicas, ya que en tales situaciones la moral no contaba.

Estas 1.250 calorías fueron todo el sustento recibido para aguantar una jornada de trabajo que oscilaba, según las necesidades y la estación climatológica, entre diez y once horas, aunque el tiempo verdadero de faena debía contarse desde que salíamos de la cama hasta que volvíamos a ella por la noche. Dicho con mayor exactitud, puesto que las noches no eran todas serenas, para soportar faenas y fatigas las veinticuatro horas del día. Aunque los domingos se contaban como día de descanso, muchos de ellos teníamos que trabajarlos en faenas extraordinarias, quizá aún peores que las de cada día, puesto que no se abandonaban hasta que la tarea prevista no estuviera terminada.

Científicamente, las 1.250 calorías no podían sostener en pie, ni siquiera mantener un cuerpo adulto, más de seis meses, siempre que ese cuerpo no tuviera desgaste físico durante ese tiempo. Pero en Gusen, a la falta de nutrición se le sumaba el trabajo forzado, la pérdida de sangre, la regeneración de los hematomas y equimosis y el sufrimiento mental y corporal.

Todos estos factores reunidos, que no son pocos como venimos viendo, eran los que empujaban a muchos desesperados, y a veces con pleno juicio, a adelantarse a una muerte que creían casi segura, eligiendo para ello el medio más apropiado: la alambrada electrificada. Una bajada de la moral combativa, si no se disponía de una plaza de trabajo que te librase de tanto enemigo ya citado, podía ser para el preso un mal consejero.

La primera paliza

Los comandos de trabajo siguieron entrando cada tarde al campo en las condiciones que tanto nos impresionaron el primer día. Las mismas escenas horrorosas, los mismos cuadros apocalípticos, los mismos grupos de lacerados, hasta sumar varios miles, entrando por el embudo del portalón en montones, embutidos como morcillas.

La disminución del número de presos, hecho tangible para los que desde dentro los veíamos entrar, fue una constante repetida día a día. Los peladores de patatas, metidos dentro de esa tormenta, también soportábamos lo nuestro. Acosados en el bloque y en la cocina, nuestra moral bajó a cero. A los verdugones levantados casi cada noche por los golpes de las gomas rellenas de arena sobre el cráneo pelado, se sumaban más y más golpes cuando aún no había bajado la hinchazón, formando entre todos un enrejado de lomos entrecruzados que aumentaban el volumen de la cabeza hasta casi el doble de su tamaño normal. En esas condiciones, el trabajo se convirtió en una pesadilla de pánico que alteraba el comportamiento normal, corporal y psíquico, de cada uno de nosotros. Los huesos se quejaban por todas sus articulaciones, acuciándonos con mal humor y peor talante, y no sabíamos dónde poner el pie, que no fuese a levantar la exasperación de algún matón. El trasero, la espalda, la cabeza, que ya he mencionado, eran el blanco y frontón de la inconsciencia y mal hallado humor de los funcionarios del bloque, así como de toda la caterva de matones y cabos. En una de esas veladas de la cocina, un suplente, al que el cabo jefe otorgaba bastante confianza por su feroz comportamiento, vino a caer en uno de mis malos momentos y recibió una respuesta merecida que no pudo olvidar en mucho tiempo; encolerizado por tanto abuso no pude remediar reprocharle su comportamiento salvaje, y en su lengua, cuando menos lo esperaba: «¡Es lástima —le dije— que un preso igual que los otros actúe contra sus colegas y hermanos de destino con un procedimiento tan criminal!». Quizá añadí algunas palabras y reproches peores ya con la lengua caliente, que, a juzgar por la respuesta, no debieron de caer en saco roto. El aprendiz de asesino quedó un momento perplejo al escuchar, de improviso y en su propia lengua, reproches tan duros. Otra persona menos embrutecida hubiese podido tener, ante tal reflexión, un razonamiento y una respuesta más lúcida, en lugar de responder de la forma que solo puede hacerlo un pobre tipo: «*Ich mache dir sofort kaputt!!!* (¡Te mataré ahora mismo!)», respondió, con intención expresa de pasar a la obra. Sin esperar más tiempo levantó la goma con presteza para asentármela sobre el pelado cráneo en forma de enérgica bolea, capaz ella sola de molerme los sesos y dejarme de tal manera que un nuevo envite fuera innecesario. Yo, al sentir el peligro, me levanté prontamente como accionado por un potente resorte, le desvié el golpe con la mano derecha, le amenacé a la cara con el puño izquierdo y... ¡zas!, el puño derecho lo golpeó con tal rabia en el estómago que fue a dar de espaldas contra el banco de enfrente, llevándose en su vuelo dos o tres de mis camaradas allí sentados, aturdidos ellos también por mi rebeldía. Con la sangre al rojo vivo y sabiendo cómo se pagaba allí la insubordinación, le enristré toda una serie de golpes hasta dejarlo en piadoso estado; una vez empezada la pelea sabía que todo entraría en la misma cuenta. Los otros aprendices de asesinos, viendo a su compañero tan malparado, no sabían de qué forma atacarme para tomar desquite, temiendo caer ellos también en el cerco de mi cólera; avanzaban y reculaban con el mismo ímpetu, no aproximándose a menos de dos o tres metros del alcance de mi mano. Ciertamente, y sabiendo lo que me esperaba, no estaba dispuesto en esos momentos a dejarme tocar el pelo por ningún cabrón de baja ralea. Por fin fue el *Oberkapo* quien, con no menos prudencia, se atrevió a liquidar la pelea, y con menos severidad de lo que los presos, yo incluido, esperábamos, ya que se conformó con aplicarme la pena de los veinticinco palos en el trasero, lo cual, teniendo en cuenta el caso, podía considerarse como un bajo precio.

Mi audacia fue castigada con mucho menos rigor de lo que podíamos esperar, pues el solo hecho de volver la mano a un cabo era castigado con la muerte. En realidad, esa era la pena a la que, sin razones que lo justificasen, estábamos condenados a corto, medio o largo plazo todos los que habíamos franqueado el gran portalón de entrada.

Mi pobre trasero, que por costumbre se convirtió en el pagador de mis cuentas, aunque no era la única parte del cuerpo que recibía ese «privilegio», aumentó de volumen con enormes hinchazones. En esas condiciones, pasar toda una noche de invierno sentado sobre un banco de madera no disminuía un quilate la dura penitencia.

En cuanto al cabo pegón, a pesar de «haberse hecho justicia», fue abemolando sus notas sucesivamente con mejor diapasón. Tanto él como sus semejantes ablandaron sus modales, no solamente conmigo sino con todo el grupo, haciendo la vista gorda cuando notaban que ingeríamos una rodaja de patata cruda, o una costilla de nabo, o dejando caer la goma sobre las cabezas con menor brío cuando no eran observados por el *Oberkapo*. El cabo maltratador acabó reconciliándose conmigo, a fin de cuentas, haciéndome pasar, cuando le parecía bien, por su protegido, aunque la reconciliación nunca fue sincera en Gusen, como es posible que no lo sea en ninguna parte; era una forma de salir del paso y salvar las apariencias, esperando la llegada de mejores ocasiones para tomar venganza, oportunidad que, según mis cálculos, antes le llegaría a él que a mí. Pero yo llevaba por delante que, a pesar de salir con el trasero tumefacto, lo que en sí no suponía una gran derrota, el mero hecho de haber puesto a raya a un cabo de esa especie era ya una gran victoria. Como ya he dicho, esa pendencia nos proporcionó ventajas apreciables a todo el grupo de peladores de patatas, que ganamos en tranquilidad y tolerancia.

Sin embargo, en el bloque, el jefe, los funcionarios y otros prominentes, continuaban la guerra iniciada contra nuestro grupo el día que entramos, y con tal intensidad que en los primeros quince días de estancia en el campo el grupo de jóvenes españoles perdió la mitad de sus efectivos, unos muertos y otros llevados al *Revier*, donde tuvieron el mismo fin, lo que suponía, en un cálculo rápido, uno por día; resultado fácil, pero no halagüeño. No obstante, y pese a tal número de pérdidas, la plaza que ocupábamos en el campo los peladores de patatas no se podía considerar de las peores, pues la media de exterminados por aquellas fechas estaba en torno a los doscientos por día.

Además, en esos quince primeros días se produjeron desgastes irreparables en el organismo de los jóvenes que quedábamos vivos del grupo de peladores de patatas. El jefe del bloque nos acosó a los que quedábamos en pie con una tenacidad implacable hacia la pendiente que, a corto plazo, nos conduciría al crematorio. *Bis der lerzte!* (¡Hasta el último!), decía con obstinada intención cada vez que se deshacía de una tanda de malogrados peladores de patatas. En la cocina, los que superamos los primeros quince días de aprendizaje, recibíamos un trato algo más suave después del altercado con el cabo pegón. Nuestro estómago, obligado por la costumbre, se estabilizó, cociendo mejor las porquerías que le echábamos, ayudando a la función orgánica del cuerpo, y metiendo un poco más de nervio en el tejido celular, ya que nosotros, aprovechando aquella pasajera calma, ingeríamos pedazos de patata cruda, y hasta osábamos escondernos algunos pedacitos en el bajo de los calzoncillos para ofrecerlos a los amigos desmejorados, quienes, aprovechando la oscuridad, venían cada mañana a comérselos a un rincón discreto. Así, siempre que me era posible sacaba una pequeña carga de forraje que entregaba a mis amigos Gregorio Rebollo García y Julián García Salcedo. Y así, me fui arregostando al buen resultado inicial, hasta que una mañana pasó lo que tenía que pasar: caí en un cacheo preparado por el *Oberkapo*. No era fácil saber si aquel cacheo había sido fruto del azar o se debió al soplo de algún celoso; el resultado no cambiaba por eso, y la amarga realidad es que fue a dar con mi escondite forrajero cogiéndome, en consecuencia, en flagrante delito de robo. ¡Válgame el Paraíso Terrenal! Cómo me he arreglado para caer en semejante encerrona, pensaba para mí, encomendando mi alma al diablo. Hoy voy a pagarlas todas juntas.

Me volvieron a la cocina, donde todo estaba a punto para molerme como cibera y quitarme la golosina de las patatas, aunque viviera más años que Matusalén. Una vez allí, fui colocado sobre el taburete; un taburete que aparecía cuando menos se esperaba, y cuya función no era recibir posaderas. En él apoyé los codos y el pecho exponiendo las ancas descubiertas al aire, dispuestas para recibir una nueva somanta de palos, si solo se conformaban con eso. Los envites llovieron de todos los costados, los golpes cayeron sobre mi cuerpo como los martillazos sobre la reja que es aguzada en una fragua. Solo al principio pude seguir el diluvio que, con cadencia alternada, cayó sobre todo mi cuerpo salvo la cabeza, protegida por mis brazos y manos, que recibieron los golpes a ella destinados. Pronto dieron conmigo en el suelo, donde seguí aguantando la granizada hasta que perdí el conocimiento. Debieron de pasar sin duda varios minutos hasta que recuperé el sentido, y entonces me di cuenta de que mis camaradas me daban palmitas en la cara pretendiendo ponerme en pie, pues la formación para el recuento matinal había comenzado ya, y no era cuestión de perder tiempo. Dura fue la prueba que acababa de pasar, pero dentro de mi semiinconsciencia vi aproximarse otro peligro de no menor relieve, que me exigía recuperar a todo trance las fuerzas para tener una mínima posibilidad de librarme: la furia homicida del jefe de bloque, quien no perdería una oportunidad tan cómoda para empujarme al sumidero. *Noch eins!* (¡Uno más!), ¡al crematorio!, zumbaba en mis oídos aturdidos, en continua pesadilla. *Bis der lerzte!* (¡Hasta el último!). *Alle Spanier kaputt!* (¡Terminaré con todos los españoles!). Me di cuenta de que solo un milagro, si era verdad que los milagros existían, podría salvarme de tal trago; temí que la suerte, harta y cansada de realizar prodigios, no acudiera ese día en mi socorro, o que llegara demasiado tarde. Pero una vez más la suerte atajó al destino y, bien porque fuésemos necesarios en la cantera, o porque pudieran pasar sin nosotros en la cocina, ese día, esa misma mañana, nos cambiaron de bloque y nos repartieron en diferentes barracas, algunas bastante disminuidas de ocupantes, cuyos presos trabajaban en las canteras.

Yo fui llevado por mis compañeros al bloque número 9, de mala reputación y muy temido, que ya tenía muy mermados sus efectivos. Tomé cama en el rincón que mejor me pareció, y por suerte pude recuperar mi aplomo, pues no tuve que trabajar ese día. Ironías del hado, aquel bloque tan temido por consumidor de cuerpos y almas, fue para mí, esa jornada, un mar de tranquilidad, debido a la urgencia de descansar que me acuciaba. Respecto a mis protegidos Gregorio y Julián, debieron de esperar en vano esa mañana su pequeño suplemento de patata cruda, ignorantes del desenlace de mi proteccionismo. Nunca más pude ver a Gregorio, y solo en dos o tres ocasiones a Julián. En Gusen era habitual que las personas desaparecieran inesperadamente, para siempre y sin dejar rastro. En los archivos del campo pude encontrar después que ambos murieron en los primeros meses de 1942, con pocos días de diferencia.[XIII]

El desgaste del grupo de peladores de patatas, la última paliza sufrida y la posterior dispersión de los que quedábamos del bloque 1, motivó la toma de conciencia de los jóvenes españoles que creíamos tener las mismas afinidades políticas, y nos pusimos de acuerdo para estudiar, juntos, la organización de un grupo de resistencia; ardua tarea que, además de mucha paciencia, tenacidad y prudencia, requería marchar con pies de plomo. No era razonable que un grupo de combatientes por

---

XIII. Julián García Salcedo pereció el 5 de abril de 1942, y Gregorio Rebollo García, el 29 de junio de ese mismo año.

la libertad y por las causas justas que atañen a los humanos se dejase exterminar sin reaccionar con vehemencia, como si fueran un rebaño de corderos, aunque no hubiera perspectivas de llegar muy lejos si es que salíamos uno solo con vida. Midiendo nuestra capacidad de acción frente a la potencia del enemigo, no era difícil comprender a lo que nos exponíamos, ni el precio que nos exigiría tal obra si éramos cazados en pleno trabajo o delatados. Cualquier indiscreción sería fatal, y un hipotético plato de nabos tendría más valor para cualquier chivato que todas las ideologías juntas. Estudiamos proyectos, nos repartimos cargos, probamos a ganar prosélitos y fuimos recibiendo reveses, cosa común en el inicio de cualquier empresa de esas características. En Gusen, la lucha de cada uno era por su propia supervivencia, y los razonamientos, parábolas y argumentos que no estuvieran adobados con un plato de comida o una plaza protegida, no eran atendidos por nadie. Pero ¿de dónde íbamos nosotros a sacarlos? Además, la entrada en los bloques ajenos estaba prohibida para todos, lo que dificultaba nuestro objetivo. Caímos pronto en la cuenta de que el proyecto sería muy difícil, y poco a poco se fue disipando la idea hasta extinguirse casi por completo.

Los días que siguieron trabajé en la cantera, lugar donde no había que forjarse muchas ilusiones. Allí me adapté al trabajo sin muchos problemas, pues desde niño tuve que realizar faenas duras, como todos los de mi humilde condición.

La cantera

La escasez de personal en el bloque número 9 me permitió elegir plaza a mi antojo. Me instalé al fondo del *Stube*, en la parte más sosegada y menos expuesta al roce con el jefe de habitación y de otros malvados que, para ejercitar sus músculos, atacaban a los menos aptos para defenderse, usándolos como sacos de entrenamiento. No obstante, el elevado número de bajas amansaba el temperamento matón y poco tierno de los funcionarios, que no querían perder, con la total extinción del personal, sus empleos y los beneficios que les proporcionaban, sobre todo en comida, ya que de cada ración de los presos sustraían una pequeña parte, que para ellos era un buen suplemento. Por ese motivo, y pese a los muchos problemas, encontré aquel bloque más tranquilo que el anterior, y el trabajo en la cantera algo más llevadero. Poco a poco disminuyeron de tamaño los tumores e hinchazones y cicatrizaron los desollones, corrigiendo el traumatismo físico. En la cantera había un buen número de presos menos fuertes y menos presentables que yo, y más molidos, que atraían la cólera de los SS y los cabos, porque debido a su incapacidad física y escasez de fuerzas, no podían dar el rendimiento que se les exigía.

Mis referencias sobre la cantera se reducían al espectáculo tan desastroso que nos ofrecía cada tarde el regreso al campo de los comandos que en ella trabajaban, pero ahora, allá abajo, la cantera me mostró todo su horror apocalíptico. ¡Qué pena me daba contemplar a tantos hombres, la mayor parte de ellos en la flor de la edad, tirar de sus cuerpos lívidos, convertidos en viejas piltrafas, con los ojos hundidos en un sombrío hueco, los pómulos salientes, los labios enjutos, como momias andantes! Yo veía apalear a los hombres en ese infierno como antaño vi apalear a las bestias cuando no podían tirar de sus pesadas cargas, e incluso con mayor saña, pues en Gusen el precio de un hombre no alcanzaba al de cualquier animal cuyo dueño procurara conservarlo por un interés egoísta. Ahora, al entrar en el campo, tuve yo que sostener a mis camaradas incapaces de hacerlo por sus propios medios, y me tocó cargar la carreta y tirar de ella, llena de cuerpos muertos y de moribundos. ¡Qué amargo encontraba tocar sus cuerpos faltos de vida, muchos de ellos mis propios amigos! ¡Cuánta resignación era precisa para no caer desmayado, ahogado por la ira...! ¿Es que no quedará un solo español con vida para que algún día pueda contar al mundo lo que está pasando aquí y que a su vez tome venganza de este colosal abuso?, me decía a mí mismo, persuadido de que de allí no saldríamos ni uno vivo.

Con el tiempo, aquella faena angustiosa se fue convirtiendo en rutina. La mente se adaptó al ritmo de la cantera, obsesionada por la falta de comida, que nos absorbía los sentidos las veinticuatro horas del día hasta convertirse en monomanía. Todo lo bueno que habíamos comido en tiempos mejores lo rememorábamos mil veces cada día, así como los manjares que, sin haberlos probado, conocíamos por referencias o nos los describían otros hambrientos como nosotros, y de cuya excelencia no dudábamos, aunque no los hubiésemos saboreado ni aun visto a lo largo de nuestra vida. Las conversaciones sobre la comida eran el tema predilecto; el intercambio imaginario de alimentos entre presos de diferentes regiones era floreciente, armonioso y pródigo, así como los relatos relacionados con la gastronomía. Hasta los alemanes privados de situación retribuida, que también los había, colaboraban en los cuentos de imaginarios banquetes, colocando sobre el tapete común sus platos predilectos, bien cargados de *Gulasch* (salsa un poco picante a base de pimentón, pimienta, tomate y otras especias, muy corriente y estimada en los países del este y centro de Europa), así como con sus embutidos bien cargados de comino, mezclados con tocino y carne de cerdo. Nadie temía perder el secreto culinario de los platos típicos de la nacionalidad a la que pertenecía.

Puedo afirmar que, por una vez, y sin reservas ni rodeos, el intercambio entre hambrientos de distintas culturas y naciones se realizaba en buena paz y armonía, cosa rara con otros temas, ya que resultaba económico y nada comprometedor, salvo el peligro que representaba la formación de corrillos dejando de lado el trabajo hasta que, alertados los cabos por la falta de operarios, acudían a ofrecernos, y esta vez de verdad, un festín con el que ninguno habíamos contado, aliñado con una copiosa salsa de palos, que no recibíamos con agrado. La presencia de los teutones en los corrillos de hambrientos nos confirmaba que los alemanes no eran diferentes de los demás. Nadie desconocía que también ellos estaban pagando un duro tributo en sus cuerpos y en sus almas por culpa de la banda de desalmados que los dirigían, los que querían conquistar el mundo, arrancando de este todo lo que de saludable y de humano hubiera.

Al otoño de 1941 le sucedió un invierno muy frío, que causó estragos en nuestros cuerpos mal alimentados y poco preparados para resistir tan bajas temperaturas. En las canteras los trabajos se volvieron más penosos cada día. Las vagonetas unas veces se atascaban en el fango, y otras se deslizaban raíles abajo arrastrando tras de sí a los presos encargados de su manejo, que sufrían daños irreparables. La carreta funeraria cambió sus ruedas por planchas en forma de patines para poder deslizarse mejor sobre el suelo helado; sus frenos, preparados con medios rudimentarios, eran ineficaces cuando el desnivel del terreno se convertía en rápida pendiente, por lo que, a menudo, nos veíamos obligados a frenar su desliz con nuestras chancletas. Con frecuencia los patines pasaban por encima, tanto si el vehículo iba lleno como si iba vacío; otras veces teníamos que sacar el carruaje del fango descalzos, por la imposibilidad de bregar sobre el suelo helado con las chancletas. Hubiésemos podido protegernos los pies con papeles o trapos, pero todo eso estaba rigurosamente sancionado, incluso con la muerte, sin que valieran razones. En cuanto al código de trabajo, no cambiaron sus artículos, que eran muy simples: *Auf!... Auf!... Schnell!...* ¡Rápido!... *Tempo!... Arbeit!... Bistro!...*

Así transcurrió el invierno de 1941-1942. Yo seguí en la cantera a pesar de que intenté colarme en alguna especialidad que me librara de aquel sumidero antes de que fuera demasiado tarde, pues si la suerte me iba librando del palo de gracia, el trabajo me amenazaba con el agotamiento a corto plazo. Era evidente que, a medida que bajaba mi capacidad física, más me exponía a los malos tratos, como todo el que no podía defenderse. Cargar y descargar diariamente vagonetas de tierra y piedra, usar pico y pala siempre bajo las caricias de algún SS o algún cabo, repitiendo sin interrupción los artículos de la consabida carta de trabajo, es algo que nadie podría asimilar jamás si no ha pasado por ello; y a los que lo hemos pasado y aguantado hoy nos parece un sueño o una fantasía formada en nuestra imaginación.

Los integrantes del comando de la cantera teníamos que abastecer de materiales sáxeos el nuevo molino de trituración de piedra, que para satisfacer su glotonería necesitaba recibir en su embudo miles de vagonetas cargadas de rocas. Yo no trabajé en el comando del molino de piedra, pero por referencias directas de los que sí lo hicieron puedo dar algunos detalles al respecto. Las excavaciones que tuvieron que hacer para instalarlo fueron consideradas, ya en la época, como una de las grandes obras llevadas a cabo por la mano del hombre. Su capacidad era de muchos metros cúbicos; sin embargo, la fosa subterránea que ocupaba no sería, según comentarios, suficiente para albergar los cuerpos de todos los que fallecieron en su construcción, cuando la piedra y tierra extraídas fue sacada en parihuelas y a mano, y así subida de grada en grada. Según se iba profundizando en el pozo, las emanaciones de agua eran más frecuentes y caudalosas, y algunos de los presos cayeron al fondo rendidos por la fatiga, donde perecieron antes de ser socorridos. Muchos hombres dejaron allí su vida: tantos que se decía en el campo que la mezcla de los materiales estaba hecha con la misma cantidad de sangre que de agua. Cientos de vidas de españoles quedaron allí, obligados a levantar con su esfuerzo las columnas del Tercer Reich y de sus pretendidos mil años de paz.

Los tres últimos meses de 1941 y los tres primeros de 1942 fueron a ciencia cierta los de mayor mortalidad en el campo de Gusen, que acrecentaba con ritmo fulgurante su capacidad industrial, consumiendo en su mecanismo esclavos de toda Europa, llegados en transportes cada vez más numerosos. La línea férrea general acercó una vía hasta el mismo molino con un muelle de embarque para todos los servicios. Miles y miles de supuestos o verdaderos enemigos del régimen alemán fueron cayendo en ese santuario nazi por etnias o nacionalidades, sin que por ello mejorase la situación de los ya concentrados. Sí, fueron los seis meses en los que la crueldad y la barbarie marcaron páginas de horror no conocidas en los anales de la historia del hombre. Esos seis meses se llevaron la casi totalidad de los españoles deportados en el campo, hasta el noventa por ciento del total, la mayor parte empleados en comandos de trabajo muy numerosos, donde eran muy mal tratados. Eran los comandos de las canteras de Kastenhofen y Gusen, el comando de la construcción o *Baukommando*, el comando del molino de trituración de piedra o «sotasilo» y quizá otros menos numerosos, pero no más benignos. Los poco más de cuatrocientos que seguíamos en pie se lo debíamos a las nuevas remesas de presos llegados en los últimos días de 1941, muchos de los cuales no llegaron a tomarle el gusto a su nueva residencia. La fuerte mortalidad registrada en esos comandos se debió, no solo a las duras condiciones de trabajo y a la pésima alimentación, sino también al trato recibido por los presos.

Según parece, entre los ideólogos del Tercer Reich había psiquiatras y etnólogos que estudiaron las diferencias que hay de un pueblo a otro en carácter, entendimiento, creencias, ideologías, lenguaje y costumbres, y esos conocimientos fueron aplicados en los campos para la destrucción e incluso la autodestrucción de los cautivos. Los nazis se valieron de los defectos y contradicciones de sus enemigos para someterlos y conseguir tan fabulosa carnicería. Sin esa ayuda, los SS no se habrían bastado para lograrlo. También se sirvieron de los *Kapos* o cabos de vara y de los funcionarios presos, la mayor parte de ellos alemanes faltos de escrúpulos, condenados por delitos criminales o por causas asociales. Sin su colaboración, los nazis habrían sido incapaces de llevar a cabo su aniquiladora obra, pues a solas, sin la presencia de los capos, los SS parecían menos agresivos y, según con qué nacionalidades, aún menos; pero acompañados de los capos, o bajo la vigilancia de sus superiores, todos, sin excepción, se convertían en fieras brutas, mostrando con ello no solo su propia saña, sino la ley impía a que estaban sometidos. Los presos de nacionalidad alemana o austriaca condenados por delitos asociales y criminales fueron muy rentables en los campos de concentración, pero luego, cuando no los necesitaron o su rendimiento bajó, sufrieron la misma suerte que el resto de los prisioneros.

Mal que nos pese, entre aquellos matones baratos también los había de otras nacionalidades, sobre todo polacos y españoles que, aunque en menor número, no por ello fueron mejores. Uno de ellos era el polaco Carol, cuyas señas refrescarán la memoria a otras víctimas que hayan tenido la suerte de escapar vivos, y que podrán corroborar la veracidad de lo aquí narrado. Carol era un sustituto del *Oberkapo* de la cantera de Kastenhofen, pero no había alcanzado aún el galón en «V» sobre su brazo izquierdo que distinguía a los cabos. Era de corpulencia mediana, equilibrada con su talla; pesaría unos setenta kilos y medía unos ciento setenta y cinco centímetros de altura. De cara ovalada, tez oscura, de edad aproximada de treinta años, hablaba o ceceaba en lengua alemana, con pronunciación casi perfecta; vestía chaqueta y gorro azul marino, pantalón rayado y botas altas de montar, de no sé qué origen. Carol repartía entre sus conocidos la comida del mediodía que robaba a los presos, a cambio del pedazo de salchichón de la tarde para él y para otros cabos, y tenía la costumbre de castigar severamente al que omitía o descuidaba su parte de cambio o pago. Era costumbre harto conocida que las víctimas tuvieran que mantener a sus propios verdugos, maquinación diabólica que nos induce a pensar que estaba calculada hasta en sus más simples detalles para aniquilar a los contrarios a tan infernal régimen.

Y como he dicho, también había capos españoles, compañeros nuestros de viaje, que se prestaron a aquel sucio juego, y no fueron más benignos con sus colegas o camaradas de exilio que los capos alemanes.

¿Qué podía pasar por la cabeza de un español, nuestro propio camarada, para volverse contra sus semejantes, cualquiera que fuese su origen, pero sobre todo contra sus camaradas de antaño, con los que había compartido fatigas y sobrevivido antes de llegar a aquel sumidero? Es difícil saber si entraron a formar parte de ese grupo represivo voluntariamente o fueron elegidos por los SS. Tal vez creyeron que moriríamos todos y que ellos, haciendo ese trabajo, se salvarían. Cabe tener en cuenta que en esos primeros meses de guerra la victoria nazi parecía segura. Había que tener buen temple y las ideas muy claras para convencerse de que a la larga los alemanes caerían por el empuje de los pueblos oprimidos; era solo cuestión de fe. Yo creo que el miedo, pesada carga, difícil de llevar por muchos, que ofusca la mente o frena la reciedumbre del individuo, fue otra de las razones que llevaron a esos matones de ocasión a ponerse al servicio de sus verdugos; y la chimenea del crematorio ahumándonos noche y día; y los amigos que no volvías a ver más; y esos camiones fantasma[9] que al anochecer

9. Los camiones fantasma eran cámaras de gas ambulantes que al anochecer entraban en el campo de Gusen a cargar presos y llevarlos a quemar al campo central de Mauthausen, y viceversa, o al castillo de Hartheim, después de haberlos asfixiado durante el trayecto. En esa clase de desaparecidos entran los ochocientos españoles que no aparecen en las listas de registros como muertos, y que yo no he podido incluir en la relación que sigue al término de esta autobiografía. Tal vez algunos desaparecieran por otras causas, pero yo no sé si las hubo. El modo de operar de estos vehículos, su periodo de utilización, los gases usados, el número aproximado de víctimas gaseadas por este sistema y otros detalles no menos importantes pueden verse en la obra de Pierre Serge

se presentaban delante del portalón del campo a cargar presos
desmejorados para llevárselos; y el hambre, siempre el hambre;
y la oleada continua de golpes; y el Ejército Rojo que continuamente perdía terreno... La verdad es que había que ponerse en el lugar de cada uno para entender que en aquellos días
la desesperación se apoderase de los espíritus más débiles y los
convirtiera en verdugos de sus propios camaradas. Es posible
que ellos también hayan reflexionado después, en sus momentos de recogimiento, pero entonces no contaron con suficiente entereza, no aguantaron en los momentos críticos y empezaron a meter los dedos en el engranaje.

El Asturias, alias Napoleón

Un ejemplo que ilustra lo que se viene contando es el relativo
a uno de los capos más famosos entre los internados: el Asturias.

En una ocasión, buscando yo cambiar de comando, me
hablaron de uno que iba cada día a trabajar fuera del extrarradio vigilado, a una tejería a la que ya nos hemos referido, la
tejería Lungitz, cuyo jefe u *Oberkapo* era un compatriota español, conocido en el campo con el sobrenombre de Asturias,
por su región de origen, y con el de Napoleón por los SS y
otros jerarcas de Gusen. Se oía entre los presos que el Asturias
estaba medio loco, y que si la emprendía con alguien, lo dejaba imposibilitado para siempre; que, como a los demás cabos,
el galón que lucía sobre su brazo no se lo habían dado por
exceso de amabilidad con sus compañeros; en suma, que tampoco estaría manco. Pero siendo español, pensaba yo, tal vez

---

Choumoff, *Les assassinats nationaux-socialistes par gaz en territoire autrichien,
1940-1945*, París, 2000. Choumoff estuvo detenido entre 1943 y 1945, primero
en Mauthausen y luego en Gusen, y ha utilizado documentación privilegiada
para realizar su trabajo.

fuera más condescendiente con sus compatriotas a la hora de repartir leña. También era posible que se exagerase por parte de quienes lo querían mal, como sucede a menudo cuando se le coge ojeriza a una persona, máxime si esta es de los nuestros. Esperé, no obstante, unos días, no fuera que todo volviese a complicarse de nuevo.

Luego vi al asturiano de cerca y traté de asociarlo con la reputación adquirida en función de sus hazañas. En verdad, visto de cerca, su aspecto rudo se correspondía en buena parte con el personaje que me habían descrito, pero como la apariencia por sí sola no justifica la forma de ser de las personas, y no todos los cabos eran unos matones (alguno estaba al frente de su grupo por su capacidad profesional), podía ser que el Asturias no fuera tan malo como se le juzgaba. No dejé el tema de la mano, y pronto tuve ocasión de consultar con un conocido mío en el que confiaba, que había trabajado tiempo atrás en ese comando. Este confirmó los comentarios vertidos sobre el asturiano, recalcándome que el galón que llevaba no se lo habían dado por nada, que el Asturias se había ganado la simpatía de los SS no por su cara bonita, ni por otra causa que no fuera la brutal severidad con que trataba a sus compañeros, y que igualaba, cuando no superaba, la maldad de los otros cabos; en definitiva, que era uno de tantos, por más que se tratara de un individuo de nuestra tierra y de nuestra causa política.

Sus allegados contaban de él que, en momentos de cierta calma, cuando le recordaban a su mujer y a sus hijos, rompía a llorar como una Magdalena, mostrando en esos momentos ser un buen esposo y un buen padre de familia, y que entonces, viéndolo lleno de ternura, trataban, apelando a sus sentimientos, de meterlo por el camino de la clemencia con sus camaradas y demás colegas, subordinados o no. Pero que después, en el trabajo, presionado por los SS y otros jefes, se convertía en una verdadera fiera, cascando a diestro y siniestro, falto de todo sentido racional, incapaz de controlar sus nervios y sus actos.

Un caso, entre los muchos que ocurrieron, puede ilustrar la forma de ser y de actuar del cabo asturiano, que por su mezcla tragicómica merece la pena no dejarlo en el tintero. En uno de los transportes que entraron en el campo, cuando nosotros llevábamos allí cierto tiempo, llegó otro asturiano, conocido de Napoleón, al que, lógicamente, metió a trabajar en su comando para tenerlo bajo su protección. ¡Bravo! Era domingo y el tiempo que permanecieron juntos ese día fue como una luna de miel entre los dos paisanos: «paisanuco» por aquí, «paisanuco» por allá, con formas tan suaves y melosas que parecían los dos hechos de mantequilla. Daba envidia verlos y oírlos, sobre todo teniendo en cuenta el lenguaje al uso en el campo. Los que conocían bien al Asturias se hacían cruces al percibir por primera vez tanta suavidad en aquel bruto, y rogaban al Cielo y a la Tierra para que aquel acontecimiento fortuito modulase su comportamiento y lo convirtiera en su envés, como se vuelve un calcetín, ¡que lo cambiase, en suma! Pero tras el domingo llegó el lunes, y con él el trabajo penoso de cada día. El Asturias no sabía dónde colocar a su paisano para que nadie le tocase un pelo, y gritaba como un condenado para que su paisanuco y amigo se percatase de cuál era su poder en ese lugar. Hasta ahí todo iba de maravilla, pero cuando llegaron al tajo los SS reemprendieron su obra de intimidación sobre su lacayo Napoleón, y este el matraqueo contra sus colegas, sin distinción de nadie, paisanuco incluido. El paisano, al verse maltratado por su amigo y protector, debió de hacerle algún reproche relativo a su amistad, creyendo así mitigar su exasperado comportamiento, desconocedor quizá de que el galón de mando no lo llevaba por haber acariciado precisamente a amigos y camaradas. De cómo terminó la jornada entre los dos paisanucos solo sé lo que me contaron algunos amigos componentes de ese comando: que por la noche volvió el infortunado molido como cibera, completamente decepcionado por haberse tropezado con un personaje de tan innoble calidad. Sus manos eran duras pegando, decía este, pero la boca no le iba a la zaga. Y es que, entre palo y palo lanzaba el bruto un sinfín de picardías en un mal alemán y en un no mejor español, vocabulario ajustado a la medida del momento, floreado con maldiciones y reprimendas, entre las que tenían cabida las más usadas como hijo de puta, cabrón, cerdo, entreveradas con espeluznantes «cágome en mi madre», punteadas con golpes y coscorrones, y otras expresiones que, por no ofender al Cielo, me abstengo de nombrar.

En mi opinión, esa súbita locura respondía más a la cobardía que a otro mal patológico. Era el miedo a los SS lo que, como a la mayoría de los capos, lo colocaba en tal estado. Pero ese miedo no puede servir de atenuante a tanto crimen como cometieron o del que fueron cómplices. Y es que tanto él como el resto de los matones no se atrevía con aquel del que podían esperar respuesta; se enardecían y ensañaban con los infelices que no suponían peligro porque no podían defenderse o porque eran dóciles y sumisos, y no tenían compasión con ellos. Sus faltas, matando inocentes, no eran leves, y sobre ellos debe caer el peso de la Historia cuando no haya caído el de la Justicia. Si a los que hemos aguantado sus manías, sus vicios, sus cobardías, nos faltase el alma necesaria para condenarlos alegando que todo está ya pasado y que hay que poner fin al recuerdo, faltaríamos a todos aquellos que fueron víctimas de su bestialidad y al compromiso que adquirimos de denunciar los hechos cuando estos tuvieron lugar. Y faltaríamos también a nuestro deber de denunciar, ante generaciones venideras, la paranoia en que puede caer un régimen totalitario. Esa es la idea que anima la publicación de estas memorias: que sean testimonio de unos hechos verídicos, que hagan reflexionar sobre la conveniencia de que nunca más el mundo pueda caer en manos de otros enfermos de la calaña de los aquí descritos.

Pero no todos los capos eran como el Asturias. Otros cabos y jefes de servicio, que ocupaban plazas de responsabilidad por su maestría, habilidad o capacidad profesional, eran más clementes, agresivos solo en última instancia, casi siempre en apariencia, y no cometieron contra sus compañeros de trabajo delitos de sangre. Los hubo también que, simulando severidad ante las autoridades del campo, los SS y demás superiores, desempeñaban un papel benefactor con sus subordinados, no solo no pegando, aunque sí amenazando, sino incluso protegiendo con su autoridad a sus empleados, haciéndolos respetar por otros cabos y matones que quisieran abusar de ellos durante el trabajo. Estos cabos aguantaban en el cargo que ocupaban esperando el día en que llegara la liberación, si esta llegaba. Además, saboteaban con su comportamiento las bases y reglas impías sobre las que se asentaban los campos, abiertos no solo para la explotación del individuo, sino también para su exterminio a corto o medio plazo. Todos esos cabos se encontraron en el difícil papel de defender sus vidas al tiempo que defendían las de otros presos. Que su labor sea también reconocida por la Historia.

Así pues, enterado de la clase de elemento que era el Asturias, que encabezaba el grupo al que había pensado cambiarme, desistí de mis intenciones de probar fortuna en sus filas, pues además de los riesgos propios del cambio, corría el peligro de hacerme masacrar por uno de los que había creído de los míos, lo cual, dentro de mis cálculos éticos, representaba una doble muerte, la más fea de todas, después de haber escapado varias veces a la que me preparaban mis enemigos. No quedaba otro remedio que continuar en la cantera, hacer frente como hasta ahora a la situación, teniendo el ojo y el oído al tanto, siempre a la espera de un golpe de suerte que, por lo menos, si no era real, tuviese apariencia de ser más ventajosa.

Enrique Calcerrada en Bregenz (Austria), el 23 de septiembre de 1947. Se trata de una de las fotografías que envió a su familia española, tan solo un año después de que supieran que estaba vivo y a salvo. El texto escrito al dorso es el siguiente:

«A mis queridos hermanos y sobrinos testimoniando mi presente y como recuerdo hasta nuestro encuentro. Vuestro tío, hermano. Enrique. Bregenz 23-9-1947 (Austria)» Archivo de la familia Calcerrada).

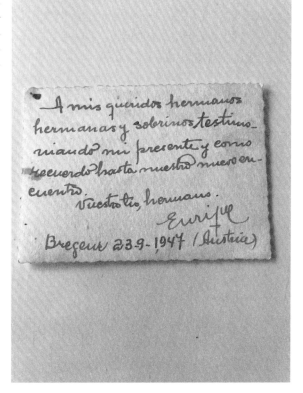

Enrique Calcerrada a los setenta años aproximadamente (Archivo de la familia Calcerrada).

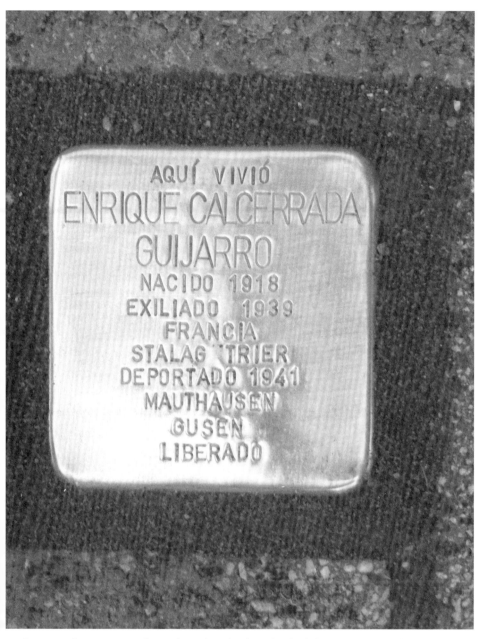

Stolperstein de Enrique Calcerrada, colocada el 26 de abril de 2019 en la madrileña calle de Bravo Murillo a la altura del número 20, donde nació. La ubicación de la pieza conmemorativa es parte del proyecto internacional a cargo del alemán Gunter Deminig, promovido en Madrid por IB-Stolpersteine (@IStolpersteine) (Archivo de Isabel Martínez y Jesús Rodríguez).

Sp. Sch   43629   13 544   4

Calcerada Guijarro   2862

Enrique

15.7.21   Madrit

Maurer

Zugang: 20.10.41 Ma

Gusen Karte

Documento de ingreso de Enrique Calcerrada en el campo de Gusen, donde se indica la fecha de llegada (el 20 de octubre de 1941) y figura una fecha incorrecta de nacimiento (15 de julio de 1921). La correcta es el 15 de julio de 1918. El documento se conserva en los Arolsen Archives, un centro internacional de documentación, información e investigación sobre la persecución nazi (Arolsen Archives).

KL. MAUTHAUSEN   T/D Nr.

CALCERRADA-GUIJARRO, Enrique,
NAME   Vorname

15.7.1921, Madrid,   43629,
Geb.-Dat.   Geb.-Ort   Häftl.-Nr.

Häftl. Pers. Karte . . . . ☐   Korrespondenz . . ☐
Häftl. Pers. Bogen . . . ☐   Dokumente : 2
Effektenkarte . . . . . ☐   _____ ☐   Inf. Karten :
Schreibst.-Karte . . . . . ☑   _____ ☐
Nummernkarte . . . . . ☑   _____ ☐   Bemerkungen :
Blockkarte . . . . ☐   _____ ☐
Revierkarte . . . . . . ☐   _____ ☐
Krankenblätter . . . . ☐   _____ ☐
Todesfallaufnahme . . . ☐   _____ ☐   Umschlag-Nr. :
Todesmeldung . . . . ☐   _____ ☐
Sterbeurkunde . . . . ☐   _____ ☐

Documento de asignación de número a Enrique Calcerrada en el campo de Gusen, de nuevo con una fecha de nacimiento incorrecta, tres años posterior a la real (Arolsen Archives).

Salvoconducto para el traslado de Enrique Calcerrada de Austria a Francia en 1949 (Arolsen Archives).

N.º 10177

CRUZ ROJA ESPAÑOLA

ASAMBLEA SUPREMA

EDUARDO DATO, 18 - MADRID

DEMANDANTE—DEMANDEUR—ANFRAGESTELLER—ENQUIRER

Apellido - *Nom - Name - Cognome* __Calcerrada Guijarro__

Nombre - *Prénom - Christlam name - Vorname* __Victorio__

Calle - *Rue - Street - Strasse* __Viriato n.º 6__

Localidad - *Localité - Locality - Ortschaft* __Madrid__

Provincia - *Département - County - Provinz*

País - *Pays - Country - Land* __España__

Comunicación—Message á transmettre—Mitteilung—Message

(límite, 25 palabras, exclusivamente sobre asuntos familiares y personales)
*(25 mots au maximum, nouvelles de caractère strictement et
familial)·(nicht über 25 Worte, nur persönliche Familiennachrichten)*
(not over 25 words, family news of strictly personal character).

Queridísimo hermano: Estamos bien, deseamos
igual. Muy contentos por noticias Enrique.
Dirección Centre de Mehreran n.º 3
Bregenz (Vorarlberg) ((Austria))
Escribe pronto. Abrazos Victorio

Fecha - *Date - Datum* __Madrid 19 agosto 1946.__

DESTINATARIO—DESTINATAIRE—EMPFÄNGER—ADDRESSEE

Apellido - *Nom - Name - Cognome* __Calcerrada Guijarro__

Nombre - *Prénom - Christiam name - Vorname* __Sandalio__

Calle - *Rue - Street - Strasse*

Localidad - *Localité - Locality - Ortschaft*

Provincia - *Province - County - Provinz* __Lot - Louziès (Lot)__

País - *Pays - Country - Land* __Francia__

CONTESTACION, A LA VUELTA	ANTWORT UMSEITIG	REPONSE AU VERSO	REPLY OVERLEAF
Escribir muy legiblemente	Bitte sehr deutlich schreiben	Prière d'écrire très lisiblement	Please write very clear

10. OCT. 1946

Telegrama de la Cruz Roja de agosto de 1946, enviado por un hermano de Enrique
Calcerrada a otro de sus hermanos, en el que le comunica que lo han localizado en un
hospital de Austria (Archivo de la familia Calcerrada).

— 6 —

Entrada al Campo de Gusen en la década de 1940. En la imagen inferior se puede comprobar que en la actualidad alberga una vivienda particular (Archivo de HEART, Museo de Historia del Holocausto y www.deportados.es).

Supervivientes españoles tras la liberación. Entre las torres de la entrada al campo hay colgada una pancarta en la que se lee: «Los españoles antifascistas saludan a las fuerzas liberadoras» (Archivo de HEART, Museo de Historia del Holocausto y www.deportados.es).

Lo inmediato, en tales circunstancias, residía en recuperar fuerzas, o por lo menos economizarlas, midiendo el esfuerzo con mucho tacto. Quiero decir que debía aplicarme cuando me observaran los cabos y los SS, y aflojar cuando estos volvían la espalda, evitando, como si tuviera que controlarlas una a una, el derroche de calorías. En cualquier caso, las últimas horas de la tarde se hacían durísimas de sobrellevar, pues contando con que la jornada comenzaba a las seis de la mañana, hora en que salíamos de la cama, y que terminaba a las diez de la noche en que, salvo cualquier eventualidad, volvíamos a entrar, eran dieciséis horas de pie, con diez de trabajo intensivo. Las ocho horas de reposo propiamente dichas no siempre se aprovechaban para ello, puesto que, en ese tiempo, contado como de descanso, podían acontecer hechos desafortunados o controles imprevistos: control de piojos, de pies, de partes viriles, etc., martirios caprichosos que, además de acortarnos el tiempo de reposo, nos ocasionaban molestias impertinentes que, en mayor o menor escala, iban en detrimento de nuestra ya resquebrajada salud.

Consecuencias del cambio de comando

Teniendo en cuenta la escasa longevidad de los presos que trabajábamos en la cantera sin especialidad fija, varias veces intenté, aunque sin lograrlo, cambiar de comando, entrar en otro menos hostigado, pues era imperativo escapar del sumidero de la cantera antes de que fuera demasiado tarde. Mis fuerzas se acercaban al límite de su capacidad, y cualquier día no muy lejano podía volver al campo ocupando una plaza en la carreta funeraria. Pero cambiar de comando no era fácil para un preso desgastado, y me exponía a que el intento volviera a fallar y todo se fuera a pique. No obstante, el fin se acercaba irremediablemente y había que buscar una salida, pues mi último peso anduvo entre los 32 y 33 kilos, vestido, la mitad de lo que pesaba antes del exilio. De modo que tenía que intentarlo. Lo peor que podría pasar era que el proceso se acelerase y todo acabara de una vez.

El recurso de quedarse por la mañana descansando en el campo, rezagado o camuflado a la salida de los comandos de trabajo era aún más peligroso. Algunos camaradas, que equivocadamente optaron por esa solución, no pudieron repetir dos veces la misma suerte, pues el que conseguía esconderse, cosa extremadamente difícil, luego era cazado por los SS y los jefes de bloque y llevado a la ducha fría hasta quedar helado y ahogado. Tampoco la enfermería era buena solución, pues había que tener un cuidado especial y no frecuentarla salvo por extrema necesidad o por ser llevado allí por mala suerte. De cuando en cuando, si no cada día, el doctor jefe de las SS seleccionaba una partida de inválidos calificados de irrecuperables, para dejar plazas libres, haciéndoles perecer en el crematorio. Las leyes del honor y de la probidad del juramento hipocrático no eran practicadas por los médicos nazis ni por sus superiores. Incluso se dijo que los presos que eran médicos a su vez, tenían sus preferencias políticas, religiosas e incluso nacionales, y hacían perecer a las etnias ajenas para proteger las propias. Las especiales circunstancias en las que debieron desempeñar su profesión podría atenuar en parte la culpa que por tal conducta merecieron, aunque es de suponer que al menos su conciencia no quedase libre del castigo que merecía su actuación.

La formación de los grandes comandos tenía lugar después del primer recuento matinal, dentro del campo, y la subdivisión en grandes y pequeños comandos se realizaba una vez llegados al lugar de trabajo. Ahí se separaban los grupos por especialidades, y también por lugar, pues algunas faenas, aunque diferentes entre sí, se hacían en el mismo recinto. Ningún grupo escapaba al régimen de concentración del campo, pero unos estaban mejor resguardados de las inclemencias del tiempo y otros no sufrían tan mal trato de los capos. Y es que los comandos especialistas estaban dirigidos por cabos que eran trabajadores profesionales de ese oficio, mientras que las faenas más duras, realizadas por grupos más numerosos, estaban mandadas por cabos cuya única especialidad era desollar vivos a los que caían en su comando, por cabos que creían cumplir mejor su obra cuantos más esclavos mandasen al crematorio, aunque no recibiesen otra recompensa por su trabajo que un plato suplementario de comida arrancado de la escasa porción de sus propias víctimas.

Yo ponía el ojo en los comandos de especialistas, consciente de que para el cambio hacía falta una gran suerte o ser guiado por una buena estrella, pues a veces un intento hecho al azar solo traía tropiezos y peligrosos riesgos. Pero no me quedaba otra solución que seguir buscando hasta dar en el blanco o enviarlo todo al diablo, a la espera de que la carreta me ofreciese la última y gratuita entrada al campo.

Uno de los comandos sobre los que puse el ojo fue el de los canteros. Las barracas-taller en las que los canteros tallaban la piedra estaban emplazadas sobre la extensa explanada que precedía las canteras de Kastenhofen y de Gusen. Allí se trabajaba una piedra sana y de masa homogénea, apta para ser utilizada en obras de arquitectura.

Los canteros eran, o decían ser, profesionales, pero entre ellos había muchos principiantes, como mi amigo Calero, quien entró en ese comando sin más garantía de profesionalidad que lo que él dijo que había hecho en su pueblo. Yo tampoco conocía ese trabajo, ni lo había visto en mi vida, pero pensé que si conseguía entrar podría dedicarme al transporte de piedra para los bancos, que no necesitaba grandes conocimientos. Los presos ocupados en ese trabajo estaban mejor considerados que los de la cantera, y más protegidos, tanto de los malos tratos como de las inclemencias del tiempo. Basándome en esa idea, un buen día, influido por Calero, me dispuse a probar fortuna y me introduje en el grupo de los canteros, siempre con la intención puesta en el transporte de piedra, a pesar de que ese trabajo, bien mirado, no era una bicoca, ya que cargar y descargar piedras y colocarlas sobre los bancos, además de mucha maña, necesitaba fuerzas que, en mi caso, con treinta kilos de piel y huesos, eran muy exiguas. Pero lo mirara como lo mirase, era imperativo salir de la cantera, aun a costa de los riesgos que entrañaba el intento de cambiar de comando.

Pero como lo que yo pensaba era moneda corriente entre los condenados de la cantera, todos por el mismo instinto de supervivencia, el día que yo lo intenté fueron a sumarse al comando muchos otros, de modo que, a la hora del recuento y de completar el personal necesario, algunos de los canteros que eran fijos quedaron fuera de la formación. Estos, al verse rechazados, se quejaron a los SS y a los cabos, lo que dio lugar a nuevos recuentos y a la búsqueda de los intrusos. Descubrieron en total una buena docena, que sin remisión pasamos acto seguido al tribunal de los acusados, a la justicia de los SS y a la ejecución inmediata del castigo, bajo el código inhumano de los cabos.

Como era de esperar, el *Kommandoführer* dictó su veredicto expeditivo: veinticinco palos en el culo para cada intruso, sin restricción de demasías si el cabo ejecutor lo creía oportuno. Y no era infrecuente que los cabos, para complacer a sus amos, alargasen el número de palos por recibir, todos propinados sin la menor delicadeza, pues a más sangre y suplicio del acusado mejor opinión del cabo tenían sus jefes.

En esta ocasión no se encontró taburete, tan socorrido para impartir «justicia» sobre los reos, pero fue suplido con una gran piedra, sobre la que se apoyó el pecho de los castigados, que dejaban el trasero en pompa, bien saliente. El castigo se aplicaba con un palo, astil de pico o de pala, vergajo, goma rellena de arena o cualquier otro elemento que sirviera para golpear. El reo debía ir contando los golpes que recibía, diciéndolos en voz alta y en alemán, sin equivocarse, so pena de reiniciar el castigo por el principio. Cuando no se hallaba a mano el taburete, ni tampoco una piedra, el cabo más robusto y pesado metía la cabeza del preso entre sus piernas, apretándolas con más fuerza cuanto más repullos y estremecimientos daba el reo al recibir los golpes, con lo que este, cuando terminaba el castigo, salía además con la ternilla de la nariz rota, las orejas peladas y el cuello desollado. La función empezaba levantando al aire el palo y dejándolo caer con mucha velocidad en forma de volea, ajustando su impacto sobre el trasero del supliciado: ¡Pammm!, *Eins!*; ¡Pammm!, *Zwei!*; ¡Pammm!, *Drei!... Vier!... Fünf!,* etc. Con cierta frecuencia estos golpes iban acompañados de puñetazos, patadas, rodillazos y otras caricias similares propinados por los SS y cabos presentes. Mediada la paliza, se cambiaba de instrumento y de repartidor, y la función continuaba hasta llegar al número estipulado de golpes, contando con que antes no hubiera error al contar u otro contratiempo con el castigado. Los astiles de pico o de pala rotos en la tunda se apartaban y se sustituían por las gomas rellenas de arena, que cortaban el aire con sus relámpagos de charol. La hilaridad de los cabos y de los SS, y su burlesco proceder en tan dramática situación, añadía una nota macabra al horror sufrido por el condenado.

Yo caí en manos del cabo polaco Carol, bautizado por los que trabajábamos en la cantera con el nombre de Atila de Gusen por ser el peor entre los malos, un esbirro que castigaba y mataba para hacer reír a sus jefes, los SS, y demás cabos. Al hallarme entre sus garras tuve el presentimiento de que la porción estipulada me sería servida con sus correspondientes creces, de modo que me pregunté a mí mismo si después de acabada la refriega me quedaría algún hueso entero. Carol usaba goma rellena de arena, preparada con tan sádico refinamiento que allí donde golpeaba se levantaba un verdugón superior a su diámetro.

¡Al tanto!, me decía yo. Aguanta, Enrique, y calla...

Especial atención debía prestar al último golpe de la serie, el llamado «de gracia», que, lanzado sobre la cabeza o espalda, podía ocasionar él solo tanto desgaste en el organismo como todos los demás golpes juntos recibidos con anterioridad. Y no siempre se encontraba uno en estado de poder controlar su situación después de recibir tal somanta; casi siempre al final los sentidos habían perdido ya su lucidez. La experiencia de la vez anterior me indicó que, metiéndome el gorro entre los dientes para amortiguar la reacción al impacto, el cuerpo resistía mejor el dolor, y protegería labios y narices del rozamiento brusco de botas y rodillas. Todas mis artimañas y prevenciones dieron el fruto deseado, y al terminar la refriega me encontraba dolorido y agotado, pero lúcido, con lo que conseguí picar el amor propio del cabo, que continuó dando leña sin miramiento hasta que se le cansó el brazo. Los golpes siguieron cayendo como si pegasen sobre un saco, y por si no fuera suficiente, para acabar de saciar su sadismo, me arrastró hasta una charca de hielo y barro, donde me tiró junto a otros desgraciados que bregaban por escapar antes de quedar helados. Pero Carol no había terminado aún su número de circo: faltaba el suplemento horrible, el que parecía dejarlo tranquilo, el que cada día llevaba muchas vidas al límite de su existencia. Envuelto en barro y mojado hasta los huesos seguí recibiendo golpes de la goma en la cara y, al querer protegerme con las manos, también en los brazos. Por fin decidió caerme encima, con todo su peso, dando un salto a pies juntillas, en la boca del estómago, que habría reventado como el de un sapo de encontrarse lleno. Viendo su persistencia homicida, recurrí a la prudencia exigida para guardar la parte de vitalidad que me quedaba y me hice pasar por muerto. El espectáculo, que se repitió con otros presos, pareció del agrado de los SS y cabos superiores, que lo contemplaron con el mismo placer que reciben los niños los dibujos animados.

Al final la fiesta no acabó conmigo, como se justifica por estas memorias. El instinto de supervivencia y el intenso deseo de vivir para contarlo y denunciarlo hacían milagros.

Como cada vez que salía de algún apuro, el instinto de conservación redobló su empeño para defender una vida que podía apagarse en cualquier momento. El cerebro, calculador infatigable, continuó perenne la guardia de un cuerpo incapaz de seguir el ritmo del apaleo. El corazón mantuvo su latido, buscando en el imposible recuperar nuevas fuerzas, al menos las suficientes para mantener el cuerpo sobre las piernas a la hora de volver del trabajo. De no ser así el cajón de la carreta me ofrecería un último viaje sin regreso. ¡Cualquier forma de entrar en el campo al recuento de la tarde! ¡Todo... menos la carreta! ¡Recuperar fuerzas sin tardanza! ¡Recuperar a toda costa las fuerzas! El ánimo renació, poco a poco, impulsado por un amor sin límites a la vida, con la firme voluntad de escapar algún día de esa sima. Entrar en el campo por mi propio pie, aunque tuviera que hacerlo apoyándome en mis camaradas fue el objetivo inmediato e imperativo. Tenía que aguantar contra viento y marea, fijándome como última meta salir de aquel campo el día que llegara la liberación. La liberación, que sin duda llegaría con la aniquilación del fascismo, me encontraría presente.

Ese día entré yo en el campo por mi propio pie, aunque apoyándome en mis camaradas. Con la ayuda de mis amigos pude hacerme con unas vendas de papel crespón, único paliativo externo, panacea contra todos los males, como cura y sedante. Con dichas vendas me protegí los brazos y manos del frío, aunque la eficacia de las bandas de papel crespón era limitada, pues el roce con los materiales mojados que teníamos que manejar cada día las iba deshaciendo, formando serpentinas y arrancándolas luego de las muñecas en grandes pedazos. Las heridas ocultas y las abiertas en sitios visibles como cara, cabeza y cuello, debieron esperar a cicatrizar con el tiempo.

Los malos resultados obtenidos en los precedentes intentos de cambiar a otro comando me obligaron a contemporizar,
por lo menos hasta que cicatrizasen las heridas de las partes
visibles, y a recuperar mientras tanto algunas energías, antes
de exponerme a nuevos y trágicos riesgos. Ir con una herida a
la vista ya era uno, y grande, pues los hematomas y las heridas
visibles servían de imán para los corazones de los despiadados,
que calmaban la ira por su mala fortuna sobre el blanco incapaz de defenderse. Otras veces los débiles eran atacados solo
para robarles sus alimentos.

Por eso, cada vez que salía de una refriega me imponía un
periodo de extrema cautela, huyendo al máximo de los tropiezos y buscando por algún medio inteligente recuperar calorías.
Sí, el acecho permanente del suplemento alimenticio se convirtió en una obligación, aunque arriesgada, y en una obsesión
instintiva para luchar por la supervivencia.

Kommando Steinmetz (Comando de los canteros)

A primeros de noviembre de 1941 unos mil prisioneros de
guerra soviéticos entraron en los comandos de la cantera para
cubrir las bajas habidas. Otros mil prisioneros soviéticos de
los dos mil que entraron a finales del mes de octubre fueron a
reforzar la industria de guerra, en una gran sala del extrarradio
del campo, donde empezaron a montarse carlingas para los
aviones de caza Messerschmitt.[XIV]

Los nuevos prisioneros aliviaron la escasez de mano de
obra de la cantera, muy mermada de brazos sobre todo en los
trabajos más duros, que habían consumido a muchos miles de

XIV. La construcción de fuselajes de Messerschmitt comenzó en Gusen a
finales de 1943. Desconocemos si el autor confunde las fechas o si el grupo de
soviéticos al que alude fue retirado del campo a finales de 1941 para realizar otro
trabajo.

presos, españoles y polacos en su mayoría. Se puede afirmar que ocho de cada diez presos que pasaron por allí habían perecido ya.

Aprovechando la confusión del reajuste de comandos traté de escurrirme del duro trabajo de la cantera y colocarme en otro de apariencia más sosegada y clemente. En el estado tan débil y magullado en que me encontraba ningún cabo se opondría a mi huida, pudiéndome reemplazar por tantos como quisiera de los recién llegados, todos en mejor estado físico que yo. El problema se planteaba al revés: encontrar algún comando en el que me admitieran o en el que pudiera entrar desapercibido. En cualquier caso, debía probar, y lo más rápido posible, comprendiendo que solo la audacia podía traerme la suerte ¡o la desgracia!, pero en cualquier caso debía probar. ¡Y probar pronto!, ya que podía ser la única oportunidad. ¿Y el comando de los canteros? Tal vez creciera en número como los demás y consiguiera la plaza que me rechazó antaño, pensaba yo.

De nuevo tenté la suerte, entrando por segunda vez en el grupo de tan amargos recuerdos, sin que ni por un momento aquella mala sombra llegase a oscurecer mi decisión. Entré en el taller junto a los otros con toda naturalidad y me agregué al grupo de los transportistas, donde hallé malas caras, las que por puro acto reflejo se le ponen al intruso, pero sin más contratiempos ni rechazo por parte del cabo que mandaba el comando. Hay días en que se levanta uno con buen pie, y ese fue uno de ellos. ¡Válgame, por una vez!

Una sombra oculta parecía ir guiando mis pasos, como si un dios hubiese bajado del Cielo solo para ayudarme a mí. Todo encajaba perfectamente: el régimen de trabajo era distinto, sin voces, o muchas menos; sin golpes, o no tantos. Por primera vez había pasado un día tranquilo en aquel campo, sin que una mano impía llegase a tocarme el pelo.

Los días siguientes transcurrieron con algún coscorrón

aquí o allá, lo cual, comparado con lo de antes, era un logro. Yo empecé a vislumbrar la salida de aquel infierno con distintos ojos. En mi imaginación entraban pensamientos regados por un futuro optimista, convencido de que en mi piel había entrado otro cuerpo, y en mi cabeza otro cerebro más abierto a los complejos problemas de ese campo. Con serena recapitulación, pero con más entusiasmo y un reavivado coraje, empecé a ver las posibilidades de supervivencia. El lema de recuperación de fuerzas reemprendió con nuevo auge su tenacidad, superando los mejores tiempos. Tenía que mejorar de trabajo aprovechando el lance, pero allí mismo. Tenía que dejar las vagonetas de transporte para empuñar el martillo y el puntero, ya que tallar la piedra era un trabajo más cómodo y estaba más protegido de la intemperie y de otros peligros. Transportando piedra, aunque había encontrado mejoras apreciables, me sentía acusado, contra mi voluntad, por mi falta de fuerzas. A menudo me asaltaba la idea de que podía ser expulsado, pues mis camaradas más fuertes me hacían muecas, a causa de que ellos aportaban la mayor parte del esfuerzo por disponer de una superior capacidad física.

No tardé mucho en encontrar un banco libre, de los que a menudo iban quedando vacantes por ausencia temporal o definitiva de sus ocupantes. Entonces, como el que juega a picar piedra, ocupé la plaza, esperando que la mirada del maestro o del cabo encargado cayera sobre mí en uno de sus buenos momentos, lo que supondría mi continuación en ese trabajo; lo contrario podía traer malas consecuencias. Mi amigo Calero no podía ayudarme, hablando de mí o aconsejándome con sus pertinentes y útiles explicaciones, porque en esas fechas ya había fallecido, de modo que yo estaba obligado a volar con mis propias alas. Curtido en trabajos duros y complejos desde mi corta edad, picar sobre el granito no me suponía un trabajo insoportable, y mi capacidad laboral no desmerecía de la de los demás, que siempre hacían los mismos movimientos.

Por falta de costumbre no controlaba bien el martillo y el puntero, y continuamente tenía desollado el puño izquierdo, pues no se había curado de un golpe cuando llegaba otro, y otro más, a refrescar las heridas aún tiernas. Pero incluso así, todos mis desollones no eran sino caricias comparadas con lo que se recibía, y continuamente, en la cantera. ¡Toda una historia...!

No hay duda de que ese empleo me llegó cuando más lo necesitaba y más oportuno le venía a mi moral, ya muy decaída. Poco a poco mi capacidad profesional fue mejorando y mi imaginación vislumbró el porvenir con más optimismo. Cuando mi físico mejore, me decía yo, intentaré entrar algunas noches por semana a trabajar en la cocina; así podré aportar a la ración diaria un suplemento de calorías. Aunque tuviese que pagarlo caro, como todo lo que se obtenía en ese campo, un complemento alimenticio sería bienvenido. ¡Pero cuidado! Procuraría que las calorías así conseguidas cayeran en mi solo provecho, y no en el martillo, para que este las fundiese, aumentando un rendimiento, ya ilícito, en favor de quienes me tenían allí esclavizado. No debía olvidar que el objetivo buscado al entrar en ese trabajo era protegerme de peores tratos, mejorar mi estado físico y trabajar lo justo para conservar el puesto. Nada de entregarme a una competición laboral sin sentido y en provecho de mis enemigos, cuyos fines eran sacar de cada cuerpo todo su jugo vital, aun a costa del exterminio masivo.

Esa era mi situación personal cuando a mi alrededor imperaba el derrotismo, pues sabíamos que los ejércitos nazis continuaban su progresión por tierra y habían alcanzado las puertas de Moscú. La guerra nos mostraba la más cruda realidad, aunque en nuestro interior pensáramos, o más bien deseáramos, que más pronto o más tarde llegaría «el tío Paco con la rebaja» y podría cambiar nuestra situación.

La atmósfera empeoró sin cesar en los últimos días de 1941 y primeros de 1942. Pero acompañado por la suerte, yo seguía picando piedra, aunque la extracción de material de buena calidad fuera cada vez más difícil en esa cantera. El molino trituraba en su embudo casi toda la piedra sana, extraída a duras penas. Los cortes expuestos a la intemperie se interrumpieron, y con ello la extracción de piedra de buena calidad, dejándonos por consiguiente en paro forzoso a la mayoría de los canteros, en particular a los menos aguerridos en el oficio, a aquellos que podíamos ser reemplazados en cualquier momento sin grandes pérdidas. Tal era la explicación que nos llegaba de los que parecían mejor informados en esas cuestiones, aunque lo mismo nos daba que fuera verdad o mentira.

El maldito paro me dejaba vacante dentro del campo, con los riesgos que la desocupación traía, ¡y en esas fechas!, en las que se duchaba con agua fría, se gaseaba dentro de las duchas y se procedía a la recogida de rezagados e inválidos con obstinada constancia. ¡Maldita suerte! ¡Maldito sea el diablo! ¡Descansando contra mi voluntad! Bueno, hay que aprestar el oído para cuando pidan voluntarios, pero cuidando dónde meter los pies, pues desde hacía algún tiempo, los camiones llamados más tarde «fantasmas» realizaban frecuentes viajes cargados de presos desmejorados para llevarlos, según decían, a un campo de restablecimiento. ¡Al tanto entonces con esas trampas! Aunque en el fondo, ¿cómo podía distinguirse una cosa de otra? ¿Cómo saber cuándo salir voluntario? Mejor sería, por ahora, dejarlo en suspenso y esperar con paciencia a ver lo que nos aportaban las Navidades, unas fiestas que, en Alemania, como en España, se celebran con festejos y regocijos familiares. A ver si aquellas fiestas nos traían algo bueno, como sería propio de las costumbres de un país cristiano.

Pero no; no valía la pena esperar el menor cambio. Tanto en esas fiestas como en las de Año Nuevo, el número de los liquidados no bajaba ni un palmo. El derroche de vidas continuaba su marcha ininterrumpida, pues los SS celebraban la Navidad a su manera. ¡Sí, a su manera! Entrando por las noches ebrios a mostrarnos sus regocijos festivos, quitándonos el único bien que nos quedaba, el de reunirnos con nuestros compañeros de penas y poderlas relatar con cierta intimidad, y dejando tras ellos, en cada incursión, un chorro de muertes y de atrocidades monstruosas. ¡Qué duro se hacía pasar esas fiestas entrañables en el campo de Gusen, con un clima tan duro, bajo un poder tan cruel e irracional, apartados del resto del mundo, mientras el nuestro, en el que vivíamos, se estrechaba y se cerraba oprimiéndonos entre sus pliegues!

El pasado lleno de sobresaltos que nos había espoleado durante un lustro, con noches y días difíciles, que parecían años, lo encontrábamos paradisiaco comparándolo con aquel abismo. Tal situación desbordaba el cerco de lo creíble y de lo imaginable por un cerebro bien equilibrado, pues iba mucho más allá de la frontera de la maldad.

Balance de las pérdidas humanas en Gusen durante 1941[XV]

La capacidad del campo en los momentos de mayor afluencia no excedía de ocho mil plazas. Sin embargo, las continuas bajas obligaban a que la afluencia de presos fuera constante. Las cifras registradas durante ese año son las siguientes:

Presos ingresados en el campo durante 1941	14.500
Presos muertos ese año	7.552 (52 %)
Españoles llegados a Gusen en 1941	3.840
Españoles muertos en Gusen en 1941	2.705 (70 %)

XV. Las cifras que aporta Enrique, pese a ser incompletas, se aproximan mucho a las que hemos podido documentar cuarenta años después de que él escribiera esta obra.

Las muertes de españoles por meses se repartieron así:

Enero	12	Julio	139
Febrero	22	Agosto	20
Marzo	39	Septiembre	208
Abril	75	Octubre	265
Mayo	57	Noviembre	943
Junio	59	Diciembre	679

Como puede constatarse, durante el año 1941 la muerte se cebó entre los españoles. Hubo días especialmente nefastos para nuestros compatriotas: el día catorce de noviembre murieron 84 hispanos; el día ocho del mismo mes, 53; el día siete, 50; los días seis y veintiocho, 47 cada uno; y así hasta completar los 943 españoles muertos en ese mes de 1941. El mes de diciembre fue casi tan desastroso: el día diez murieron 56; el siete fallecieron 49; el veinticinco, Navidad, 36; el nueve otros 37; y así hasta el total de 679.

Así pues, más del setenta por ciento de los españoles que entramos en el campo de Gusen en 1941 dejaron allí su vida antes de que acabara la última página del calendario, siendo los dos últimos meses los más mortíferos. Y si es verdad que una parte de los presos salimos vivos de ese año, muchos de ellos cayeron a los pocos días de su llegada, si no en las primeras horas; algunos incluso llegaron ya muertos. Pero no fue, como indican las cifras, la nacionalidad española la única perjudicada en esas fechas: otras 4.840 víctimas de diferentes nacionalidades se sumaron al holocausto español.

Entre un noventa y un noventa y cinco por ciento de los 2.705 españoles muertos, fallecieron como consecuencia de los duros trabajos, sobre todo en el sotasilo y en la cantera. De los que conseguimos escapar vivos de 1941, unos mil quinientos apenas, más de la mitad cayeron en los tres primeros meses del año 1942. Pasado el invierno de 1942, la situación era grave para el colectivo español, pues de los pocos cientos que quedábamos, una tercera parte estaban ya inválidos e irrecuperables, o extraviados mentales. La muerte nos rondaba desde que entramos en aquel campo, como delatan las bajas que hubo desde los primeros meses, pero fue a partir del otoño de 1941 cuando la administración del campo incrementó notablemente las eliminaciones de los individuos pertenecientes a razas no arias.[10] Los hornos crematorios fueron renovados para aumentar el rendimiento en la incineración de cadáveres, y nuevos métodos de eliminación se unieron a los ya conocidos.

En esas fechas la industria de guerra se sumó a la de extracción y talla de piedra, supuestas ambas por los nazis como las ubres de un imperio sólido y duradero. Las nuevas instalaciones dedicadas a esta industria exigieron continuas remesas de esclavos, que fueron cazados por todos los países ocupados por los ejércitos alemanes, sobre todo en Checoslovaquia, Yugoslavia y, especialmente, en la Unión Soviética. Las muertes se sucedieron sin término, en un alarde de derrochar vidas sin límites. Todos pensábamos, desde el más pesimista hasta el optimista, si es que lo había en aquellas circunstancias, que el mundo se desangraría con esa hemorragia abierta en su seno si los pueblos que se encontraban en situación de impedirlo no se percataban de ello a tiempo.

Estudios minuciosos y fórmulas científicas ideadas en laboratorios se ensayaron para deshacerse, con el menor gasto y en el menor tiempo posible, del mayor número de enemigos, usando la misma mentalidad con que se planteaban los nuevos métodos de producción en serie. Fórmulas recientes de elimi-

---

10. Desde septiembre de 1941 hasta marzo de 1942, que son los meses más fríos, se incrementó el número de muertos españoles. Las condiciones en que se alojaban permite suponer que, al margen de la dureza del trabajo y del maltrato recibido, fue el frío el mayor enemigo de la colonia hispana. Los de otras nacionalidades, del centro de Europa, sobre todo, aguantaron en proporciones más altas, debido, probablemente, a su mejor adaptación a las bajas temperaturas.

nación de esclavos se alternaban con otras más rústicas como el palo o la goma, que eran abandonados cuando se precisaba de la aniquilación rápida y se sustituían por el gaseamiento de barracas enteras, inyecciones de bencina en el corazón, o la asfixia de varias decenas de hombres a la vez, con dispositivos preparados sabiamente en los denominados camiones fantasma. El número de vidas sobre las que se experimentaba era muy variado: desde unas pocas decenas hasta varios cientos de presos al mismo tiempo, según las circunstancias.

La furia criminal desplegó sus tentáculos mortíferos cada vez más lejos, para alimentar con sangre el estómago de la bestia, de una avidez insaciable. ¡Matar! ¡Matar siempre más! Todos los medios posibles eran utilizados para alcanzar un mayor rendimiento y llevar a rajatabla esa misión. Sí; matar, no importaba cómo, se presentaba como el primer mandamiento de la doctrina del esbirro nazi. La rebusca de sus contrarios, para su eliminación, se imponía. El nuevo orden Nacional Socialista, con la inminente victoria de sus ejércitos, parecía presto a cumplirse. Todo el globo terrestre pasaría por los engranajes de la máquina nazi, empezando por los rojos, luego los judíos, las etnias inferiores y los creyentes que adorasen a otro dios por encima del Führer. No importaba si para ello tenía que perecer la mitad de la Humanidad.

Un amplio sector de la ciencia teutona pescaba en ese río revuelto, unos por ideal, otros por conveniencia y acomodo, cuando no obligados por las circunstancias, olvidando escrúpulos, y otros por terror; pero todos dentro del círculo vicioso del «rascar, que todo cae bueno después de empezar». Los nazis experimentaron con productos de exterminación masiva sobre cobayas humanas, entre los que citaré, por haber sido empleados en el campo de Gusen para las eliminaciones colectivas, el gas asfixiante Ziclon-B-Gas, que, mezclado con agua en circuito cerrado, duchas o barracas, provocaba la muerte, en muy poco tiempo, de varias centenas de presos a la vez.

La ingente cantidad de prisioneros proporcionados por el apogeo de la expansión de los ejércitos nazi-fascistas desde mediados de 1941, provocó que se multiplicaran las recogidas de inválidos, así llamados los físicamente agotados, y los enfermos irrecuperables, escapados de la mano impía de los cabos, funcionarios presos y SS, promotores de esa inmunda tarea, para liquidarlos en grandes cantidades y a bajo costo. La selección de los denominados inválidos la llevaba a cabo el propio jefe del campo, el *Lagerführer* Chmielewski, con quien colaboraron otros especialistas de la eliminación colectiva, bajo la dirección del ayudante Jentzsch. Las recogidas de inválidos se realizaban, habitualmente, los domingos, aprovechando el asueto general, para no poner trabas a la producción del campo. Ni que decir tiene que esas recogidas causaban pánico incluso entre los más desesperados. El encargado de seleccionar a los que irían directamente al crematorio usaba como criterio básico el aspecto general del preso. Si este le ofrecía dudas, antes de tomar la decisión le ordenaba hacer una carrera corta a pie, para comprobar si se le podía explotar por más tiempo. Si la prueba resultaba positiva el preso volvía a la formación de los que vivirían, pero si este vacilaba o caía durante la carrera, acompañaba sin remisión ni indulto a los que no volverían. Ni más ni menos. Esto puedo asegurarlo con rotundidad por haber superado yo mismo una de esas pruebas, en la que fui indultado, pero no definitivamente, pues quedé en puertas para comprobar en la siguiente redada si había mejorado de aspecto.

Cuando Chmielewski daba por terminada la operación, los elegidos para ser eliminados se dirigían a las barracas de cuarentena, de las que no saldrían más que para ser quemados en los hornos del crematorio. Los demás retornábamos a nuestras respectivas barracas para seguir siendo explotados hasta una nueva recogida.

Los que retornábamos a los bloques tras la selección respirábamos con alivio por nuestra momentánea suerte. ¡Por esta vez estamos salvados!, murmurábamos con suspiros de desahogo, como si un ser prodigioso e invisible hubiese lanzado su mano para sacarnos de aquel aprieto que nos oprimía el alma. ¡Si al menos se retrasaran unas semanas para realizar la próxima recogida!, me decía a mí mismo, seguro de no haberme recuperado lo suficiente, ni en aspecto ni en energías, esperando un milagro, un acontecimiento, mejor plaza de trabajo, la derrota del Ejército alemán, tan poco probable en otoño de 1941, no importa qué; en momentos de desesperación se espera una salida en todo, y además sin pérdida de tiempo. En cuanto a los seleccionados... ¡Pobres de ellos! Ni una queja, ni un lamento escapaban de sus labios, y sin rechistar iban al último sacrificio. Al verlos alejarse hacia los bloques predestinados, el 14 y el 15, llamados «de cuarentena», no podíamos contener una febril emoción de impotencia y tristeza, ni evitar que escaparan de nuestros ojos unas lágrimas de piedad, que enfriándose como el hielo se nos iban pegando a las enjutas mejillas en fiel homenaje de fraternal despedida.

Las recogidas de inválidos siguieron realizándose mientras hubo mano de obra sobrada. Simultáneamente funcionaron también los camiones fantasma, como se les conocía entre los presos por el sigilo que encerraba a primera vista ese tipo de transporte y por el destino reservado a sus frecuentes cargas humanas. La versión oficial que nos llegaba sobre la salida de enfermos en esos camiones era que iban a otros lugares más sosegados donde podrían restablecerse. Poco a poco fuimos sabiendo que unas veces eran llevados al castillo de Hartheim para servir allí de cobayas humanas, y otras al crematorio del campo de Mauthausen, para ser quemados en las instalaciones centrales, donde llegaban ya muertos, asfixiados durante el trayecto por los gases del tubo de escape del camión recuperados por un dispositivo especial y enviados al cajón de los pasajeros.[XVI] Esos camiones fantasma hacían frecuentes viajes cargados de presos durante todo el tiempo que duró el cautiverio, como ya se ha dicho en páginas anteriores.

Un preso de más

El espectro de la muerte flotaba en todo el campo de Mauthausen y en el de Gusen, su satélite, alimentado por el desprecio a la vida ajena que sentían los SS y sus sicarios. La disciplina, la seriedad y el rigor alemanes, puestos al servicio del horror, dieron como resultado episodios patéticos, que solo desde ese menosprecio pueden explicarse.

Un día, al pasar el recuento matinal, apareció en la plantilla un preso más de los previstos; un preso de sobra, para entenderlo mejor. Cosa de lo más chocante, porque ¿quién, caído de no importa dónde, querría buscar fortuna en aquel lugar? ¡Un preso de más! ¿Quién iba a creerlo?

Los capos hicieron recuentos cada vez más minuciosos, siempre con el mismo resultado: sobraba un preso. Se repitieron las cuentas; nos separaron dejando un pequeño espacio entre preso y preso y se rehízo una y otra vez el recuento: por líneas, por centenas, por bloques, por número, por nombre... hasta hacernos dudar de si alguno de nosotros se había partido por la mitad, y siempre con el mismo resultado: había un preso de más.

Después de muchas comprobaciones, uno de los presos quedó aislado, fuera del grupo, extrañado como los demás, sin saber qué ocurría.

XVI. A día de hoy se ha documentado el asesinato de 449 españoles en el castillo de Hartheim. Todos ellos perecieron en la cámara de gas. Los experimentos que los nazis realizaban en Hartheim eran mayoritariamente *post mortem*.

¡Por fin! Jerarcas del campo, de bloque y secretarios, ¡allá que te va!, todos contentos y alborozados, como si hubieran encontrado el secreto de la piedra filosofal.

—*Was machts du hier?* (¿Qué haces tú aquí?); *Wer bist du?* (¿Quién eres tú?) —preguntaba el Gitano con voz gangosa y sorprendida, como si viera un fantasma.

El pobre preso, al parecer aturdido por verse tan solicitado, y tal vez inconsciente de ser la causa de aquel zipizape, sin pronunciar palabra señalaba con el índice de su mano derecha el número de matrícula cosido en su pechera izquierda, como hacíamos casi todos los que encontrábamos dificultad para pronunciar en alemán nuestro número.

Los secretarios de barraca acudieron con sus listas y, después de ciertas comprobaciones, con voz exacerbada exclamó uno de ellos:

—*Du bist tot!!!* (¡¡¡Estás muerto!!!); *Genster bist du kaputt gewessen!!!* (¡¡¡Moriste ayer!!!) —completamente seguro de lo que afirmaba.

El pobre muchacho, que parecía ser polaco, hacía ademanes y gestos indicando que él estaba allí y vivo, y que no había muerto el día anterior como el secretario afirmaba.

Lo que los jerarcas deliberaron entre ellos a continuación no se pudo escuchar por impedirlo las risotadas y ladridos de los SS y de los funcionarios. Solo vimos que, acto seguido, el preso fue conducido al crematorio... ¡puesto que estaba muerto! No valía la pena darle más vueltas al asunto.

Nunca más volvimos a verlo porque, según afirmaron luego algunos testigos, el polaco fue quemado sin más ni más. ¿Qué había inducido a tal error? Conociendo la ligereza con que por entonces se «limpiaban» los presos, sacamos la conclusión de que el pobre polaco había seguido la suerte que el destino le reservó para el día anterior.

Probablemente ese día el cuerpo del polaco había sido echado al carro de los asesinados y moribundos y su nombre dado de baja por el secretario de su bloque al pasar la lista de la tarde. Pero él, ya dentro del carro, con el escaso calor de los otros cuerpos y el descanso de un rato de inactividad, habría recobrado el sentido y parte de las fuerzas, permitiéndole volver a su bloque desde la morgue del crematorio después del último recuento. A la mañana siguiente se habría agregado a la formación sin reparar en que su presencia podría ser motivo del incidente narrado.

Este extraño caso, que puede parecer raro a todos aquellos que no han conocido el campo de Gusen, no resulta tan inaudito en aquel lugar y en aquellas circunstancias. Allí no era insólito que, cada tarde, los cuerpos de los moribundos cayeran al cajón de la carreta mezclados con los de los muertos, y que unos y otros, mezclados en la morgue con otros cuerpos llegados allí por otra vía, fueran arrojados al crematorio donde extinguían sus últimos suspiros. La salvación del moribundo en esas circunstancias dependía de que se hubiera recuperado a tiempo y se presentara ante el secretario del bloque antes de que este lo hubiera dado de baja de sus listas tras el recuento de la tarde. Teniendo en cuenta que la mayor parte de los prisioneros que allí había eran jóvenes, no es de extrañar que, tras un desfallecimiento por hambre o fatiga, el cuerpo de alguno se recuperase lo suficiente como para salir de la carreta o de la morgue, y se fuera a su barraca sin prever las consecuencias de no avisar al jefe.

Ni risa, ni canto; ni siquiera soñar

He buscado dentro de mi memoria al menos un hecho regocijante o alegre que hubiese podido sacarnos en esas fiestas de Navidad y Fin de Año de 1941 de las amarguras narradas en esta historia; algo fausto o dulce que nos apartara momentáneamente de aquella tragedia, si no en la realidad, al menos en la ficción, o en sueño; algo bueno que alumbrase la esperanza y calmase los deseos. Pero... ¡no! Ni risa; ni canto; ni siquiera soñar. Ni los sueños daban vida a nuestros espíritus mortificados. Todo era hambre, miseria y horror. ¿Cómo podía alejarse de nuestra mente la obsesión del crematorio? ¡Aquellas procesiones de destrozados, famélicos y abatidos! Esos que eran tus amigos, tus camaradas, que morían en tus brazos, con los que habías soportado tantos sacrificios creyendo siempre que tales esfuerzos nos conducirían a un mundo mejor, más justo y equitativo, más fraternal. Ellos se marchaban y tú los veías ir hacia un fin estéril, por un camino totalmente opuesto al del Edén soñado. Todas las ilusiones, esperanzas, caricias, proezas y amor; todo lo que pueden engendrar jóvenes cerebros fertilizados por firmes ideales, capaces ellos solos de revolver la Tierra para orientarla en la dirección de la verdad, aceptando cada cual por su parte el peso y molde de un mundo mejor para el hombre que trabaja, que inventa, construye y ama; todo eso desaparecía como por encanto, dejando en su lugar la soberbia, la vanidad, la esclavitud y la muerte.

No era posible. Aquella situación estaba fuera de todo programa racional. Los personajes que idearon semejante genocidio y lo pusieron en ejecución eran de un mundo diferente al nuestro; distintos de aquellos que soñaron con una nueva sociedad en un mundo más acogedor para el hombre. Nunca ningún ser, ni sociedad alguna, había calculado tan minuciosamente la degradación de la persona ni la había llevado hasta tal punto. Todos los defectos del hombre, en cuanto que ser animal, eran explotados y puestos en juego por la administración del campo para esclavizarlo antes de destruirlo.

¡Para nosotros no había Navidad! Esas fiestas eran celebradas solo por los SS. Ya muy tarde, cada noche, entraban en el campo ebrios, penetrando a cualquier hora para martirizarnos y quitarnos el único bien que nos concedía la Naturaleza en esos momentos. Para quitarnos el descanso, el sueño, la no menos apreciada comunicación imaginaria con nuestros seres queridos y la única ocasión de sentirnos libres, de repasar nuestros recuerdos y de ajustar las cuentas con nosotros mismos.

En esos días festivos, como en los demás, por supuesto, no podíamos calcular nuestra existencia, en cuanto que seres racionales, salvo de minuto en minuto, de hora en hora, de día en día, esperando que cada minuto, cada hora, cada día, ensangrentados y harapientos, nos encaminara al portalón del campo cuando, liberado por los aliados, abierto de par en par, nos brindara el gozo de la libertad conseguida. Era preciso que alguno llegase al final del trayecto para que ese sacrificio, eso que hoy creemos inexplicable, no cayera en el «barril de las Danaides»; para que pudiera explicarlo al mundo y que este llegara a tiempo de detener los designios de otros hombres que en el futuro aspirasen a realizar hechos semejantes; para que nuevos candidatos a matar en masa fueran descubiertos por el mundo civilizado, aunque se presentasen con mantos dorados.

Las Navidades de 1941 pasaron así, con desesperanza y sin una señal de alivio para nosotros. Fueron unas Navidades muy tristes.

Salir a trabajar ante todo

Los trabajos de la cantera se habían interrumpido, al menos los relacionados con la extracción de piedra, particularmente con la piedra de talla. Entre los presos corrió el rumor de que las bajas temperaturas de aquellos días invernales eran la razón del paro, pero en verdad, ninguno de nosotros supo la causa.

Ya sabemos que permanecer inactivo dentro del campo resultaba peligroso porque, después de las salidas de los comandos de la mañana, se hacían redadas buscando rezagados que llevar a las duchas de agua fría.

Es preciso, me decía yo, tener el oído al tanto y salir al contado si piden gente para cualquier trabajo. Esa determinación me llevó a tomar parte en un pequeño comando uno de esos días. Se trataba de limpiar la nieve y el hielo de los corredores que había entre el muro del recinto y la alambrada eléctrica, entre garita y garita, por donde hacían la vigilancia los guardias plantones. Así me alejaba de las tentaciones de los jefes de bloque y de caer en alguna encerrona que me condujera a las duchas.

A pesar del mucho frío que aguantábamos acarreando hielo y nieve todo el día, aquel trabajo me permitía cazar alguna colilla que negociaba por la tarde, en el campo, por un plato de comida. Así no perdía todo, pues los días que trabajaba en ese comando obtenía un suplemento apreciable, ya que el tabaco era la mejor divisa para el intercambio. Su valor en el mercado, o «bazar», dependía de su rareza, y había que tener la suficiente fuerza de voluntad para no fumarlas, tentación siempre presente.

El diablo, que está en todas partes y no descansa, vino a meterme en un nuevo fregado cuando menos falta me hacía: yo formaba pareja en la parihuela usada para transportar la nieve con un joven polaco, también interesado en la caza de colillas, pero sin la suficiente fuerza de voluntad para guardarlas, por lo que a la menor ocasión les metía fuego. La mala suerte quiso que una de las veces que el polaco tenía una encendida llegase el *Kommandoführer*. Para castigarlo por su falta lo llevó al cuerpo de guardia, como era costumbre en tales casos. No sé si fue porque el polaco dijo algo sobre mí, o por cualquier otra razón, pero el caso es que yo también fui llevado al puesto, donde me esperaba, entre otros, el Gitano.

—¿Dónde tienes los cigarrillos? —me preguntó este de entrada. Para eludir el sentido de la pregunta le respondí que yo no fumaba. No satisfecho con mi respuesta, emprendió un minucioso cacheo, hasta que fue a dar con tres o cuatro colillas que tenía escondidas en un rincón del bolsillo. El *Lagerführer* me preguntó qué iba a hacer con esa mierda.

—Fumármelas —le respondí.

—¿No sabes que está prohibido fumar? —continuó.

—*Yawohl!* —dije—, pero solo pensaba hacerlo dentro del campo, después del trabajo.

—Te voy a enseñar yo a fumar —volvió a farfullar el Gitano, y a continuación le ordenó al cabo del grupo que me colocara sobre el taburete de suplicio para recibir el castigo reglamentario de los *Fünfundzwanzig* (los veinticinco palos en el culo). Y ahí que me tienes otra vez en posición, los codos apoyados en el taburete, trasero en pompa, el cuello apresado por las piernas del cabo polaco cerradas en tenaza, que era su forma de sujetarme durante el reparto, y dispuesto a seguir el castigo con todo el cuidado, para evitar que al menor error en el canto de los golpes hubiera que volver a empezar con la cuenta a cero. Y manos a la obra...

El mismo Gitano tomó parte en la tarea, flagelando de forma desordenada, parándose por cansancio a medio camino y pasando el relevo a uno de sus ayudantes, que esperaba ansioso el momento de representar su número de circo. Este, más joven, y quizá más experimentado en esa clase de repartos, continuó la cuenta, lanzando la fusta en forma de bolea, como lo hacen los jugadores de golf, admirando a toda la canalla que lo observaba por la pureza de su estilo. Yo iba contando los golpes con un temblor estremecedor, que obligaba al cabo a cerrar las piernas sobre su presa, creyendo que iba a arrancarme las orejas de cuajo si no aflojaba la tenaza. Así hasta alcanzar los veinticinco golpes estipulados.

Ahí terminó el castigo, sin recurrir al golpe de gracia, último palo fuera ya de cuenta, que era lanzado donde cayese. Las piernas del cabo polaco aflojaron su presa, dejándome el campo libre para que volviese a mi trabajo, mohíno, con las orejas al rojo vivo y el trasero inflado, no sabiendo dónde meterlo para evitar todo roce. Si mucho me escocían los golpes, más me quemaba en el alma la pérdida de mis colillas, que convertía en humo el banquete que pensaba darme a su cargo.

Como un mal nunca llega solo, quiso la mala suerte que el cabo del comando prescindiera de mis servicios desde el día siguiente, quedando yo de nuevo sin ocupación, con peligro de ser atrapado como ocioso o rezagado y pasar por las duchas de agua fría. Otros trabajos efímeros me salieron en los días siguientes, pero ninguno de ellos apto para ofrecerme un pequeño suplemento si no era de palos, presentes y en abundancia por todas partes.

La cocina nos ofrecía, si permanecíamos atentos, la posibilidad de pelar patatas o limpiar calderas algunas noches. Era un trabajo realizado por voluntarios, atraídos por la golosina de un plato de nabos al acabarlo y de poder meterse de vez en cuando en la boca un pedazo de patata o de nabo crudo, pagado al precio usual en Gusen si el movimiento de las mandíbulas era detectado por el vigilante. En realidad, las calorías recuperadas en esas veladas raramente compensaban las desgastadas por el trabajo y los golpes recibidos, sobre todo cuando se tenía el trasero tumefacto, pues había que permanecer sentado sobre duros bancos durante muchas horas seguidas.

Que nuestro voluntarismo encerraba un interés, no les pasaba desapercibido a los cabos, que con frecuencia nos tendían golosas trampas, como a las moscas con la miel. Nosotros éramos conscientes de ello, y aun así asumíamos los riesgos, porque nos aferrábamos a la vida con ahínco, y porque abandonarse a la suerte era ya como morir en vida. De todas formas, hiciéramos lo que hiciésemos, la suerte no nos acompañaba. Todo aquello que pudiera producirnos un beneficio, por corto que fuera, iba acompañado de su correspondiente pago. En nuestro caso, con sangre o con la vida, moneda con la que, a pesar de todos los riesgos que comportaba, teníamos que seguir negociando, unas veces con ventajas apreciables y otras con amargos desengaños; todo dentro de un ambiente viciado y una crueldad sin límites, poniendo en juego cada uno sus mañas que, bien sea dicho, eran la clave de la supervivencia.

Las noches que no quedaban nabos del mediodía para repartir después del trabajo, o en caso de que no hubiera suficientes para todos los postulantes cuando llegara la hora del reparto, los cabos formaban un zipizape terrible, dando leña por todas partes para que desistiésemos por nuestra cuenta, huyendo de la refriega. Con frecuencia éramos expulsados de la cocina después de haber soportado un montón de palos, sin que nuestro refinado olfato, que muchas veces nos prevenía de situaciones desagradables, ayudándonos a andar con pies de plomo, sirviera para librarnos de todo lo que amenazaba con caernos encima.

Una de esas noches, en la que fuimos copiosamente aporreados antes de echarnos de la cocina sin el deseado plato de nabos, saqué como suplemento una enorme hinchazón en un ojo. Un gomazo llegado por detrás, después de medirme toda la cabeza, fue a dar con el extremo de la goma dentro del hueco orbital. La furia y la rabia que yo sacaba de la cocina no es difícil de imaginar, después de una noche perdida y sin resultado positivo; al contrario, podía haber perdido por completo un ojo, pues no dejaba de inflarse desmesuradamente. Iba mascullando para mí todo el mal que les deseaba a esos malvados, cagándome en la leche que les dieron a todos los alemanes juntos, cuando por el otro ojo vi un montoncillo de bultos negros apoyados sobre el muro trasero de la cocina. Me llegué por curiosidad hacia ellos y cuál no sería mi sorpresa cuando constaté que se trataba de una docena de nabillos verdaderos, de los que comen las personas y no de los que mantienen a los animales, que eran los que nos daban a nosotros. Miré por todas partes con el ojo sano, con bastante cautela y, para mi mayor tranquilidad, no vi a nadie en los alrededores, debido quizá a lo avanzado de la noche. Con manos temblorosas me los coloqué entre la camisa y el pecho. Completamente helado seguí mi camino, tan contento que parecía que no tocaba con los pies en el suelo, sin hacer ya caso de la hinchazón del ojo, aunque iba tomando dimensiones alarmantes y empezando a doler a medida que se enfriaba. Entré en el *Stube* con cautela, siempre con el interés de conservar mi bien, que a cada momento podía convertirse en mal si era detectado por el jefe de la barraca o cualquier otro preso más fuerte, quien después de amargarme la existencia se ofrecería un banquete de forraje a mi cuenta, dejándome a mí otra vez caliente y a dos velas.

Mi primer reflejo fue el de siempre: esconder el hallazgo dentro del saco usado como colchoneta. Cuando estuve tendido empecé a comerlos uno detrás de otro, hasta terminarlos todos, sin reparar en el hielo ni en la tierra que tenían, todo directamente al estómago. Los nabos me fueron dejando un rescoldo ácido en la garganta, un gusto a huevos podridos y una impresión de asco, sin que a cambio desapareciera el hambre, un hambre voraz, cada vez más viva.

Pocas horas después los nabetes pidieron salida acelerada, con tanta insistencia que los pantalones se vieron negros para poder aguantar el choque del desesperado alud de forraje, hielo y tierra, con todo lo demás que podía haber de podrido y descompuesto en el estómago. Mis amigos hicieron gala de su mucha paciencia cuando, apestados por mis porquerías, no me echaron de su lado. En cuanto a la ropa interior, debí usar de mucha destreza para dejarla en buen estado sin perder una sola prenda, pues todas las recibidas en el cambio de ropa tenían que ser restituidas en el siguiente cambio so pena de pagar cara la falta de una de ellas.

Por lo demás, nadie reparó en los verdugones que tenía

sobre la cabeza, ni en la hinchazón del ojo y sus alrededores, pues era cosa corriente, algo que llegaba a todos a menudo.

El cambio de muda y la recogida de inválidos

El cambio de muda, camisa y calzoncillos por lo general, lo mismo que la desinfección del habitáculo, tenía lugar cada dos o tres semanas, cuando el campo se hallaba menos ocupado, normalmente los domingos de descanso. Los ocupantes de los primeros bloques eran empujados hacia las barracas de la segunda fila mientras las suyas eran desinfectadas. Luego todos eran agrupados en la tercera, mientras se desinfectaban los bloques de la segunda, y así sucesivamente hasta terminar todos apiñados por cientos en la misma habitación, en uno de los últimos bloques de cuarentena.

Otras veces los cambios de ropa se realizaban tras llevar al crematorio a los presos más desgastados, después de la última recogida de inválidos, organizada casi siempre la víspera de la llegada de algún transporte del exterior, para dejar plaza a los nuevos prisioneros.

En los últimos meses del año 1941 y los primeros de 1942, coincidiendo con el apogeo victorioso del Ejército alemán, las recogidas de inválidos se realizaron con bastante frecuencia. Todo les estaba permitido a los nazis en esos meses trágicos, en los que eliminaron sin freno alguno tanto a sus adversarios políticos como a los individuos de razas llamadas por ellos «inferiores», con las que se habían propuesto acabar.

El último domingo de febrero de 1942 fui elegido para participar en una de esas recogidas. Recuerdo que de la última selección me había escapado por poco, superando de milagro la prueba, que consistía en correr unos pasos para que el seleccionador, en ese caso el *Lagerführer*, comprobara que se me podía explotar por más tiempo. Desde entonces nada había ganado físicamente, más bien al contrario, por lo que era un candidato seguro para ir a engrosar el paquete de los condenados. En el último peso (por entonces se nos pesaba de vez en cuando), había dado 32,5 kilos. Mi delgadez, pensaba yo, no podía ir a más y no ofrecería dudas ni cargo de conciencia al seleccionador. Yo no era más que un chasis en pie, compuesto de unos huesos recubiertos de una piel incompleta a la que faltaban jirones y placas arrancados a fuerza de palos, curtida por el frío y llena de moratones y cardenales.

Después del mediodía comenzaron a oírse los gritos que preludiaban la formación: *Alle eintreten! Aufrighten!*, etc., y ¡manos a la obra! Formamos todos los elegidos. Soplándonos las manos y golpeando los pies contra el suelo para que no se quedasen sin movimiento, yertos de frío, esperamos la entrada de los jefes nazis, rogando al Cielo cada cual a su manera para que este se desplomase y nos sumergiera bajo tierra antes de que nos diésemos cuenta. Mirábamos alternativamente hacia la puerta, esperando la llegada de los lobos, y hacia cualquier otra parte, con la esperanza de que algún acontecimiento fortuito impidiera al Gitano acudir y llevar a cabo su elección, y que los capos, hartos de esperar, nos ordenasen volver a las barracas.

¡Pero... no! La puerta se abrió, como cada vez, dando paso a toda la caterva, al tiempo que entre los formados se escuchaba comentar: *Der Lagerfürer Kommt* (Ya entra el jefe).

Arrogante, altanero como siempre, Chmielewski dio su vuelta de inspección, mirando con ojo ebrio por encima de nuestras cabezas, desguarnecidas de sus cabellos, en las que solo quedaban ojos para ver y cerebro para pensar. Acabada la ronda volvió con sus secuaces, formó el correspondiente conciliábulo con ellos y empezó la selección, en la que el propio Chmielewski participó señalando con un movimiento de su índice al preso que quería eliminar: *Komme raus, raus! raus...!* (¡Sal, ¡fuera!, ¡fuera...!).

Y como aquella selección no se prestó a ningún tipo de milagro, al primer vistazo... ¡allá que te va!, fui a formar parte del grupo de los condenados. ¡Liquidación! Lo que tanto temía, llegó. ¡El acabose! ¡El fin! ¿Qué hacer ante el Destino? ¿Estrellarse desesperado contra un muro? No valía la pena. Tenía que seguir, como cada cual, hasta la barraca del suplicio y esperar a que el gas entrase a cerrarme los sentidos, como a los demás.

Aquel día el grupo de seleccionados fue menor que en otras ocasiones: algunas decenas, cuarenta o cincuenta nada más. ¿Y qué, puesto que en ese grupo estaba yo? Algunos decían que seríamos una centena. Daba igual. A partir de ese instante toda recapitulación era inútil; lo que tenía que llegar, había llegado. Eso era todo.

¡Maldita sea..., tanto aguantar, tanto sufrimiento para acabar así! ¡Cuánta razón tenían los que creyeron que la mejor solución consistía en terminar cuanto antes, que resistir en tal lugar no haría sino estirar el martirio! ¡Pero hombre...!

¿Y si nos alzásemos en rebelión con las pocas fuerzas que aún nos quedaban y nos llevásemos por delante todo lo que se nos pusiera al paso? ¡Morir matando al menos! Pero no: ¡Ni una queja, ni un sobresalto...! ¡Nada! Como los corderos que llevan al matadero... ¡Si al menos pudiésemos dejar algún testimonio escrito, alguna señal, para que un día se supiera lo que está pasando aquí...!

Todavía pensaban algunos —dichosos ellos— que esta selección podía estar destinada a llevarnos a otro campo. ¿Estaban locos? No. Es posible que con aquella idea buscasen apaciguar una inútil desesperación, aun sabiendo en su interior que no había nada que hacer. ¡Bienaventurados los que eso pensaban! ¡Vale más así...!

Cual peregrinos que buscan redimir sus almas, en el grupo, que pasaba de la cincuentena y no llegaba a los cien, íbamos unos quince españoles. Como si nos mordiesen los talones las garras del Apocalipsis, como si el fin de todo lo llevásemos pegado a nuestras espaldas, así nos dirigíamos a nuestro destino: las barracas 14 o 15. Los polacos se persignaban y rezaban humildemente; los rusos exhalaban quejas de venganza; y los españoles clamábamos con ira que se hiciera justicia.

—¡Ni siquiera un poco de comida para salir de este mundo harto! —decía con humor un compatriota, como si con esa queja quisiera expresar una de sus últimas voluntades.

Cuando empezó a oscurecer ya nos encontrábamos en la barraca 15, nuestra última morada, o mejor, nuestro ataúd. Lo mismo que los de otras nacionalidades, los españoles nos reagrupamos y juntos gesticulábamos significativamente, comentando los pasos que nos habían traído hasta allí, pero cuando intentábamos hablar, las palabras no salían de la boca. Cada uno se iba recogiendo en sí mismo, adentrándose en sus propios problemas. Cualquier ruido anormal que notásemos en la barraca o fuera de ella nos dejaba suspensos, los ojos fuera de las órbitas, buscando con el olfato el olor a gas, pensando que ya empezaba a entrar en la estancia, pero sin saber por dónde. Nuestros seres queridos nos venían a la memoria, mezclados con otras peripecias vividas a lo largo de nuestra existencia. Todo recuerdo llegaba en tropel. Todo se marchaba de la misma manera que había llegado. Tan pronto la mente se hallaba repleta de vivencias sentidas como quedaba en vacío, pero raramente el espíritu se apaciguaba, asaltado por mil reminiscencias fantásticas que solo frenaba algún ruido, real o aparente.

Inesperadamente la puerta se abrió, dando paso, como si de un fantasma se tratara, al cabo de la cocina de los SS con otros dos presos de servicio.

—*Ruhe!!!* (¡¡¡Silencio!!!) —lanzó con voz tan potente que pudo ser oída por todos—. *Ich brauche zehn stücke Kartoffelnscheller!* (¡Necesito diez peladores de patatas!).

Vaya, nos irán pelando de diez en diez, pensamos algunos al oír esas voces, dejándonos tan fríos como el hielo. Pero viendo el cabo nuestra falta de interés por su solicitud, volvió a repetir, aún con más fuerza y con voz más prolongada, las mismas palabras.

—Bueno, algunos tendremos que ser los primeros —nos dijimos unos cuantos, tomando la dirección de la puerta. Pero no llegamos a completar el número suficiente, por lo que el cabo pidió más voluntarios, hasta juntar los diez deseados. Tres españoles, con otros tantos rusos y otros cuatro polacos formamos el grupo. Una vez fuera, la puerta volvió a cerrarse con extrema minuciosidad y cautela.

Conducidos por el cabo y sus ayudantes entramos, efectivamente, en la cocina, donde una montaña de patatas nos esperaba para ser despojadas de sus pieles por nuestras temblonas manos. Allí se hizo cargo de nosotros el cabo responsable de ese servicio, del que ya conocía su carácter tétrico. Durante todo el tiempo que duró el trabajo no paró de gritar para que nos diésemos más prisa, pero ni los gritos ni los golpes de su goma eran suficientes para hacernos pelar más rápido, convencidos como estábamos de que cuando acabásemos el trabajo volveríamos al bloque 15 a compartir el festín de gas con los que allí habían quedado. El miedo al gas nos paralizaba las manos y ni los gomazos, ni las amenazas del cabo conseguían el efecto buscado.

Con esa tarea nos llegó el toque de diana, sin que el montón de patatas hubiese llegado a su fin. El cabo ordenó entonces que fuésemos a pasar lista a nuestros respectivos bloques, como de costumbre, y volviéramos, pasado el recuento, a terminar el trabajo inacabado.

La nueva situación nos confundía y nos introducía en un nuevo laberinto: volver al bloque, pasar lista, volver a la cocina... ¿Qué quería decir todo aquello? ¿Nos liquidaban por fin, o pasábamos entre las mallas? En principio, las matanzas se hacían durante la noche, y en nuestro caso, una de dos: o habían aplazado la liquidación para el día siguiente y después de terminar nuestra faena nos devolverían al bloque 15, o la matanza se había llevado a cabo y nosotros nos habíamos librado por esta vez. Quedaba una tercera solución: que se repitiera el caso del polaco que sobraba, unos meses atrás. Sea como fuere, no tardaríamos en saberlo.

Nos presentamos en nuestros respectivos bloques a pasar lista como cada día, tratando de no remover la cosa, temiendo que al hacerlo nos oliese mal. «Mejor será —nos decíamos— no mencionar la cuerda en casa del ahorcado». Los responsables del bloque estaban ya al corriente de lo ocurrido, puesto que ellos mismos nos ordenaron volver a la cocina una vez pasada lista, lo cual aumentó nuestra confusión. Yo reventaba por momentos de ganas de preguntarle al secretario del bloque si podía explicarme cómo terminaría el asunto, pero no me atrevía a hacerlo por temor a escuchar lo que no deseaba. Sin embargo, viendo la nueva situación, la esperanza renacía a medida que pasaba el tiempo. Pero, con esta gente..., ¿quién podía saber en qué quedaría la cuestión? Desde cualquier lado que se mirase aparecían pros y contras.

Pasada la lista matinal, los diez condenados nos reencontramos en la cocina, deseosos de saber, cada uno por los demás, lo que estaba pasando. Fue un polaco, informado de lo ocurrido, el que nos comunicó nuestra nueva situación:

—*Camaradem, die andere Kollegen geblieben im Block 15, sind schon Kaputt! Alle im Krematorium!* (¡Camaradas, los otros colegas que quedaron en la barraca 15 han muerto ya¡ ¡Están en el crematorio!). ¡Por esta vez estamos salvados!, siguió diciendo en alemán.

—*Pravda...?* —preguntaron unos rusos—. *Siecher...?* —preguntaron otros.

—*Achtung!!! Wir sind noch in Gusen, meine herren!* (¡¡¡Cuidado!!! ¡Estamos todavía en Gusen, señores!) —nos advirtió el polaco que acababa de informarnos.

Aunque la reticencia seguía martillándome el alma, la esperanza comenzaba a renacer, dejando que la locuacidad siguiera un camino que la noche anterior se había obstruido. Poco a poco íbamos saliendo de la pesadilla, celebrando la noticia cada cual a su manera. Esta segunda etapa del trabajo se hacía más animada. Nos considerábamos como resucitados, aunque no debíamos exagerar nuestro optimismo. Las patatas peladas caían a la caldera como por encanto, y a media mañana ya estábamos cada uno en nuestro bloque, que creíamos perdido para siempre, con el trabajo terminado. Allí pudimos descansar sin molestias hasta la llamada del mediodía. Después de comer seguimos reposando, lo cual fue acogido, después de lo pasado, como una especie de gracia.

El transporte esperado para ese día llegó con bastantes centenares de cautivos de diferentes nacionalidades, entre los que eran mayoría los de los países del Este, polacos y soviéticos sobre todo.

¡Cómo había visto las orejas al lobo! Esta vez estaba dispuesto a recuperar a cualquier precio nuevas fuerzas; a morir incluso de un palizón si no había otro remedio. Me lo juraba a mí mismo con total convencimiento. ¡Cuántos y qué tristes pensamientos llegaron a pasar esa noche por mi cabeza...! La angustiosa pesadilla de la espera, hora tras hora; el momento de verte desaparecer tan horriblemente... El cerebro corría su camino en desbandada, traspaleando en su curso miles de vanos pensamientos, yendo del día en que vi la luz de la Naturaleza hasta el momento en que, por causa ajena a mi voluntad, venían a quitármela. Por momentos esa forma de acabar se me antojaba una ironía, recordando tantas y tan diversas ocasiones como había tenido de perder la vida a mejor precio, con lo que mi muerte se habría sentido mejor pagada, sabiendo, sobre todo, cuánto enemigo quedaba todavía en esta tierra sin que yo hubiese puesto todos los medios para llevármelos por delante. Pero esa forma de obrar hubiera hecho de mí un criminal consciente, y eso me habría repugnado durante toda mi vida, como me repugnaba incluso el dilema en el que te mete la guerra: matar o morir. Matar, incendiar, destruir... Hace falta valer para ello. Y, sin embargo, salir de la situación en que estábamos exigía también sus marrullas, su juego sucio. Pero, al fin, ¡solo los resultados cuentan! Si algo nos faltaba por aprender de nosotros mismos, estos bárbaros nos estaban dando la ocasión de conocerlo. Y yo supe que, a partir de ese momento, cada porción de comida valdría tanto como mi propia vida, y que la experiencia pasada me guiaría en una batalla sin tregua por la existencia, poniendo todo en juego para que el pasado milagro no volviera a ser necesario, a sabiendas de que en Gusen la misma suerte no se repite dos veces. Haciendo las cuentas detenidamente se encuentran muchos trucos que explotar, muchas cosas que robar e incluso sabotear. No importa, al fin todo entra en el mismo precio, todo se suma a la misma cuenta. Pasar toda la noche en el patíbulo, sin otro solaz que la resignación, me abrió los ojos y me cerró el sentimiento del escrúpulo, encauzando la batalla por la supervivencia hacia otros frentes que podrían proporcionarme mejores éxitos. O acelerar mi fin si perdía la batalla.

Vuelta al trabajo y entrada en el bloque número 4

Los recién llegados atrajeron sobre sí, por su inexperiencia, la tormenta de los salvajes y matones, concediéndonos a los más audaces una pequeña tregua. Febrero llegó a su fin, dejando en el campo la misma cantidad de presos que dejó enero, pues el hueco de los asesinados se cubrió con las nuevas remesas. Todo seguía igual, la misma crueldad en los hombres, los mismos imperativos del tiempo.

Un día, cuando menos lo esperábamos, los antiguos canteros fuimos buscados por los secretarios de las barracas. Nos agruparon a todos los que quedábamos repartidos en diferentes puestos en una misma barraca: la número 4. En la número 3 seguían los profesionales de la piedra, en su mayoría polacos y alemanes, que no habían parado por completo.

Se reiniciaron los trabajos de la talla de piedra y volvimos al mismo sitio donde había quedado la faena. Los canteros españoles que sobrevivimos a esos meses de paro fuimos reunidos en un solo taller, agrupados en cuatro secciones, con cabos alemanes y con maestros civiles pertenecientes a la empresa que explotaba las canteras, la DEST (Deustche Erd Und Steinwerke), y adiestrados por viejos trabajadores empleados en esa empresa desde muchos años antes. Los trabajos relacionados con la talla de la piedra tenían un especial interés para los nazis, que pretendían construir con un material noble las obras maestras del Tercer Reich. Por eso el retorno a la talla de la piedra nos proporcionó ciertos mimos, como el reparto de leche dos días a la semana durante el primer mes. Incluso una tarde, librándonos del trabajo, nos pusieron una película en el local de los guardias de las SS, en el exterior del campo, que tenía relación con los trabajos de la piedra, y que estaba filmada con buen gusto.

Volver al trabajo de canteros suponía para nosotros encarar el porvenir con más moral, teniendo en cuenta lo importante que era disponer de un puesto cómodo. El cabo de nuestra sección, la cuarta, era de los pocos alemanes buenos que conocíamos en aquel infierno; lo mismo que el *Meister* (el maestro), un civil vejete, que no pronunciaba palabra, o apenas, y tan flojo que nadie le entendía, pero con unos sentimientos dignos de elogio. El *Oberkapo* del taller, Paul, triángulo rojo, que sabía algo de francés, resultó también de buena calidad: no pegaba mucho, y cuando lo hacía era de forma somera y obligado por las circunstancias. Frans, el cabo de nuestra sección, nunca levantó la mano contra nosotros, mérito que, en su honor, no ha de quedar sin testimonio.

También en el bloque número 4 vivíamos más tranquilos

que en los anteriores, aunque siempre con las debidas precauciones. El *Blockälteste* era un viejo legionario, pasado de la cincuentena, de esos que en España llamamos cotorrones por la pretensión que se desprendía de sus ademanes y por la arrogancia de su comportamiento. Su carácter dejaba entrever furtivas complacencias con los polacos, pero a los españoles nos guardaba poca simpatía. Las palabras que recordaba de sus tiempos floridos, cuando servía en la Legión Extranjera Francesa, nos las arrojaba de forma despótica y autoritaria, convencido de que trataba con reclutas o recién llegados a su memorable cuerpo de esbirros. Aquel viejo, en sus momentos tiernos, que también los tenía, se hacía pasar por un padre bondadoso, pero su fuerte ramalazo de bandido terminaba imponiéndose al fin, ganando la partida a sus ternuras, de modo que al final siempre éramos nosotros quienes pagábamos los platos rotos. Como el resto de los jefes de bloque, el viejo legionario estaba igualmente interesado en deshacerse de los presos más desmejorados de su barraca, atentando contra ellos de forma brutal, cuando no enviándolos al *Revier*, a pesar de las graves consecuencias que ello suponía para los cautivos. Se hacía pasar por un maniaco de la limpieza, disponiendo continuamente controles de piojos, de pies, de cabeza, de vestimenta, acabando por el miembro viril, y haciendo gala de su autoridad de severo y viejo impertinente. La forma de evitar males mayores con él consistía en cuidar nuestra indumentaria y frotar el calzado hasta sacarle brillo incluso si estaba fabricado con esparto o corteza de pino.

El reglamento interno del campo exigía descubrirse ante los militares de las SS de todas las categorías, pero no delante de los presos, cualquiera que fuese su posición en el campo; pero para ganarnos una cierta tranquilidad lo hacíamos a veces ante algunos de ellos, así como ante nuestro *Blockälteste*, como signo de reconocimiento a su alta posición de jefe de bloque. Dicha molestia no suponía mucho esfuerzo, y más recaía en nuestro beneficio que en su honor, pues tal humana condición se había alejado de él sin dejar trazas de su paso.

Leche, vitaminas y cleptomanía

Cuando la leche apareció en el campo, fuimos nosotros los más beneficiados por muy extraño que parezca. Una buena parte de ese «bien» se perdía entre los que la manipulaban, pero eso allí era normal. También llegaron píldoras de vitaminas. Se comentó que se trataba de un ensayo biológico de los laboratorios Bayer, pero no pudimos comprobar la veracidad de tales suposiciones. Por mi parte, las píldoras las engullía sin encontrar señal manifiesta de beneficios o daños para mi salud.

Aquella pequeña bonanza la aproveché para recuperar las fuerzas y restablecerme cuanto me fuera posible, por si venían mal dadas, cosa que podía ocurrir cuando menos se esperara. La experiencia extraída de los días anteriores, cuando fui seleccionado con los demás inválidos, convirtió la necesidad de un suplemento de comida en un imperativo, incluso si para ello tenía que dejar jirones de mi piel a cambio de esa comida suplementaria. Las velas que alumbraban los días de mi vida se extinguían, y esta acabaría apagándose del todo si no encontraba ese «poco más» que ayudara a la exigua porción diaria. A esas alturas no confiaba en que el milagro de la noche de marras se repitiera dos veces, y en el mismo sitio.

Pero... ¿cómo lograr el tan necesario suplemento? Eso era lo que sin pérdida de tiempo y con decidida resolución tenía que estudiar. Pero debía actuar como quien nada y guarda la ropa. Bien pensado, explotando la coyuntura en que me encontraba, podía sacar de ella una ganancia no despreciable: buen cabo, buen maestro, un trabajo que me permitía ausentarme durante varios minutos sin que se me echara en falta... y la veteranía. Todo ese conjunto de condiciones podía proporcionarme una ventaja que, bien explotada, y con la necesaria porción de suerte, aliviaría mi extrema necesidad. En cualquier caso, con suerte o sin ella, yo contaba con otro elemento a mi favor: la audacia, que no me faltó nunca, y el atrevimiento, que eran imprescindibles para llevar a cabo mi objetivo.

Empecé buscando todos los sitios donde esconder comida. Luego investigué la forma de llegar allí donde hubiera alimentos que se pudieran robar. Esta aventura, en solitario, parecía bastante complicada y estaba expuesta al descalabro, y no solo por el peligro que representaban los SS y los cabos; también los otros hambrientos tratarían de aprovecharse de mis hurtos quedando ellos libres del riesgo de ser cazados y de sus consecuencias. Por eso era necesario buscar socios que se encontraran con ánimos de encubrir mis ausencias y guardarme las espaldas, protegiéndome en las salidas y en las entradas, a cambio de participar en los beneficios.

Esta empresa, en la que entraron varios compañeros españoles, comprometía indirectamente a nuestro cabo Frans, de quien, por su bondad, estábamos menos moralmente autorizados a abusar; pero así es la vida: el bueno está obligado a pagar de vez en cuando un tributo a su bondad. Como consideramos desagradable tal abuso, nos comprometimos a poner cada uno de nuestra parte todo el esfuerzo y atención necesarios para evitarle problemas.

Estudiamos el terreno y encontramos que los retretes, que estaban fuera del taller, podían ser utilizados como punto de observación para futuros desplazamientos y servirnos de escala en las incursiones. Luego había que buscar los almacenes de alimentos donde poder hurtar, tanto de los destinados a los presos como de los reservados a los guardias. Pensamos que la intendencia no debía de quedar muy lejos de la entrada del campo, donde estaban las barracas de los SS. Por ciertas pesquisas supimos dónde estaban los conejos de angora, reserva venerada por el jefe del campo que, según contaban de él, la adoraba como a la niña de sus ojos. También se encontraban allí los silos de patatas, de acuerdo con otras referencias, los cuales constituían por sí solos un filón inagotable de proteínas si conseguíamos explotarlos adecuadamente. Hicimos los planes precisos para una primera incursión y, con todo previsto, dimos luz verde a la operación.

En mi primera salida de reconocimiento busqué el corral de los conejos. Era de suma importancia saber dónde estaban encerrados esos tranquilos animalillos, tan estimados por el Gitano, y comprobar al mismo tiempo si se dejaban coger por cualquier advenedizo. También lo era saborear la carne que encerraban dentro de su preciada piel y dejar, aunque solo fuera por una vez, el gusto ácido de los nabos. Decidido, como el que tiene una misión urgente que cumplir, salí en busca del referido corral, y lo encontré al fin, próximo al lugar que me habían indicado. Por un costado tocaba al muro del recinto del campo y por el otro daba frente a la cantera de Kastenhofen. El muro del corral no era muy alto, y por un rincón se podía franquear sin mucho esfuerzo. Los presos que trabajaban por ese lugar estaban, los más próximos, a unos cien metros, y en ese momento no se veía por los alrededores a nadie sospechoso. Mi primera intención, que en principio se limitaba a reconocer los parajes, amplió su objetivo, y quise saber las dificultades que había para escalar la pared y ver lo que contenía detrás, dentro del corral, donde supuestamente apacentaban a los referidos conejos. Me asomé y vi, a lo largo de todo el muro opuesto, varias jaulas con animalitos, brillantes como el platino. De una ojeada comprobé que la salida sería igualmente fácil si me servía de algunos cajones apilados sobre un rincón. Una vez sobre el muro, salté de inmediato al otro lado para evitar ser visto en una situación difícil de justificar. ¡Aúpa!, de un único salto adentro, solo con todos aquellos animalitos que parecían decirme cómeme, de la atención con que me miraban. Pero antes de llegar a ellos vi, dentro de una pequeña cabaña, un montón de hermosas patatas que debían de servir de pienso para aquellos brillantes roedores, y llenos los ojos de ellas no pude seguir mis pasos sin acariciarlas entre mis manos. De inmediato pensé repartir la carga por mitades: mitad de patatas y mitad de conejos, pero el sobo de las finas pieles me emocionó a tal punto que, cuando quise darme cuenta, no entraba más entre la camisa y el cuerpo, por lo que tuve que dar por terminado mi acaparamiento gastronómico, ya que cualquier sobrecarga visible hubiese resultado comprometedora. Dejé, pues, los conejos para otra ocasión, ya que no me quedaba sitio donde meterlos. Salté de nuevo el muro, temiendo que la pérdida de tiempo se volviera contra mí y contra la suerte que me acompañaba hasta ese momento, y emprendí el camino de regreso antes de que cualquier retraso llegara a perturbar toda la empresa. Crucé la cantera volando, emocionado por el valor de la mercancía que llevaba en mi poder, sin que la mala ventura se interpusiera en mi camino. Yo me creía ese día protegido de un dios ocupado solo de mi suerte, pues todo resultó mejor de lo que podría haber imaginado siendo muy optimista.

En el trabajo mis camaradas empezaban a desesperar por mi tardanza, y mi aparición la celebraron con grandes señales de júbilo y satisfacción.

—¡Ya era hora! —me decían, más como muestra de contento que de reproche. ¿Nada nuevo?

—No, todo está normal.

Contentos por el éxito de mi marrulla, picaban sobre sus piedras dejando escapar una sonrisa de alegría y de victoria, celebrando cada uno por su parte tan buen acontecimiento.

Para usarlo como almacén de provisiones, cavamos un agujero junto al banco donde se colocaba la piedra para ser trabajada, en el que metí toda la mercancía que, vista por primera vez al descubierto, parecía imposible de disimular entre la ropa y traer en un solo viaje. Nuestro vejete *Meister*, poco curioso por naturaleza, vino a presenciar aquel capital, admirándose con cierto regocijo del éxito de la operación, todo en bien de su grupo y en el mío propio, a quien tenía en buena estima. Antes de enterrarlas, para evitar peligros hasta que decidiéramos cómo prepararlas para su ingestión, nos regalamos con unas cuantas patatas crudas, que ingerimos como si de un manjar exquisito y ambrosiaco se tratara. Luego repasamos los medios que podían servirnos para cocerlas o, por lo menos, escaldarlas para que el ácido crudo no nos pusiera el estómago en efervescencia cobrándose con ello el regocijo que nos habían proporcionado al comerlas crudas. Uno de los amigos nos habló de un gran bidón con alquitrán en fusión que él había visto cerca de nuestro taller, siempre colocado encima del fuego para poder servirse del producto en cualquier momento, y pensamos que podíamos cocerlas dentro si usábamos el ingenio y buen tacto, y encontrábamos el medio de meterlas dentro del bidón, así como de recuperarlas cuando fuese necesario o nos viniera en gana.

Una vigilancia discreta se imponía todo el tiempo que durase la cocción para que otros no llegaran en el momento oportuno a aprovecharse de nuestro bien y a nuestra costa. Pero no encontrábamos la forma de meterlas en el líquido y de recuperarlas cuando nos viniese bien porque los materiales a nuestro alcance no resistían altas temperaturas sin quemarse o deteriorarse. Además, todo debía hacerse con gran cuidado y sutileza para no ser cogidos con las manos en la masa. Después de largas consideraciones acordamos meterlas en sartas, atravesadas por un alambre, y colgarlas del borde de un bidón con un pequeño gancho doblado en su extremo. Aprobada la fórmula, las patatas fueron entrando en el baño catalítico ensartadas en pequeños collares, de modo que la pérdida de alguno de ellos no significara un desastre para nosotros. Por intervalos de una hora fueron entrando los rosarios, uno después de otro, en un baño bituminoso, hasta que tocamos el fondo del hoyo que nos servía de almacén.

Las condiciones en las que saldrían las patatas después de una hora en el baño de alquitrán nos tenían intrigados. No sabíamos si se fundirían durante la cocción bajo la temperatura del alquitrán o si el producto bituminoso se mezclaría con la fécula dejando un mal gusto, incluso un veneno, que nos impidiera comerlas o que nos intoxicara a todos los componentes del grupo. Éramos conscientes de que bajo el impulso del hambre podríamos no percatarnos de su nocivo mal, y tornásemos en pena no solo la fiesta, sino las esperanzas para los días sucesivos. ¡¡¡Nada de eso!!! Desde la primera tanda nos convencimos de que a las patatas les faltaba un pequeño punto de cocción, pero que su gusto no cambiaba en nada de las que habíamos comido otras veces. Una vez desposeídas de su costra de barniz, el interior se hallaba en perfecto estado, lo que puede comprobarse, si falta hiciera, en cualquier momento. El filón que habíamos descubierto no tenía precio. ¡Hasta ahí todo eran rosas! Enardecidos de optimismo, hicimos planes y elaboramos proyectos sin reparar en que algunos desbordaban nuestra capacidad de acción, procurando cada cual aportar astucias, mañas, ideas y precauciones. Ya conocemos cómo la miseria agudiza los sentidos de los necesitados.

La ingestión de las patatas fue una auténtica fiesta. Después, mientras picábamos la piedra, nos mirábamos con cara sonriente, guiñándonos el ojo, como si cada uno por nuestra parte hubiera descubierto un sistema cauteloso y astuto que facilitara nuevas provisiones y evitara los problemas que podían crearnos todos aquellos hambrientos y matones que nos rodeaban, que percibían el olor de patatas cocidas sin encontrar de dónde salía.

Los retretes —siempre los retretes— nos sirvieron de posta de relevo, de rampa de lanzamiento en las incursiones, y de puesto de observación para vigilar desde fuera lo que pasaba en los contornos. Pero los retretes eran explotados al máximo para otros muchos servicios, además de las necesidades perentorias de cada uno: allí se fabricaban bulos, se comentaban las noticias sobre la situación exterior en los frentes de batalla, se fumaban las colillas sin tener que compartirlas con los vecinos de trabajo, había intercambios de consignas sobre la organización de grupos de resistencia, se camuflaban aquellos a los que se les encomendaba un trabajo penoso, era lugar de citas, de entrevistas, de paso de correo entre unos presos y otros, de descanso, y a veces de tragedia.

Las estancias prolongadas en esos lugares no pasaban desapercibidas a los cabos, que a menudo se daban una vuelta por allí para recuperar, y no con cortesías ni mansedumbre, a los operarios que dilataban su ausencia más de lo que era lógico. En cualquier momento los retretes se podían convertir en un valle de lágrimas, un baño de excrementos o un lugar de asesinato simplemente.

Los retretes eran zanjas profundas con una montura de madera a todo lo largo, colocada en ángulo vivo para que nadie pudiese aguantar puesto sobre ella más de dos minutos sin cortarse la piel que protege las nalgas. A uno y otro lado de la madera había sendas empalizadas, una junto a la plancha, que cubría las espaldas, y otra frente a ella, con un pasillo o corredor muy estrecho, que solo permitía moverse por él y vestirse con incomodidad. Un rústico techo de plancha ondulada, con muchas goteras, cubría el excusado, protegiendo en buena parte de la nieve y el viento, tanto al necesitado como al rezagado. La capacidad de acogida permanente no excedía de media docena de urgencias, pero entre postulantes, escondidos y remolones podía contarse siempre a una veintena larga, unos en posición de desahogo y otros en espera.

No era infrecuente ver a los cabos y otros responsables de trabajo llegar a los retretes buscando a sus operarios rezagados y castigarlos allí mismo, por más que, acosados por el peligro, se precipitaran a colocarse en la plancha simulando hacer sus necesidades. Las súbitas astucias no servían para calmar la cólera de los cabos; antes al contrario, contribuían a enfurecerles, causando un tremendo zipizape, en el que las piernas de unos se trababan con los pantalones de los verdaderos o supuestos necesitados, dificultando la rápida huida cuando había que ganarse la salud corriendo. Y es que los cabos, encolerizados por la ausencia de sus operarios, entraban en la chabola maloliente empujando hacia atrás a los que no podían salir corriendo, fueran o no de su grupo, hundiéndolos en un baño de excrementos y porquerías. Cuando, tras la trifulca eran sacados del barranco, inflados de asquerosidades, algunos estaban ya completamente yertos o asfixiados o exhalaban sus últimos suspiros. Con estos contratiempos había que contar cuando intentábamos encontrar comida suplementaria, escaquearnos del trabajo o buscar información.

Pero obviando esos u otros peligros, siempre reales, el pequeño grupo de canteros confabulados proyectamos el robo de alimentos tomando como base mi afortunada excursión. Cada uno cavamos un hoyo al lado del banco de trabajo, donde ocultar la cosecha obtenida. Y dando rienda suelta a nuestra imaginación, los vimos llenos de gruesas patatas y de suaves conejos, grandes como bueyes de matanza, y de ahí al plato, o pequeña palangana que hacía sus veces, cortados en grandes tasajos.

Pocos días después repetí la operación, y con buen acierto, pues encontré otro filón mil veces más caudaloso y menos comprometido en caso de ser cazado o delatado, ya que, si por mala suerte era cogido con uno o varios conejos en alguna de mis salidas, el pago con mi piel lo tenía seguro al doscientos por ciento, además de llevarme por delante a los amigos que formaban la banda. Estas consideraciones ponían a salvo de mi codicia a los conejos. Las patatas eran otra cosa: el atrevimiento solo lo pagaría yo, con las ancas o incluso con la vida, pero ese precio estaba ya asumido como moneda corriente.

Por otra parte, el nuevo filón era una fuente de riquezas sin fin, por tratarse de los silos donde estaban almacenadas, desde el otoño, las patatas para el abastecimiento de la guardia y, en menor escala, para los presos del campo. El almacén subterráneo donde se guardaban contenía patatas para dar y tomar. Y lo que era aún mejor: entre los encargados de su mantenimiento encontré a algunos amigos, a quienes sin grandes ruegos los puse de mi lado como cómplices, mediante pago, claro está, de un tercio de la mercancía sacada bajo su protección y que pudiera entrar en el campo por la tarde apta para su consumo, es decir, ya cocida. Estos amigos me protegían la entrada y salida de los silos; el resto del viaje y su cocción, así como la entrada al campo por la tarde, corría de mi cuenta. Si luego me cogían, tal como sucedió varias veces, el pago de mi audacia recaía en mí al cien por cien, aunque más de una vez algunas chuscas fueron a calentar las orejas de mi cabo por no haber extremado su vigilancia. Esa era la regla que había que tomar o dejar. Una cosa por otra, arriesgarse a caer bajo el palo, o dejar de existir por agotamiento.

El problema más difícil de solucionar era cocer las patatas. Cada viaje de entrada al taller requería complicados procedimientos culinarios. El truco del alquitrán solo nos sirvió hasta que sus excelentes servicios fueron descubiertos por otros ladrones de patatas más fuertes y vigorosos que nosotros. Cuando un truco era descubierto por los funcionarios, cabos u otros hambrientos, había que cambiar de fórmula para no arriesgar que el producto de nuestro esfuerzo cayera bajo la ley del más fuerte. Teníamos que defender el hurto a capa y espada, pues eran muchos los hambrientos que había en el campo, y las leyes, muy duras y aplicadas con salvajismo. No faltaría, pues, quien aprovechara las castañas sacadas del fuego por nosotros. Y aún sería peor si el asunto llegaba a manos de los SS. Entonces la empresa caería en bancarrota por mucho tiempo, si no definitivamente.

Cuando la fuerte competencia nos obligó a abandonar el sistema del alquitrán, ideamos meterlas en un agujero practicado en el suelo, envueltas en cal viva, recubiertas luego con tierra, tras haberlas rociado de agua. Ese método de cocción nos dio peores resultados, pues además de desprender un vapor que nos obligaba a tener mucho cuidado para no ser descubiertos, nunca las sacábamos bien cocidas y sí con mal gusto, por embeberse la fécula de líquido alcalino a medida que el calor iba penetrando en su pulpa.

Más tarde probamos de nuevo con el sistema del alambre, pero esta vez metido en un cubo a modo de resistencia eléctrica, de donde las sacábamos hirviendo al cabo de media hora. Pero esa fórmula estaba cargada de peligros no imaginados al principio, ya que varias veces hicimos saltar los fusibles del transformador y vimos las malas intenciones con las que salían en busca de los saboteadores los cabos electricistas y los *Kommandoführer*. Ni que decir tiene que si se descubría el asunto, habría pasado por sabotaje, hecho castigado en el campo con extremado y ejemplarizante rigor. Por los riesgos que suponía, y porque encontramos otra forma más racional y menos peligrosa de cocerlas, pronto abandonamos aquel método culinario.

Aprovechando que algunos de nuestros camaradas estaban colocados en talleres de herrería, fragua y carpintería, donde por necesidades profesionales les estaba permitido hacer fuego, les pedimos que nos ayudaran a preparar las patatas para saborearlas y digerirlas mejor. Ellos aceptaron, pero a condición de quedarse con un tercio de la mercancía tratada.

Llegados a un acuerdo y puesto en marcha el plan, cada carga de patatas tenía que repartirse entre los tres grupos que participaban en la operación, a saber: un tercio era para el grupo que protegía la salida desde el silo, otro tercio era para nuestro grupo, encargado de sacarlas y transportarlas hasta el campo, y el resto para el grupo encargado de cocerlas. Pero como todo lo que concernía a aquel maldito campo estaba lleno de mezquindades, el reparto de las patatas tampoco fue ajeno a esa faceta de la condición humana. Teniendo en cuenta que todos estábamos hambrientos y que de repartir comida se trataba, las partes se hacían siempre siguiendo la ley del más fuerte o del mejor situado. Así, el grupo que las cocía, que era el que menos arriesgaba, se quedaba con un tercio de las patatas, pero escogía las mayores; nuestro grupo, que era el encargado de pasar al campo las que había que dar a los del silo, ya cocidas, y que era el que más arriesgaba, pues a su cargo estaba todo el transporte y distribución, se quedaba con el siguiente tercio numérico, pero también escogía las mayores entre las que quedaban; finalmente, los del silo, que eran los últimos con acceso a las patatas ya cocidas, tenían que conformarse con las más pequeñas. De las patatas también se beneficiaban otros que, de forma directa o indirecta, colaboraban protegiendo la operación o simplemente guardando el secreto de lo que habían visto. En definitiva, un solo viaje que se librara de la tormenta era repartido al menos entre una docena de interesados. No obstante, el suplemento de calorías teníamos que agenciárnoslo como pudiésemos, si no queríamos ser reducidos a cenizas, aun a riesgo de que pudieran cogernos y nos redujeran de otra forma. Gracias a esos y otros latrocinios, muchos de los enfermos y otros ya tocados por la tormenta del invierno de 1941-1942 pudimos asomar a la primavera y seguir vivos en el campo.

La rebusca de calorías formaba parte de nuestra lucha por la supervivencia, de la defensa natural de cada uno, y era como un sexto sentido. Los robos se hacían aún más necesarios cuando éramos descubiertos, precisamente para paliar las consecuencias derivadas de que nos pillaran. El trabajo agotador, los palos, el sufrimiento, las vejaciones y escarnios, formaban parte del menú de cada día. Para afrontarlos era necesario luchar por vivir, alimentarse aun a costa de mayores maltratos, sacar a flote todo el espíritu de supervivencia, templar todos los sentidos corporales y no darse por vencido jamás. O eso, o todo se iba al diablo.

La industria de guerra en Gusen

A lo largo del año 1942 la industria militar cobró paulatinamente más fuerza en el campo, impulsada por mil prisioneros de guerra soviéticos y dirigida por técnicos civiles bajo el control y dominio de los SS. Simultáneamente se mantuvieron los trabajos de la piedra y sus derivados.

Todo el recinto plano del campo se cubrió de hangares y de barracas que se llenaron de maquinaria y engulleron convoyes y más convoyes de presos, cada día más numerosos, cazados en la resistencia y sacados de los campos de prisioneros de guerra esparcidos por todos los países de Europa. Los ejércitos alemanes, frenados por los frentes abiertos en territorio soviético, en África del Norte, e incluso en algunos de los países ocupados, se vieron obligados a detener su avance, en batallas cada vez más equilibradas y más devastadoras para sus fuerzas combatientes. Y empezaron a acusar el derroche de brazos y de energía humana con que alimentaron su maquinaria bélica en los días de avance militar. Ahora debían levantar más la mano y calcular mejor el fruto de nuestras energías, por lo que tuvieron que modificar un poco el trato dado a los prisioneros y reducir su eliminación.

También la industria de guerra ocasionó cuantiosas bajas en hombres, que se debieron ya más al cansancio acumulado y a la escasa ración alimenticia que a las matanzas indiscriminadas, como en el año anterior, aunque las vejaciones y maltratos siguieron cobrándose su tributo como antes. Hubo que instalarla en túneles subterráneos, excavados en las colinas próximas para protegerla de los devastadores bombardeos de las fuerzas aliadas, y en esos y otros trabajos perecieron más de dos mil prisioneros de guerra soviéticos.

Los soviéticos eran bastante diestros en los trabajos manuales, y empezaron a colocar en el mercado del campo toda una serie de objetos de aseo personal: cepillos de dientes, boquillas y pipas para fumar, peines —de poca utilidad en el campo por lo corto que llevábamos el pelo—, etc., todo ello hecho a mano, en tiempo libre y con materiales plásticos, con lo que trataron de ganarse, ellos también, un suplemento alimenticio. Todo ese material de «lujo» que llegaba al bazar o mercado, era cambiado por ropa, tabaco o comida, y a veces se destinaba a conseguir un mejor trato de aquellos que ocupaban puestos con cierto poder.

La coquetería solo estaba al alcance de muy pocos. Los jefes de bloque, los cabos, funcionarios y otros prominentes bien colocados gustaban de arreglarse como estetas: jerséis hechos a mano, traje de rayas bien planchado, botas hechas a medida, gorro con arillo de alambre dentro bien estirado, y otros detalles de cortejo y distinción que los realzase como *vedettes* ante los demás. Todo pagado con frecuencia con la comida de los otros presos. También el afeitado dos veces al día formaba parte del aseo y de la coquetería de la «alta sociedad», de los distinguidos y prominentes del campo, a muchos de los cuales gustaba lucir a su lado algún joven de buen parecer.

Tres meses sin cortar el pelo y la *Strada*

Hasta bien entrado el año 1942 teníamos que afeitarnos una vez a la semana. El afeitado no concernía únicamente a la cabeza, sino a todos los lugares velludos o peludos del cuerpo, sin olvidar las partes más recónditas y difíciles de rasurar, otro suplicio agregado, no solo por la incomodidad que conllevaba tan completo desplume, sino por los medios usados para lograrlo.

El *Blockfriseur*, único titulado a tal fin en cada barraca, reclutaba, mediante el pago de un plato de comida, a otros charcuteros de ocasión, no siempre aptos para el manejo de la navaja barbera, ni siquiera de una maquinilla de afeitar corriente, incapaces de realizar el trabajo sin arrancar de cuajo los pelos que no se dejaban cortar de buen grado por unos útiles que tampoco estaban en buenas condiciones para hacerlo. Cuando de antemano no podíamos afeitarnos nosotros mismos, por falta precisamente de herramientas, teníamos que recurrir a la «peluquería», de donde salíamos echando sangre por todas partes como un Nazareno. Las herramientas usadas por los «peluqueros» no necesitaban mucho trabajo para perder el filo, y con ellas en tales condiciones entraban a buscar los pelos hasta tropezar con el hueso, que muchas veces estaba ya tocando la piel, y salía a la luz antes de que los pelos hubieran perdido su raíz. Y allí donde no había huesos, y por tanto no existía un tope para las herramientas de pelar, era aún peor, pues uno se arriesgaba a salir castrado por aquellos barberos faltos de pulso o de serenidad y acostumbrados ya a ver tantos horrores.

Casi estaba mediado el año cuando dejaron que nos creciera el pelo, sin cortarlo durante dos o tres meses, para al cabo de ese tiempo afeitarnos y dar a los cabellos alguna de las aplicaciones de las que los alemanes sabían sacar buena ventaja. Entonces se nos afeitó una *Strada* (franja) de cuatro o cinco centímetros, desde la frente al cuello, renovable cada semana. La intemperie, el frío y el calor, fueron curtiendo esa banda sin pelo con un tinte oscuro que permanecía durante muchos meses más sobre el cuero cabelludo aún sin afeitar.

El nuevo sistema actuó a nuestro favor, ya que el pelo nos preservó durante algunos meses del frío y del sol, pero sobre todo nos libramos de los raspados que antes debíamos sufrir, de los que salíamos desollados vivos. En ese detalle de la *Strada* obligatoria entraba todo el mundo. Pero también a este respecto había «clases»: los prominentes lucían su *Strada* con minucioso aseo, dejándola lo más estrecha que autorizase el reglamento y alineándosela de arriba abajo puntualmente con detalle de gusto y galantería, eligiendo para ser rasurados a los barberos más prestigiados del campo, previo pago, como puede entenderse.

La correspondencia

Solo los presos austroalemanes, los polacos y los checos tenían autorizado mantener correspondencia, aunque controlada, con sus familiares del exterior. Ese privilegio llevaba añadida la ventaja de poder recibir paquetes de comida, que antes era manoseada por los SS ocupados del servicio, y mutilada buena parte de su contenido. La correspondencia de los presos con los familiares estaba programada por la Gestapo, que solamente daba curso a las cartas que se atenían a dicho programa.

A partir del verano de 1942 ese privilegio se hizo extensivo a los presos españoles. A cada uno se nos entregó una *postkarte* (carta postal) con el distintivo del KLM (Konzentrationslager Mauthausen), que debíamos enviar a nuestros familiares más próximos, pero que estuvieran fuera de Alemania. Solo se nos autorizaban unas pocas palabras como texto: «Estoy bien; enviad paquete; abrazos» y la firma. Eso o algo parecido era lo autorizado.

Estaba prohibido escribir en la carta palabras que pudieran tener doble sentido o signos de dudosa interpretación. Tampoco podíamos negarnos a escribirlas, al menos en la barraca donde yo estaba. Era una orden tajante del *Blockschreiber*. Ese tipo de correspondencia nos planteó un problema de conciencia, ya que ninguna otra noticia, deseo ni explicación podía adjuntarse. Suponiendo que llegara a su destino, solo servía para revelar que el remitente seguía con vida en la fecha en que se escribió la carta. Por otra parte, dar señales de vida desde un lugar llamado KLM era decir muy poco, porque ¿quién de nuestros familiares tenía conocimiento de lo que era el KLM?; e incluso si lo supiera, ¿sabía lo que significaba en realidad un *Konzentrationslager* en Alemania? Y ¿qué podía suponer para la familia dar señales de vida a los dos o tres años, cuando ya tenían asumido que todo había terminado, e ilusionarla para morir unos meses e incluso unas semanas o días después?

En el fondo, poder decir a esas alturas que seguías vivo era ya, de hecho, una victoria. Pero ¿cuáles podían ser las consecuencias a medio o largo plazo? En cualquier caso, la correspondencia inicial nos fue impuesta, cortando de cuajo cualquier acto de voluntad por nuestra parte en uno u otro sentido.

Durante los meses que siguieron al envío de estas postales llegaron de España algunas respuestas, e incluso algunos paquetes arrancados al hambre y al dolor de sus remitentes. Y como era de esperar, una buena parte de esas respuestas no las recibieron sus destinatarios porque a su llegada estos ya habían fallecido. Dos o tres veces más, hasta el cierre del campo, se nos autorizó, o más bien obligó, a escribir esas postales. No nos permitieron ningún otro tipo de correspondencia.

Fútbol en Gusen

En el verano de 1942 empezaron a organizarse partidos de fútbol entre los presos. Solo individuos de tres nacionalidades, austroalemanes, polacos y españoles, tenían derecho a participar en ese deporte, que de algún modo humanizó, si bien de manera testimonial, la vida en el campo. Alternativamente, un equipo de cada una de estas tres nacionalidades se enfrentaba a otro cada domingo por la tarde.

En un principio el colectivo español presentó un equipo formado por completo por profesionales o por aficionados que trabajaban en la cocina de los SS, en la fabricación o reparto del pan o en otro oficio desde el que se podía mejorar la ración de comida correspondiente a cada preso. Los polacos disponían de un equipo más amplio al ser ellos más numerosos y contar, además, con plazas protegidas.

Los encuentros más animados eran los que disputaban polacos y españoles, entre los que existía una cierta pugna no declarada, aunque no por ello menos deplorable, que daba color a los partidos. Nuestros jugadores, de corta talla por lo general, se defendían como leones, sacando ventaja de su maestría, para gran satisfacción nuestra y de presos de otras nacionalidades que presenciaban aquellos furiosos combates y simpatizaban con nosotros. Su triunfo redundaba en favor de los pocos españoles que íbamos quedando y nos daba una cierta moral que, si bien no nos llenaba el estómago, sí nos inflamaba el corazón, aturdido desde años atrás o puesto en hibernación. Los domingos anunciados para encuentros eran esperados con impaciencia. Se preparaban incluso de antemano apuestas y porfías, tratando de sacar alguna ventaja del evento, fuera quien fuese el vencedor. Durante la hora y media que duraba el partido nuestro ánimo estaba al rojo vivo, y su rescoldo seguía calentando los comentarios días después.

La competición entre españoles y alemanes y entre estos y polacos también era atractiva, aunque le faltaba el puntillo picante de la pelea mantenida entre españoles y polacos, más igualados en potencial humano apto para el juego. En realidad, las condiciones de vida en el campo se decantaban a favor de los polacos, más próximos al idioma y al clima de la zona que nosotros, pero el furor con que jugaban nuestros paisanos a veces compensaba la ventaja inicial de sus rivales. Cuando nuestro equipo perdía, pues no podía ganar siempre, lo sentíamos todo el grupo ibérico, que por momentos nos uníamos más, olvidando roces y otras minucias, pero avanzada la semana iban enfriándose el enojo y los comentarios.

Según fue pasando el tiempo, la balanza deportiva se inclinó del lado de los polacos, por las razones ya indicadas, que les proporcionaba más hombres frescos y fuertes aptos para la práctica del deporte. En cuanto a los españoles, cada vez íbamos quedando menos; tanto que al final los partidos se jugaron entre polacos por un lado y equipos mixtos de alemanes y españoles, elegidos entre los que tenían más posibilidades de aguantar el partido, por otro.

Con intención de preparar una reserva para el equipo español de fútbol, se buscaron voluntarios entre aquellos que hubiesen practicado el juego, y ante el olorcillo del plato suplementario que se ofrecía como preámbulo, presenté mi candidatura. Nada tenía que perder si fracasaba en la prueba, mientras que, si salía bien, o por lo menos pasable, podía mejorar algo mi situación. La verdad es que no contaba con que mi cuerpo fuera capaz de aguantar grandes atropellos sin el sostén de unas buenas piernas. Llegado el domingo, previo al encuentro de los campeones, los candidatos a reservas jugamos otro partido. ¡Un verdadero desastre! Las piernas no aguantaban y el estómago, con tanto esfuerzo, pedía algo más que nabos para impulsar los músculos reducidos a su mínimo volumen y potencia. Antes de media hora de juego la mitad de los competidores yacíamos por el suelo con las rodillas ensangrentadas por las caídas; y no eran solo las rodillas, pues apenas podíamos levantarnos cuando volvíamos a caer. Lo más prudente en ese caso era marcharse a la barraca sin esperar el hipotético plato de forraje prometido ni dar más vueltas a la cuestión, ya que valía más estar fresco para picar sobre la piedra el lunes, antes de que el negocio tomara peor cariz. Si no contento, al menos quedé desengañado para no volver a meterme donde no me llamaban.

El equipo de fútbol español se quedó sin la reserva buscada. Pero las competiciones siguieron su curso normal casi hasta finales del año 1944, interrumpidas entonces por las dificultades que los ejércitos alemanes estaban encontrando en todos los frentes.

El sabotaje

El lunes que siguió a la prueba de los reservas para el equipo español de fútbol volví a picar sobre el granito, como era de esperar, considerando en el fondo que la cosa habría sido peor de no poder hacerlo. El deporte, como acabamos de ver, no me proporcionó el plato deseado, y con el alma pesada, pero tranquila, encontré resignación, satisfecho al menos de no haber chaqueteado. Pero no por eso abandonaba la intención de mejorar, confiando en que la próxima vez tendría más fortuna.

A pesar de todo, los esfuerzos e intentos desplegados hasta ahora no habían sido en vano, ya que el trabajo de la piedra, después de los amargos intentos, me fue preservando de caer en la carreta, en alguna irremediable trampa o en la recogida de inválidos. Y es que en nuestra sección, la cuarta, las condiciones que se daban eran aceptables. Desde el principio del invierno solo habíamos perdido cuatro o cinco compañeros, mientras que, en las secciones contiguas, la una, la dos y la tres, las pérdidas ascendían a diez o doce individuos en cada una. Mi trabajo, pues, no era jauja, pero valía la pena mantenerlo. Por lo pronto no me quedaba otra solución que pegarme a la piedra y picar sobre la dura roca con inteligencia. Mientras, nuestro vejete *Meister*, que veía el interés con el que yo realizaba el trabajo manual, más por mi beneficio que por dar provecho a quienes me mantenían esclavizado, me fue dando cierta confianza y colocando sobre mi banco obras cada vez más difíciles y minuciosas.

Un buen día, ocupado mi pensamiento en problemas ajenos al trabajo diario, picaba sobre una piedra que debía de ser de importancia capital. No recuerdo si fue por descuido o hecho a propósito, que descantillé una esquina de la cara principal. Sorprendido por el resultado di durante varios minutos vueltas a la piedra buscando solución, pero la esquina levantada no podía volver a su sitio. Consulté a mis camaradas más cercanos, quienes después de mucho cavilar sacaron esta amarga conclusión:

—La piedra está rota, irremediablemente rota. Tendrás que dar conocimiento al vejete y a Frans del asunto. Hay que contar con ellos, ya veremos qué disponen.

Así lo hice. Nuestro vejete, veterano en el oficio, se había percatado ya de que algo estaba pasando, y si no acudió antes a mi banco fue quizá por no aumentar mi pesadumbre. A Frans, nuestro cabo, debió de sucederle lo mismo. Ambos se consultaron, midieron y remidieron concertándose en voz baja. Tan pronto soltaban una carcajada irónica como caían en un gesto grave, tristes y pensativos. Colocaron una y otra vez la plancha modelo sobre la piedra y la situaron en todas las posiciones adecuadas, hasta que, hartos de probar, después de haber sacado cada uno su conclusión, se miraron decepcionados, repitiendo la misma palabra:

—*Kaputt!, ist kaputt...!* (¡Rota; está rota!). *Verflucht noch mals!!!* (¡¡¡Maldita sea!!!) —repetía indignado el vejete, tocando con las yemas de los dedos la esquina truncada como si buscara, por una fórmula mágica, devolver al ángulo roto el pedazo que le faltaba.

—*Was kanneich doch machen dafür Herr Meister?* (¿Qué puedo hacer para repararlo, señor maestro?) —le preguntaba yo, más por sacarlo de su aflicción que por temor a las consecuencias, derecho como una vela.

—*Nichts, gar nichts* (nada de nada) —respondía él sacándose excepcionalmente la pipa tirolesa de entre los dientes—. *Kaputt!*

La malograda piedra tenía que acoplarse con otras similares en un conjunto arquitectónico y él, por sí solo, no podía solucionar aquel problema: estaba obligado a dar cuenta al *Obermeister* y a Paul, el *Oberkapo*. Estos se presentaron y, como los anteriores, miraron alrededor de la piedra mutilada, soltando gruñidos bajos que, poco a poco, se convirtieron en picardías y amenazas. Por desgracia la cosa no quedó ahí: el *Arbeitsführer*, que no hacía ninguna falta en aquel berenjenal, no tardó en aparecer, metiendo por su parte un poco más de picante en la salsa. Paul, al que se le debe reconocer que no fue de los cabos peores, queriendo demostrar su autoridad ante los SS también presentes, y creyendo que con eso bastaría, me envió a la cara una ristra de puñetazos, cascándome con uno de ellos la mandíbula derecha. Entretanto, los SS, legos en la materia, daban vueltas alrededor de la piedra sin encontrar la fuente del mal, hasta que, por fin, ayudados por las explicaciones del *Obermeister*, dieron con el canto roto.

—*Das ist ein Sabotage!!!* (¡¡¡Esto es un sabotaje!!!) —lanzó el jefe de las SS al observar la falta.

Nuestro vejete *Meister*, asustado por el mal humor de aquellas fieras, gesticulaba con manos temblorosas, tanteando la piedra con los dedos, e intentando convencerlos de que la rotura pudo ser fortuita, sin intención expresa, argumentando que algunas piedras tienen fallos y vetas naturales por donde pueden saltar a la menor falta de precaución. Pero para esos brutos no servían los razonamientos. Necesitaban dar un castigo ejemplar de vez en cuando, y esa era una excelente ocasión para hacerlo.

Entonces fui llevado a una cabaña que les servía de almacén para materiales y como lugar de reposo, situada en un rincón de la cantera de Gusen a la que pertenecía nuestro taller. Dos cabos que andaban remoloneando por los alrededores fueron solicitados por los SS para que les ayudaran en el ajusticiamiento, uno para preparar los bártulos de castigo y otro para aguantarme mientras recibía la pena. Un taburete, de los que oportunamente aparecían cuando se aplicaba un castigo, hizo las funciones de cadalso. Sobre él tuve que apoyar los codos mientras el cuello quedó aprisionado entre las tenazas que formaban las piernas del otro cabo. Y así, después de algunos empujones, patadas y codazos, allá que me tienes, trasero en pompa, presto a recibir, en caso de buena suerte, el castigo reglamentario, o sea, los veinticinco palos en el culo, porción normal si el supliciado no se equivocaba en la cuenta del reparto.

Mientras uno de los cabos acoplaba mi cabeza entre la tenaza de sus piernas, el otro le quitó el mango a un pico de los que se encontraban en un rincón y se lo pasó al SS, quien, situado ya en el lugar oportuno para zurrar, se preparaba para comenzar el reparto. A partir de ese momento empezó la faena: ...¡Pammm!, *Eins*; ...¡Pammm!, *Zwei*; ...¡Pammm!, *Drei*... *Vier... Fünf...* Ya pasaba la cuenta de la media docena cuando el *Kommandoführer*, sofocado por el esfuerzo, le pasó el relevo al cabo que le había servido el mango del pico. El nuevo repartidor, encargado habitualmente de tal honor, continuó la operación con aire decidido de matamoros. Mientras tanto yo, sin sacarme el gorro de los dientes, me debatía para no olvidar dónde quedó la cuenta de los estacazos.

El segundo verdugo, práctico en esa clase de operaciones, levantaba el astil con gran desenvoltura y lo dejaba caer sobre mi trasero con tanta fuerza que parecía enviado desde el mismo cielo. Pasaba ya el reparto de la mitad, según mi cuenta, cuando el mango del pico se rompió en dos o tres pedazos. Furioso, el matamoros arrojó el trozo que aguantaba en su mano y fue al rincón a desmangar un nuevo astil. Mientras, un fuerte dolor me subía desde la punta del coxis, que había sido alcanzada por algún golpe, hasta la cabeza, como si me arrancaran del cuerpo toda la espina dorsal.

La operación se reemprendió por tercera vez con aire renovado, después de un pequeño descanso. Yo dudaba sobre dónde había quedado la cuenta y la seguí al azar por un número que debió de ser el bueno. El nuevo mango, que no habría pasado muchas pruebas de resistencia, a los pocos viajes se rompió también en dos. El jefe de los SS empezó a inquietarse por el coste de la operación, pensando que aquel castigo estaba saliendo bastante caro en mangos de pico, y ordenó que para acabarlo —aún andaban lejos de la cantidad estipulada—, se usaran medios menos onerosos. De un árbol caído que se hallaba en los alrededores desgajaron una rama, la pelaron grotescamente y reanudaron la faena.

El nuevo instrumento, más difícil de manejar, no permitía dar los golpes con precisión, y algunos iban a encontrar su blanco sobre la ya dolorida espalda. El taburete que me aguantaba fue al suelo, y el cabo que me tenía sujeto, sacudido por mis convulsiones, cerraba mi cuello y cabeza entre sus rodillas mientras que el otro seguía sacudiendo estopa por donde podía, sirviéndose de las botas para abrir brecha por donde cascar. A esas alturas estábamos ya fuera de cuenta y seguían dando.

Cuando terminó la penitencia, que más bien había sido una batalla, volví al taller, curvado, pensando que no llegaría a enderezarme jamás. ¡Pobre de mí! ¡Cuánto debía de amar la vida para no haberme llegado hasta la cantera a despeñarme, en lugar de seguir hasta el taller, donde no me quedaba otra cosa que sobrellevar el dolor! Al verme entrar bañado en sangre, mis compañeros corrieron a sostenerme, creyéndome ya casi muerto. Frans, nuestro cabo, poseído de los buenos sentimientos que ya conocemos, me escondió detrás de una gran piedra, advirtiéndome de que no me moviera de allí salvo si aparecía algún SS. Él mismo se prestó a vigilar, sabiendo a lo que se exponía si era descubierta su voluntad de ayudarme.

Dentro de mi estado de semiinconsciencia, lo que más me afligía, llenándome de pena el alma, era nuestro vejete *Meister*, que de cuando en cuando se acercaba a mi escondite mascullando entre dientes, blanco como la cal: «*Was ist das...? Mein Gott, Mein Gott!* (¿Qué es esto? ¡Señor mío, señor mío!)». Mis camaradas venían continuamente a animarme para elevar mi moral. Me contaban anécdotas y chascarrillos, frases irónicas de las que estaba lleno aquel infierno, además de ofrecerme alguna cosilla, en particular patatas cocidas de su cosecha, y se prestaron con empeño a meterme en el campo sobre sus hombros. Con preocupación buscaban en mi cara un gesto que delatara el estado de mi cuerpo para calcular hasta dónde llegaban mis fuerzas. También el *Oberkapo* Paul se acercó a mi escondite doliéndose de su actuación, pues lo hizo pensando que así la cosa no iría más lejos.

Finalmente, lo de la piedra no era tan grave como al principio se pensó, pues con un pequeño rebaje de dos o tres centímetros de la cara principal quedó arreglada, ya que tenía bastante altura. Pero el incidente dio a los SS la oportunidad de demostrar que no tenían escrúpulos y que cualquier pretexto podía servir para ensañarse con nosotros. Y es que la casuística, en lo que se refiere a su actuación, es ilimitada. Aquí no se cuentan la mayor parte de los hechos, por no traer a colación a tantos y tantos supliciados de los que fui testigo, y que con frecuencia han llenado de lágrimas mis ojos. Si mis sufrimientos fueron muchos, he pensado a veces, ¿cómo serían los de aquellos que llegaron a traspasar la barrera de la muerte?

Intento de suicidio

Con las raterías y pequeños hurtos había conseguido, no sin riesgos, que en los últimos meses una piel algo más grasa envolviera mis huesos, ganando algunos kilos respecto al invierno anterior. Mi peso, sin embargo, quedaba aún muy lejos del normal, y no tenía esperanzas de recuperarlo. Aquella pequeña mejoría, más aparente que real, no borraba de mi cuerpo el desgaste de mis órganos vitales, de mis sentidos, de mi energía, de mi moral y, sobre todo, de mi resistencia, muy debilitados durante los diez primeros meses. A esas alturas empezaba a convencerme de lo difícil que sería salir de aquel campo, y notaba que también mi cabeza iba perdiendo parte de sus facultades. El suicidio, como fórmula para evitar sufrimientos mayores y más largos, que siempre había combatido, se abrió un hueco en mi mente, que comprendía ahora a los que ya lo habían elegido para abreviar el martirio. Cuanto antes, mejor, llegué a pensar.

La última somanta recibida superaba mi capacidad de aguante: las piernas se negaban a moverse y a sostener el cuerpo; la columna vertebral había perdido su aplomo; las vértebras se hinchaban hasta alcanzar un volumen inquietante; el apetito, que siempre y en cada momento estuvo presente, se había marchado, y encontraba ácido y amargo todo lo que entraba en mi boca. La última refriega sufrida, que en los primeros meses hubiera calificado de pequeño incidente, ahora sobrepasaba el límite de mi resistencia. El ánimo, ahíto de tantos excesos, no daba más de sí, ni admitía tampoco remedios, desbordado por todos los sitios en su capacidad receptiva. Mis compañeros, considerando la cuestión grave, trataron con ahínco de remontarme la moral, recurriendo a palabrotas y gestos humorísticos, siempre bienvenidos en tales casos, pero nada conseguía reavivar mi humor que, como los demás sentidos atacados por la adversidad, rehuía de mi persona o de mi cuerpo, dejándome solo, con la muerte.

Tal como me habían prometido, mis camaradas más fuertes me metieron esa misma tarde en el campo apoyándome en sus hombros, del mismo modo que yo antes había llevado a tantos otros. Por primera vez pasé el recuento tendido en el suelo, como lo habían pasado muchos compañeros a los que yo, al verlos en aquella posición, consideraba acabados, sin entrar en sus reflexiones, que las creía acabadas como ellos. ¡Pero... no! El cerebro, motor infatigable, aun fuera de su régimen normal, o atacado por intermitentes alucinaciones, deja entrever en sus pausas febriles entrecortadas por imágenes alucinantes, la oscura realidad de la situación, sin abandonar por completo la vida que, como todo viajante de este mundo, se marcha por el cauce que la guía de la existencia a la nada.

Se pasó recado a mi primo Leoncio para tenerlo informado de la situación, y para que viniera a verme antes de que fuera demasiado tarde. Se presentó con un plato de nabos, que de buena gana hubiera devorado. Tal como estaba mi cuerpo nada entraba por mi garganta: todos mis sentidos me abandonaban cuando más necesidad tenía de ellos. Mis camaradas, cuyos esfuerzos jamás llegaría a recompensar con nada, siempre prestos a salir en mi socorro, me metieron en el *Stube*, temiendo que, de no hacerlo así, los encargados del servicio *Stubendienst* me llevarían derecho al crematorio, algo habitual en tales casos. Luego, echado en la litera, recuperé un poco la lucidez, unos momentos nada más, pues la fiebre me hundía en letargos, reavivados a menudo por un miedo cerval, un miedo al hombre, que me asaltaba con abominables temblores y escalofríos. Cualquier voz o represión fuerte me sumía en una aguda androfobia, invadiendo de canguelo mis sentidos y sus reacciones. Difíciles y complicados caprichos entraban en mi molida imaginación, empujados por ideas que me inducían a tomar la solución final: liquidar todo de una vez para siempre con el suicidio.

La alambrada, electrificada con alta tensión, me pareció la mejor vía para llevar a cabo la empresa. La única dificultad para realizarlo eran las fuerzas, que no me dejaban llegar hasta allí. Yo me imaginaba arrastrando el cuerpo, empapado en sudores, hasta alcanzar los alambres que, con solo tocarlos, me quemarían como tea, en una espontánea llamarada, mientras salía de este mundo. Encerrado en esa hipocondría aproveché todos los momentos lúcidos para organizar la ejecución planeada, e ideé estratagemas cautelosas para que mis camaradas no se apercibieran de mis proyectos porque, pensaba yo, pondrían todos los medios para evitarlo. Así, cuando todo quedó en calma y mis compañeros dormían, apoyándome en los tabiques pude salir de la barraca y dirigirme hacia la alambrada sin ser apercibido por nadie. Luego, cuando las paredes de la barraca me faltaron, después de gatear algunos metros, caí de bruces, tan cansado y molido que me pareció que mi proyecto había tocado allí su fin. Con la caída perdí la cuenta del tiempo; no sé cuánto permanecí en esa posición, agotado y posiblemente dormido, sin otra complicación. Al recuperar la consciencia, o al despertarme, me encontré más despejado e incluso extrañado de verme en tal sitio y a tales horas, preguntándome a mí mismo qué hacía yo allí.

Terminé de despejarme al observar que otro preso se dirigía a la alambrada con paso decidido. Bregué por salirle al paso y oponerme a su intento, pero no me pude mover. Entonces me di cuenta de que lo que me retenía en aquel lugar era la falta de fuerzas, y no pude hacer otra cosa que contemplar, en perfecta lucidez, el drama que se representó ante mis ojos: con el mismo brío que llevaba, el infeliz se lanzó a los hilos electrificados y tejidos en cuadros de 20 a 25 centímetros de lado, levantando una llamarada con cada una de sus manos al chocar con los alambres, y otra al hacerlo la cabeza, con un quejido de dolor, fuerte pero corto, seguido de una olorosa e intensa humareda que duró varios minutos. El olor a carne quemada perduró en mi olfato varios días, hasta que fue diluyéndose poco a poco.

El centinela o plantón que vigilaba con el fusil a la cadera al otro lado de la alambrada contempló la escena sin mostrarse impresionado por el acontecimiento. De vez en cuando se paraba frente a mí, impávido, puede que preocupado solo por mi reacción. En cierto momento, viéndome sentado sobre mis piernas, adivinando tal vez mi intención, me hizo señas con el fusil para que me marchara. *Weg!* (¡Márchate!), *Auf!* (¡Levanta!), me decía. El miedo, que seguía hiriéndome la mollera, me hizo imaginar al centinela dándome voces y amenazándome, asociándolo con el SS de la cabaña cascándome leña. Y sacando fuerzas de donde no había, volví hasta la barraca, y una vez allí pude recuperar otras nuevas para entrar poco a poco en el interior del bloque. Allí todo estaba a oscuras y en silencio. Mis camaradas no dormían, posiblemente preocupados por mi ausencia, y al oírme entrar acudieron en mi socorro y con mucho silencio y decoro volvieron a meterme en la cama.

Al toque de campana me encontraba ya en mejores condiciones y, con ayuda de mis compañeros, pasé la primera revista del día casi en estado normal. Más tarde, ya en el trabajo, fui recuperando fuerzas y serenidad. Al día siguiente era domingo, por lo que pude ganar nuevas energías y mejorar mi estado patológico, que se debía tanto a la baja moral como al daño recibido en el castigo.

Aquella crisis parecía la gota que colmaba el vaso, pues, aunque no fue la somanta más fuerte que había recibido hasta entonces, me vino posiblemente en una situación en que no podía aguantar más. A los pocos días la moral empezó a recuperarse y mi aplomo apareció de nuevo. Mis deseos de resistencia se orientaban de nuevo hacia la puerta de salida, imaginando el día en que esta, vestida de gala, se abriera ante mis ojos. Volví a jugar todas mis cartas y afilé el hierro de la moral para mejor luchar y defenderme contra todas las adversidades que se presentaran, que aún serían muchas, todo al servicio de la supervivencia. Para no perder el hábito y no dejar que se me entorpecieran demasiado las piernas, tuve que coger el toro por los cuernos tan pronto como me fue posible y salir fuera de la barraca de trabajo en busca de la vida, demostrando así a mis camaradas que estaba siempre con ellos, agradeciendo sus desvelos y convenciéndolos de que seguir batiéndose juntos contra viento y marea valía la pena.

Días después las patatas volvieron a entrar en el taller, del taller a la fragua, y de allí al estómago. Convertidas en calorías, estas se transformaban a su vez en nervio y fuerza, y la fuerza, en esperanza.

Con los jóvenes canteros soviéticos

Consciente del peligro que suponían nuestras escapadas, pues él mismo había sido castigado por ese motivo, Paul, el *Oberkapo* del taller de los canteros españoles, quiso dar un aviso a todos, deshaciéndose de cuatro de los más destacados ladrones de patatas, y enviándolos a otro taller ocupado hasta entonces por jóvenes soviéticos.

Sin previo aviso ni advertencia alguna, los cuatro sancionados pasamos a formar parte de una de las secciones de la barraca de los rusos. Belmonte, Arraz, Torres y yo mismo éramos cuatro chinches de diminuta corpulencia, pero de carácter vivo y desenvuelto, capaz cada uno por su cuenta de quitar las herraduras a un caballo al galope, razones por las que el *Oberkapo* Paul quiso desprenderse de nosotros. Cada uno por nuestro lado éramos capaces de revolver Roma con Santiago y correr los infiernos de cabo a rabo en busca de comida, volviendo locos a los SS y a los cabos empeñados en nuestra captura.

La sección donde nos enviaron estaba mandada por un cabo de origen gitano, Toni, quien no pareció muy descontento por recibir en su grupo a los cuatro sancionados; más bien parecía satisfecho, aunque los primeros días no podíamos suponer a qué se debía su complacencia. Como es de suponer, desde nuestra llegada al nuevo taller, y mientras estudiábamos la atmósfera, observamos una conducta de aplicados escolapios para demostrar a los encargados de esa barraca, civiles, cabos y SS, que no éramos tan revoltosos como se nos achacaba y que sabíamos manejar el martillo cuando salía de nuestra voluntad. Así debíamos mantenernos hasta que las circunstancias se presentaran aptas para dar guerra. Y no es que el latrocinio fuera consustancial a nuestro carácter y moral, sino que aquellos hurtos, que pagábamos caros cuando éramos cazados, se hacían indispensables si queríamos seguir en pie y resistir hasta la liberación del campo. Esas pequeñas mejorías que nos habían proporcionado las salidas nos dieron un poco de fuerzas, aumentaron nuestra capacidad laboral en los primeros días de nuestro nuevo taller y nos llenaron de elogios, tanto de los civiles como de los cabos y de los SS. Pero esa maña profesional, que satisfacía a los que nos mandaban por el buen rendimiento en la producción, traía sin cuidado a Toni, el cabo del grupo, quien con el estómago vacío esperaba de nuestra parte otras proezas más en su provecho que las hazañas demostradas en el trabajo de la piedra.

Como posiblemente estaba al tanto de que nuestra mejor cualidad no residía en saber manejar el martillo, sino en proporcionarnos comida, acuciado por su estómago vacío, se acercaba a nuestros bancos zalameramente, no para exigirnos cumplir con nuestro trabajo, como era la primera obligación de un cabo, sino para inducirnos al robo, preguntándonos dónde estaban las patatas. El hambre le hacía traslucir las orejas, y le confería una mirada lastimera. Al principio debió de pensar que no comprendíamos sus intenciones, y luego, con la miel que es propia de los de su raza nos preguntaba:

—*Spanier... wo sind die Kartoffeln?* (Español... ¿y las patatas?).

—*Ich habe keine Kartoffeln, Toni* (No tengo patatas, Toni) —le respondía, más por hacerme de rogar que por no caer en sus alusiones—. *Es ist verboten!* (¡Está prohibido!), *muss man gukken!* (¡hay que tener cuidado!) —volvía a replicarle.

Todo lo que necesitábamos saber sobre la tolerancia de

Toni, incluso de su complacencia, nos lo hacía notar con sus gestos famélicos, pero viendo cómo las gastaba algunas veces con los rusos, debíamos comprobar si la zalamería de que hacía gala con el estómago vacío la conservaría con la panza llena. Nos quedaba por averiguar, además, ya que si no nos percatábamos a tiempo podría costarnos caro, la reacción del *Oberkapo* en caso de que fuésemos sorprendidos con las manos en la masa, o durante alguna de las salidas.

En cuanto a las intenciones que animaban a los cuatro rateros, estaba claro: si antes, cuando estábamos en la otra barraca, cada uno íbamos ganándonos la vida por nuestro lado, ahora, agrupados y de plena conformidad, y con la tolerancia de Toni, no habría obstáculo que impidiera llevar a cabo la empresa que nos proponíamos.

El *Oberkapo*, al que llamábamos Sultán, apodo que le pusimos para que nadie supiera que hablábamos de él, era un coloso alemán con triángulo verde, arrogante y desgarbado, y sobre todo garrulo. No pegaba a menudo, pero cuando lo hacía era de forma salvaje y desordenada, pues casi nunca miraba adónde dirigía el zapatazo, aunque de ordinario lanzara sus pies torcidos hacia el estómago y otras partes sensibles de quien cogía por delante. Nosotros no conocíamos sus caricias por experiencia propia, pues había delegado en el cabo Toni el control de los cuatro españoles, pero habíamos visto que, a los rusos, si los cogía entre manos, aunque casi siempre usaba los pies, los dejaba malparados por una buena temporada. Entonces... ¡cuidado con él! Desde el principio no se familiarizó con los cuatro españoles, pero tampoco nos acometió ni se interesó por nuestros negocios. Más tarde nos pareció que a los cuatro chinches nos guardaba cierto respeto, más que por nuestra condición de personas, por nuestra sutileza en los hurtos, pues él mismo estaba allí encerrado por delito de robo, y comprendería por propia experiencia cuán peligrosa resultaba al fin esa tarea. Valía más que fuese así, al menos para nosotros.

Cuando nos pareció que controlábamos la situación, iniciamos las salidas en busca de las calorías que faltaban, que fueron un éxito desde el comienzo. Ya era hora de que ese pequeño refuerzo llegase a nuestros estómagos, pues su falta durante varios días, y las energías puestas al servicio del taller para recobrar la consideración de nuestros jefes en el trabajo, habían bajado nuestra tensión arterial, y nuestra buena fama podía demolerse si no aportábamos un suplemento alimenticio a nuestro cuerpo.

Volvimos a renovar los lazos con los confidentes situados en el almacén de las patatas, e incluso metimos en el ajo a algunos rusos para que ellos también empezaran a moverse por su propia cuenta. Estos, guiados por nuestros consejos, hacían sus salidas con éxito, pues de cuando en cuando los veíamos mover las mandíbulas con buen gozo mientras nos guiñaban el ojo alegremente para hacernos entender que todo iba por buen camino. Era desde un rincón de la misma barraca, o «taller de los rusos», desde donde yo estudiaba las idas y venidas de los cabos y otros responsables de los trabajos cuando quería lanzarme a hurtar comida, pues esa parte del taller, que podríamos llamar trasera, dominaba el campo desde una altura de unos diez metros y a una distancia que no pasaba de los cincuenta. Fue desde allí desde donde observé la masacre de los soviéticos a finales del otoño de 1942, de la que se hará oportuna mención.

Permanecí en aquel taller hasta el verano de 1944, fecha en que Belmonte y yo fuimos llevados a los silos (*Kommando Kellerbau*), para trabajar en la construcción de los zócalos de las galerías. Desde entonces solo volvíamos al taller de manera efímera, el tiempo de preparar nuevos materiales que luego colocábamos en el silo. De ello se hará una descripción más detenida en su momento.

Un año ya en el campo de Gusen

Pasaba ya un año desde el día en que puse los pies en el campo de Gusen. Un año en aquella incomparable ergástula, tiempo suficiente para ver y soportar cosas, casos y hechos que ninguna cabeza normal podría imaginar si no hubiera pasado por ellos. Incluso habiéndolos visto a cada instante, y habiéndolos sufrido, no me libro a veces de pensar que todo aquello fuera solo un sueño, una idea fija que deformara en mi mente la realidad vivida en un mundo distinto al que aspirábamos, añorábamos o imaginábamos.

A veces pienso si los que nos dejaron, los que cayeron en los primeros envites de esta epopeya, los que habiendo ya pasado al lado de las balas y la metralla mortífera de la guerra, y sobrellevado los males que engendra, sufrido en su alma y carne los escarnios del ostracismo, la falta de calor de sus seres queridos, las noches de vigilia pensando en sus hijos, esposas, hermanos y padres, si estos hombres que yo he visto morir de mil maneras diferentes, todas fuera de lo común, no abandonaron este mundo indignados por haber pertenecido a ese género de seres racionales que nos obstinamos en calificar de humanos. Porque incluso los animales a los que nos empeñamos en llamar salvajes, que a veces ponemos de ejemplo para comparar nuestras malas acciones (perro, chacal, lobo, cocodrilo, zorro, águila, cuervo, etc.), no atacan con tanta saña a sus congéneres si no es para satisfacer las necesidades de sus crías o de ellos mismos, pero cuando han cubierto esos menesteres todos campan en paz sin la ambición egoísta, ni el rencor, ni la saña, crueldad o sadismo que emplean los humanos. En ciertos momentos de reflexión llegué a plantearme si los que salieran o saliésemos vivos de ese lugar, si por ventura alguno llegaba a salir, no tendríamos que cerrar la cuenta de los sucesos allí vividos y enmudecer para que las generaciones sucesivas no tuvieran que sonrojarse cuando en sus estudios antropológicos buscasen averiguar las cualidades, prejuicios y virtudes del hombre.

Porque mañana, como ayer, el mundo seguirá viviendo su vida, sacando a la luz los sucesos históricos tanto del pasado lejano como del tiempo presente, e interpretándolos en función del talante y parecer de quienes los trasladaron al papel, y serán creídos de la misma forma, si estos no van seguidos de pruebas irrefutables que atestigüen su autenticidad. Y sigo preguntándome: ¿quién podrá creer mañana a hombres que han desaparecido sin dejar tras de sí más que ceniza y humo? Porque si los nazis triunfasen, posibilidad que ha de tenerse en cuenta, y establecieran su orden en el mundo, como parece también su intención, ¿quién podrá certificar un día que esto fueron campos de concentración donde se explotaba, asesinaba y se quemaban después los restos de decenas y decenas de miles de hombres sin causa previa, si a ellos, los nazis, según los conocemos, les diese por negarlo a la Historia, o dijeran en último caso que tales lugares eran espacios para el regocijo, y que quienes allí murieron no lo hicieron sino por exceso de placer, añadiendo, para convencer a los crédulos, que subieron al Cielo por su propia voluntad para gozar allí de sus maravillas?

¡No! ¡Ni callar, ni cerrar la cuenta!, porque si por meticulosidad, asco o abandono, ocultásemos estos hechos a quienes tenemos el deber de comunicárselos, ocultaríamos a la Historia una muestra importante de la conducta del hombre, o dejaríamos contarla a impostores, o incluso a inexpertos, que con mala voluntad unos o con toda su honradez los otros, nos la ofrecerían tergiversada. Para el que salga de aquí, si por ventura alguno salimos, se impone el deber —aunque estemos obligados a calmar el furor que, anclado en nuestro recuerdo, pugna por volverse mal— de no dejarnos invadir por el daño sufrido por nuestros sentidos (pues solo los estúpidos se dejan conducir por el odio), de presentar con todo el coraje que nos es propio, con pleno juicio, poniendo nuestra consciencia como testigo y nuestra persona como pieza de convicción, todo lo que de horror tuvieron los campos de concentración nazis. Y no para condenar, aunque contarlo ya es en sí una condena, el mundo que hemos vivido, puesto que la Historia no marcha en retroceso, sino para despejarlo de las trampas vanidosas y las ambiciones descorazonadas que siembra este animal reprochable que la Naturaleza forjó con el sinónimo de hombre, a quienes han de abrir el camino que conducirá a las sociedades futuras.

Tal es mi juicio, tal soy yo, ambos prestos a describir en correcta y clara forma y brindarlos a la Historia los recuerdos claros y netos de aquellos años. Es en estos momentos más que nunca cuando pienso en mis débiles camaradas, en mis muertos; ellos, que con mejor acierto hubiesen sabido describir de forma más legible esos sucesos de los que fueron protagonistas. Pero valga mi intención de exponerlos lo más claramente posible, y que lo que falte en gramática se supla con la verdad. Tal es mi deseo...

TERCERA PARTE

La guerra cambia de signo

Pasado el verano del año 1942, el número de bajas de los presos de nacionalidad española descendió considerablemente. Esta disminución se debió a que:

1.º De los más de 3.800 españoles que habíamos entrado en el campo desde comienzos del año 1941 éramos ya muy pocos los supervivientes, apenas unos cientos.

2.º Los que aún quedábamos en pie gozábamos de mejores plazas de trabajo, en las que conseguíamos algún suplemento de comida, tan necesaria para mantener las fuerzas. Cuando no se lograba ese suplemento por los cauces habituales, lo obteníamos por medio de trampas, trucos o trabajos en la cocina, cuando no por simples robos de sus existencias.

3.º La misma veteranía adquirida por los supervivientes, que era un valor añadido, muy poderoso en el campo.

Esa veteranía, adquirida y pagada con mucha sangre, nos prevenía de los chaparrones y ofensivas, como las llamábamos allí, de la dirección, de los cabos y demás funcionarios de aquel manicomio. Unas veces las preveníamos de antemano, por intuición o por conjetura, y otras simplemente porque, conociendo el carácter y manías de aquellos malvados, cuando los veíamos aparecer por una parte nos íbamos por otra, ya que un encuentro con ellos siempre iba en nuestro perjuicio. Los recién llegados, en cambio, desconocían las situaciones que podían darse y cómo eludirlas.

Sabemos también lo importante que era evitar el abandono moral y físico, que por sí mismo podía acarrear nuestro exterminio a cargo de la dirección, y porque el astroso era el blanco predilecto de muchos despiadados, que siempre atacaban al más débil, con el convencimiento de que este no ofrecería resistencia.

Probablemente no fueran esas las únicas razones por las que el grupo se mantenía con pocas pérdidas, pero seguro que ayudaban a ello.

Los primeros meses del año 1942 fueron fatales para los españoles. Aunque el número total de asesinados fue menor que en 1941, el porcentaje respecto al total de los que iniciaron el año con vida fue mayor. Las cifras así lo confirman:

Balance de bajas durante 1942	
Entradas de presos en 1942	6.073
Muertos (sin contar desaparecidos)	7.205
Hubo, como se ve, más muertos que ingresados	120 %

De los 3.846 españoles que ingresamos en Gusen en el año 1941, solo 1.131 llegamos con vida al año 1942. De estos 1.131, quizá menos, pues para entonces no conocíamos las cifras de los desaparecidos en los frecuentes viajes de los camiones fantasma, el mes de enero de 1942 se llevó la mitad, 543, que murieron a una media de 18 por día. En febrero fallecieron 99 camaradas; en marzo, 63; en abril, 32; en mayo, 30; en junio murieron 17; en julio, 69; en agosto, 38; septiembre acabó con la vida de 16; en octubre murieron otros 40; en noviembre, 41 y en diciembre, 31. Es decir, que en 1942 murieron 1.019 españoles. El balance a finales de ese año era demoledor: la casi totalidad de los que entramos en el año 1941 habían muerto o desaparecido a finales de 1942. Si a comienzos del año 1943 había en Gusen unos 400 españoles, casi todos ellos apresados en 1941, es porque durante el año 1942 habían entrado en el campo trescientos o cuatrocientos más, la mayor parte de los cuales no superaron ese mismo año.[XVII]

En esas fechas aún parecía posible una victoria completa de las armas nazis, idea a la que debíamos negarnos los supervivientes, y de hecho nos negábamos, por varios motivos:

Yo nunca llegué a creer que, a pesar de los éxitos alcanzados hasta entonces, los alemanes se alzaran con la victoria final. Mantenía la convicción de que algún día, más pronto o más tarde, el mundo tomaría conciencia del peligro que se le avecinaba con los fulgurantes avances de la Wehrmacht y actuaría en consecuencia. Los pueblos que habían quedado atontados por los rudos y consecutivos golpes de los germanos llegarían a despejarse de su torpeza, y con brío arrollador se revolverían contra sus vencedores provisionales, conscientes del valor de sus propias fuerzas, en batalla feroz y sin tregua. En lo que nos concernía a todos, no teníamos el derecho moral de imaginar una victoria final del Ejército alemán, que habría evitado poner ante la justicia a los verdugos de todos aquellos miles de compañeros muertos en los campos. Una victoria que, por sí misma, justificase tanto crimen era inadmisible. Hay supuestos que la imaginación no puede permitirse en circunstancias tan precarias para la supervivencia, porque estos, sumados al

---

XVII. Una vez más, los datos que ofrece Enrique se aproximan mucho a las cifras que tenemos documentadas a día de hoy.

martirio físico, desarticularían nuestros sentidos, que, acosados por la desmoralización, escaparían por una de las muchas puertas que conducen al suicidio.

Admito que mi punto de vista no era compartido por todos los presos, pues cada cual podía juzgarlo a su manera, según su visión de la vida, su suerte y su situación del momento en el campo, pero en conjunto, lo que acabo de exponer era asumido por la mayoría.

A finales del otoño de 1942 la marcha de la guerra dio un giro inesperado. La Wehrmacht se estancó en las estepas rusas y sufrió varios reveses en los desiertos de África del Norte y en los de Oriente Medio. Simultáneamente, los ejércitos fascistas italianos, sus consortes, emprendieron en tromba el camino de regreso a casa, ofreciendo a los ingleses, además de un espectáculo burlesco, muchas decenas de miles de prisioneros, cogidos en los frentes del Mediterráneo oriental. Los ejércitos del Eje perdían la iniciativa de las operaciones y pasaban a la defensiva.

Desde esta abominable sima donde nos había metido la ayuda prestada por Hitler y Mussolini a los generales facciosos españoles para estrangular la República, veíamos la decadencia del Eje con satisfacción y alegría, aunque con una pesadilla en el alma: no poder participar nosotros en su total hundimiento. Por más merecida que tuvieran la derrota, no pagarían el mal causado a nuestro pueblo, que además de perder su régimen legalmente constituido, su República prometedora de un porvenir mejor, se arruinaba por muchas décadas.

Enardecidos por las victorias aliadas abrazábamos el tiempo, convencidos de que los días de gloria no estaban lejos, aunque sí lo suficiente para que antes de la liberación pudiéramos desfilar todos por los hornos, sin dejar ni rastro de nuestro paso por aquel infierno. Estábamos convencidos de que los nazis, incapaces de hacer frente a la nueva situación y devolver la ofensa recibida en los campos de batalla, se vengarían cruelmente en sus víctimas encadenadas. Era perceptible el nerviosismo con que se comportaban los SS. Muchos de ellos, comprometidos directamente en las masacres, fueron sacados del campo y relevados por otros. El cambio de la situación militar les anunciaba que probablemente un día, quizá no muy lejano, tuvieran que rendir cuentas, tanto de las atrocidades cometidas con otros seres humanos, como por la destrucción de bienes materiales. Siempre quedaría quien pudiera pasarles factura de la salvaje eliminación de muchos millones de inocentes. No obstante, para evitarlo, no dudaron en acabar con la vida que cualquier preso que pudiera comprometerlos con su testimonio. Tal fue el caso del padre Gruber, preso austriaco, de cuya condición de sacerdote no supe hasta después de ocurrir los hechos que voy a narrar. El padre Gruber era un ejemplo de filantropía. Hombre de cualidades humanas admirables y de gran personalidad, se valía de su influencia y buenas relaciones con los presos mejor situados en el campo para ayudar a otros más desvalidos. Preferentemente socorría a presos de nacionalidad francesa, por los que sentía sanas simpatías; pero su ayuda alcanzaba a internos de otras nacionalidades. Yo nunca saqué provecho de su influencia, pero sé de otros españoles que sí lo obtuvieron, especialmente uno, de quien se decía que había sido una personalidad de la República española, pero cuyo carácter huraño mantenía apartados de él a los demás españoles. El padre Gruber fue además un hombre valiente y comprometido, que aprovechó su condición de austriaco para relacionarse con los civiles que diariamente entraban en el campo y entregarles escritos, para que se difundieran, en los que denunciaba lo que estaba ocurriendo en Gusen. Esa fue su perdición: un año antes de la liberación del campo, fue asesinado.

Los reveses de los ejércitos nazis en los frentes del este a finales de otoño de 1942, con la fulgurante contraofensiva del Ejército Rojo, repercutió en el talante de los administradores del campo y en su comportamiento con los presos, especialmente con los cientos de soviéticos que habían aguantado hasta entonces. Los cabecillas nazis que habían anunciado con gran pompa a quien quiso oírlos la desorganización, o mejor, la destrucción del Ejército Rojo, o Bolchevique, como decían entonces, tenían que admitir que no solamente dicho ejército no estaba desorganizado ni destruido, sino que, por el contrario, respondía con una aplastante contraofensiva, rompiendo en mil pedazos la lanza de hierro de la Wehrmacht, con previsible reconquista de todas las tierras perdidas.

La ira que provocó en los SS el revés sufrido en el frente ruso fue fatal para los cientos de presos soviéticos no ocupados en trabajos de alto interés para los nazis. Un lunes de la primera quincena de diciembre de 1942 ordenaron a los funcionarios presos del campo que formaran en la plaza, después de la salida de los comandos de trabajo, a todos los rusos, salvo a los destinados en los comandos de Messerschmitt y *Steinmetzen* (los que construían carlingas y los canteros). Así se hizo: entre cuatrocientos y quinientos soviéticos quedaron sobre la plaza de recuento esperando los resultados de tan sorpresiva decisión. Desde mi observatorio, escondido en un rincón bastante discreto de la barraca de trabajo, seguí a partir de ese mismo instante los acontecimientos porque presentí, por lo desacostumbrado de una formación a esas horas, y por tratarse de presos de una sola nacionalidad, que algo infame iba a ocurrir.

Los rusos fueron reagrupados en una sola formación, con el preso jefe del campo, algunos jefes de bloque y un cabo polaco de cuyo carácter daremos cuenta más detallada en páginas sucesivas. Después de un buen rato de espera apareció el *Rapportführer*, acompañado por algunos SS. Los soviéticos fueron alineados a continuación en filas de a cinco, formando una corona circular tan ancha como permitían las dimensiones de la plaza. Una vez dispuestos en la nueva formación se les ordenó iniciar una marcha, con un trote más que ligero, alrededor del círculo interior, en cuyo centro quedaban el *Rap-*

portführer, el preso jefe del campo y el cabo polaco. Estos les ordenaron repetidas veces aligerar más y más el paso: los SS y algún preso jefe de bloque que habían quedado en el exterior del círculo se encargaban, con métodos propios del lugar donde estábamos, de hacerlo cumplir. Bajo esa cadencia marcharon toda la mañana, y a la hora de llamada del mediodía algunos desgraciados quedaban ya inmóviles en el suelo. Después de comer, sin reposo, se reanudó la operación, hasta el fin de la tarde. Todos los que iban cayendo al suelo en ese tiempo, que fueron muchos, eran forzados a levantarse y a continuar la marcha. Antes de parar para el recuento de la tarde la mitad aproximadamente de los supliciados ya estaban tirados por el suelo, obligando a los que seguían en carrera a rodear sus cuerpos o a saltar por encima. Así acabó el primer día. Al siguiente se reemprendió la operación con los que aún podían correr. Al final del segundo día la casi totalidad de los rusos estaban muertos; los pocos que quedaban seguían a las órdenes del cabo polaco, que había ido quedándose más solo cuanto más disminuía el grupo de rusos. Al tercer día siguió la operación con los pocos que hasta entonces habían aguantado, pero antes de terminar la mañana todos estaban muertos. Ninguna fuerza humana podría haber resistido más tiempo. Ese fue el desquite que los malhumorados nazis se cobraron con el grupo de prisioneros de guerra rusos en revancha por el bochornoso desastre de su ejército en Stalingrado.

Ese tipo de represalias era temido por todos, y más de una vez pensamos que la necesidad que tenían los alemanes de brazos productivos impidió que todos fuésemos por el mismo camino.

¡Celebrar la Navidad, por fin!

Los cambios producidos en los frentes a finales del otoño de 1942, tanto en el este como al otro lado del Mediterráneo oriental, suponían para nosotros un copioso regalo de Navidad y Fin de Año servido por los aliados. ¿Cuántos meses o años necesitarían para que la Wehrmacht mordiera definitivamente el polvo? Para nosotros era imposible de calcular ni adivinar. No obstante, tras la situación creada a finales del 42, las perspectivas de una victoria aliada parecían claras. Empezábamos a ver el futuro con optimismo, y muchos españoles decidimos que las próximas fiestas navideñas merecían ser celebradas pomposamente, aunque tuviéramos que soportar las consecuencias que se derivaran de tal atrevimiento. Era necesario, además, hacer una puesta en común entre nosotros y rendir, todos juntos, un simbólico homenaje a los combatientes que, desafiando ellos también a la muerte, habían conseguido detener a la bestia, herirla e iniciar su persecución; y brindar un saludo fraternal a los combatientes ocultos, que al sol y a la sombra, de día y de noche, colaboraban en el derrumbamiento del régimen más sanguinario que supiéramos había existido sobre la faz de la Tierra desde la Creación. Aquel regalo que los aliados nos ofrecían, que cada uno saboreábamos por nuestro lado, había que degustarlo todos juntos; todos, o tantos como pudiésemos reunirnos esa noche memorable. Sí, todos los que conservábamos el cariño fraternal contra viento y marea nos abrazaríamos en esa nueva calzada del amanecer radiante que nos enviaba luces de libertad. Teníamos, repito, que renacer de la ausencia, sacar al ruedo nuestras relaciones y desechar las querellas políticas construidas sin plomada ni nivel cuando el orín de la adversidad pegaba en el temple de nuestro impetuoso carácter ibérico. La celebración de esas fiestas en grupo homogéneo era imperativa, aunque aún no sabíamos dónde podría tener lugar la reunión. Una Navidad celebrada al gusto español nos ayudaría a resistir en bloque, sin fallos, todos a una, en los días sucesivos, con espíritu firme y solidario. Una vez puestos de acuerdo, quisimos dar relevancia a las fiestas con los medios culinarios a nuestro alcance, y colaborar cada uno con lo que pudiera al contingente gastronómico, para que los estómagos no tuvieran que quejarse por haber sido abandonados en esas memorables horas. Cada cual iríamos guardando un poquito de nuestra ración conservable, pan, salchicha, etc., para reunir un copioso festín navideño, bajo condición, claro está, de que la pequeña sustracción diaria de alimento no perjudicara ni moral ni materialmente al estado del participante. Quedaban abiertas las puertas a las dádivas y larguezas voluntarias, para que, quien quisiera, aportara generosamente al fondo comunitario un complemento a su altura. Los patateros prometimos que no seríamos los últimos en exponer nuestro pagano trasero para que las «reinas patatas» estuvieran presentes en el festejo, con toda la majestuosidad que les era debida, en pro de los estómagos de tanto hambriento. Los cantantes, cantaores y músicos que aún quedaban, entre los que destacaban el Valencia y Garrigues, pusieron al día melodías y cánticos sacados de su propio ingenio y aliñaron las canciones e himnos populares propias de esos días, que todos conocíamos más o menos, para servírnoslas durante la Nochebuena pulidas y limpias, como si acabaran de salir del molde, en manjar exquisito, sustentador del alma. Otros especialistas de la canción, músicos y compositores en su tierra, faltos de instrumentos por las circunstancias ya conocidas, pero con mucho talento, se prepararon para brindarnos sus creaciones cantadas o tarareadas, de forma que los pudiésemos seguir en la segunda vuelta los menos expertos como si las hubiésemos cantado durante toda la vida. O casi toda... La suerte nos deparó un maestro de la música a nuestro lado, que nos sirvió de eje y diapasón armónico en tantas canciones como aparecieron sobre el tapete en esa feliz y esperada noche. Era el ya mencionado Valencia, único artista de nuestro grupo que había podido guardar con él un clarinete. Otro músico, salido de la clandestinidad musical, sin renombre ni especialidad, nos prometió lucirse esa noche, y lucirnos a todos, con un instrumento insólito, de fabricación propia, que quería guardar en el anonimato hasta la hora de su presentación, alegando que quizá no pudiera reunir en el poco tiempo que quedaba todos los elementos y materiales necesarios para fabricarlo.

Comprometidos ya esos virtuosos, y esperando que pudieran desarrollar todas sus virtudes, nos faltaba tantear a nuestro camarada y amigo Llop, intelectual y poeta, el único que quedaba entre los españoles, pues casi todos los intelectuales nacionales perecieron en los duros meses anteriores, cuando las ofensivas de la muerte destrozaron nuestro grupo hispano.

De encontrar el local de reunión se ocuparon los amigos encargados de las habitaciones de las barracas (*Stubendienst*) quienes, con la mediación de sus jefes, debían proporcionarnos un sitio tranquilo. Solo faltaba esperar el día 24 por la noche, si conseguíamos el local, y preparar las provisiones, cada uno por su cuenta, según acuerdo de todos.

Buena parte del éxito o del fracaso de la fiesta residía en el sigilo que cada participante guardara en la preparación del acto, pues sabíamos que el hambre, mala consejera, podía inducir a impíos o malintencionados a la traición, acabando la Navidad en una encerrona para todos. Lo poco que faltaba para Nochebuena pasó sin percance alguno, y nuestros amigos encargados de agenciarnos local no quedaron inactivos, y consiguieron, por las vías conocidas del *Lagerälteste*, el permiso de ocupar un camaranchón en uno de los bloques nuevos construidos y todavía no habitado.

Cada día que pasaba, nuestra despensa, en ese caso la colchoneta, recibía un pedacito de pan y salchicha, arrancados al hambre diaria, como provisión para la comilona navideña, vigilándola con mucho cuidado para que ningún pillo se percatara de la reserva y celebrara su noche buena a nuestra costa.

Por fin llegó la víspera de Navidad. Como cada día recibimos nuestra porción de pan y salchicha. En los bloques se formaron grupillos de amigos, un poco más crecidos que de ordinario. Los rusos contaban sus cosas, los polacos se preparaban tácitamente a celebrar su misa y los españoles, llegada la hora, fuimos escurriéndonos discretamente, para no despertar curiosidades con el hueco repentino de nuestra ausencia, y acercándonos al granero donde previamente nos habíamos dado cita. Excepcionalmente, esa noche no sonó la campana anunciando la hora de entrar en la cama ni, en consecuencia, se apagaron las luces de las barracas, como sucedía siempre tras el toque, dejándolo todo en calma. Los jefes de bloque, como los otros presos, debieron de prever de antemano la celebración de la fiesta, y nos dejaron a todos, por una noche, a rienda suelta.

Antes de la medianoche, más de doscientos españoles, de unos cuatrocientos que formábamos el grupo hispano en esa fecha, estábamos ya reunidos en el local previsto. Cuando creímos que no vendría ninguno más, uno de los que presidía la reunión, quizá el decano, abrió la fiesta, preludiándola con un minuto de silencio por todos los caídos en el campo de Gusen, y por todas las víctimas provocadas por el fascismo, allá donde hubiesen caído, luchando o como esclavos de la «fiera». Un saludo simbólico fue enviado a continuación a todos los combatientes por la libertad y a todos los pueblos oprimidos por las fuerzas del Eje, incluyendo el nuestro, al que también considerábamos tiranizado. Luego, pasadas esas consideraciones, nuestro decano, con voz solemne exclamó: ¡Adelante con la música!

El Valencia abrió la fiesta con el himno que lleva su nombre, *Valencia*, seguido por todos los presentes en una cacofonía anárquica. A ese himno siguió toda una cadena de vitos, sardanas, zambras, jotas, pasodobles, fandanguillos, zarzuelas, coros, etc.; todo lo que estaba en boga musical en España y en el mundo esos últimos años. Nuestro músico anónimo, el que nos reservaba una sorpresa con su secreto, raro e incierto instrumento, no tardó en aparecer con el producto de su invento: una auténtica zambomba manchega, con cuyas notas creímos que él solo nos volvería a todos locos. Esa zambomba, construida con la boca de un recipiente de tierra cocida que halló en el campo, con una piel de animal tensada, de incógnita procedencia, aunque no sería extraño que algún conejo de angora hubiese ofrecido involuntariamente la suya para servir de tambor, y con su caña cogida en el centro del círculo epidérmico, proporcionaba, frotándola con la mano en vaivén de arriba abajo y de abajo arriba, un monótono ron-ron, tan extraño y ronco, que al cabo de poco tiempo se hacía insoportable al oído. Nuestro amigo debió de poner tanto gusto e imaginación fabricando su zambomba, que tuvimos que servirnos de amenazas y maldiciones para hacerlo callar de vez en cuando, previniéndole de que, de no ser así, su cacharro saldría disparado por la ventana. Amenazas aparte, fue a ese inventor ocasional a quien debimos gran parte de la animación de la fiesta, que en ciertos momentos declinaba.

Habíamos nombrado un administrador de confianza, encargado de recoger todos los donativos del contingente gastronómico, prepararlo y repartirlo en porciones equitativas, ya que la igualdad exacta parecía imposible debido a la variedad de los componentes, reunidos todos en un mismo fondo. No cupo duda de que nuestro intendente, para realizar un reparto equilibrado, encontró tantos problemas como el constructor de las pirámides de Egipto. Conscientes de la dificultad indicada, ninguno de los presentes expresó la más mínima queja, agradecidos todos de su buen hacer.

Para recuperarnos de los esfuerzos realizados y armonizar las nuevas canciones, acordamos una pausa, aprovechada por cada uno para dar cuenta de los presentes caídos en su tartera, sin poner pegas a la procedencia ni a la calidad, aunque no podían contener otros ingredientes que los que nos daban cada día en el menú; solo había cambiado el gusto entre los que entraron en la colchoneta al principio y los que lo hicieron en los últimos días. De todas formas, no se esperaban muchos embarazos por excesos de la cantidad recibida, incluso si las pieles de las patatas entraban en el conjunto y, tras la comilona, aún quedaba hueco en el estómago. Ni mesas ni manteles aparecieron en el banquete; solo la minipalangana, que nos servía de plato y que llevábamos colgada permanentemente a la cintura, recogió el fruto de la cosecha que nos sirvió de festín esa Nochebuena.

Finalizado el banquete, y antes de que recomenzase la algazara, nuestro amigo escritor y poeta Llop nos recitó unas poesías escritas adrede para la ocasión, que fueron escuchadas por todos en un devoto silencio. Algunos tuvimos que servirnos por momentos de los picos de las camisas para enjugarnos algunas lágrimas indiscretas, sensibilizados al máximo por las alegorías de sus versos. Uno de ellos se fijó en parte en mi memoria y aquí lo reproduzco:

Navidad de las leyendas / la de árboles florecidos
acoge en sus chimeneas / a los pájaros sin nido. (O algo así)

Nuestro amigo Aizandri quiso a continuación recitarnos un poema, pero al traducirlo del catalán al castellano se aturulló y, sintiéndolo mucho, no pudimos apreciar todo su valor. Quedamos satisfechos, no obstante, de su buena voluntad, como de la gracia que ocasionó su aturullamiento. Después el maestro Garrigues nos hizo don de la canción por él ideada, acompañado al clarinete por el maestro Valencia. Decía así:

Tengo en España mi tierra... mis ilusiones de amores,
una mujer que me espera... tan linda como las floresss...
con esperanza de verla... y de brindarle mi amorrr...
ya no me ahoga la pena... que da en la vida...
el cruel dolorrr...
¡Al regresarrr... con ilusión...
he de cantarrr... esta canciónnn...! etc.

Por último, para no quedar en falta, yo recité unos versos sacados a toda prisa, para meter un poco de ambiente a la llama de la francachela, que la tardía hora de la noche iba apagando poco a poco.

Versos dedicados en grato reconocimiento a la patata alemana:

Prosopopeya

Repasando mis anhelos,
sentí llorar a unas damas,
que dentro de un silo había.
Acosado de bulimia
penetré en el aposento
¡y quedé todo admirado!
de tantas como había dentro.
Recluidas en otoño,
sin leyes ni cumplimientos,
la oscuridad las cegaba,
los ojos y el pensamiento.
Al verme llegar creyeron
que un liberador venía,
quietitas se agazaparon
aguantándose el resuello
hasta ver lo que ocurría.
Yo las miré con cariño...
preparé mi selección,
y a una treintena de gordas
brillantitas y carnudas
ofrecí liberación.
Con epidermis suave
como la seda de China
sus gérmenes se frotaban
en pequeñas cabriolas
en mis manos temblorinas.
¡Ni lamentos ni gemidos,

cuando las acariciaba,
y con aire mal ritmado
sobre mi pecho bailaban!
Luego todas de concierto
a mi pecho se colaban,
en la puerta de salida
que estaba medio cerrada.
Yo brincaba como un corzo
con mis ricas prisioneras,
de un lado al otro crucé
sin que un lobo me siguiera.
Y mientras reflexionaba
la cama que les daría,
un SS *salió,*
atajándome el camino,
de una cabaña sombría.
Los gajes y consecuencias
se pueden adivinar:
con trasero pagador
un palo por cada una
según regla general.
Mi corazón se quedó
amargo y desconsolado,
al perder mis prisioneras
y salir medio baldado.
¡Ah! Patatita alemana
¡Cuánto me hiciste soñar...!
Para brillar en mis versos
y a cambio de tus placeres,
te elevo un gran monumento
la noche de Navidad.

Después de haber engullido nuestra pitanza, o revellón, como la llamaban los catalanes, intentamos meter sordina a nuestra algarabía, queriendo evitar que el acusador alboroto nos trajera consecuencias amargas y perjudiciales después de tanto regocijo. Ya se había alcanzado, y con buena nota, el objetivo mayor de esta reunión familiar, poner al día nuestra cohesión, y sería desagradable que por alguna pequeña inadvertencia arruinásemos todo ese capital adquirido con tan bajo costo.

Una tercera parte del grupo de españoles no acudieron a esa fiesta. Muchos de ellos no se enteraron a su debido tiempo y organizaron de antemano, por su cuenta, otras reuniones que no les pareció oportuno anular. Solo unos pocos no quisieron tomar parte en la reunión, por no estar de acuerdo con la iniciativa, creyéndola peligrosa, o por rechazo o desagrado, temiendo que sus habituales actuaciones, poco generosas o ásperas, les fuesen reprochadas delante de todos, pues consideraron esa reunión como un tribunal ante el que tendrían que rendir explicaciones complicadas. Desconocían que una de las primeras condiciones de aquel encuentro era que ningún reproche, comentario ni recriminación que pudiese enturbiar el regocijo por todos deseado se haría contra ninguno de los participantes.

Como todo seguía en calma, prolongamos la velada unos minutos contando chascarrillos, refranes y cuentos, mil veces repasados en nuestros encuentros humorísticos. Estos no distraían por completo a nuestro amigo zambombero que, entusiasmado con su invento, de vez en cuando dejaba escurrir la mano sobre el cañuto de la zambomba, recogiendo con ello una buena colección de picardías e insultos por parte de la comunidad.

El sueño y la fatiga empezaron a apoderarse de nosotros, y con la misma discreción con que fuimos al granero, lo abandonamos, volviendo cada cual de puntillas a su barraca, para evitar males mayores en una noche tan completa y con tan buena fortuna. Todos en conjunto, y cada uno por nuestra parte, prometimos repetir la operación tan a menudo como nos fuera posible, inflados de satisfacción por haber logrado pasar un rato tan agradable y con tanto regocijo. Pocas veces hasta ese día nos separamos de una reunión sin habernos tirado mil veces los trastos a la cabeza. Parecía como una fatalidad que nuestro carácter arruinase todo el bien recibido de una humorada, colocando banderillas y puntillazos políticos o ideológicos cuando todo estaba en su máxima exultación. Pero esta vez la consigna de «límpiate los pies antes de entrar» funcionó en su plenitud, y cada uno puso de su parte la voluntad necesaria para que todo se llevara a cabo sin contrariedades ni contratiempos. De todos se desprendió una armonía sana y renovada, y nos pareció querernos más que nunca, como si todos acabásemos de nacer, con las cualidades del ave colosal Fénix cuando renacía de sus cenizas. Una gran parte de los asistentes no nos conocíamos hasta esa noche, aunque muchos llevábamos encerrados más de un año en aquel pequeño rectángulo de 350 metros de largo por 150 metros de ancho. La prohibición de acceder de unas barracas a otras surtía su efecto, y solo con los conocidos de antes de entrar en el campo, o con los camaradas de trabajo, podíamos guardar una comunicación regular. Incluso algunos de los que conocíamos de los campos de Francia o en las Compañías de Trabajadores, sin olvidar los *Stalag* alemanes, habían cambiado tanto en sus rasgos físicos, que cuando nos reunimos pensamos que nos veíamos por primera vez. A muchos los recordábamos robustos y fuertes, y ahora estaban secos y magros como espadas. Hasta dentro del campo podías encontrar a uno de estos conocidos, seco y macilento, y pocos días después verlo con una gordura artificial, edematoso e hinchado de agua.

Todos salimos de la fiesta hechos buenos amigos, por más que en alguna ocasión, compañeros de la misma barraca, hubiéramos tenido un puntillo de poca importancia. Después de aquella reunión adquirimos confianza y amistad, como si empezáramos de nuevo. A partir de esa fecha nos fijamos más en el triángulo de color azul cielo con la S de *Spanier* que todos llevábamos como distintivo de nuestra nacionalidad. (Nunca llegué a entender por qué los españoles, considerados en todas las fichas y papeles oficiales como *Rotspanier*, rojos españoles, no estábamos conceptuados como presos políticos, lo cual no habría dejado de ser una ironía, porque muchos de los hispanos estaban tan lejos de la política como todos del budismo. Incógnita sin importancia, sabiendo que en ese régimen perverso todo estaba bajo la ley del seudónimo y de la ironía. ¡Vaya usted a saber, con esa gente! De todas formas, repito que esa era nuestra última preocupación).[XVIII]

Los días que siguieron a la Navidad, los últimos de 1942 y los primeros de 1943 pasaron sin novedad. Sin novedad quiere decir sin que cambiasen las cosas ni a peor ni a mejor. Poco después comenzaron las excavaciones de túneles en los aledaños del campo para soterrar la industria de guerra y protegerla de los frecuentes y destructores ataques de la RAF (Royal Air Force). Con este fin llegaron a Gusen bastantes compatriotas de los que habían salido del campo central de Mauthausen en la primavera de 1941.

Enfermedades del campo

Las agotadoras jornadas de trabajo y desasosiego, la intemperie, o la indigencia, en complicidad flagrante con la administración del campo, convertían nuestros cuerpos, escuálidos y dañados, en un blanco tangible de un sinfín de plagas y enfermedades propias de las aglomeraciones humanas en estado calamitoso.

XVIII. Los españoles recibieron el triángulo azul que los identificaba como apátridas porque el régimen franquista no los reconoció ante Hitler como ciudadanos españoles.

De todas o casi todas fui testigo, y pasaron ante mis ojos, inexpertos en medicina, aunque buenos observadores de la realidad que me rodeaba. Algunas las sufrí yo mismo y otras las vi sufrir a compañeros próximos. Todas, fueran cuales fuesen sus manifestaciones, tenían el mismo tratamiento: el *Revier* (la enfermería).

La mera evocación de la palabra *Revier* me trae a la memoria recuerdos insufribles. Estaba instalado en los bloques 31 y 32, y allí mandaban a los enfermos contagiosos. Las literas no tenían ni paja ni colchoneta y los enfermos estaban obligados a dormir sobre las planchas peladas. Los médicos de las SS rehuían entrar en esas barracas; solo los jefes de bloque entraban de vez en cuando a flagelar a los enfermos, usando astucias propias de los capos, pero sin llegar a rozarlos ni tocarlos directamente. La comida de los internos se dejaba en el exterior de las barracas, y ellos mismos se la distribuían.

Las enfermedades más habituales que yo conocí en el campo fueron colitis, edemas, escorbuto, forúnculos, disentería, tisis o tuberculosis pulmonar y tifus. Todos estos males, y otros que yo no llegué a conocer, eran bastante frecuentes, ocasionados fundamentalmente por las penosas situaciones por las que teníamos que pasar y en las que vivíamos los prisioneros.

La *colitis* era consecuencia del consumo de detritus, porquerías nocivas y alimentos putrefactos, que a causa del hambre ingeríamos aun sabiendo las consecuencias que podían tener para nuestro organismo; tanta era el hambre, que cualquier cosa con aspecto comestible entraba en el cuerpo como si este fuera un imán. Estos productos corrosivos no llegaban siempre a ser bien cocidos ni digeridos por nuestro organismo, dejándonos núcleos infecciosos en los intestinos, particularmente en el colon, cuya infección evolucionaba sin freno y sin cura al no disponer de ningún medio a nuestro alcance para tratarla. Procurábamos ingerir pan tostado y carbón de antracita para embeber los jugos gástricos que sin cesar escapaban por el ano y evitar la muerte a corto o medio plazo, pero continuamente fallecían enfermos de colitis. A veces el enfermo, no encontrando remedio a su mal, entraba en la enfermería, de donde raramente salía con vida.

Los *edemas* eran otro de los males para los que no alcanzaban los remedios de fortuna ni los milagros caseros. Era una enfermedad que atacaba con preferencia a los presos muy raquíticos, con hinchazones serosas generalizadas, pero sobre todo en la cabeza, cara y piernas. Pocos enfermos escapaban a esa enfermedad, imposible de mitigar con los medios que teníamos a mano. La reserva y el silencio guiaba al enfermo allí donde la suerte de curarse estaba aún más comprometida, el *Revier*.

Los *forúnculos* se presentaban como una enfermedad benigna, fácil de combatir con nuestros propios medios, con buena voluntad y bajo ciertas reglas. Se fijaban con preferencia sobre piernas y cuello, acabando por extenderse un poco por todo el cuerpo. Yo me los curaba solo, curaba a mis compañeros dispuestos a resistir en vivo el salvaje método de cura, y me dejaba curar por ellos los granos a los que no alcanzaba con mis manos. Tenía que hacer un seguimiento de su maduración desde que aparecían, tratándolos con medios higiénicos, paños calientes y mordazas, para sajarlos y extraerles su foco infeccioso, haciéndoles brotar en abundancia su propia sangre y desinfectándolos.

Algunos presos cargados de forúnculos fueron objeto de ensayos clínicos por parte de los médicos del *Revier*, que les dejaron, tras muchas pruebas, las piernas mutiladas o desfiguradas.

El *escorbuto* o *avitaminosis* era una enfermedad benigna y no dolorosa, que podía extenderse como epidemia. Al parecer su origen estaba en la falta de vitaminas de los alimentos que recibíamos. Los efectos de ese mal se hacían sentir principalmente con la acumulación de sarros sobre las encías, descarnando la dentadura hasta su parte sólida, dejando en muchos casos al descubierto el hueso y los alvéolos dentarios. Los dientes, en particular los de delante, se movían con mucha facilidad, exigiendo de nuestra parte, además de una limpieza suave y constante, tener mucho cuidado de no recibir en ellos un golpe, porque incluso si era flojo podía arrancárnoslos de cuajo. Por mi parte, ese mal lo combatía saneándome las encías descarnadas con sal fina, frotando suavemente todas ellas hasta que brotase la sangre y que esta a su vez desempeñase el papel de antiséptico. Fue, a mi parecer, esa clase de cura la que me sacó los dientes de un mal paso.

La *disentería*, mal pasajero o circunstancial, estaba motivada igualmente por el consumo de productos de difícil digestión y extraños para el estómago, que no podían ser cocidos en su interior ni asimilados a causa de sus malas cualidades. Se presentaba con espontáneas diarreas en cualquier momento, después de la ingestión. Era desagradable, pero con pocas consecuencias, salvo el alboroto y el mal olor que causaban. Podía convertirse en grave para el enfermo más por los golpes y castigos recibidos por su causa, que a veces lo situaban a las puertas de la muerte si no dentro, que por la misma enfermedad, porque las apreturas no guardan reglas y pueden presentarse en cualquier momento: en las formaciones, en el reparto de comida o en otra situación de la que uno no puede escaparse cuando llega, y tiene que abrir las compuertas dejando los pantalones como único freno y cauce de tal avalancha inmunda. Aparte de esos inconvenientes, el estómago, y el cuerpo en general, quedaba tranquilo y contento cuando se deshacía de la carga que le molestaba y exasperaba.

La *tisis o tuberculosis pulmonar* era más discreta, pero feroz, pues atacaba a los órganos débiles, agravados por lesiones internas originadas por los golpes, por heridas mal curadas, o por el frío, o era inoculada por contaminación ajena. Este mal, poco doloroso, mostraba sus síntomas con toses, temperaturas por encima de lo normal, y una gran fatiga en el trabajo incluso cuando este requería poco esfuerzo. Ningún paliativo casero podía mitigar dicha dolencia, y al enfermo tocado no le quedaba otro remedio que esperar y aguantar lo más posible, evitando contaminar a sus camaradas cercanos, y huir de los fríos y corrientes de aire hasta que llegara «ese día».

La tuberculosis se extendió mucho entre mis camaradas canteros, agravada por el polvo silicoso de la piedra, la falta de fuerzas para respirar convenientemente durante el esfuerzo y la escasez de comida, particularmente de comida apropiada, rica en lácteos como les es preciso a los que tienen que soportar ese duro trabajo. Las gripes, pulmonías, bronquitis y otros vehículos de esa enfermedad eran temidos por todos, debido al pánico que provocaba la tisis.

El *tifus* apareció en Gusen el año 1944, sin ser advertido por nuestra parte, con graves consecuencias para los contaminados. Sabiendo la ligereza con que se extirpaba en este campo a los enfermos tenidos por incurables o infecciosos, se puede imaginar la suerte reservada a los contagiados. A los ocupantes de mi barraca se nos puso en cuarentena una vez, argumentando que existía ese peligro, pero al tercer día ya estábamos fuera; parece ser que la necesidad de mano de obra por aquellas fechas, difíciles para la supervivencia del Tercer Reich, acortó la cuarentena al mínimo de tiempo posible. Dos años atrás no nos habría ido tan bien, pues rápidamente se habría acabado con la infección, real o imaginaria, y con todos los infectados.

No fueron estas las únicas enfermedades padecidas en Gusen. Las plagas de piojos eran constantes, ocasionando a los presos graves daños, ya que además de servir de vehículo de contagio de otras enfermedades, molestaban mucho y acarreaban castigos cuando se hacían los *lauskontrollen* (controles de piojos). Se ha dicho, quizá exageradamente, aunque no sin fundamento, que en las barracas de la enfermería algunos presos fueron devorados por plagas de piojos. Yo no llegué a verlo, ni creo que los enfermos fueran devorados por ese único mal, pero sí admito que esa enfermedad parasitaria, unida a otros males molestos y dañinos, condujera a muchos desgraciados al otro mundo.

Traer a colación todas estas enfermedades no tiene ninguna pretensión científica; solo se hace para dar cuenta, con el mayor rigor posible, de la situación del campo y de los que allí estábamos. Es también un recuerdo y homenaje a los que por su causa murieron y a los que por ellas pasaron, aunque lograsen superarlas.

Nuevo cambio de muda

Hacia finales de enero de 1943 se procedió al cambio de «efectos», o muda interior para todos, y de uniforme para los que lo teníamos más usado o desgastado por completo.

Con el cambio de «efectos» se llevaba a cabo la desinfección de las barracas, siguiendo siempre la misma regla de empujarnos de unos bloques a otros mientras eran desinfectados.

Los del cuarto bloque fuimos a parar, tras estas carambolas, al bloque número 17, situado al fondo del campo, en la tercera línea de barracas. Este bloque 17 estaba ocupado tan solo por la mitad de sus inquilinos habituales. Allí encontramos, además de a los funcionarios que ya conocemos, a algunos cabos de cantera, entre ellos el famoso Asturias, Napoleón para los SS. La desgracia quiso que yo fuera a caer, con otros camaradas del bloque 4, en el *Stube* B, donde tenía su guarida la bestia. Era la primera vez que veía de cerca a ese extraordinario individuo, aunque hubiese sido mejor no llegar a conocerlo. Pero así lo quiso la suerte para mí y otros camaradas. Este fenómeno, Napoleón, hacía de las suyas en el trabajo, donde actuaba como un jefe supremo, y en el bloque, donde estaba muy interesado en demostrar a sus iguales y pares que el poder que le venía de los SS podía utilizarlo a su antojo.

La noche que llegamos al bloque número 17 se pasó con normalidad. Los recién llegados, conociendo el paño, contribuimos a ello no levantando la voz ni haciendo ruido para evitar que cualquier incidente pudiera volverse contra nosotros, forasteros en ese lugar. Al día siguiente deberíamos seguir replegándonos a las últimas barracas a fin de dejar la 17 libre para la desinfección. El último traslado lo teníamos que hacer en cueros, pues toda la vestimenta debía quedar en el bloque para ser también desinfectada; solo el plato, la cuchara y algún paquetillo personal, llevado discretamente, podíamos sacar como equipaje en esta penúltima etapa.

La hora del cambio se acercaba con una tranquilidad relativa, fuera de lo normal en ese bloque, lo que debió de conmover la conciencia de los funcionarios y, en particular, del malintencionado jefe del bloque, quien, cuando menos esperábamos, con temperamento poco sosegado exclamó:

—*Lauskontrolle!* (¡Control de piojos!).

—¡Maldita sea su alma...! ¡Control de piojos grita ese... cuando tenemos que salir dejándonos aquí la ropa! ¡Será...! ¡Vaya, no faltaba más! —nos decíamos, queriendo creer que sería una fanfarronada para meternos miedo.

Pero si alguna esperanza teníamos de que no se realizara tal control, no tardamos mucho en desencantarnos. Toda la baraja de cabos inactivos se puso en movimiento ante la orden de aquel gerifalte para que, desnudos y con la ropa en la mano, nos pusiéramos en cola y mostrásemos a esos atentos examinadores nuestro cuerpo. Como un gran honor para nosotros, Napoleón vino a ocuparse del grupo de los españoles, sembrando una cierta tranquilidad en nuestros espíritus porque, tratándose de un compatriota, confiábamos en que el Asturias, llevado por sentimientos nacionalistas, disimularía la presencia en nuestras ropas de algún sagaz piojo que, escapando a nuestra anterior rebusca, quisiera mostrarse ante los ojos atentos del controlador.

—¡Menos mal —decían algunos confiados— que hemos caído con él!

Entretenido en la caza anticipada y rebuscando en las costuras de la ropa algún parásito rezagado, fui a situarme al final de la cola que controlaba Napoleón. En contra de lo que habíamos supuesto, nuestro compatriota no era más tierno con nosotros que los otros controladores con los componentes de sus filas. Mis predecesores eran enviados al banquillo de castigo en mayor número del previsto, a pesar de que las manos y la boca del asturiano tampoco estaban inactivas. Cuando me llegó el turno ya había castigado a muchos de los que habían confiado en su tolerancia con los españoles. ¡Ahora tenía delante de mis ojos a Napoleón! Lo miraba, observaba su semblante y su forma de hacer mientras me acordaba de su paisanuco de marras y de la mala reputación adquirida por aquel asunto, preguntándome para mí si aquel individuo había combatido por la misma causa y defendido la misma República que yo y los otros infelices que seguíamos en la cola. Deseaba yo que el Asturias volviera la cabeza hacia otro lado para asesorarme bien de todas sus facciones y estudiar todos sus gestos. Volvía a mi mente su infortunado paisanuco recibiendo leña de esta fiera de cara apelotonada, tallado en león y con un tipo moldeado de bruto. Después, avergonzado, volvía la cabeza, como si mis ojos quisieran esconderse aterrorizados por su presencia. Pero hasta ahora todo les iba pasando a los demás; tenía que ver la cabra en el berzal para darme cuenta de los desgastes que esta bestia podía ocasionar. ¡En fin!, todo no será malo en aquel bruto, pensaba para mí. Veremos...

Mientras yo bogaba en imaginaciones, una mano dura asió mi brazo como si quisiera arrancármelo de cuajo, zarandeándome contra su cuerpo como si fuera una pluma.

—*Hose hier!* (¡Dame el pantalón!).

Allá que va: una revisión por las costuras y me lo devolvió.

—*Gut!* (¡Bien!). *Hemd!* (¡Camisa!). *Gut!* —dijo, después de revisarla—. *Unterhosen!* (¡Calzoncillos!).

Le largué el calzoncillo y, después de una minuciosa rebusca entre las costuras, gritó con su vozarrón en mal alemán, colocando la prenda delante de mis ojos:

—*Was ist das?* (¿Qué es esto?).

—Un piojo —le respondí en castellano, queriendo con ello suavizar su excitado temperamento y demostrarle que no me impresionaba su lenguaje.

Maldiciendo Cielo y Tierra en su incomprensible alemán, continuó la rebusca en otras costuras, sin disimulos, mientras yo pensaba en la que se iba a liar. De pronto exclamó:

—*Noch eins!* (¡Uno más!).

Impávido, repetí:

—Sí, uno más.

El Asturias volvió a liberar un nuevo torrente de picardías en su mal alemán, tal vez el mismo repertorio que usaba cada vez que tenía que destrozar a algún subordinado cautivo entre sus enormes manazas. Con aire encolerizado, al rojo vivo, como debía de ponerse cada vez que la emprendía con algún desgraciado, empezó a darme puñetazos, maldiciendo cada vez más fuerte en su lenguaje *perroquet*.

Bajo la nutrida rociada de golpes trataba yo de suavizarlo con palabras lastimeras, rogándole al mismo tiempo que se calmara.

—¡Me vas a matar, Asturias! —Él seguía buscando el blanco de sus golpes entre los huecos de mis brazos, con artimaña de poltrón y cobarde hasta que, harto de dejarme pegar le espeté—: ¡Ya basta, Asturias! ¡Cabrón!; si no, con solo dos golpes te voy a poner yo patas arriba, bandido.

Su tinte rojo encendido palideció de pronto ante mi determinación de no dejarme calentar más, como empalidecen los cobardes ante la dificultad. El muy bribón, asustado y tembloroso, marchó a pedir refuerzos a toda la baraja de cabos que, gozando de las prerrogativas de los SS, no paraban de aporrear a los otros infortunados que caían en sus manos. El jefe de bloque, que estaba observando la maraña, las voces y amenazas de Napoleón, quien no cesaba de repetirles que yo estaba lleno de piojos, acudió con otros más a prestarle ayuda y a reconfortarlo en su canguelo. Entre todos los matones acordaron aplicarme el castigo acostumbrado a los insumisos, veinticinco palos en el trasero, y el suplemento de una ducha de agua fría.

Aplicado el castigo de los palos, me sacaron fuera, desnudo, en el estado en que me encontraba.

—*Eine Kühles Bade!* (¡Un baño de agua fría!) —ordenó el jefe del bloque. Como guardián y ejecutor de la pena fue encargado el *Blockfriseur*.

Fuimos hacia los lavabos, que estaban separados unos cien metros de la barraca 17, distancia que tuve que recorrer en cueros bajo una lluvia fina de hielo y nieve. Cuando entré en la ducha una gota de hielo se había formado en cada vello o pelo que afloraba en mi piel. Bajo el chorro de agua fría me debatí con todas mis fuerzas para no caer yerto al suelo y perecer helado. Cuando al barbero le pareció bastante, cerró el grifo y salimos afuera, sin secarme, bajo la nieve y un viento boreal. El frío me iba causando dolores atroces, en particular sobre las partes machacadas por los golpes. Todo mojado por la ducha, al contacto con el frío exterior, una coraza de hielo cubrió mi cuerpo haciéndome pensar que, al primer movimiento brusco, mi piel helada saltaría como el vidrio.

Cuando regresamos, el bloque 17 ya había sido cerrado y sus ocupantes trasladados a las barracas del fondo, la 23 y la 24. Sin detenernos continuamos, yo cada vez más helado, hasta llegar a esos bloques y entramos en el 24, donde se encontraban mis camaradas del bloque 4, llegados allí unos minutos antes. Mis amigos, que se habían hecho todas las malas cuentas sobre mi suerte, quedaron sorprendidos al verme entrar, brillando como un espejo.

El gran número de presos metidos en el *Stube* subió la temperatura de la barraca hasta hacerla confortable. Para que yo entrara en reacción, mis camaradas me apretaban contra sus espaldas, a riesgo de coger ellos mismos una pulmonía. Cuando mi cuerpo empezó a calentarse, me vi asaltado por dolores tan fuertes que perdí el sentido durante muchos minutos. Cuando lo recobré, otro mal, no menor y más comprometedor, me asaltó, pues todos los jugos y líquidos internos de mi cuerpo, aprovecharon las vías y conductos abiertos hacia el exterior para escaparse, buscando una salida precipitada antes de que fueran arrojados en un reventón. Mi cuerpo se cubrió de un mar de inmundicias, y como carecíamos de los medios apropiados para limpiar el suelo y limpiarme a mí mismo, mis amigos se vieron forzados a echarme del bloque por una ventana, para frotarme de arriba abajo con nieve, único elemento a su alcance para lavarme y limpiarse ellos mismos de mis porquerías y poder ser admitidos por los demás ocupantes de la habitación, pues no todos estaban dispuestos a soportar mis asquerosos olores. Si tal tejemaneje suponía un calvario para mí, no fue menos para mis camaradas, que además de mis inmundicias tuvieron que aguantar, desnudos ellos también, el frío del exterior. Mucha abnegación les fue necesaria para ponerme en condiciones de entrar en el *Stube*.

De nuevo en la habitación, volvieron los dolores y los desmayos, pero sin otras consecuencias, pues no me quedaba en el cuerpo nada más que expeler ni que pudiera irritar a los indiferentes a mi desventura. Cuando por fin se me calmaron los dolores y se marchó el frío, la piel empezó a recobrar su color natural, síntoma de que lo peor ya había pasado. Aquel vergonzoso contratiempo a la entrada del año 1943, cuando nos llegaba el viento de la victoria, me recordaba, por si lo había olvidado, que tales sucesos eran «el porqué de esos campos», y que en tanto que estos durasen existía el peligro de escapar por la chimenea convertido en humo. ¡Cómo sentía en mi alma que aquella horripilante ignominia me proviniera de la demencia de un compatriota, viciado en esas bajas obras, que antes había estado cubierto con mi misma bandera! Esos especímenes, de cualquier etnia que fueran, se habían convertido en el filo cortante del régimen nazi, en el baluarte selectivo de su obra exterminadora y en la grasa lubricante de su maquinaria bélica.

Al día siguiente volvimos a nuestro bloque, donde nos esperaba una muda limpia, y un uniforme para los que lo tuviésemos más estropeado. A mí me tocó uno de los muchos que allí habían dejado, de color rojo, de muy buena calidad, compuesto de guerrera ceñida al cuerpo, ancha por abajo en forma de corola, y pantalón *britz* de montar, procedente al parecer de los excedentes usados por la guardia del antiguo rey de Yugoslavia, de una talla muy superior a la mía en altura y anchura. Recibí al mismo tiempo unas botas muy usadas, pero casualmente de mi talla. Es posible que procedieran de algún compatriota desaparecido, o de alguno aún vivo, a quien tal vez le fueran arrebatadas por la administración del campo central cuando llegamos allí, como se hacía normalmente con todos los recién llegados. Como la cuestión estética no me preocupaba, el nuevo uniforme, con todas sus faltas, me cayó de perlas, ya que era mejor en todos los conceptos al rayado que tenía antes. Solo había una cosa que me inquietaba: ¿cómo me las iba a arreglar para meter los productos robados en las perneras del nuevo pantalón, como hacía habitualmente, teniéndolas este tan estrechas? En fin, como al buen pagador no le faltan prendas, pronto encontré las ventajas de este uniforme, que era lo bastante espacioso como para poder disimular en su interior todo lo que llegara al caso, sin sobrepasar el volumen normal de sus anchuras. Cualquier otra cosa antes que hacerme mala sangre, pues los uniformes rayados del campo, que ya conocemos, además de no servir como prendas de abrigo, al mojarse encogían un buen trozo, de modo que a los cuatro o cinco meses de tenerlos, si aguantaban ese tiempo, nos daban una facha irrisoria. Al cabo de un año, incluso si al principio nos quedaban un poco largos, la chaqueta apenas cubría la mitad de las costillas y los pantalones remontaban por encima de las pantorrillas. Decíamos entonces con bastante humor que las fibras que sirvieron para la fabricación de esos tejidos provenían de la corteza de pino.

A partir del año 1943, el original uniforme rayado de azul y blanco, para el verano, o azul y negro para el invierno, se fue mezclando con prendas de otros colores, provenientes de uniformes militares o civiles, requisadas en los depósitos de los países ocupados, cuando no traídas por los mismos presos al entrar en el campo. No era extraño encontrar a un preso vestido con una chaqueta rayada y un pantalón civil o militar, o al revés, cuando no con uniforme militar, como era mi caso. Pero estas prendas ajenas al campo tenían que llevar también un distintivo que las diferenciara de las usadas por los civiles o militares de fuera del campo. Podía ser una franja de tela rayada, pegada en la espalda, o de otro color opuesto al del traje, blanca normalmente, de arriba abajo de la chaqueta. Los pantalones también eran marcados con dos franjas pintadas en el exterior de cada lado de la pernera para distinguirlos. El gorro con los colores propios del campo no sufrió cambio alguno. Todo ello, como es fácil de imaginar, tenía como objetivo disuadir a los presos de intentar la fuga en el caso de que les hubiera tocado una ropa similar a la que usaban los civiles; y es que en Alemania trabajaban, de mal o peor grado, gentes de toda Europa, cada cual vestido a su manera.

Volviendo a mi uniforme que, como he dicho, era de color rojo, tal vez para que concordara con el epíteto que nos colocaron como causa penal —rojo—, aunque me daba un aire indisimulado de payaso, mejoraba notablemente mi aspecto físico, protegiéndome así de toda una gama de impíos que, desesperados por su cautividad, atacaban con mal humor a los que por su estado más débil o desmejorado, muchas veces reflejado en su vestimenta, no podían defenderse. Aquella debilidad mental de atacar al desvalido, tan extendida en Gusen, era el reflejo del sistema aplicado en el campo por la ideología nazi, extrañamente surgida de una sociedad dicha civilizada, del centro de Europa, donde la humillación del vasallo era como una ley enviada del Cielo al dueño y señor, junto con otras prerrogativas que da al hombre su propia fantasía para aprovecharse de las miserias del otro.

«Noche y niebla» y los resistentes

La marcha de la guerra obligó a Alemania a desarrollar al máximo su industria militar, para lo que necesitó multitud de brazos, que fueron reclutados en la primavera del año 1943 entre miles y miles de habitantes de todos los países de Europa, particularmente franceses, belgas, holandeses, luxemburgueses y algunos españoles capturados en los maquis franceses durante la operación «Noche y Niebla». También, y por primera vez, los húngaros, albaneses y griegos entraron en el campo de Gusen. Con nosotros habían llegado algunos rumanos, búlgaros, y quizá de otras nacionalidades heteróclitas, pero con enseña española, procedentes de las heroicas Brigadas Internacionales que combatieron en España en defensa de la República.

Todas estas nacionalidades se sumaron a los primeros pobladores de este campo, los austroalemanes, polacos, republicanos españoles, checos, yugoslavos, soviéticos y unos pocos individuos de otras nacionalidades europeas. Al final llegaron los italianos, también en grandes cantidades, completando así las veintiocho o treinta nacionalidades diferentes que había solo en Gusen al final de su etapa. Además, había grupos pertenecientes a otras etnias, muchas de esos mismos países, como los zíngaros, judíos, ucranianos, bielorrusos, tártaros, caucasianos, mongoles, esquimales y lapones. Los países ocupados por los nazis en pleno apogeo de su expansión militar proporcionaban cada día mayor número de súbditos al esfuerzo de guerra alemán, arrancados casi siempre de sus hogares por la fuerza, sumando millones y más millones de presos. A este respecto son relevantes las declaraciones del dirigente nazi, jefe del trabajo obligatorio, quien, refiriéndose a la Ley del 28 de enero de 1943, decía: «Alemania se dispone a continuar la guerra total, para lo cual, más de siete millones de extranjeros trabajan dentro de sus fronteras».

Fue entonces cuando se iniciaron las excavaciones de gigantescos túneles en la comuna de Langestein para enterrar la industria de guerra, atacada por todas partes y de forma intensiva por la aviación aliada. Muchos miles de presos fueron ocupados en esas excavaciones subterráneas, alternándose por turnos de doce horas de trabajo consecutivo. Los presos, poco y mal alimentados, no podían seguir aquel ritmo durante mucho tiempo. La mayor parte apenas aguantaba algo más de un mes, otros solo unas semanas, y a veces unos pocos días eran suficientes para acabar con el preso.

A fin de llevar a cabo estos nuevos proyectos se abrió otro campo, anejo a Gusen, el Gusen II, cuyos ocupantes tomaron parte en la construcción de los túneles desde el primer día de su llegada. El nuevo campo era administrado desde Gusen I, tanto en su abastecimiento como en sus cuadros, con los mismos métodos, si no más refinados, para tratar a los prisioneros. Uno de los instructores de los capos del nuevo campo fue nuestro Asturias, cuyos métodos con los presos eran tan valorados por la administración y los SS, que en los últimos meses de cautiverio se le confió la dirección de un tercer campo no menos temible, el Gusen III, en la comuna vecina de Lungitz. Todos estos honores lo colmaron de gloria, completada cuando recibió el raro privilegio de «Preso de Honor», galardón que solo dos presos extranjeros, él y el polaco Carol, recibieron en el campo. Ese honor, recibido de los SS por su condición de lacayos fieles, conllevaba las prerrogativas de dejarse crecer el pelo, no abrirse la banda que cada uno llevábamos afeitada desde la frente al cuello, y gozar del respeto de los funcionarios, de los demás presos, y de todos aquellos que les pareciese a bien tomar por su cuenta, de grado o por la fuerza bruta.

El campo de Gusen II, que yo solamente vi una vez por dentro y en una desinfección, tenía la misma capacidad de acogida que Gusen I, es decir, entre ocho mil y diez mil presos como máximo, pero en algún tiempo llegó a sobrepasar en muchos miles esa cifra, con las sabidas consecuencias de insalubridad para los allí alojados.

El burdel

Un paréntesis, de naturaleza no menos trágica de lo que venimos narrando, se hizo en la vida cotidiana de algunos presos cuando ya llevábamos bastante tiempo instalados como prisioneros.

La alta dirección de estos campos determinó emplazar una mancebía delante de nuestras narices, y al alcance de la vista de todos. Sí, la dirección puso en Gusen I una casa de citas o prostíbulo. Un burdel, repito, con toda su parafernalia y bien reglamentado, al gusto alemán: carnet de citas, instalaciones sanitarias, camas y, lógicamente, las prostitutas.

Para dar cobijo a las nuevas inquilinas y servir de lupanar, se instaló una barraca prefabricada de madera a la entrada del campo, a mano izquierda, sobre la misma plaza de recuento, más pequeña que las ya existentes, pero mejor pertrechada.

Un día, inesperadamente, vimos aparecer por las ventanas de la nueva barraca a seis o siete mujeres muy lustrosas, bien arregladas y muy bien parecidas. Para los que llevábamos años sin rozar ni tocar a una mujer, incluso sin verla siquiera, aquella aparición, aunque solo fuera a través de una ventana y de medio cuerpo para arriba, representaba casi un sueño. Eran mujeres vivas, de verdad, de carne y hueso, y no en fotos ni láminas; podía uno cerrar los ojos y volver a abrirlos tantas veces como quisiera, que siempre las veía allí; eran ciertamente muchachas y no un sueño o un truco de la imaginación.

Mientras los ojos se nos abrían como platos contemplando a las mujeres, el corazón se encogía poco a poco, pues no admitíamos que esas chicas hubiesen entrado en Gusen a ejercer tal profesión por su propia voluntad, al no ser aquel un sitio donde buscar fortuna. Por otra parte, la presencia de las chicas en el campo no remediaba nada, ya que a esas alturas ya no era una medida capaz por sí sola de frenar la floreciente sodomía entre presos. Nuestro instinto más primario agradecía su presencia, pero no nos evitaba pensar que esas muchachas fueran reclusas como los demás, traídas al campo por la fuerza y obligadas a ejercer contra su voluntad el más viejo oficio. Pero aceptando la realidad, y conscientes de que nada podíamos hacer por nuestra parte, concluimos sin ambages que su llegada no disminuía en nada nuestro salario, y que en último caso nos entenderíamos con ellas mejor que con los SS y los cabos, convencidos de que sus manos serían más suaves que las de nuestros verdugos. En algún momento se dijo que esas chicas procedían de un campo de concentración de mujeres en Alemania, el de Ravensbrück, internadas allí por delitos de prostitución.

El burdel recién instalado encerraba una trampa que hacía, si cabe, más indigno el sacrificio de aquellas mujeres. La mancebía era una «concesión» de las empresas alemanas que explotaban nuestra fuerza de trabajo; un «detalle» para con los presos que sobrepasaran un mínimo establecido de producción. Dichos presos eran premiados por las empresas con unos marcos nominales, de uso exclusivo en el interior del campo, convertibles en «cantina», esta en cigarrillos y los propios cigarrillos en nuevos marcos, todo bastante complicado y difícil de explicar por mí, porque yo nunca me beneficié de esa clase de privilegio o recompensa al buen productor.

El acceso al burdel con derecho al deleite carnal se obtenía mediante esos nuevos marcos, dos por visita, bajo solicitud del demandante (*Rapportbesuchen*) y a condición de contar con ellos en propia cuenta y presentarse vestido correctamente, lo cual era ya poner muchos obstáculos, pues salvo algunos prominentes, ninguno disponíamos de muda ni uniforme de recambio. Era necesario disponer de amigos con prendas o vestimentas en condiciones de ser admitidas por el encargado de la entrada que estuvieran dispuestos a realizar la mutación provisional de los dos números de matrícula propia en las prendas recibidas y en los pocos minutos que precedían a la espera. Así pues, para entrar en la mancebía era necesario resolver varios problemas, aparte de haberse dejado antes los bofes trabajando. Sin olvidar que los cabos y jefes de bloque buscaban con lupa en sus barracas a los que dispusieran de marcos, para arrebatárselos y hacerse con el fruto del trabajo ajeno en su propio beneficio. Al parecer, una buena parte de los marcos ganados por las prostitutas iba a las cajas de la dirección del campo o de los SS, lo cual, de ser verdad, redunda en su falta de escrúpulos, pues lo que entregaban con una mano, a cambio de grandes sacrificios, lo recogían con la otra. Se dijo también que solo tuvieron acceso al burdel los austroalemanes, los polacos y los españoles, quizá porque se pensó que solo los naturales de esos países contaban con plazas de trabajo que les pudieran proporcionar los marcos y demás medios necesarios. Pero yo conocí a presos de otras nacionalidades que disponían igualmente de plazas de trabajo de las que obtener remuneración, aunque quizá en menor escala, y seguramente lograron entrar en el burdel. Teniendo en cuenta que, más tarde, parte de los beneficios eran captados por los jefes del campo, no es extraño que permitieran entrar a todo el que consiguiera los dos marcos.

Las prostitutas allí recluidas solo tenían derecho a salir de su barraca para pasear por la plaza del campo, acompañadas de un sargento anciano, durante las horas habituales de trabajo, que para ellas eran de descanso. Los domingos, durante las competiciones deportivas de fútbol, la media docena de prostitutas, asomadas a su ventana enrejada, formaban tanto alboroto como los demás espectadores juntos, lanzando a los jugadores fuertes gritos de estímulo desde el comienzo del encuentro hasta su fin. Terminado el partido, los competidores se llegaban hasta la ventana de la mancebía exhibiendo con petulancia sus abultados músculos, y recibían de las chicas, como trofeo, sus libertinas sonrisas con lejanos y teatrales besos.

Me resulta muy incómodo juzgar la actividad de estas chicas. El oficio que desempeñaban, si lo ejercían por su voluntad, no lo realizaban en el mejor de los sitios ni en las mejores condiciones, pues también ellas eran explotadas por los SS; y si estaban allí como nosotros, prisioneras, explotadas por las empresas alemanas que las ofrecían como señuelo para extraer a los prisioneros todas sus energías, su sacrificio era aún mayor. Esta segunda posibilidad entraba dentro del esquema nazi, que demostró un absoluto desprecio por las razas que consideró inferiores, y por extensión, por todos los vencidos. Muchas mujeres de países invadidos fueron hechas prisioneras, internadas en campos de concentración, y sacadas, según parece, sin escrúpulo alguno, para cumplir en los campos de prisioneros las funciones que ahora nos ocupan.[XIX]

XIX. Esta segunda posibilidad que plantea Enrique era la real. Las mujeres que ocuparon los burdeles de Mauthausen y Gusen eran prisioneras provenientes del campo de concentración de Ravensbrück.

La sombra vil del nazismo llenó de indignidad a todos los seres que cayeron bajo su poder. ¡Cuánto dolor provocaron! ¡Cuánta ira contenida en los corazones de los que pudimos contarlo! Y todo, al final, inútil, como lo fue el mismo burdel, incapaz por sí solo de acabar con la creciente sodomía entre los presos.

No sé qué destino les fue reservado a esas prostitutas tras la liberación del campo. Fuera cual fuese su origen, su sentir religioso, político o social, seguro que la libertad les fue tan bienvenida como a los demás.

La guerra durante 1943

Desde febrero de 1943 los fracasos de las tropas alemanas se sucedieron sin tregua. Los rusos reconquistaron buena parte de su territorio. Las fuerzas aliadas, que atacaron Túnez, en África del Norte, capturando a decenas de miles de prisioneros italianos y alemanes, entraron en Sicilia y luego en Calabria. Los alemanes, que no obtuvieron en Tobruk los éxitos previstos, se vieron obligados a intervenir en Italia para frenar el avance de los aliados. Las fuerzas de la Francia Libre tomaron Córcega, y el Duce, que había sido detenido por sus propios compatriotas, fue liberado por un comando de paracaidistas alemanes que lo trasladó a Alemania. En el Pacífico los americanos hicieron retroceder a los japoneses, que perdieron Guadalcanal y parte de Nueva Guinea. Las fuerzas del Eje acabaron el año retirándose en todos los frentes, lo cual levantó la moral de los presos retenidos en Gusen. Ese mismo año llegaron al campo varios miles de italianos considerados prisioneros de guerra alemanes, tildados de «maquis». Curiosamente, también llegó un español procedente de la División Azul de Voluntarios contra el Bolchevismo. Es de suponer que ese infeliz compatriota no vino a aquel lugar de buen grado, ni tampoco a espiarnos bajo misión oficial, pues tal osadía estaba fuera de lugar, ya que Gusen no era un destino saludable para buscar aventuras. En todo caso, y a pesar de la repugnancia que nos inspiraba esa clase de evangelizadores retrasados, émulos del nazismo, sentimos con pena la llegada de dicho compatriota, sin tomar en consideración los motivos que lo llevaron allí. Procuramos ayudarlo para que se le hiciera menos penoso aquel baño y pudiera salir con todos el día que llegara la liberación. Como a tantos otros, lo perdí de vista, y no puedo decir la suerte que le estuvo reservada, si salió de allí hacia otro campo, o si vivía o no cuando al nuestro llegaron los aliados.

En la Italia no liberada, la situación adquirió tintes de tragicomedia. Mussolini, apoyado por Alemania, volvió a su país y proclamó la República Social Fascista Italiana. Detuvo a varios de sus antiguos colaboradores, entre ellos a su yerno, notorio fascista y no menos bellaco que él, títere y usurpador de las libertades del pueblo español, antiguo ministro de Asuntos Exteriores, y ennoblecido con el título de conde Ciano. Este antiguo colaborador de Mussolini, que adquirió entre los republicanos españoles el sobrenombre de «Ladrón de gran camino», fue condenado por su propio suegro a la pena capital y ejecutado por delito de alta traición.

No está de más hacer aquí un pequeño comentario sobre este negro personaje, y es que... ¡cuando pienso en mi infortunado país, en sus niños, mujeres, ancianos, en sus ciudades y campo, estigmatizado con hierro ardiente por las codiciosas y criminales ambiciones de esos locos hoy a la deriva!... ¡Gentuza insolvente...! Vuestros Savoie, Capronis, Marchettis, todos vuestros artefactos mortales que lanzasteis contra poblaciones pacíficas que nada os debían... Sembrasteis el mal no solo fuera de vuestras fronteras, sino también dentro de vuestro país, donde habéis recluido, mutilado y esparcido cientos y cientos de miles, si no millones, de italianos que no estaban dispuestos a consentir ni a aprobar vuestros desvaríos. En determinado momento, vuestros ahijados ibéricos os pidieron parecer sobre lo que se habría de hacer con los italianos antifascistas hechos prisioneros; con esos italianos que por propia voluntad cruzaron los Pirineos para defender la causa legítima del pueblo español. «¡Matadlos a todos! Solo los muertos no hablan», respondisteis llenos de insolencia. Y al caer el Madrid heroico en manos de vuestras criaturas, asesinando así a la República española, Ciano exclamó: «¡Es una nueva y grandiosa victoria del fascismo, quizá la mayor hasta ahora!», mientras el Duce, eufórico, decía mirando en el Atlas el mapa de España: «Lo he tenido abierto durante tres años. ¡Basta! Estoy seguro de que pronto empezaré a mirar en otras páginas...!».

Los ataques aliados continuaron. Los rusos recuperaron Kiev y los americanos conquistaron del todo Nueva Guinea. El año 1943 terminó con la previsible derrota del Eje. Los ejércitos italianos habían quedado fuera de combate, salvo una pequeña parte de sus fuerzas que siguieron a Mussolini en su descabellada República, antes como lacayos y cómplices de los nazis que como verdaderos combatientes. Los japoneses se replegaron en el Pacífico, pero los alemanes, a pesar de sus enormes pérdidas y de los descalabros de la Wehrmacht, se mantuvieron en Europa continental. Los cabecillas nazis, con el fin de inyectar moral a una población que desesperaba, alardearon de una nueva gama de armas secretas, capaces por sí solas de cambiar el rumbo de la guerra y solucionar sus problemas militares.

A finales del año 1943 corría por el campo el rumor de que las unidades españolas que componían la División Azul de Voluntarios contra el Bolchevismo, o lo que quedase de esta, abandonaron discretamente los frentes de batalla, unos para volver a casa y otros para dispersarse entre la población apátrida en Alemania. Con las ilusiones perdidas, nuestros evangelizadores guerreros volvían las espaldas al coco del Norte. Las condecoraciones, las citaciones por actos de bravura, perdían paulatinamente su valor. En el fondo, mejor era volver a casa con algo entre los brazos, levantar el puño si no se podía estirar el brazo y aprovechar antes de que fuera tarde para levantar a los «rojos» de los buenos puestos de trabajo, inflarles la chaqueta si no lo aceptaban de buen grado y... ¡a vivir! ¡Por algo habían expuesto su vida por la Patria! Esto, lector, puede parecerte poco serio, pero como que hay Dios que todo lo ve, que no puedo quitarme del pensamiento que en la organización de la División Azul intervinieron personajes «gordos» de España, que han sabido nadar y guardar la ropa, que pertinentemente sabían que a una guerra no se va a cascar nueces, y que debían haber asumido ciertas responsabilidades por intervenir en la destrucción y la muerte de otros.

Pienso también que sus grandezas, muchas tapadas, como se ha podido ver después, hubieran sido loadas si en lugar de ir a atacar personas inocentes se hubieran ocupado de liberar a sus hermanos de sangre de los campos de exterminio nazis. Esa grandeza, que habría llegado al corazón de los buenos y verdaderos cristianos, es la que habría correspondido a la verdadera «hidalguía» española. Y es que mientras miles y miles de republicanos españoles morían en los campos de concentración de Ravensbrück, Dachau, Buchenwald, Mauthausen y Gusen; mientras que otros muchos miles de republicanos perecían bajo los pelotones de fusilamiento y los tribunales llamados «nacionales» dictaban condenas de muchas penas de muerte, o de cadena perpetua, injuriando a los mismos condenados, culpándolos de crímenes que no habían cometido, el lugarteniente del Caudillo, el general Muñoz Grandes, recibía de la mano del Führer, Adolf Hitler, la medalla de la Cruz de Hierro alemana como recompensa y pago a sus servicios.

Claro que otros personajes, que también se habían prestado a los caprichos de italianos y alemanes, como el ya citado Muñoz Grandes, fueron, a espaldas de los españoles, también recompensados por los americanos diez años después. Las conclusiones a ambos hechos, que las saque cada cual para sí.

Navidad de 1943. Tres años ya

Las Navidades del año 1943 también fueron celebradas con empeño por la colonia española. Algunos compañeros franceses y soviéticos se unieron al grupo para festejarla juntos. Aprovechamos el mismo granero del año anterior, aunque esta vez con un pequeño inconveniente: los bloques 6 y 7 ahora estaban ocupados. A la fuerte algarabía que pensábamos formar en ese festejo memorable tuvimos que meterle sordina para evitar desagradables complicaciones que pudieran arruinar nuestra alegría. Los ceremoniales y brindis se hicieron en bajo tono, y en lugar de cantar y alborotar con música, pasamos la velada contando chascarrillos, cuentos, refranes y bromas, sin evitar referirnos a los prometedores sucesos ocurridos en los últimos tiempos. Se hicieron proyectos para el porvenir y dimos rienda suelta al surtidor inagotable de la imaginación.

Para algunos, los menos, tres años y medio; para otros, tres años; algunos meses y días para los más nuevos. Ese era el tiempo acumulado, grano a grano, por los pocos cientos que íbamos quedando. Años largos y duros, pegados a nuestros cuerpos y almas, que tan pronto nos aplastaban bajo su peso como tratábamos de alejarlos de nosotros. La obstinación y el empeño por ver abrirse las puertas que nos condujeran a la libertad habían forjado sobre nuestro ser un caparazón inmune que nos preservaba de la insensibilidad que engendra la miseria, multiplicando por diez la capacidad receptiva de nuestros sentidos corporales. Tres años de lucha por la existencia nos habían convertido en ratas perspicaces que comen el cebo sin alterar la trampa. Un refinado olfato e instinto nos prevenía de las intenciones furtivas de los verdugos, como a las bestias las advierten del mal humor de sus dueños. Captábamos sus gestos sigilosos, adivinábamos sus intenciones furtivas y escapábamos de sus redes como peces de ínfimo tamaño, provistos de un instinto prodigioso. Las perspectivas de una posible liberación alimentaban los sentidos de autodefensa y dejaban en un plácido letargo los males padecidos durante esos largos años. Un limbo defensivo rodeaba nuestra veteranía, disuadiendo a los agresores e impíos de pasar a los hechos, inseguros de sacar de su atrevimiento la mínima ventaja. A esas alturas también habíamos formado grupos de autodefensa. Ya conocemos hasta dónde llegaba en ese lugar la razón de la fuerza. Si por inadvertencia algún matón se atrevía con alguno de nosotros, encontraba frente a sí a todo un grupo, presto a arreglarle las cuentas. Así, tuvimos que poner las peras a cuarto a algunos compatriotas y a ciertos camorristas que mantenían las malas formas adquiridas en los peores tiempos; y es que, no habiendo puesto sus relojes en hora, seguían atacando a sus colegas incapaces de defenderse. Unas cuantas respuestas ejemplarizantes bastaron para esos individuos indelicados, que usaban el escarnio y la humillación con sus camaradas más débiles, o que, utilizando métodos más seductores, se daban a la sodomía.

Los SS, privados de la ayuda de esos salvajes y bravucones de ocasión, disminuyeron sus «razias». Sin el soporte y la colaboración de los mismos presos, los nazis se encontraban mancos y extraviados. Yo he conocido casos de condenados a muerte que se escaparon de la Gestapo cuando los presos responsables del funcionamiento y administración del campo no colaboraron o fueron negligentes en su captura; y a otros que se les escurrieron durante muchos años y cayeron en sus redes, tras ser buscados con lupa, en los últimos días.

Balance de bajas en 1943

El año 1943 fue para los españoles el menos mortífero desde nuestra llegada a Gusen, si tenemos en cuenta solo los decesos registrados en el crematorio de este campo. Pero existieron otros medios de desaparición y que no constan en ninguna parte, tales como los camiones fantasma. En cualquier caso, yo no creo que en 1943 fueran muchos los españoles desaparecidos por ese método, a pesar de que al menos mil individuos fueron asesinados usando dicho sistema.

Los muertos españoles en 1943, por meses, fueron los siguientes:

En enero, 13; en febrero, 8; en marzo, 16; en abril, 11; en mayo, 10; en junio, 3; en julio, septiembre y noviembre, ninguno; en agosto y diciembre, 1; y en octubre, 2. En total 65.

Sin embargo, el balance general fue espantoso, ya que de los 9.120 prisioneros que llegaron ese año, 6.025 murieron y otros ochocientos se dieron por desaparecidos.

La situación había cambiado para el conjunto de los presos españoles. Aunque en los primeros meses, siguiendo la tónica de años anteriores, hubo bastantes bajas, según fue avanzando el año las muertes se frenaron, tanto por la adaptación al medio como por contar con mejores puestos de trabajo. También la veteranía, que es muy importante en estas circunstancias, y la moral, reavivada por los acontecimientos militares, tuvieron su efecto. No hay que olvidar, sin embargo, que esa cifra de 65 muertos suponía el veinte por ciento del total de los españoles que habíamos iniciado el año en aquel campo.

Sabedores de las ventajas obtenidas por las armas aliadas en todos los frentes, cada día que pasaba era para nosotros una victoria sobre el tiempo. Los resultados esperados, y tan pomposamente publicados por los agentes de la propaganda nazi (*Völkischer Beobachter*) y otros diarios oficiales del Tercer Reich, sobre las armas puestas en juego o dispuestas a ser usadas, no causaban los efectos deseados ni en los frentes de batalla ni entre la población alemana, de modo que intuíamos que en cualquier momento la guerra podía terminar.

A comienzos de 1944, la lógica de la situación inducía a pensar, con buen juicio, que los dirigentes nazis podrían en cualquier momento, y antes de que los ejércitos enemigos tocasen las fronteras de Alemania, levantar los brazos y abandonar la pelea. Pero esa actitud razonable solo podía llevarla a cabo gente de buen entendimiento, y ya sabemos, por lo pasado, que estos obstinados personajes carecían por completo de ese sentido. Nadie con buen criterio hubiera pensado que en esos momentos estábamos aún a casi un año y medio del fin de la guerra. No obstante, hay que tener en cuenta que por aquellas fechas toda Europa continental trabajaba, bajo la bota nazi, para sostener al Ejército alemán, y que siete millones de extranjeros, de grado o por la fuerza, estaban obligados a producir dentro de las fronteras alemanas.

Por suerte para todos, las armas secretas capaces, según se decía, de decidir por sí solas la guerra, iban cayendo a pique según salían de sus planos, molidas por los continuos bombardeos de la aviación aliada. La continuación de la guerra por parte de los alemanes y de sus coaligados no tenía, en esas condiciones y desde nuestro punto de vista, otro objetivo que estirar el caos. El tiempo, no obstante, seguía su curso sin que los problemas entre los hombres le pusieran un freno, como ocurría desde el origen de la civilización.

Picar sobre el granito era ya un acto rutinario que formaba parte de nuestras costumbres, como salir de vez en cuando a por patatas, ahora con más precaución, pues el castigo por sabotaje, que antes se aplicaba a los desperfectos de herramientas, de los materiales y al poco o mal trabajo, ahora se hacía extensivo, por necesidad circunstancial, a los alimentos. La prolongación de la guerra dificultaba, cada día más, el aprovisionamiento de comida, y como se puede comprender, los primeros en sufrirla éramos los presos. Los rumores, los bulos y el creciente optimismo respecto a la marcha de la guerra, no nos metía nada en el estómago, por lo que, tanto si robar alimento era sabotaje como si no, teníamos que seguir batiéndonos para llegar vivos al final de la contienda. Las hecatombes y escardas de los primeros años habían bajado de intensidad, porque se necesitaban brazos; ahora se mataba menos por el simple gusto de hacerlo, pero los inútiles e inválidos seguían siendo exterminados: para ellos no había cambiado nada. En cualquier caso, y aunque hubiera menos intenciones de matar por parte de los SS, la escasa alimentación y las interminables jornadas de trabajo, así como el continuo aumento de esclavos, seguía provocando, cada día que pasaba, un número elevado de víctimas.

Nuevos transportes de presos llegaban continuamente al campo, y aunque la intendencia tocaba fondo a menudo sin que todos hubiésemos recibido la escasa porción alimenticia que antes teníamos asegurada, el trabajo no perdonaba esa carencia. Los rateros de patatas refinábamos los métodos para conseguir algún suplemento, so pena de perder el pequeño forro de piel que le habíamos puesto a los huesos; no era el momento de levantar el pie, a ningún precio, ni siquiera por miedo, si queríamos seguir la favorable situación. Por si lo hubiésemos olvidado, nuestro cabo del grupo, Toni el Gitano, aquejado de fuertes retorcijones de estómago, acudía a nuestras piedras para recordarnos: *Spanier, Wo sind die Kartoffeln?* (Español, ¿y las patatas?). Toni estaba, afortunadamente y por su propio interés, de nuestro lado; el Sultán (un *Oberkapo*) nos dejaba tranquilos, y el *Kommandoführer* parecía sentir, por el momento, cierta debilidad por los cuatro ratas del *Kommando*; el Tirolés, sobrenombre que habíamos dado al *Arbeitsmeister*, o *Meister*, jefe civil del trabajo, era una de las mejores personas que pisaron aquel campo, y en cuanto a los rusos, ningún problema, ya que desde el comienzo nos acomodamos a su compañía y ellos nos acogieron de forma afectuosa y fraternal. Todas estas circunstancias nos ayudaron a sobrevivir a pesar de las fuertes restricciones de alimentos que hubo que soportar desde principios de 1944.

«¡Agua!»

Las excavaciones de túneles hechas para emplazar la industria mecánica militar bajo las entrañas de la tierra, que antes habíamos citado, necesitaron levantar en las partes más blandas y terrosas zócalos en piedra firme por las dos paredes de la nave; zócalos que aguantasen el caparazón de cemento armado del techo en forma de bóveda. Para ello, un pequeño grupo de canteros españoles, entre los que estábamos Belmonte y yo, fuimos sacados del taller de los rusos y enviados a los túneles. Como cabo o jefe de ese grupo iba otro cantero español, uno de los auténticos profesionales, nuestro amigo Domingo Cabello.

Cabello era uno de los pocos canteros profesionales, conocedores a fondo de su oficio, un maestro en su trabajo, que además era de fuerte complexión y bastante alto, cualidades, físicas y profesionales que lo ayudaron a sobrevivir en un lugar donde la corpulencia y alta estatura eran desventajas, porque tenía que sostener un esqueleto grande con la misma ración que los de cuerpos pequeños. Pero también esas cualidades naturales y profesionales lo ayudaron, pues gracias a ellas nuestro amigo ocupó ese cargo sin perjuicio de sus colegas; antes al contrario, esas cualidades daban a Cabello autoridad y prestigio, reconocidos por los jerarcas presos y los militares, y una cierta independencia en su servicio, lo que en el fondo recaía en provecho de todos los que trabajaban en su grupo. Bajo estos supuestos, y casi siempre con el acuerdo de los demás encargados, lo que su boca pedía, la dirección se lo otorgaba. Por eso no le era difícil hacerse con una partida de peones cada vez que lo creía conveniente, lo cual suponía para nosotros una ventaja, no por servirnos en el trabajo de estos peones, sino para ocuparnos de la vigilancia de los elementos peligrosos, cabos y SS, que aparecían cuando menos se esperaba. Su influencia servía también para sacar de otros grupos a los compañeros que, debido a la maldad de sus cabos, se encontraban en difícil situación.

Estas acciones, como el sabotaje en la producción, solo podían ser llevadas a cabo por grupos bien organizados, con base sólida, que no dejaran grietas a la traición que engendra la envidia y el mal humor. Nuestro grupo, con Cabello a la cabeza, reunía esas condiciones. Por primera vez en ese campo, los rateros y ladrones de patatas, los escapados de la sima de los trágicos primeros años, alcanzamos relieve de especialistas de alto nivel, y fuimos incluso loados por la administración del campo como si estuviera en nuestras manos la clave de la victoria del Nacional Socialismo. Esos méritos los utilizamos a nuestra manera, dando refugio, abrigo y protección a los insumisos y escapados a la ley del palo.

Pero la construcción de los referidos zócalos dependía de la consistencia del terreno. Las entrañas de los cerros no encerraban solamente vetas blandas: también se encontraban vetas de material duro, tosca y piedra, para los que no hacía falta apoyo exterior que reforzase su solidez. En esos casos, tanto los zócalos de sillería como las bóvedas en hormigón eran superfluos, y los especialistas volvíamos a nuestros talleres para preparar otros materiales, siempre relacionados con la piedra. Durante la ausencia, nuestros socorridos quedaban al descubierto, y si regresábamos después de muchos días, no volvíamos a encontrar a los mismos ayudantes, pues todos o casi todos ellos habían desaparecido en ese tiempo. Sin embargo, siempre encontrábamos alguna señal que recordara nuestro paso anterior por los túneles: la consigna «¡Agua!» como señal de peligro, que iba pasando de unos a otros de forma sigilosa, previniendo de alguno que se acercaba. Esta señal de peligro, «¡Agua!», fue usada por los españoles desde la entrada en los campos, y no era extraño escuchar esta palabra española en labios de presos de otros idiomas, sin que la mayor parte de los que la usaban supieran ni su significado real ni su origen, pero sí el sentido que en el campo tenía.

Sefarditas en Gusen

En una ocasión, pasando al lado de un pequeño grupo de presos, algo más de media docena, agregados a los canteros españoles, los oí hablar en una lengua que, sin ser el castellano, se le parecía bastante. Los miré, busqué en la pechera de su chaqueta para asesorarme del distintivo o triángulo de los que hablaban tal lenguaje y encontré que llevaban una «G» sobre fondo rojo. Por el color y la letra supe que se trataba de súbditos griegos. Volví a pasar cerca, prestando de nuevo atención, y después de escuchar atentamente pude averiguar que entre ellos hablaban un español muy extraño. Un castellano que me recordó, por algunas palabras, un librito que leí cuando era pequeño, del que en esos momentos no recordaba ni título ni autor, pues solo guardaba en mi memoria la forma de su escritura antigua, que al principio me costaba comprender.

No pudiendo retener mi curiosidad, me acerqué al grupo y en alemán les pregunté:

—*Sind sie Griechen?* (¿Son ustedes griegos?).

—*Nein!* (¡No!), *somus* españoles.

—Españoles... ¿podemos hablar entonces en castellano?

—Sí —respondieron, aunque parecía que hablaban muy bien el alemán.

—Pero bueno..., ustedes llevan la G que indica nacionalidad griega y hablan castellano, ¿cómo es eso?

—Vivimos en Grecia, pero *somus* españoles —respondieron algunos.

—¿Refugiados entonces en ese país? —repliqué, escéptico.

—¡Residentes caería mejor! —respondieron otros.

—Perdonen ustedes... esa forma que tienen de hablar el castellano la encuentro extraña, por no decir rara —volví a agregar.

—No sé por qué; hablamos el castellano puro —insistió uno que parecía explicarse mejor.

—Y... viejo —repliqué.

—Es nuestra lengua materna, la lengua de nuestros padres, abuelos y tatarabuelos.

—¡Bueno, no se enfaden! Pero ¿llevan ustedes muchos años en Grecia?

—¡¡¡Quinientos!!! —respondieron.

¡Oh, oh! Cuatrocientos cincuenta —dijeron otros.

—Perdonen, no he comprendido bien.

Ellos continuaron en sus posiciones, de los cuatrocientos cincuenta a los quinientos años. ¡Ah...! Qué desgracia. «Estos putos campos nos están embruteciendo hasta volvernos locos», dije yo entre dientes, aturdido por lo que acababa de oír, sospechando no me estuviesen fabricando una burla.

—Yo soy también español, como pueden ustedes ver —añadí, señalando con el índice el triángulo azul con la letra S, pero solo llevo cinco años fuera de casa, o sea, fuera de España.

—Lo sabemos: *royo*, o rojo.

—Como ustedes lo prefieran; republicano y antifascista prefiero yo.

—Estamos ya al corriente, *sabémoslo ensi* —añadieron los griegos.

Seguimos cruzando palabras y cuestiones por el estilo durante algunos minutos, hasta que hubo que cortar la conversación porque a lo lejos oímos la señal preventiva de «¡Agua!», que llegaba rebotando de boca en boca. Quedamos de acuerdo para reanudar la conversación tan pronto como nos fuera posible y nos enganchamos cada cual a la faena que teníamos prevista.

¡Qué arrogancia! ¿Qué fantasía es esa de creerse españoles, estos infortunados, quinientos años después de haber salido de España?, me decía yo sabiendo que otros con solo cuatro años de exilio habían perdido semejante calificativo. No llegaba a salir de mi asombro rebuscando en mi memoria y sospechando un poco que no se hubiesen puesto de acuerdo para gastarme una broma. Pero al parecer lo decían de buena fe, con plena y sana consciencia. Bueno, a esas alturas tampoco sería una barbaridad pensar que este campo nos había vuelto tarumbas a todos.

Todos se encerraban en la misma manía: *Somus* españoles desde hace quinientos años. Más de veinte generaciones después de la salida, huida o quién sabe qué de sus ascendientes de España. Eso no quita que lo encuentre tan insólito como extraordinario, seguía yo runruneando, pero si me resultaba difícil creerlo, no me era menos costoso ponerlo en duda. No parecía que lo dijeran en vano, e incluso fuera de aquel puto lugar les hubiese dado crédito.

La alerta anunciada duró más de lo que hubiese querido, aplazando la conversación con los griegos sin que yo llegase a salir de mi asombro. Cabello, nuestro cabo, emprendía su consabida retórica de *Auf, auf... Mensch!...* Retórica habitual que, de no conocerlo, hubiera podido pensarse que salía de la boca de algún cabo matón.

Yo no llegaba, sin embargo, a salir de mi asombro, repasando en el arca de mi memoria todos los indicios que pudiesen darme una respuesta, aunque solo fuera emborronada, que me sirviera de clave para escapar de aquel laberinto o enigma. Del viejo libro al que he hecho referencia en páginas anteriores pasé a otros que recordaba mejor, sin que me abrieran más sabias perspectivas. Luego recordé el más ilustre de todos ellos, *El Ingenioso Hidalgo Don Quijote de La Mancha*, donde Cervantes caracteriza el temperamento hispano, y en uno de sus capítulos menciona la expatriación de los judíos sefarditas en tiempos de infausto recuerdo, de la Santa Inquisición; los que no salieron, sufrieron los Autos de Fe, aunque se hubieran convertido al cristianismo.

Podría ser que parte de aquellos infortunados echados del suelo patrio, empujados por el viento del destino, hubieran arribado a las costas griegas y fueran acogidos y cobijados por esa segunda madre patria, luz de inteligencia, madre de la civilización occidental y faro del mar Mediterráneo. Y no sería extraño, pues, que hubiera ocurrido así, como tampoco sería raro que desde entonces hubieran conservado su lengua materna, pasándosela de generación en generación, como legado espiritual, por cuyo canal siguen expresando sus anhelos y sentires, sin conocer las correcciones aportadas a esa lengua en su propia evolución.

Esta reflexión me llegaba en plena conciencia, dentro del ambiente insano que me rodeaba, sumándola a lo que ya había visto y sufrido en una odisea presente, que podía comparar con la que tuvieron que aguantar aquellas familias hermanas, figurándome que solo llegaría a buen puerto una familia sobre cien, de cuyos lamentos y desdichas me sentía en parte culpable, quinientos años después. Sí. Hubiese querido yo reemprender la polémica rota para saber mejor, aprendiéndolo de ellos, cómo se siente, cinco siglos después, la tierra que dio luz a tus antepasados, para continuar juntos o paralelamente los caminos del regreso que nos condujeran a nuestro país, construir juntos una misma República que nos brindase a cada uno de nosotros la parte que nos correspondiese, sin que ninguno tuviéramos que abandonarla si no era guiado por voluntad propia. Pero los deseos de saber más sobre el presente y pasado de esos hombres que hablaban, aunque algo diferente, mi lengua, no pudo cumplirse, porque no se repitió la ocasión, lo mismo que ocurría con tantas otras cosas en el campo de Gusen. Ese día nos tuvimos que separar sin reanudar la conversación y no volvimos a vernos más. Los días que siguieron debimos volver al taller a preparar materiales y solo regresamos a los túneles una semana más tarde. A nuestro retorno busqué a los sefarditas por todos los tajos, sin lograr encontrarlos por ninguna parte. Llegué a la conclusión de que, como en otros casos, en ese corto tiempo habían dejado de existir. Se dijo por entonces que una escarda de presos desmejorados se llevó a cabo en el campo de Gusen II, en la que cayeron bastantes presos de religión judía. Tal vez en ella entraron esos conocidos, pues todas las rebuscas hechas posteriormente resultaron vanas.

Con el tiempo, sin que estuviera en mi poder remediar nada, he llegado a sentir como una responsabilidad retrospectiva en la desgracia de esa familia hermana, pensando cómo los pueblos pasan a veces indiferentes a la desgracia ajena. Nos batimos y nos devoramos por rencillas y picadillas faltas de importancia, por un punto de honor inútil e incluso equívoco, mientras que otras veces, cuando tenemos que defender una causa justa, que nos concierne y atañe, porque en ella se haya el porqué de nuestra existencia, de nuestra generación, y hasta de la propia vida, nos encerramos en una plácida indiferencia, cerrando los ojos para no ver el mal que nos rodea. ¿Quién lo hubiese creído, quién lo hubiese pensado?, nos decimos después. ¿Quién hubiese creído o pensado que miembros de la misma familia, separados por las creencias y por la fatalidad del hado irían un día a caer en la misma sima después de una separación dolorosa de cuatrocientos cincuenta o quinientos años?

El clan Mussolini

Los acontecimientos políticos y militares de 1944 nos sacan de nuevo de Gusen, no con intención de incidir sobre una parte de la Historia sobradamente conocida, sino para, a través de la visión que de estos tuvimos y tenemos los supervivientes del campo, conocer cómo influían en la moral de los prisioneros, fundamentalmente para mantener la lucha por la vida, para perpetuar ese instinto animal de supervivencia. Los frentes de batalla y sus desenlaces repercutían en el campo, tanto por la reacción de los nazis ante los fracasos, como ocurrió con los presos rusos, como sobre los prisioneros, que, precisamente porque sabíamos que no nos llegarían las noticias verdaderas, especulábamos siempre por encima de la realidad, augurando un fin más próximo del nazismo.

En este apartado vamos a rememorar el ocaso de unos personajes que ocuparon la escena política desde antes de este conflicto y durante su desarrollo, y que ahora se veían arrollados por los males que ellos provocaron. Me estoy refiriendo al clan Mussolini, con el duelo a muerte entre el Duce y su yerno y discípulo, el conde Ciano. ¡Quien mal anda, mal acaba! Pocos hombres en su pleno juicio habrían previsto fines gloriosos para los fascistas italianos ni para los cabecillas nazis. Pero que ese plato de mal gusto nos fuera servido por ellos mismos..., no creo que nadie en el mundo lo hubiese pensado. Sus fanfarronadas, altanerías y vilezas no impedían que pensáramos que, aun siendo tan bellacos como demostraron, hubiesen guardado un poco de pudor, de decoro y responsabilidad, y no ofrecieran a sus damnificados el bajo espectáculo de verlos devorarse entre ellos como perros rabiosos.

¿Cómo no gozar al saber que un «tiranón» cómico y bufón denominado «il Duce» ordenaría fusilar a un «tiranillo», conde de opereta, su yerno, al mismo tiempo que a las otras cariátides que durante los años triunfales sostuvieron su templo?

El jefe de la banda, Mussolini, raptado de su prisión por sus compinches nazis, limpiaba de un plumazo toda una caterva de maniquíes salidos de sus escaparates (Estado Mayor Fascista), dispuestos ellos mismos a juzgarle con alevosía cuando llegara el momento del «sálvese quien pueda». Para gozar de aquel espectáculo valía la pena resistir día a día en el campo, aunque ese gozo pasajero no pudiera borrar de nuestras memorias los destrozos, sacrificios, horrores y muertes violentas ocasionadas por esos polichinelas y por las huestes guerreras que ellos azuzaron contra otros pueblos ansiosos de paz. Pero, por otro lado, encontrábamos que la fea liquidación llevada a cabo por el Duce había sido la más productiva y útil para la Humanidad en todo el curso de su siniestra carrera. Con ello terminaba de un solo tirón con muchos meses de procesos judiciales, y evitaba gastos inútiles en juristas, que podían ser utilizados para remodelar otros servicios no menos limpios cuando terminase la guerra, evitándoles la cuerda a despecho y desprecio de muchos millones de víctimas. No acabó ahí todo: mientras el Duce hacía tabla rasa en la cabeza de su banda, otras nuevas figuras, que no estaban muy lejos de la cadena, lavadas sus caras para reemprender nuevos servicios, surgían como piezas de recambio: la Corona y la Iglesia.

Creo que a nadie debe extrañar esta reivindicación personal de hechos ocurridos tan lejos de Gusen, y al parecer tan poco relacionados con el campo, porque publicar con grandes titulares los crímenes de los nazis y de los fascistas italianos, e incriminarlos por la responsabilidad que les pesa a título individual y colectivo, no debe parecer mal a nadie en este mundo, y menos a los sacrificados por ellos. Las bombas arrojadas sobre Madrid, Barcelona, Málaga, Santander, Tirana, las ciudades de Grecia, Yugoslavia, Abisinia, Somalia, etc., por los Capronis, Savoie y otros artefactos, no eran menos aterrorizadoras y mortíferas que las lanzadas por los Stukas, los Junkers o los

Messerschmitt, incluso aunque estos no estuvieran bendecidos por el papa. Los que perecieron bajo las explosiones de esos malditos artefactos hoy no pueden pedir justicia si otros no la piden por ellos. ¡A cada uno su culpa! Olvidar o pasar en silencio los destrozos y males acumulados por esos dementes para no enemistarnos con sus pueblos, que, bien sea dicho, merecen nuestra amistad, implicaría a los que tenemos el deber de divulgarlos, como implica a todas las víctimas que lo han sufrido en un silencio encubridor. ¡No! El coraje que hubo que tener para hacerles frente y la memoria de los que cayeron en esa batalla desigual no nos lo perdonarían.

Es el momento de recordar, en su honor, a los cientos de miles de italianos muertos por negarse a que su país fuera dominado por una banda de locos, y especialmente a los miles de italianos que lucharon por defender la República española, ante los que me inclino una vez más con respeto, amor y fraternidad. Y decir, en justificación de muchos que callaron, que esos cutres gobernantes que tuvieron que soportar, llegaron al poder a través del engaño, prometiendo programas revolucionarios sociales y económicos, para mejor amordazar a las masas confiadas.

Mientras esos bellacos, cabecillas de opereta, ajustaban cuentas viejas y recientes, los ejércitos del Eje recibían rudos golpes en todos los frentes, por tierra, mar y aire, que laceraban su resistencia. Las guerrillas levantaron cabeza, pululando por todas las regiones de la península italiana, y acosando en muchos frentes a los esbirros de Mussolini y sus protectores nazis. La magnitud de la revuelta de los italianos contra las autoridades fascistas, y contra los nazis llegados a respaldarlos, empujó a estos a usar mano dura contra sus anteriores aliados, y los campos de prisioneros de guerra dentro de Alemania se llenaron de cautivos transalpinos, que fueron tratados por los alemanes con mayor rigor, si cabe, que los primeros presos. El campo de Mauthausen y sus comandos recibieron muchos miles de deportados italianos, que pagaron con sus vidas la supuesta traición cometida contra sus antiguos aliados. Los recién llegados unieron sus cenizas a la de los italianos expatriados al principio y condenados al exterminio, que habían sido quemados, no solo por escapar al fascismo, saliendo de sus fronteras, sino por ayudar heroicamente al pueblo español en su lucha por la libertad y por sus derechos democráticos y republicanos.

Para mayor desventura, los italianos que llegaron a los campos de Gusen I, II y III tuvieron que soportar la antipatía, con frecuencia despiadada, de los presos que ya había en los campos por la vinculación del Gobierno italiano con la causa nazi y sus esbirros del Tercer Reich, lo cual fue como una segunda pena para esos infortunados. Debo remarcar, insistiendo en su veracidad, que la impresión que recibían los transalpinos, poseedores de una gran capacidad humana, al entrar en esos campos horribles les arrancaba la mitad de su verdor, fundamentalmente a los que se dejaban dominar por los sentimientos, cualidad innata en la mayoría de los italianos.

Simultáneamente, los progresos de los aliados en el terreno militar fueron múltiples y variados en 1944: la escalada de los americanos por las islas Marshall; el avance de los rusos con la liberación de Novgorod, donde había operado la División Azul, Riga y otras ciudades de la Rusia Blanca, así como el levantamiento del cerco de Leningrado; el ataque a Montecassino, en Italia, por los aliados, entre los que se contaban franceses y algunas divisiones polacas; el cambio, en abril, de alianza en Rumanía, que volvió sus armas contra sus anteriores aliados y les declaró la guerra ante la llegada del Ejército Rojo a sus fronteras, quedando liberada ese mismo mes; la ruptura por los rusos del frente de Bielorrusia en mayo, y su llegada a las fronteras checas y polacas, tras haber liberado, un mes antes, Odesa, el puerto más importante de Ucrania; la llegada a Roma del Ejército aliado, tras tomar Montecassino...

No obstante, para nosotros fue el 6 de junio de 1944 el día más importante de la historia de la Segunda Guerra Mundial, por el desembarco de los aliados en Normandía. Aquí el Tercer Reich empezó a tocar tierra, dándose cuenta de que en pocas jornadas perdía todo lo que ganó al comienzo de la guerra. La apoteosis del desembarco de Normandía, con toda su carga humana y su trascendencia militar, merece por sí solo una atención que no puede dársele en este lugar. La virtual derrota de las armas alemanas tras el desembarco aliado en Francia irritó sobremanera a los nazis, que se volvieron contra sus víctimas más indefensas con singular virulencia, hasta convertir todo el terreno que quedaba bajo las fronteras alemanas en un campo de concentración, por no decir en un cementerio. El desembarco aceleró la debacle nazi porque enardeció a los combatientes de todos los países ocupados por la Wehrmacht, cada día en mayor número, aflorando maquis por todo el suelo de la Europa oprimida, que liberaron ciudades, provincias y regiones, una tras otra, obligando al ejército invasor a retroceder, y persiguiéndolo en su huida. Yugoslavia, que a pesar de la fuerte represión alemana no había abandonado la pelea, se lanzó con ejércitos enteros contra los nazis, cortando e interceptando sus comunicaciones con las fuerzas que ocupaban Grecia, Albania y Bulgaria.

El ejército desembarcado en las costas normandas y bretonas francesas el 6 de junio se desplegó por todo el oeste francés y el Gobierno provisional de la República Francesa, representado por el general De Gaulle y otras personalidades del exilio, se instaló en el país galo. El 25 de agosto de 1944, París fue liberado por sus fuerzas interiores de la resistencia, y acto seguido el Ejército francés se lanzó a la persecución del ocupante. A finales de 1944, los ejércitos de Tercer Reich habían rebasado en su retroceso las fronteras alemanas y la RAF bombardeaba las comunicaciones y la industria del país germano. La Wehrmacht contraatacó con éxito en Flandes, colocando en difícil situación a los ejércitos aliados, pero la magnitud de las fuerzas desembarcadas contrarrestó el esfuerzo realizado por los nazis.

Las milagrosas armas tantas veces anunciadas no salían de sus silos, si no eran convertidas en humo o destrozadas por los insistentes bombardeos. El viento del desastre alcanzó al Führer, que sobrevivió a un atentado preparado por sus colaboradores, hartos de recibir reveses en todos los frentes. Hitler escapó a la explosión, que se llevó a parte de sus consejeros, pero la fallida intentona tuvo consecuencias inmediatas, siendo ejecutados muchos de sus próximos. No pienso llorar por ello, y creo que se me comprenderá, ni a los fieles ni a los alevosos; a unos y a otros les estuvo bien empleado. Claro que esa limpieza le habría resultado rentable a todo el mundo, incluido el pueblo alemán, si se hubiera producido diez años antes; todos habríamos sacado mejor provecho: los alemanes por no haber sido empujados a la desgracia por sus ídolos, y nosotros, porque se nos habría evitado tanto sufrimiento físico, por todo lo que tuvo que aguantar nuestro cuerpo, y psíquico, por ver caer a nuestro lado tantas vidas inocentes.

Descalabro de la Wehrmacht

A finales del año 1944 y principios de 1945 el descalabro de la Wehrmacht era incuestionable en todos los frentes. Columnas de huidos de las zonas de combate buscaban refugio en otras más alejadas de la guerra, atestando en su retroceso líneas férreas, caminos y carreteras.

Los presos sacados de los campos de Polonia y de Prusia

Oriental, ante el avance soviético, junto con otros del norte y del este, afluían al campo de Mauthausen. Sus comandos, tras marchas agotadoras de muchos días a pie, comiendo poco o nada, perdían en el trayecto a un gran número de sus efectivos, muertos de cansancio, de hambre, o de un tiro al no poder seguir el ritmo impuesto. Caravanas de presos, civiles, prisioneros de guerra y militares perdidos o en fuga, abarrotaban las estaciones ferroviarias y ejes de comunicación terrestre, castigadas, para mayor desdicha, por los bombardeos de la aviación aliada, en una operación demoledora.

En el campo de Gusen corrió el rumor de que liquidarían a todos los presos, para librar a los SS del testimonio que suponía la supervivencia de hombres que habían visto y soportado aquel régimen infernal durante varios años, y para dejar plaza a los que fuesen llegando. Pero tal matanza suponía decapitar la mano de obra cualificada, tan necesaria para la industria de guerra, y abortar el objetivo de soterrarla, precisamente cuando todo empezaba a estropearse.

La aviación aliada golpeaba noche y día puntos estratégicos, ciudades y zonas industriales aptas para la producción de armamento ligero y pesado. Una noche de principios de 1945, la RAF nos ofreció un auténtico espectáculo pirotécnico. La alarma se inició tan pronto como oscureció, y no terminó hasta bien entrada la madrugada. Hasta entonces la dirección del campo no había previsto refugio ni otra forma de protección contra los bombardeos aéreos; solo se reforzaba la guardia, temiendo que con la confusión los presos intentaran fugarse. La sirena no había terminado su toque preventivo cuando cientos de motores de aviones llenaron con su runrún el espacio aéreo. Las bengalas alumbraron el vacío entre el cielo y la tierra con colores rosáceos y purpúreos en un radio de varias decenas de kilómetros. El horizonte se esclareció como si estuviéramos en pleno día. Los motores redoblaron la intensidad de su ruido, los aviones abrieron las portezuelas de sus vientres repletos y a los pocos momentos, allá que te va ¡Catapummm! Las bombas estallaron en el suelo con un ruido infernal; la onda del sonido se perdía en el espacio, pegando en carambola hasta desvanecerse en el infinito. Desde tierra, los reflectores lanzaban hacia el cielo lenguas luminosas, mientras las defensas antiaéreas disparaban cohetes al azar. El repiqueteo de la FLAK (defensa antiaérea alemana) volvió a verse sumergido por el nuevo ronroneo de cientos de motores, que se fueron sucediendo en avalanchas por intervalos de corta duración. Arracimados en las ventanas de los bloques, contemplábamos el espectáculo pirotécnico, ora rebosantes de júbilo, ora temblando de miedo, como si el mundo se desintegrara delante de nuestros ojos, como si un castigo venido del Más Allá nos fuera enviado en pago por las faltas de todos.

Al día siguiente partieron del campo de Gusen comandos de socorro hacia los lugares del siniestro. El resto de los presos retornamos a las ocupaciones diarias, con preferencia por el soterramiento de la industria militar, y la perforación de túneles. Otros comandos se ocuparon de aislar las barracas de la munición, colocando muros de piedra seca entre unas y otras con el fin de limitar el efecto destructivo del posible incendio de alguna de ellas.

Los canteros, y en particular nuestro grupo, estábamos cada vez más solicitados, unas veces para la construcción de zócalos de piedra en las galerías subterráneas, y otras para prepararlos en las barracas de trabajo.

La llegada y reparto de comida se hizo más rara cada día que pasaba, y las jornadas de trabajo, más largas. El pan, base de la alimentación que recibíamos, no llegaba todos los días, y con frecuencia era de muy mala calidad. Algunas tardes nos daban en su lugar una especie de galletas muy duras, que parecían amasadas con corteza de pino o toza, y que, aun rabiando de hambre, no podíamos masticar, pues al frotarlas con el paladar y las encías levantaban llagas. Tanto es así que su precio en el bazar y su valor de cambio era nulo, ya que valía más deshacerse de ellas que tratar de masticarlas. La escasez de comida llegó a tal punto que las peladuras de patatas y otras porquerías por el estilo se convirtieron en la mejor moneda de cambio en el mercado.

En esos días tan sombríos para el estómago, remoloneando en la estación o descargadero de productos de intendencia, lugares donde algunas veces conseguí sustraer ventajosamente pan y otros productos, presencié la llegada de un tren de mercancías, vigilado por *Aufseherinnen*, mujeres SS, uniformadas y pertrechadas con armas automáticas. Las *Führerinnen* solían ser más severas como vigilantes, o prestando otros servicios, que los varones, a pesar de lo cual conseguí, en un momento de descuido, acercarme a un vagón y averiguar, por la poca luz que penetraba a través de las rendijas, el contenido de su carga. Por el pequeño hueco que me permitía ver el interior observé un espectáculo que me hizo temblar: dentro del vagón, del que salía un murmullo como de ultratumba, había una indeterminada cantidad de mujeres, que excedería de las tres o cuatro decenas, unas sentadas y otras tendidas, sin que se pudiera distinguir cuáles de ellas estaban vivas, muertas o moribundas. Me pegué a la rendija, les chisté, di unos golpecitos suaves sobre las tablas, permanecí allí unos instantes y, ante el peligro de ser descubierto por las vigilantes, me separé del lugar a toda prisa. Anduve rezagado en los alrededores, esperando la oportunidad de acercarme de nuevo. Al cabo de un rato vi salir por una de las ventanillas un pequeño envoltorio, que cayó al suelo. Pensando que se trataría de algún mensaje o de alguna explicación, busqué el modo de poder cogerlo. Lo llevé cuidadosamente hasta un lugar tranquilo para desenvolverlo con cuidado y ver su contenido, pero cuando quise percatarme tenía los dedos manchados de inmundicias, con un olor tan nauseabundo que me habría vaciado el estómago si por azar hubiera tenido algo en él. Dando arcadas y con náuseas salí de aquel lugar y volví al trabajo con miedo de que, por haber perdido más tiempo del previsto, me encontrara con otra desagradable sorpresa. Expliqué a mis camaradas lo sucedido sin que pudiéramos sacar en limpio ninguna conclusión. Al atardecer volví al lugar, esta vez con algunos recursos que pudieran servirles de ayuda. El tren había partido ya y nunca supe cuándo ni dónde, ni tampoco la suerte que les fue reservada a aquellas infelices prisioneras

A partir de marzo de 1945 nuestro grupo de canteros, como la casi totalidad de los que trabajaban en los túneles, fue dividido en dos turnos, trabajando una semana por la noche y otra por el día, en jornadas de doce horas de trabajo consecutivo. Casi un kilómetro de galerías había sido ya ocupado y puesto en servicio para el montaje de motores y otras piezas de vehículos, por la fábrica Steyr. La mayor parte se instaló en la galería «A», que era la más avanzada, y en lo que pudo ser habilitado de la galería «B». Los apéndices del corredor inicial empezaron también a ocuparse, una parte para laboratorios y oficinas, y la otra para el montaje de complicados aparatos de aerodinámica.

La inconsistencia del terreno en algunos tramos frenaba a menudo los trabajos, pues necesitaba apuntalamiento y entibado debido a los espontáneos derrumbamientos, algunos de los cuales ocasionaron bastantes muertos y heridos entre los grupos de presos empleados en la progresión de la galería.

Cuando los bombardeos se hicieron habituales, los silos o túneles fueron usados como refugio para todos los presos del campo, día y noche, aunque durante el día, los que estábamos fuera podíamos escabullirnos igualmente en los rincones más protegidos de la cantera. Las alarmas se fueron sucediendo casi ininterrumpidamente; los bombardeos de la aviación aliada, en particular los que tenían lugar durante la noche, debieron de hacer reflexionar a la dirección del campo, y quizá a instancias más elevadas, para preparar la diablura que acabara con todos los presos que quedábamos con vida en el campo.

Últimos balances de víctimas

En estas fechas, y por las razones ya expuestas, el número de muertos respecto del total de los presos supervivientes o recién ingresados descendió notoriamente, aunque no por ello las cifras dejaran de ser escalofriantes:

Entrada general de presos en 1944	23.396
Desaparecidos durante ese año	698
Fallecidos registrados ese año	4.729
Porcentaje de fallecidos sobre los ingresados	20,21 %

Sin embargo, para el grupo español ese año no fue tan catastrófico, ya que solo hubo 21 muertos de nacionalidad española: 2 en cada uno de los meses de enero, febrero, marzo y noviembre; 1 en los de abril, junio, julio y diciembre; y 3 en los de mayo, agosto y septiembre.

Las cifras de 1945 fueron notablemente peores que las de 1944. Desde el mes de enero al 5 de mayo de 1945, en que el campo fue liberado, son las siguientes:

Presos ingresados en los campos de Gusen I, II y III	15.651
Fallecidos registrados en esos meses	10.954
Porcentaje de fallecidos sobre el total de ingresos	70 %

Entre los asesinados en esos cuatro largos meses hubo 10 españoles: 2 cada mes en enero y febrero, y 3 tanto en marzo como en abril.

Estas cifras fueron tomadas del registro general del campo, incluyendo las de Gusen II y III, campos anejos abiertos en los últimos tiempos; no están, por tanto, incluidos todos aquellos muertos no registrados en dicho libro.[11] Tampoco están los dos mil presos asesinados el día de la liberación y los siguientes, antes de que se estableciera una autoridad en el campo de Gusen ya liberado.

Quiénes eran los españoles muertos en Gusen

Para los contemporáneos de la Segunda República, que fue preludio de esperanzas y de tragedias tales como la guerra civil de 1936-1939, saber quiénes eran esos españoles muertos en el campo de concentración de Gusen, a los que se hace frecuente mención, es sencillo: eran los soldados republicanos, y muchos civiles, empujados a Francia en los primeros meses del año 1939, a través de la frontera catalana, por el vencedor Ejército Nacionalista, acaudillado por el general rebelde Franco. Los «nacionalistas», o «nacionales», como ellos preferían llamarse, nos colgaron el apelativo de «rojos», con el que fuimos conocidos en el resto de Europa, Gusen incluido.

Las generaciones más jóvenes que no hayan conocido esa turbia, pero interesante época, y que no tengan referencias orales o escritas narradas con precisión y objetividad, sí po-

11. Las cifras de los españoles ingresados, desaparecidos, muertos y liberados en el campo de Gusen, y que aquí figuran, son las registradas por los funcionarios del campo bajo la autoridad penitenciaria alemana, trasladada del libro de registro en poder del señor Zdzislav M. Rakowski, antiguo preso empleado en la secretaría, de nacionalidad polaca. La copia la llevé a cabo en la ciudad austriaca de Bregenz (Voralberg) el 20 de julio de 1946 y me fue compulsada conforme al original por el Gobierno Militar de Ocupación y por el Gobierno Civil de la región, que fue zona de ocupación francesa.

drán preguntarse: ¿quiénes eran esos españoles?, ¿cómo fueron a morir tan lejos?, y ¿qué delito cometieron para ser llevados al exterminio en aquel campo alemán?

Cuestión razonable, curiosidad pertinente que ha podido satisfacer, al menos en parte, el que ha leído con atención lo escrito. Y es que esos españoles eran personas sencillas, normales, como son la mayoría de las gentes de todos los pueblos, muchos de los cuales tenían, eso sí, su sentido político, sociológico, confesional, cultural, regional, etc. Pero cada hombre encierra en sí un mundo complejo, y mis esfuerzos para esclarecer la cuestión caerán quizá bajo esa ley humana que mete en el mismo saco la verdad y el error, por lo que pido indulgencia si no soy tan explícito como sería deseable; confío en que todo se perdone con buena voluntad.

No es, por otra parte, mi deseo hacer una radiografía separada de cada uno de esos participantes póstumos, por el respeto que les debo y que creo que debemos todos a los que ya nos dejaron, y por no hurgar en sus intimidades. Todo lo que aquí se narra pasó, pero sin dejar testamento. Por ello seguiré el relato como hasta ahora, basándome en los detalles conocidos por mi propia cuenta y en los hechos vividos junto a ellos.

Empezaré por lo concerniente al orden militar, diciendo que las fuerzas que pasaron a Francia en febrero de 1939, pertenecientes al Ejército Popular de la República, eran llamadas en ese tiempo Ejército de Cataluña, como lo hubo de Aragón, de Extremadura, de Andalucía, de Levante o del Centro. Esos cuerpos militares eran mixtos, compuestos de ciudadanos de toda España, y su nombre regional hace referencia a la zona o frente en el que estaba instalado o que defendía. Todos estaban bajo un único Estado Mayor Nacional, a las órdenes del Gobierno español y de su máxima autoridad, el presidente de la República don Manuel Azaña y Díaz. Tanto el presidente de la República como los demás gobernantes que la defendieron habían sido votados en elecciones libres, por la mayoría de los españoles, en sufragio universal y con voto secreto en todo el territorio nacional. Y estaban sostenidos por las organizaciones obreras y los partidos políticos que componían el «bloque de izquierdas», que reunía la mayoría democrática, y una minoría conservadora.

Todo iba rápido en aquella época agitada, tanto en el matiz de los colores como en el de las etiquetas políticas, hasta que el latigazo de la Guerra Civil separó a las fuerzas parlamentarias de derechas e izquierdas en una lucha armada irreconciliable, que trajo como fin la victoria de unos, las derechas, y la derrota de los otros, las izquierdas. Las derechas que vencieron estaban compuestas por la burguesía conservadora y fascistoide, la Iglesia retrógrada y la mayoría del Ejército de casta y más conservador, acaudillado por una junta de generales sediciosos, que dio cauce y cama a una dictadura que situó en su cúspide al más sagaz de todos ellos, Franco. Por el otro lado, estaban las izquierdas y los anarquistas, acompañados de otros demócratas, que sostuvieron la Segunda República y permitieron su continuidad en el orden político, sociológico y espiritual, siempre con las flaquezas de un régimen democrático reciente, pero dispuestas a defender con todos los medios a su alcance su triunfo electoral alcanzado el 16 de febrero de 1936 en sufragio universal. A ambos lados, derechas e izquierdas, tuvieron que engancharse, sin convicción alguna, siguiendo la regla harto conocida de «donde va Vicente...», apolíticos, residentes de cada zona y oportunistas, que tomarían su decisión según se presentaran los acontecimientos.

La República estaba sostenida, fundamentalmente, por los socialistas (PSOE), comunistas (PCE), republicanos de izquierda (IR), la organización sindical Unión General de Trabajadores (UGT), anarquistas y confederales (FAI-CNT), por las organizaciones juveniles correspondientes, tales como las Juventudes Socialistas (JJSS), próximas al Partido Socialista Obrero Español, Juventudes Libertarias (JJLL), próximas a los anarquistas, las Juventudes Socialistas Unificadas (JSU), próximas al Partido Comunista y las Juventudes Republicanas (JJRR). Además, había otros grupos de menor implantación a escala nacional como el POÚM, Partido Obrero de Unificación Marxista, de difícil ubicación en el ámbito político, el Partido Socialista Unificado de Cataluña (PSUC), Esquerra Republicana, la Unió de Rabassaires de Catalunya y el Partido Nacionalista Vasco. La República también estaba apoyada por muchos apolíticos con sentido crítico.

Estas eran, en conjunto, las organizaciones a las que pertenecían social y políticamente la mayoría de los españoles que pasaron por el campo de Gusen, casi todos de condición social modesta, salidos de las capas obreras asalariadas y campesinas, con un número reducido de intelectuales, compenetrados en sus ideales progresistas con la Segunda República, que definía España como «Una República Democrática de Trabajadores de toda clase que se organiza en Régimen de Libertad y Justicia...».

Como el Ejército Republicano estaba compuesto de unidades mixtas, en el campo de Gusen, tanto entre los desaparecidos como entre los escapados con vida, había excombatientes de todas las regiones y provincias de España, peninsular e insular, incluso del territorio ocupado por los rebeldes desde los primeros días de la sublevación. Ahora bien, al cruzar la frontera por Cataluña, es más que comprensible que entre los refugiados en esas fechas en Francia se hallara una mayoría relativa de esa región española. Dicho de otra forma, y teniendo en cuenta los no combatientes o civiles, podríamos calcular que entre un veinte y un veinticinco por ciento de los españoles entrados en Francia en el invierno del 39 eran catalanes y, en menor medida, aragoneses. Pero había también gallegos, manchegos, andaluces, valencianos, extremeños, castellanos, vascos, canarios, etc.

Las afinidades entre los refugiados empezaban por la familia y se extendían al origen común o la posición política, aunque no todos seguían ese esquema. No es por lo tanto extraño que los catalanes, que contaban con excelentes cualidades cívicas y que disponían de lengua propia, se sintieran atraídos entre sí, como acto reflejo de defensa natural y cultural, pero sin llegar a formar una barrera para el resto de los españoles; a pesar de ello, aparecieron ciertas críticas, a veces agriadas, de algunos despechados. De la misma forma actuaban los otros grupos regionales que contaban con lengua propia, pero a todos nos tiraba, y de manera digna de elogio, la patria común: España. Esto lo subrayo por si alguien buscase algún día acaparar la voluntad póstuma de esos compatriotas para formar piques o alborear banderas contrarias a la familiaridad armoniosa de las distintas regiones españolas representadas en Gusen. De forma que los que nacieron o nazcan en la Alcarria, en la Mancha, en el Ampurdán, en la Rioja, en Euskadi, en Asturias, etc., de cualquier ciudad, pueblo o aldea que fueren, puedan adoptarlos como hijos propios, como sus hermanos, como sus camaradas, sin baldonar su linaje.

A propósito del nivel cultural del grupo hispano, del que ya hicimos referencia cuando hablamos de la estancia en el campo de Le Barcarès-sur-Mer, hay que decir que tuvimos la desagradable sorpresa de que, en conjunto, estaba por debajo del de los otros pueblos de Europa que íbamos encontrando. Los esfuerzos llevados a cabo por el Gobierno de la República, tratando de acelerar el proceso de alfabetización y de elevar el nivel cultural de los españoles, no fueron suficientes para recuperar las décadas de atraso y abandono dentro de nuestras fronteras, impuestos de forma tácita por gobiernos retrógrados, burgueses y parasitarios. Con ellos España quedó a la cola de los pueblos más atrasados del mundo moderno. Y nuestra lengua, considerada a justo título como una de las más puras del mundo, situada a la cabeza del grupo de las lenguas vivas, hablada por algunos cientos de millones de personas y elegida como lengua oficial de una veintena de naciones extendidas por todo el mundo, no encontró el eco que merecía en Europa ni la audiencia que su belleza exigía. Nuestro atraso se ha achacado a nuestro carácter y temperamento, y quién sabe a cuántas cosas más, pero hoy cabe preguntarse: ¿se pusieron todos los medios para evitar que fuésemos así?

Confesionalmente, la casi totalidad del grupo hispano, salvo excepciones, decíamos tener como religión la católica, que profesábamos desde la infancia, y que guardábamos con mayor o menor celo y práctica, pero siempre sintiéndonos dentro de su ámbito y de su tradición, a pesar de que se creó un divorcio entre las altas esferas de la Iglesia católica y el nuevo Estado republicano al declarar este la separación de ambas instituciones, como se separó también de otras religiones que aspiraban a los mismos derechos. La Iglesia, acostumbrada a tocar en todo y siempre en su beneficio, no quiso admitir el nacimiento de un régimen progresista adecuado a su tiempo, y bajo el peso de su propio poderío e intransigencia quedó prisionera de su pasado omnipotente, sumándose *contra natura* a un Ejército de casta y a una burguesía imbécil y parásita en su mayor parte, incapaz de resolver los problemas de nuestro hambriento y retrasado pueblo. Todo habría podido llegar a buen puerto sin esa sociedad de intereses, unos sagrados, otros más terrenales, pero todos prisioneros de su pasado y cerrados a los tiempos modernos. Esta era la religión que profesaba la mayor parte de los presos españoles de Gusen, y a nuestro Dios se encomendaban antes de morir, si es que les quedaba tiempo para ello, los que no eran ateos. Por mi parte, ese temor religioso y esa diferenciación clara entre el bien y el mal que me legaron mis padres, me acompañó en todos los momentos difíciles, pero nunca acaricié la idea de que en esta Tierra ocurriese nada que fuera ajeno a la voluntad del hombre. Llegar más lejos sobre este tema solo serviría para crear confusión sin sacar ningún provecho.

A estas alturas podría plantearse por qué me obstino y

pongo tanto fervor en una causa perdida, en el paso de un sueño, en revivir una utopía que como tantas otras tocó a su fin y que en su paso me acarreó tanto sufrimiento; quizá sea una aberración que más parece tocar al desvarío que al buen criterio. Y cabe también preguntarse: si la causa de la República era buena y justa, ¿por qué se perdió?; si prometía generosidad y faustas perspectivas, ¿por qué no encontró en ella cada ciudadano su justa cuenta? ¿Fue porque en ella, como en nosotros, habría muchas faltas, o fue porque no supimos defenderla con el precio que su condición exigía?

No se explica, podría argumentarse, por qué sigo añorando lo que me ha acarreado tanto mal. ¿Es que lo que presento como ideal no escondía bajo una capa de charol contrariedades y desdenes? ¿No es cierto que no todo marchaba a las mil maravillas entre los que pretendían defender la misma causa? Ese fue uno de los errores de nuestro viaje, como el del vehículo que, necesitando cuatro ruedas para rodar, tiene que hacerlo con tres. Además, estaban todos los que no debían encontrar en esa causa las mismas satisfacciones, ni divisar el futuro con las mismas perspectivas que otros lo hacíamos. Otras veces pienso: ¿qué venían a hacer en ese concierto español tenores tales como Marx, Trotski, Bakunin, Stalin, Garibaldi, el papa, sin olvidar otros más siniestros como Hitler y Mussolini? Sin dejar de lado las virtudes que pudieran acumular estos personajes, algunos legendarios, sus luchas, sus doctrinas, sus convicciones, ¿no podíamos, sirviéndonos de su luz, haber forjado nuestras propias lámparas? Lámparas que alumbrasen no solo a los que las forjábamos, sino también a los indiferentes e incluso a los contrarios. La utopía mal concebida cierra los sentidos al que la imagina.

Por lo que respecta a la causa de la República, no se perdió del todo, pues si recapacitamos, lo que se presentó como perdido no lo fue más que temporalmente, y será recuperado por la Historia de nuestro país a poco que nos preocupemos por guardarlo. La Historia es un archivo de sucesos de todas clases, presentado a veces con diversas opiniones, que conserva como oro en paño todo lo que en ella depositemos.

En lo referente a las luchas y querellas intestinas entre los que defendimos la misma causa, es verdad que hubo ciertos piques, nunca convenientes; pero, bien visto, en ellos se reflejaba la riqueza de posibilidades y opciones, pues en la causa que juntos defendíamos se encerraban otras causas particulares o locales que engrandecían la causa de todos, aunque algunos se colocaran al margen o en contra de la opción mayoritaria. Y no hubo tanto enfrentamiento: todo se ha contado de forma exagerada, obedeciendo al interés y al oportunismo político del momento. Sí es verdad que todos esos liderotes de los que se habla, y muchos de los que se calla, aparecían cuando menos se les esperaba y nos creaban acerbas contradicciones, no solo porque se entrometieran en nuestros asuntos y pensamiento político, sino por el celo que ponían al defender o atacar a ciertos cabecillas, amigos y contrarios, alentándonos en su emulación o repulsa, hasta el punto de que muchos de los oyentes, en su convencimiento, llegaban a ser más papistas que el mismo papa. Pero tampoco se deben exagerar las precauciones y no sembrar por miedo a los pájaros. Cuando hay alteraciones es porque existen intereses que las promueven, y debe recordarse a este particular la frase del naturalista alemán: «Cuando el hombre se enfada es porque un interés lleva en ello».

Sabido es por todo el mundo que la moneda cuenta con dos caras y que no se pueden ver ambas al mismo tiempo. Pero la propia moneda nos da la posibilidad de mirar una cara y luego la otra, y para elegir la que más nos guste debemos irremediablemente ver las dos. Quiero concluir con esto que la falta de fe, la inconstancia e incluso la cobardía no son apreciadas de la misma forma según el ángulo desde el que se mire; el fementido y el cobarde son unos héroes vistos desde la parte opuesta. Las contradicciones, las reticencias, las ilusiones y todo lo que interviene entre las personas y las sociedades acaece dentro del micromundo de un ser humano, unas veces para iniciar una empresa, otras para renegar de ella. Todo eso no es más que el fruto de nuestra propia naturaleza.

La narración que venimos siguiendo no se sale de esta regla común, aunque su lanzamiento me haya costado casi medio siglo de vacilaciones. Lo que sí puedo asegurar, sin cometer error, es que lo que hasta aquí va explicado es verdadero. Tanto lo que precede, como lo que sigue ha sido vivido por el narrador. La interpretación de esos hechos corre ya por cuenta del lector.

¡Libres!

Pasada la primera quincena de abril de 1945, Belmonte y yo fuimos agregados a un nuevo comando de presos, casi todos polacos. El grupo, que no superaba la docena, estaba mandado por el segundo «preso de honor» de nacionalidad extranjera, un cabo polaco,[12] ya conocido por haber participado en la eliminación de un grupo de soviéticos en el invierno de 1943. Se nos encargó llevar a cabo un trabajo especial, consistente en amurallar con espesos muros dos de las tres entradas y salidas del complejo subterráneo, y preparar profundos huecos en la tercera, que permaneció en servicio para la continuación de los

---

12. Este cabo polaco, junto con el Asturias, al que ya conocemos, fueron los dos únicos presos de nacionalidad extranjera que recibieron tal dignidad, ofrecida por mérito a sus servicios en pro de la causa del Tercer Reich. La dignidad honorífica de esos dos elementos tenía similitudes y diferencias. Nuestro asturiano, habiendo luchado por una causa opuesta a la del Tercer Reich, vendió sus servicios a ese régimen, colaborando en la producción y en la eliminación de sus anteriores consortes. El polaco operó de la misma manera en cuanto a la colaboración y eliminación de sus codetenidos, pero una parte de ese sucio «honor» le venía por vía sanguínea; quiero decir que el polaco había perdido a un hermano pilotando un avión de la Luftwaffe, según se decía, en la batalla de Stalingrado. ¡Que cada cual juzgue, enjuicie y sentencie este caso a su manera!

trabajos subterráneos. Supusimos que los agujeros cavados a una y otra parte del corredor de entrada tenían como función albergar los explosivos necesarios para obstruir, en gigantesco derrumbe, la única puerta de comunicación con el interior del túnel, haciéndolos explosionar en el momento apropiado.

Mientras se realizaban los referidos trabajos observamos que los compresores que alimentaban las máquinas neumáticas e introducían oxígeno en los túneles sufrieron reformas que no entendíamos, que se realizaron con cierto sigilo, por lo que pensamos que algo sospechoso se preparaba, y no precisamente en nuestro beneficio.

Todo este tejemaneje tenía una sola explicación, y era preciso divulgarla entre todos los presos que no estuvieran al corriente para tomar medidas oportunas en el momento que fuera necesario. Y además era urgente que los responsables nacionales de la resistencia llegaran a un acuerdo de actuación que contrarrestara la eficacia de esos preparativos.

La intención de los responsables del campo, sobre todo de los más radicales, se adivinaba viendo los preparativos que se estaban llevando a cabo; no hacía falta ser muy inteligente para darse cuenta. Hacía unas semanas que los túneles nos servían de refugio durante las alarmas nocturnas, muy frecuentes por los muchos bombardeos de la aviación aliada. Cuando la sirena se ponía en marcha, a cualquier hora de la noche que fuera, la guardia se reforzaba y nosotros teníamos que dejar las literas, formar grupos aceleradamente y salir directos hacia las cuevas, quedar allí el tiempo que durase la alarma y volver a nuestras barracas cuando la sirena nos anunciara que el peligro había pasado. Esa forma de concentrarnos a todos los presos en los túneles debió de dar ideas a los SS, que vieron con qué facilidad podían borrar las huellas de sus crímenes, desembarazándose de los testigos de cargo a poca costa, y quedar ellos limpios el día, ya cercano, que tuvieran que rendir cuentas. Nuestra habitual desconfianza, y la sospecha sobre la utilidad del cierre de las dos puertas y los preparativos para obstruir la tercera en el momento deseado por las autoridades del campo, nos dieron la razón. Los presos que trabajaban para los SS nos informaron de que desde hacía algún tiempo sospechaban de la preparación de planes sigilosos, sin que supieran hasta entonces de qué se trataba. Según ellos, había habido enfrentamientos entre los SS que querían poner rápidamente en ejecución esos planes y los que se oponían, llegando incluso a las armas. Por eso los preparativos para el entierro de los presos dentro de las cuevas acumularon bastante retraso, pues si bien las dos puertas fueron amuralladas de la manera prevista y los compresores que abastecían los túneles de aire comprimido tenían preparada la carga de gas para inyectarla al interior cuando todo estuviese consumado, la tercera puerta no llegó a minarse con explosivos por no estar preparada en su momento.

Las organizaciones de resistencia previnieron a sus asociados, y a los que quisieran participar en la misma, de no obedecer a la guardia si bajo pretexto de alarma, verdadera o simulada, intentaban llevarnos a las cuevas; y que si insistían por la fuerza teníamos que ofrecerles resistencia, prestos a jugarnos en lucha abierta la última carta que nos quedaba entre las manos: la vida. Bajo semejante tensión nerviosa pasaron los últimos días de abril, y sobre todo las últimas noches, durmiendo con un arma blanca o contundente debajo de la cabeza para usarlas si llegaba el caso, o escuchando el zumbido de los cañones de los aliados, que se acercaban poco a poco.

El mando del campo recibió órdenes de barricar los puntos estratégicos del contorno. Las negras intenciones de aniquilación de los presos fueron aplazadas, por necesitar el complemento de nuestros brazos. No obstante, los acontecimientos se aceleraron y nada de lo previsto se llevó a cabo, pues en los dos primeros días del mes de mayo, viendo que los rusos se aproximaban por el este y los americanos por el oeste, los na-

zis decidieron esconderse entre la población civil o desperdi-
garse por la naturaleza, para no caer en manos de los militares
vencedores, pero sobre todo, para evitar las represalias de sus
presidiarios, de cuya justicia no esperaban beneficios por circunstancias atenuantes, cuando estos fuesen liberados.

Pretextando órdenes de fortificación, llegadas al parecer
desde arriba, evacuaron a los presos, funcionarios y cabos alemanes más comprometidos en sus crímenes, y asesinaron a los
presos que por su puesto de trabajo estaban al corriente de
todo lo acontecido en los años anteriores y conocían el grado
de responsabilidad de cada uno, por lo que podían ser testigos de cargo tan cualificados que no pudieran los SS negarlos
en el momento de rendir cuentas. Los empleados del crematorio de Gusen fueron quemados en el campo central de
Mauthausen, y a los del crematorio de Mauthausen los trajeron para ser incinerados en el crematorio de Gusen.

El 3 de mayo los bomberos y la policía urbana de Viena se
hicieron con el control del campo y se puso fin a los trabajos
que se estaban realizando. El día siguiente seguimos parados
y oímos, ya muy cerca, el cañoneo de los frentes.

El 5 de mayo, sábado, al levantarnos, observamos que los
cañones emplazados en las colinas del contorno estaban vol-
cados de mala manera, por lo que pensamos que los mismos
alemanes habían aplicado a sus bases una fuerte carga de explosivos. Ese mismo día a las tres y media de la tarde, cuando
estábamos formados para pasar lista, aparecieron en el mirador
que dominaba la plaza de formaciones los servidores de un
tanque americano. Ordenaron a los veteranos de la policía de
Viena que formaban la guardia que abriesen el gran portalón
de entradas y salidas, y uno de los recién llegados, que debía de
ser sargento, gritó con voz fuerte a la formación:

—*You are free!!!* (¡¡¡Son ustedes libres!!!).

Un silencio recapitulador se mantuvo durante algunos instantes, los cuellos estirados, los oídos al tanto, queriendo ase-

sorarnos de que quienes lanzaban aquel divino mensaje eran realmente nuestros libertadores.

—¡Sí, son efectivamente los *boys*; el Ejército americano! —gritó alguien.

La pausa de reflexión fue esta vez más corta, y una explosión de júbilo, salida de miles de gargantas, atronó la plaza:

—¡Hurraaa! *Slava!* ¡Vivaaa! ¡El Ejército americanooo...!

Las bocas, abiertas hasta el límite de sus bisagras, empezaron a entonar himnos patrióticos en todas las lenguas de Europa, en una cacofonía indescriptible, destacando entre todas las que sonaban, en diferentes lenguas, las estrofas de *La Marsellesa*.

Simultáneamente se inició en el recinto un zipizape monumental, en el que cada cual dio rienda suelta a sus anhelos, promesas y rencores. Carreras, ataques, abrazos, gritos, encontronazos violentos, llantos, aullidos vengativos y quejidos lastimeros inundaron el campo. Los capos, perseguidos, se lanzaban a las alambradas, ya sin fluido eléctrico, o trataban de escapar corriendo hacia el exterior al encontrar la puerta abierta. Unos presos corrían en busca de comida; otros salían fuera de los muros buscando el aire de la libertad recuperada; algunos ejecutaban sus proyectos de venganza, atacando violentamente a los autores de los abusos cometidos, de las humillaciones, de los desvaríos. Aquí golpeaban con un mandoble sobre el vientre de un cabo; allí un grupo enrabietado sacudía a un funcionario por todos los costados; más allá otro grupo corría tras un desesperado que, atajado, caía, entre una nube de golpes, al suelo, de donde no se levantaría más; por otro lado, otros aparecían con manos y ropas ensangrentadas, prueba evidente de haber aplicado la justicia de forma inmediata y personal. Luego aparecieron los que antes habían salido corriendo por la puerta, con comida y objetos de todo tipo, de los que no conocíamos su funcionamiento; algunos volvían con la cara toda blanca, como sus ropas, por haberse metido en un saco de harina. En fin, cosas todas espontáneas, extraordinarias, muy duras algunas, que solo ocurren cuando miles de prisioneros ponen en práctica, cada uno a su manera, su libre albedrío y los pensamientos que durante meses o años han reprimido o madurado, más los que surgen sobre la marcha.

En el momento de la liberación habría en Gusen unos ochocientos españoles. Buena parte de ellos habían ingresado en el año 1943, apresados en el maquis francés, en acto de resistencia. Otros se habían incorporado en el año 1944, procedentes de otros campos adonde habían sido enviados en 1941 desde Mauthausen. Con la libertad recobrada, dimos una vuelta al campo cantando nuestros himnos épicos y patrióticos, entre los que destacaban el *Himno de Riego*, símbolo de nuestra República, y *La Marsellesa*, que simboliza la libertad para todos los oprimidos del mundo. En la enfermería recogimos a nuestros compañeros, y de mutuo acuerdo decidimos ir al campo central de Mauthausen a unirnos a los compatriotas que habían quedado allí. Con alegría en los ojos, al paso que nos apetecía, respirando el aroma de la Naturaleza, volvimos por el camino que cuatro años atrás nos había llevado de un infierno a otro. Cuatro años arrancados a nuestra juventud y quizá a nuestra existencia, pero por fin libres para tomar nuestras decisiones. Alegres por la libertad recuperada, pero también tristes porque solo uno de cada diez de los que vinimos de Mauthausen a Gusen volvíamos ahora en dirección contraria.

Cuando empezaba a oscurecer apareció a lo lejos el bastión del que salimos formados en hileras de a cinco, contados en todas las esquinas, en los recodos, abrumados por los golpes. Y lo vimos con nuestro espíritu comprimido al máximo, como si en el magro cuerpo que nos traía, dentro de las rayas de nuestro uniforme, se apretase el cuerpo de otros nueve de nuestros camaradas desaparecidos.

Los alrededores del campo de Mauthausen estaban completamente cambiados: lo que antes eran tierras de cultivo, desmontes, excavaciones, se habían convertido en campos de concentración periféricos, anexos al principal, construidos con barracas similares a las nuestras. Por curiosidad entré, de paso, en una de esas barracas que había al lado de la carretera, construidas delante de la explanada que se encontraba frente a la puerta principal del campo, y fui recibido con rechazo, por gritos de timbre femenino. Solo por la agudeza de la voz pude percatarme de que quienes gritaban eran mujeres; por lo demás... ninguna diferencia: tenían la cabeza rapada al cero, y no quedaba en ellas ninguna curva ni signo específico de su género; la cautividad los había hecho desaparecer. Se encontraban en un estado deplorable, con las caras demacradas, los ojos mates y la piel curtida, también con uniformes rayados, sobrándoles tela por todos lados, indigentes, envejecidas prematuramente.

Volví a la caravana de compañeros que ya estaba cruzando los muros del fuerte. La entrada, los muros, las torres, todo lo que se conservaba en mi memoria permanecía allí, sin que hubiese sufrido en los poco más de cuatro años de ausencia grandes cambios. Solo un detalle faltaba en la puerta, un detalle de marca: el águila colosal con las alas desplegadas, símbolo del Tercer Reich alemán, tallada sobre piedra de granito, había perdido su plaza dominante por encima de la puerta de entrada y yacía por el suelo rota en mil pedazos. Arriba, sobre el terraplén que se antepone a la entrada del campo propiamente dicha, la atmósfera entre los liberados era agitada. En Mauthausen, liberado casi al mismo tiempo que el nuestro, los presos y responsables de la resistencia se precipitaban vestidos de todos los colores, armados de fusiles y cascos, en todas direcciones, unos emplazando escuadras de defensa en los puntos estratégicos de la meseta, otros dando órdenes autoritarias. Cabecillas de todas las nacionalidades se consultaban permanentemente, como si una verdadera o supuesta amenaza se acercara. Y en vez de recibirnos con el abrazo esperado, cuando creíamos que todo era victoria y alegría, nos llovieron órdenes tajantes para que, sin pérdida de tiempo, y con un arma para todo el grupo, formásemos parte de esos pelotones de defensa. Después de situarnos en uno de los puestos estratégicos, con la serenidad contrariada por el recibimiento, se nos explicó que los SS, sus anteriores guardianes, volvían a la zona, ocultándose en los parajes próximos, con intención de entrar a saco en el campo.

Los automóviles capturados a los antiguos dueños del campo de concentración bajaban al pueblo y volvían a una velocidad demencial, trayendo y llevando partes y noticias de los enfrentamientos en curso y habidos ya entre los grupos armados de los antiguos presos y los militares de las SS, que supuesta o verdaderamente se preparaban para recuperar el campo al asalto. Esos choques habían ocasionado ya algunas bajas, unos muertos y otros heridos, entre los prisioneros ya liberados. Una situación desagradable, que contrariaba nuestros deseos de celebrar la fiesta con los antiguos camaradas una vez conseguida la libertad. Lo que sucedió fue que cuando algunos presos de Mauthausen se nos acercaban, antes de abrazarnos como esperábamos, comenzaban a darnos órdenes estrictas, señales visibles de que ellos habían ascendido de grado, lo cual podía ser cierto, y que los de Gusen habíamos bajado, lo que posiblemente no lo era menos. Los trajines de defensa y de reorganización los tenía tan atareados que, en respuesta a nuestros deseos de juntarnos todos, se nos ordenó dar media vuelta y marchar a nuestro campo.

Viendo que no era posible el entendimiento, dos días después nos volvimos a Gusen, andando a paso ligero los cinco kilómetros y pico que separaban los dos campos, con los oídos dañados por el recuerdo de los gritos lastimeros de nuestros camaradas caídos para siempre o heridos de muerte en cada recodo de aquel calvario. Los anhelos de reemprender todos juntos el nuevo camino debieron esperar a que el tiempo borrase los humillos que concede la autoridad, ya con los espíritus más apaciguados. Así, la libertad recobrada la encontrábamos tuerta sin ese apego esperado, fraternal, después de escapar a la tormenta que nos había diezmado; o robada, si teníamos en cuenta el precio en vidas con que la habíamos pagado.

La tierra que ahora cruzábamos, verde y floreciente, nos parecía nuestra, nos pertenecía, puesto que cada brizna, cada flor de aquellos campos, estaba regada por nuestra sangre y nuestro sudor. Más abajo, al fondo, el Danubio levantaba un lienzo blanco de húmeda brisa y los perales y manzanos se habían vestido de rosa y blanco para festejar, en librea de domingo, nuestra libertad.

Aunque solo habíamos pasado dos días y dos noches fuera de Gusen, cuando volvimos lo encontramos tan sucio, insano y desmoralizador, que nos pareció que había transcurrido un siglo. Ninguna cosa mala tenía una apariencia tan horrible, y solo el deseo de continuar con mis camaradas los escalones del destino me hizo reintegrarme al macadán de aquella sima. Al poco de entrar por el inolvidable portalón recibimos la primera bofetada de nuestros liberadores. No tan dolorosa como las que habíamos recibido de los antiguos carceleros, pero así, en frío y sin esperarla, no pudimos disimular el efecto de su impacto. Un oficial del Ejército americano conocía nuestro idioma, como pudimos comprobar. Hablamos con él de todo y de nada, y luego, desbordado de autoridad y aprovechándose del reconocimiento y gratitud que les debíamos por la liberación, quiso ir más lejos en los asuntos españoles que nos concernían. No sin una buena carga de arrogancia, dijo saber mejor que nosotros el régimen que a nuestro país le convenía en el futuro próximo. Pensaba que lo mejor para España era una monarquía: un rey, ni más ni menos. Tan serio y convencido estaba, como si esa fuera una de las muchas riquezas traídas en su mochila del otro lado del Atlántico. Pensamos que sería tan solo el criterio de un pretencioso, ignorante de los anhelos que nuestro pueblo tenía, pero nos lo dijo tan serio y creído, a nosotros que soñábamos con la restauración de la República, que nos dejó patitiesos y confusos. Muchas cosas habían pasado durante esos trágicos años por nuestra mente, pero jamás esa. Además, que eso nos llegara de la parte de un estadounidense, lo veíamos tan fuera de cauce como si nosotros hubiésemos predestinado un emperador para los Estados Unidos de América.

Acabamos separándonos, un poco mohínos, de nuestro liberador, murmurando sus jactancias y sueños de grandeza, convencidos de que cuando conociera bien Europa cambiaría de parecer. Nos instalamos en uno de los bloques hechos de piedra, donde había plazas suficientes para no estar, al menos por una vez, apretados; de todas formas, no pensábamos echar allí raíces. Pero a los polacos, que durante esos dos días de ausencia se habían hecho con la administración del campo, no les pareció bien, y cargados de autoridad vinieron a desalojarnos; la cortesía no había presidido, en líneas generales, nuestras relaciones, cayendo casi siempre en detrimento del grupo hispano. Como era de esperar en tal caso, sus métodos autoritarios terminaron en choque verbal, y las reglas de la amabilidad y del cumplido quedaron de lado. Apoyados en sus razones, después de insultarnos de nuevo, llamándonos «árabes» o «comunistas», junto con otros piropos en lengua alemana, recurrieron a la autoridad militar norteamericana, puesta de su lado, para resolver el fastidioso litigio. Creíamos que la pendencia ya había tocado fondo, y que por lo pasado juntos todo había quedado en agua de borrajas, cuando allá que nos tienes rodeados de *boys* armados hasta los dientes, como si estuvieran de caza, amenazando en un idioma que ninguno comprendíamos, ya que raramente habíamos oído hablar o vociferar en inglés, como ellos estaban haciendo mientras nos metían el cañón de la metralleta en el estómago con gestos y ademanes de querer hacerlas funcionar.

«¡Empezamos bien!», nos decíamos, convencidos de que tales empujones no tenían nada de juego de niños. Salimos con las manos levantadas y el corazón apesadumbrado, queriendo evitar que cualquier mala interpretación por parte de los augustos liberadores nos metiera en un callejón sin salida. No era el momento de perder en niñerías lo que tantos sufrimientos y martirio nos había costado mantener, sabiendo de sobra cómo en la guerra se suavizan los dedos y a la menor inadvertencia se escurren hacia el gatillo, litigando en un abrir y cerrar de ojos lo que pudiera merecer largas deliberaciones.

De su lenguaje solo habíamos entendido la palabra *comunist*, por lo cual dedujimos que los polacos les habían dado un cursillo de política a nuestra costa. ¡Puto diablo, enzurrullador de todos los males! Aquí nos tienes, en rifirrafe amargo con nuestros liberadores que habían expuestos miles de veces sus vidas para sacarnos por fin de esta sima, y por una tontería sin importancia volaban de nuestra mente los sueños pasados y la amistad que sentimos por ellos y por su gran generosidad. Porque... ¡tratarnos así a nosotros!, que hemos rozado mil catástrofes, que hemos visto hundirse en la sombra a nuestro pueblo y a otros más, que fuimos los primeros en enfrentarnos a la bestia feroz con coraje y resolución, que hemos sido alfombra de millones de pies sucios y que, para rematar, estamos estigmatizados en nuestros cuerpos y en nuestras almas con el sello de la barbarie. A nosotros, antes nos herían esas palabras por venir de donde venían que porque nos causaran pavor las amenazas. ¡Lástima que los deseos de departir con ellos palabras de agradecimiento y de alegría (a veces se piensan las cosas de una manera y luego ocurren de otra muy diferente), se desvanecieran por cuatro tonterías!

Después de rociarnos de voces y amenazas se marcharon los *boys*, gesticulando con las manos que nos tenían el ojo echado. Pero ciertas cosas y ciertos casos no tienen otra importancia que la que se les quiera dar. Por eso, aunque la refriega nos dejó mohínos, al reflexionar con calma nos dijimos: ¡Pero hombre... si tienen mil veces razón! ¿Qué hacemos en este sucio agujero que va a sumergirnos el alma teniendo la puerta abierta? ¡Vamos, ¿a quién se le ocurre?!

Lo que quedaba del día 7 de mayo lo ocupamos dando vueltas por el campo, viendo cosas nada reconfortantes. Los civiles de los pueblecitos del contorno habían sido obligados por los polacos a recoger los cadáveres que se esparcían por todos los rincones del campo. Un remolque tirado a brazos por los civiles hacía las veces de coche mortuorio. Fuera del recinto, al lado de la pequeña carretera que conducía a los túneles y a Langestein, los mecánicos del Ejército americano excavaban grandes y extensas zanjas en las que iban metiendo, en tandas superpuestas, decenas y decenas de cuerpos yertos. ¿Cuántos cabían en cada zanja? No sé. Muchos. El crematorio de Gusen I, que contaba con una capacidad de incineración de doscientos a trescientos cuerpos por día, no bastaba para quemar la totalidad de los muertos, y tampoco sería suficiente llevando parte de ellos al crematorio del campo central de Mauthausen. Por eso, muchos cientos de cadáveres que no habían podido ser incinerados llenaban el depósito del crematorio el día de la liberación del campo, así como la enfermería, que no era asistida desde hacía varios días, donde se encontraron muchos muertos por falta de cuidados. Todos esos cadáveres no incinerados fueron enterrados en grandes zanjas comunes por las fuerzas del Ejército americano, después de la liberación de los campos Gusen I, II y III.

Pasamos esa noche, que oficialmente daba fin al conflicto europeo, en una barraca cualquiera, preparando la salida definitiva del campo, no sin sentir en nuestro corazón un pellizco de emoción y formulando el deseo de que nuestros hermanos caídos y todos los otros mártires de cualquier país o rincón del mundo no quedasen en olvido. Por eso, los que salimos por el portalón, abierto esta vez de par en par, hicimos juramento de poner lo que quedase de nuestras vidas al servicio de impedir que estos campos u otros de la misma especie existan alguna vez más.

El día 8 de mayo de 1945, cuando el sol se despertó, alumbrándonos la salida con sus rayos de oro, un grupo de cinco amigos abandonamos definitivamente el campo de Gusen, libres como personas, decididos a emprender viaje por las carreteras y ferrocarriles de Europa, soñando con un mundo mucho mejor que el vivido, en cuya reconstrucción estábamos dispuestos a contribuir.

Muchas gracias por todo. ¡SALUD!

Año 1978, en Barbazan-Debat, Francia

APÉNDICE

Datos del registro oficial de entradas y defunciones de presos de los campos Gusen I, II y III desde el 25 de mayo de 1940, fecha de su primera plantilla, al 5 de mayo de 1945, día de su liberación:

Año	Entradas	Muertos	Porcentajes de asesinados respecto a las entradas
1940 y 1941	14.500	7.552	52,08%
1942	6.000	7.205	120,08%
1943	9.120	6.025	66,20%
1944	22.396	4.789	21,37%
1945	15.651	10.954	70,21%
Totales	67.667	36.525[13]	

13. Si a estas cifras oficiales se suman los 20.487 prisioneros que quedaban vivos el día de la liberación, se observa una diferencia de 10.655 hombres. Su destino pudo ser muy variado: según Choumoft, solo en los años 1940 y 1941 habrían sido gaseadas en el castillo experimental de Hartheim 18.269 personas procedentes de diversos campos, Gusen entre ellos; en los camiones fantasma que operaban entre este campo y Mauthausen fallecieron en los años 1942 y 1943 de 900 a 2.800 hombres; y en Gusen fueron fusilados en secreto varios

Número de prisioneros de diferentes nacionalidades que, según el último recuento oficial, realizado los días 4 y 5 de mayo de 1945, quedaban vivos en los campos de Gusen I, II y III.

	Procedencia	Prisioneros
1	Albaneses	22
2	Austroalemanes	1.188
3	Belgas	42
4	Búlgaros	4
5	Ingleses	5
6	Estonios	5
7	Finlandeses	1
8	Franceses	163
9	Griegos	119
10	Holandeses	21
11	Italianos	175
12	Croatas	10
13	Lituanos	21
14	Letones	186
15	Luxemburgueses	28
16	Noruegos	2
17	Polacos	8.271
18	Rumanos	15
19	Soviéticos	8.046
20	Eslovacos	72
21	Españoles	821
22	Suizos	2

---

grupos de prisioneros. Tampoco están censados, según Enrique Calcerrada, los 420 niños judíos asesinados en febrero de 1945 y otros más que fueron incinerados fuera del campo, ni los 102 muertos del día 5 de mayo de 1945, ni los aproximadamente 500 presos de nacionalidad austroalemana que en los últimos días fueron liberados «para coger las armas».

23	Apátridas	272[14]
24	Checos	214
25	Turcos	2
26	Húngaros	173
27	Yugoslavos	854
	Total	**20.487**

Relación numérica, por años y meses, de españoles fallecidos en Gusen. Se han registrado oficialmente 3.820 españoles muertos en el campo de Gusen desde enero de 1941, fecha de la llegada del primer grupo, hasta el 5 de mayo de 1945, fecha de su liberación.

Meses	Años					
	1941	**1942**	**1943**	**1944**	**1945**	**Total**
Enero	12	543	13	2	2	572
Febrero	22	99	8	2	2	133
Marzo	39	63	16	2	3	123
Abril	75	32	11	1	3	122
Mayo	57	30	10	3		100
Junio	59	17	3	1		80
Julio	139	69		1		209
Agosto	207	38	1	3		249
Septiembre	208	16		3		227
Octubre	265	40	2			307
Noviembre	943	41		2		986
Diciembre	679	31	1	1		712
Totales	**2.705**	**1.019**	**65**	**21**	**10**	**3.820**

Relación nominal de españoles muertos en el campo de Gusen:

14. Podrían ser soldados de las Brigadas Internacionales que combatieron en España.

	Fecha de la muerte	Apellidos y nombre	Núm. en Gusen	Fecha nacimiento
1	26-01-41	Blas Almeida, Acacio	9088	16-04-77
2	27-01-41	César Grao, Antonio	9704	28-12-21
3	"	Mínguez Sabata, Baldo	9449	15-08-01
4	"	Díaz Rivas, Ramón	9175	15-10-97
5	29-01-41	Salcedo Torralba, Jaime	9663	18-03-90
6	30-01-41	Fernández Martínez, Manuel	9218	24-02-06
7	31-01-41	Piñón Mayor, Antonio	9574	03 02-72
8	"	Pallarés Miralles, Luis	9537	30-05-05
9	"	Goni Atumendi, Gume	9297	16-09-90
10	"	Serra Orejas, Máximo	9232	18-02-90
11	"	Artacho, Máximo	9019	16-01-85
12	"	Serrano Paricio, Sebastián	9703	20-01-92
13	01-02-41	González Aigós, Ángel	9302	16-07-14
14	04-02-41	Andrés, Manuel	8998	15-02-15
15	07-02-41	Yaques Gonzáles, Luis	9346	31-07-97
16	09-02-41	Villaverde Rodrigo, José	9167	09-05-85
17	10-02-41	Sanjuán Vargas, Alberto	9680	07-08-01
18	14-02-41	Pascuala Pascuala, Pedro	9552	10-03-00
19	"	Anduesa Restituto, Víctor	9001	09-12-06
20	"	Arias López, Jesús	9013	17-01-11
21	"	Ricardo García, Juan	9609	06-05-88
22	15-02-41	Fervenza, Fidel	9230	04-11-91
23	17-02-41	Sánchez Rivera, Eduardo	9161	23-11-20
24	"	Algorade Moreno, J.	8989	06-01-98
25	19-02-41	Andrés Solan, Bienvenido	9825	10-06-98
26	"	Szumezak, Bolest	8899	02-02-25
27	20-02-41	Docampo, Luis?	9176	24-03-85
28	23-02-41	Navarro Jenaro, Juan	9495	01-08-78
29	24-02-41	Mars, Francisco	9435	01-01-98
30	25-02-41	Dorado, Moisés	9182	28-08-96
31	"	Vico Alcázar, Amador	9800	24-12-08
32	28-02-41	Alonso Pacheco, Francisco	8992	23-02-06
33	"	Ortiz González?	9527	10-03-00
34	"	Aparicio Ferrer, Mariano	9827	23-01-11
35	01-03-41	Inglada Amadat, Rafael	9342	28-08-98
36	06-03-41	Orus Murillo, Jaime	9997	08-02-10
37	07-03-41	Navarro Laborda, Juan	9499	12-03-99
38	09-03-41	Pérez, Isaac	9556	03-06-85
39	"	Villanueva de la Hoya	9773	01-09-99
40	"	Badenas García, José	9029	03-09-14
41	10-03-41	Cuevas, José	9161	03-06-36

42	"	Cros Serrat, Juan	9155	15-08-97
43	"	Félix García, Francisco	9206	22-02-01
44	11-03-41	Vargas Flores, Miguel	9785	05-10-17
45	"	García, Pedro?	9268	14-10-88
46	"	Giménez Núñez, Rafael	9236	08-03-98
47	"	Salgado Gómez?	10073	30-01-12
48	14-03-41	Feller Recio, Guillermo	9729	23-06-17
49	"	Boli Sopena, José	9873	14-01-14
50	15-03-41	Nayach Baró, José	9501	24-11-00
51	"	García Abuelo, Jesús	9319	19-05-85
52	"	Domenech, Juan	9177	17-10-91
53	16-03-41	Crespo Giménez, José	9155	14-06-07
54	17-03-41	Martínez Aliaga, Jaime	9982	13-06-72
55	"	Otero Abarerez, José	9528	25-08-19
56	18-03-41	Del Real Fuente, Alejandro	9168	09-07-06
57	"	Simón Bess, Ramón	9708	11-09-11
58	"	Sabater, Policayo	9657	04-03-02
59	20-03-41	Llop Huesca, Pedro	9955	29-12-18
60	21-03-41	Ugema López, Fernando	9751	07-01-02
61	22-03-41	Valdés Mateo, Lesan	9754	01-04-03
62	22-03-41	Marcos, José	8995	07-09-03
63	24-03-41	Alembierre, Miguel		15-11-73
64	25-03-41	Pons, Miguel	11005	26-08-18
65	26-03-41	Castillo Ramón, Félix	9111	14-03-05
66	"	Lejalde Bonachea, Ángel	10784	24-03-12
67	"	Calceler Albalate, Pablo	10466	29-01-89
68	27-03-41	Gomis Valls, Agustí	9296	31-05-88
69	29-03-41	Bascal Blas?	9122	03-02-95
70	30-03-41	Fernández, José?	9115	09-01-95
71	31-03-41	Sanias Lluís, Ramón	9722	14-02-16
72	"	Sánchez Felipe, Fernando	11527	13-07-07
73	"	Grasont, Juan?	9323	12-09-09
74	01-04-41	Rodríguez Pérez, Carrasco	10034	28-12-16
75	"	Pons Carceles, José	10401	24-06-10
76	"	Muñoz López, Francisco	9483	02-12-16
77	02-04-41	Servillo Bay, Miguel	9122	13-02-14
78	"	Primera Primera, José	9589	28-02-04
79	03-04-41	García Lafaga, Tomás	9907	09-07-12
80	"	Hortiga, Lorenzo	9524	04-08-90
81	"	Benabanza, Antonio	9050	17-02-96
82	04-04-41	Iconit Oliveras, Juan	11320	01-01-11
83	"	Noguera Nadal, Ildefonso	10893	23-01-76
84	"	Torrevieja García, Gregorio	9747	12-03-02

85	05-04-41	Galia Román, Pedro	10440	21-10-90
86	06-04-41	Sánchez, Francisco	9670	22-08-19
87	"	Bosta, José	9150	28-09-15
88	"	Varela Lanviro, Fran	10765	15-11-96
89	07-04-41	Miñol Mayor, José	9576	22-12-05
90	"	Fidalgo Pérez, José	9231	01-03-10
91	"	Castillo Castín, Rufino	9109	01-11-98
92	"	Zarlango, Francisco	9799	01-01-92
93	"	Cayuela Simón, Gregorio	10284	11-03-11
94	"	Call Planas, Miguel	10391	16-10-15
95	08-04-41	Juanolo Bruguet, Pedro	9941	22-02-05
96	"	Villaseco, Juan	9777	06-02-90
97	"	Solera García, Francisco	11468	22-02-05
98	"	Santi, Antonio	9688	15-08-88
99	"	Casanellas, Jaime	9116	09-04-98
100	"	Montalbán, Vicente	9460	05-04-05
101	"	Cucarella, Eleuterio	9164	04-04-04
102	"	Marquinas Tallada, Lai	11511	18-11-06
103	"	García Fasal, José	9321	07-07-88
104	"	Gálvez Quirós, Francisco	10463	06-01-91
105	10-04-41	Tejada, José	9725	29-09-14
106	"	Castella Roca, Ramón	9106	02-02-08
107	"	Queralt Pascual, José	9595	13-02-05
108	11-04-41	Rivas Miralles, Ramón	9615	02-05-14
109	"	López Molina, Manuel	9383	02-02-88
110	"	Payas Aleena, Pablo	9538	05-07-08
111	"	Vicente Martín, Manuel	11717	20-05-17
112	12-04-41	Llabena Laguna, José	9367	02-03-81
113	"	Rodríguez Guillén, Camilo	9632	05-09-90
114	13-04-41	Palacios, Víctor	9534	14-04-03
115	"	Valls Gilbert, José	11743	06-07-95
116	14-04-41	Bargallo Serra, Juan	10569	12-12-98
117	"	Zamora, Fernando	9793	22-02-95
118	"	Maciá Barrero, Alfonso	11528	02-02-14
119	"	García Risco, Agustín	9271	28-08-09
120	16-04-41	Flores Martínez, Ginés	9894	30-08-03
121	17-04-41	Membrado Benaque, A.	9437	12-11-03
122	"	Sánchez, Eusebio	9671	17-02-86
123	"	Alejandrez, José	8987	26-11-90
124	"	Samuell, Simón	9693	02-06-02
125	18-04-41	García Carmona, Enrique	14450	15-03-96
126	"	Cardete, Manuel	9092	18-02-98
127	"	Atila, Manuel	9025	14-06-82

128	"	Magallón Camín, José	9391	17-04-12
129	19-04-41	Martínez, Marcos	9516	25-04-04
130	20-04-41	Berenguer Pérez, Luis	11200	26-12-16
131	"	Murillo Sancho, Ricardo	9489	12-04-05
132	"	García Martín, Feliciano	9264	22-08-14
133	21-04-41	Carné Serana, Pablo	9096	31-03-90
134	"	García Fernández, Fernando	9254	03-09-15
135	"	Manzano, Andrés	9398	04-02-18
136	22-04-41	Gómez, Francisco	9292	18-08-12
137	23-04-41	Medel Suarte, Víctor	9436	06-06-08
138	"	Pamplona, Vicente	9540	10-10-01
139	25-04-41	Morella García, Remigio	12026	11-01-04
140	"	Puig, Carlos	9591	17-03-90
141	"	Escuin, Guadalberto	9152	24-07-04
142	"	González, Antonio	9298	07-03-91
143	26-04-41	Paisa, José	9538	11-11-80
144	27-04-41	Martínez Ampudio, Tomás	10334	19-08-04
145	"	Roca Alba, Ramón	10575	20-04-00
146	28-04-41	Fernández Hernández, José	9213	15-03-12
147	29-04-41	Quixol Pedro, Vicente	10861	02-10-07
148	30-04-41	Pérez Cortijo, Francisco	9349	19-08-05
149	01-05-41	Sopena, Joaquín	9715	13-11-23
150	02-05-41	Girinellas Perillas, Juan	9867	03-01-92
151	"	Escaler, Jaime	9187	06-03-99
152	03-05-41	Sonadeu Bujsallen, Narciso	9180	26-08-07
153	"	César Morales, José	11918	10-06-97
154	04-05-41	Sabater Pons, Bautista	9656	29-01-72
155	"	Llos Pujadas, Juan	9772	24-08-17
156	"	Abad García, Gabriel	88969	25-12-02
157	"	Sánchez Nieto, Joaquín	11517	07-07-13
158	05-05-41	Martínez Martínez, José	10113	12-09-15
159	"	Corral Castillo, Manuel	9869	14-04-03
160	"	Poveda Bellot, Demetrio	11557	25-12-10
161	06-05-41	Farina Chocino, Antonio	10101	09-07-06
162	"	Díaz Zurita, Francisco	10923	17-09-15
163	"	García Campillo, José	9252	12-11-99
164	07-05-41	García Loscalla, Pedro	9253	19-05-96
165	08-05-41	García Inglés, Francisco	9261	15-08-15
166	"	Aranda Carrera, Cristóbal	12049	19-01-01
167	09-05-41	Esteban, Rufino	9199	07-04-10
168	10-05-41	Frutera García, José	9753	15-08-15
169	"	Mateo Garrido, José	10380	01-03-06
170	12-05-41	Barrero Román, José	10781	15-11-07

171	"	Ríos Banjul, Ramón	9623	18-04-75
172	13-05-41	Jurado Martínez, Tomás	11615	18-07-15
173	14-05-41	García Risco, Agustín	9271	28-08-09
174	"	García Carmona, Enrique	10450	15-03-96
175	15-05-41	Cediego Miguel, Vicente	9165	24-07-17
176	"	Caballero Vélez, José	9074	31-08-96
177	16-05-41	Pueblo Jainet, Amadeo	11642	22-06-06
178	"	Calderón Algaba, Santiago	11574	15-01-06
179	"	Sanz Pérez, Jerónimo	9696	21-12-98
180	"	Bagüeña Murciano, Pedro	10107	26-11-05
181	18-05-41	Cardete, Manuel	9092	18-02-98
182	"	Durantine, José	9879	13-03-93
183	"	Gerald Pons, Juan	9701	02-02-10
184	"	Herrero, Julián	9338	08-04-00
185	19-05-41	Fabio Vélez, Antonio	11733	16-09-18
186	"	Gil Dalmau, Ángel	9282	10-01-14
187	21-05-41	Sanz Galtell, Ramón	11711	09-11-03
188	"	Palomares García, Matías	11411	29-06-18
189	23-05-41	Montalbán Melchor, Rubio	9459	04-03-99
190	24-05-41	Casas Blanch, Antonio	11251	13-09-90
191	25-05-41	Ferrer Ferrer, Antonio	12399	08-04-06
192	"	Yera, Luis	9369	23-04-11
193	26-05-41	Quiles, Pascual	9600	21-01-06
194	27-05-41	Andrada Rey, Manuel	10446	24-09-14
195	"	López Oliván, Miguel	9949	22-12-92
196	"	Sánchez, Diego	9669	09-03-92
197	28-05-41	Baiglini, Antonio	12072	13-06-01
198	"	Rosell Yunet, Juan	10197	12-05-14
199	"	Fabrino, Félix	9710	21-02-08
200	"	Pic Buenacasa, José	11508	04-06-16
201	"	Cideras Fábregas, Enrique	12426	20-06-06
202	29-05-41	Pegi Cruz, Manuel	10007	24-07-97
203	30-05-41	Espina Madero, Ezequiel	10619	26-07-04
204	"	Navarro, Valdepérez	9500	27-07-03
205	31-05-41	Gallego Gil, Vicente	12127	26-03-17
206	01-06-41	Obregón Fernández, Isidoro	9510	16-05-02
207	"	Vicente Berenguer, Fernando		11-05-87
208	02-06-41	Martínez Aylagas, Rufino	11366	28-02-15
209	"	Colono Ormegol, Agapito	9139	18-08-93
210	"	Sánchez Rodríguez, José	9678	05-08-94
211	"	Zamora Gutiérrez, Juan	9794	02-10-10
212	"	Fuentes Blanco, Santiago	10084	19-02-08
213	03-06-41	Maldonado López, Antonio	9393	04-08-20

214	"	Morales, Victoriano	9468	03-05-00
215	"	Segu Bonafort, Pedro	9698	28-08-03
216	"	Muñiz Martínez, Constante	9482	27-01-88
217	04-06-41	Pérez, Máximo	9560	11-05-03
218	"	Sopena, Salvador	9716	02-07-86
219	06-06-41	Olmas Risques, Rafael	12003	15-05-15
220	09-06-41	Burgos Manella, Sergio	11758	08-12-10
221	10-06-41	Botella Baello, Gaspar	11185	25-04-04
222	"	Pulgare Bermejo, José	10025	09-10-94
223	15-06-41	Flores Molina, Julio	10818	27-05-00
224	16-06-41	Sáez Ayala, Manuel	6695	12-10-02
225	"	San Julián Balero, Manuel	9687	25-12-11
226	"	Tomás Castell, Miguel	?	11-06-88
227	"	Llongueras Museo, Francisco	9370	07-07-07
228	"	Victorero Barrero, Ramón	9769	01-05-03
229	17-06-41	Camps, Carlos	9085	04-02-94
230	"	Armengol Artigas, Tomás	10559	01-01-91
231	18-06-41	Zurita Palome, Manuel	10131	01-01-00
232	"	Bitria, Lorenzo	9785	02-02-08
233	"	Lozano Guzmán, Antonio	11700	01-11-09
234	19-06-41	Silvestre Hars, José	10038	08-11-12
235	"	Arrufa,t Benedicto	9020	20-12-85
236	20-06-41	Navarro Ortiz, Antonio	9992	15-02-95
237	"	Grau Falao, Victoriano	10259	02-10-05
238	"	Brull Solares, José	11653	16-12-99
239	21-06-41	Bonet Rivas, Juan	11962	06-11-99
240	22-06-41	Barbero Barbero, Gregorio	12160	09-05-12
241	"	Fernández Navarro, Antonio	11776	12-07-07
242	23-06-41	Tello, José	9730	07-02-82
243	"	Velvel, Victoriano	9161	08-12-92
244	"	Pericot Rosell, José	10565	25-12-97
245	"	Aliaga Flor, José	21183	19-03-02
246	24-06-41	Aragón Santiago, Braulio	10842	18-03-86
247	"	Saunot, Félix	9348	03-06-09
248	"	Martín Pérez, Luis	10481	05-01-03
249	"	Real Llores, José	10046	01-12-00
250	25-06-41	Baguena González, Eusebio	10215	25-05-96
251	"	Calcote Plaza, Antonio	9861	02-02-93
252	"	Ariate Pinar, Antonio	10994	10-05-07
253	"	Fernández Blasco, José	12224	08-04-92
254	26-06-41	Ferrer Ferrer, Francisco	10821	04-10-94
255	"	Martínez, Restituto	9420	09-12-01
256	27-06-41	Cabeza Bores, Fernando	?	12-03-89

257	"	González Díaz Carlos	9306	04-11-89
258	28-06-41	Otón Playa, J. Andrés	10508	30-11-04
259	29-06-41	Alvio Franero, José	11558	17-01-92
260	"	López Esteban, Antonio	12137	24-05-10
261	30-06-41	Rosald Ruiz, Gaspar	11588	17-05-05
262	"	Solanas Jaime, Román	12206	18-06-06
263	"	Serón García, José	10514	11-03-86
264	"	Arnau Domingo, Sebastián	10579	10-05-95
265	01-07-41	Carrasco, José	9091	14-07-99
266	"	Pérez Palomares, Valentín	10485	11-09-03
267	"	Díez Minués, Juan	10567	29-08-02
268	02-07-41	Romero Estrella, Casimiro	9645	04-03-95
269	"	Rivero Reyes, Manuel	9616	09-01-78
270	"	Suñé Agnus, Bautista	12048	30-03-96
271	"	Navarro Pérez, Juan	9497	26-04-07
272	03-07-41	González Villanueva, Francisco	10780	15-02-01
273	"	Reig Yepes, Antonio	10554	10-04-96
274	"	Barbero Galán, José	10881	05-10-96
275	04-07-41	Bolla, Jacomiro	9842	09-06-93
276	"	Pontes Palmeiro, Manuel	10541	23-06-96
277	"	Martínez Mateo, Joaquín	9418	18-05-18
278	"	Amorós Maestre, José	10460	21-05-86
279	"	Vandellós Lliocria, Francisco	10089	30-11-17
280	"	Fernando Rosell, Emilio	11274	14-07-00
281	"	Cabrero Zalamero, Florencio	13174	13-02-90
282	05-07-41	Parquet Castelenas, Ramón	9582	25-05-13
283	"	De los Reyes Núñez, José	10638	20-04-96
284	"	Masegoso Latorre, Eloy	10553	21-01-96
285	"	Martín Gutiérrez, Manuel	9410	22-10-90
286	06-07-41	Mata Mir, Rafael	11701	15-05-95
287	"	Laza Lazarachego, Flores	10496	14-12-14
288	07-07-41	Martín Rodríguez, José	10511	08-02-10
289	"	Cid Mayor, Luis	9026	07-01-82
290	"	Alfonso Manso, Juan	10651	16-02-04
291	"	Bueno Iglesia, Manuel	10480	04-05-95
292	"	Bachs Vila, Vicente	12416	10-10-06
293	"	Serrano Mayo, Aredicto	10136	19-02-16
294	"	Teiseira, Mario	9727	08-03-00
295	08-07-41	Ramón Aleijón, Eduardo	10005	16-04-15
296	"	Méndez López, Jesús	12912	21-10-92
297	"	Escanilla Francés, Jaime	9889	08-04-12
298	"	Haules Pigdoles, Francisco	9788	25-09-03
299	"	Canal, Jaime	9086	01-08-15

300	"	Callejas López, Lorenzo	12384	05-10-05
301	"	Escale Claramondo, Antonio	10465	05-10-05
302	"	Domingo Penach, Pedro	10806	24-06-03
303	09-07-41	Cirera, José	9129	25-12-99
304	"	Pérez Checa, Juan	9565	22-04-10
305	"	García Heira, Antonio	9259	13-06-98
306	"	Reig, Ramón	9610	19-08-02
307	10-07-41	Cases Blase, Pedro	10829	280102
308	"	Montserrat Pérez, Ángel	11361	19-10-98
309	11-07-41	Puerta Valera, Tomás	10721	21-07-13
310	12-07-41	Poveda Grao, José	12134	08-03-00
311	"	García Lagares, Arturo	9923	25-03-95
312	"	Heredia, Bernabé	9337	12-06-15
313	13-07-41	Pinado Franco, Miguel	10090	20-04-98
314	"	Jaén Duarte, Rafael	9940	17-11-93
315	"	Amorós Pagau, Rafael	12481	15-01-04
316	14-07-41	Santos Manzanares, Bautista	9689	05-11-02
317	"	Fernández Bagayu, Cándido	10754	04-09-04
318	"	Villaseca Carrión, Lorenzo	11861	15-12-11
319	15-07-41	Bernal Navarro, Matías	11449	24-11-96
320	"	Mera Vilmes, Arturo	11987	29-04-06
321	"	Muñoz Felices, Demetrio	10195	08-10-94
322	16-07-41	Barnova, Salvador	9039	07-05-96
323	"	Portela, Otín	10019	13-07-15
324	"	Pérez Pérez, Alberto	9553	12-03-05
325	17-07-41	Criconiz, Adolfo	10568	08-10-93
326	"	López Muñoz, Rafael	13259	02-01-98
327	"	Furnell Coll, Luis	12882	27-11-02
328	18-07-41	Baglio Sánchez, Amadeo	9837	14-10-10
329	"	Espinosa Jiménez, Valentín	11251	23-04-16
330	"	Franco Hidalgo, Vicente	10201	23-10-00
331	"	Enrique Canabanesa, Pascual	9185	09-02-98
332	"	Vendrell Casares, Antonio	10198	16-10-98
333	19-07-41	Blanco La Hoz, Basilio	9059	13-08-01
334	"	Rodríguez Eusebio, Carlos	12921	02-09-11
335	"	Carrasco Romeral, Pascual	?	25-03-05
336	"	Tován Martín, Antonio	9735	04-03-10
337	"	Piñol Mayor, Antonio	9575	16-09-98
338	"	Manzanares, Antonio	9316	18-02-04
339	20-07-41	Montaner, Manuel	9461	04-03-00
340	"	García Jiménez, Bernardo	9908	20-10-00
341	"	Almansa García, Juan	10589	05-05-98
342	"	Altarriba Bosaus, Celestino	8993	14-03-98

343	21-07-41	Villafranca Subirat, Martín	10882	24-04-17
344	"	Maza Albera, Carlos	12904	19-02-07
345	"	Callado Sánchez, José	9137	27-06-02
346	"	Díaz Cañada, Antonio	9880	14-06-98
347	"	Soro Cobero, José	11713	13-04-22
348	"	Corral Fatos, Emilio	10672	08-04-93
349	"	Puvill Batalla, Manuel	10308	14-10-01
350	22-07-41	Rayo, Fernando	9648	30-05-02
351	"	López, Pedro	9377	27-04-04
352	"	Llorens, Juan	9071	15-03-03
353	"	Moliner, Sebastián	9454	25-11-95
354	"	Colls Loboede, Enrique	9858	23-12-09
355	"	García Espinosa, Urbano	10516	25-05-99
356	"	Álvarez García, Modesto	8906	02-04-10
357	"	Flores Lano, Máximo	11272	04-02-10
358	"	Vázquez González, Antonio	10323	10-05-10
359	"	Vázquez Agramunt, José	10428	17-07-92
360	"	Martínez López, Fernando	10988	01-05-15
361	23-07-41	Núñez Iglesias, Manuel	12193	25-12-17
362	"	Garriga Arón, Sebastián	9904	08-03-10
363	"	Guílez Sánchez, José	12144	08-08-09
364	24-07-41	Sarasa, Valeriano	9691	30-09-05
365	"	Navarro Secolano, Antonio	10693	01-05-94
366	"	Bandi Breva, Juan	9063	15-08-89
367	"	Ibáñez Cano, José	10596	1302-99
368	25-07-41	Gartín Gutiérrez, Teodoro	10405	11-09-90
369	"	Fábregas Talato, Ignacio	10424	05-05-90
370	"	González Rivare, Claudio	4281	30-10-95
371	26-07-41	Pérez Muñoz, Diego	9568	29-06-11
372	"	Casado Márquez, Eusebio	9863	03-09-03
373	27-07-41	Bajorín Marcano, Juan	12935	25-11-11
374	"	Mata Rodríguez, Orencio	11521	29-11-14
375	"	Rusenol Llop, Joaquín	10355	16-03-12
376	28-07-41	Navarro, Ramón	9478	03-05-11
377	"	Sánchez Martínez, José	11683	05-05-00
378	"	Turón, Miguel	9750	11-04-96
379	"	Claramunt Segura, José	11696	24-07-80
380	"	Ruiz Rodríguez, Bernabé	10270	20-06-02
381	"	Luque Pascual, Francisco	9389	01-02-14
382	"	García Martínez, Victorio	11769	16-03-18
383	"	Martínez Viaferrea, Manuel	9986	23-10-05
384	"	Martínez Casto, Juan	9421	22-01-80
385	29-07-41	García Félix, Francisco	11285	04-08-95

386	"	Roig Mariano, Jaime	10050	25-07-12
387	"	Rueda Gómez, Antonio	10178	05-06-05
388	"	Sanz Mateo, Marcelino	12910	14-05-94
389	30-07-41	Martínez Martín, Benito	9415	10-05-79
390	"	Cargo Canas, Juan	10676	03-10-03
391	"	Aragón Muñoz, José	12083	19-07-04
392	"	Martín Padilla, Juan	10741 ,	25-12-09
393	"	Seratosa, Manuel	9702	12-06-00
394	"	García Pastor, Teodoro	10451	10-07-09
395	31-07-41	Sánchez Santana, Matías	11899	24-06-82
396	"	Rey, Pablo	9612	15-01-03
397	"	Blasco, Pascual	9060	26-10-90
398	"	Martín García, Francisco	12234	12-12-02
399	"	Roch García, José	10357	22-11-06
400	"	Martínez, Juan	12245	03-07-04
401	"	Suárez Fernández, Baltasar	9721	10-04-19
402	"	Torres Pardo, Vicente	10943	14-03-03
403	"	Fajardo Hermosilla, José	9203	15-05-00
404	01-08-41	Almenar Vives, Miguel	12083	06-11-16
405	"	Rivera Rivera, Esteban	10014	05-06-98
406	"	Bernabé Clemente, Ramón	11512	18-08-11
407	"	Nazareo Nieto, Luis	12338	25-08-01
408	02-08-41	Mestre, José	9443	13-02-87
409	"	Castro, José	9112	01-03-11
410	"	Perosa Martínez, Antonio	10661	23-05-00
411	"	Escartón Valls, Romero	10373	12-12-06
412	"	Bochs Sinsa, Manuel	10817	07-03-05
413	"	Fisimanos, Sabater	10130	14-03-03
414	03-08-41	Margarit, Salvador	12376	27-03-01
415	"	Carretero González, Pedro	9100	20-04-95
416	"	Bielsa Pitorto, Gregorio	10370	04-01-10
417	"	Gelabert, Juan	9281	11-11-95
418	"	Murillo Andrés, Tomás	12890	21-12-04
419	04-08-41	Morgay Tormo, Manuel	11358	31-03-13
420	"	Gilbert Ruiz, José	11515	05-06-02
421	"	Hernández, Andrés	13130	05-06-03
422	"	Guillamont Vallvé, Antonio	13267	24-12-04
423	"	Mata Adamostare, Mont	9969	15-08-00
424	"	Núñez, Casimiro	9507	22-07-07
425	05-08-41	Escudero, Félix	9191	01-04-04
426	"	Ávila Jiménez, Rafael	11648	05-06-08
427	"	De Miguel Montaio, Jacinto	12128	11-09-09
428	"	Fernández Campo, Florencio	12445	10-05-08

429	"	Pérez Rodríguez, Avileno	10021	10-10-99
430	"	De Buen, Abadías	10176	11-03-02
431	"	Huise Masdeu, Camilo	9341	16-01-08
432	"	García Buitrago, Arag...	9910	07-05-99
433	"	Luis Fusis, Juan	9388	28-07-97
434	"	Verdagué Anglada, José	10157	07-08-03
435	06-08-41	Panada Muñoz, Manuel	10274	10-12-96
436	"	Rosendo Muñoz, Fortuoso	10049	02-01-14
437	"	Sera Grad, Teotimo	9705	22-06-10
438	"	Arques, Hurtado	11645	13-08-14
439	"	Moll Montparler, José	11351	07-11-95
440	"	Aragonés Ganderas, Emilio	10594	10-10-04
441	"	Hanes Hiscán, Basilio	9938	23-05-98
442	"	Canals Prat, Amadeo	9008	06-09-86
443	"	Piscar Reche, Luis	9789	27-05-88
444	"	Parras Bandolero, Antonio	9739	25-01-88
445	"	Martín Borja, Juan	10840	27-12-94
446	07-08-41	Martínez López, Antonio	10326	17-08-02
447	08-08-41	Gavernet, Lorenzo	9244	30-01-04
448	"	Vimals Fortea, Vicente	9782	16-10-91
449	"	Lafuente, Alfonso	10236	27-10-97
450	09-08-41	Ferrer Orduña, Jesús	10534	24-12-00
451	"	Bartorell Torres, Alejo	9978	04-10-94
452	"	López Vicente, Antonio	9386	10-07-18
453	"	Martínez Martínez, Isidoro	9417	21-05-10
454	"	Sánchez López, José	13041	03-03-05
455	"	Ferrer Orduña, Jesús	10534	24-12-00
456	10-08-41	Casares Blázquez, Francisco	10314	04-10-10
457	"	Santana Ais, Francisco	10061	29-08-14
458	"	Ubial Biarritz, Miguel	13033	30-01-94
459	"	Carrillo López ,Juan	10874	21-06-03
460	"	García Roblán, Antonio	10119	23-01-06
461	"	Reina Grum Bardi, Rafael	10802	24-02-98
462	"	Ruiz González, Antonio	9652	01-09-87
463	"	González, José	9299	15-09-97
464	"	Caudete Martínez, José	10520	12-04-81
465	11-08-41	Fernández, Domingo	9210	23-02-90
466	"	Cervantes Hernández, José	10366	24-02-09
467	"	Alegret Roda, Víctor	11175	28-01-10
468	"	Tamajo Pinto, Juan	10132	09-09-98
469	"	Billar Febrero, Antonio	10675	01-01-12
470	"	Gil Amorós, Juan	11294	14-11-03
471	"	Carradine, Guillermo	9855	06-06-96

472	12-08-41	García Cabello, Manuel	13065	21-12-00
473	"	Aboli Álvarez, Belino	11163	20-05-20
474	"	Luciana Jiménez, Ramón	10614	31-08-04
475	"	Ruscalleda, Lloberas	11772	03-02-02
476	"	Antola Cercado, Ángel	10723	03-06-09
477	"	González Roll, Antonio	10271	07-08-13
478	"	Voll Riu, Valentín	11691	13-10-05
479	"	Cabeza Barlanche, Antonio	11207	13-03-03
480	"	Nobegro Campos, José	11555	24-11-10
481	"	García Pomares, Juan	9925	26-02-12
482	13-08-41	Torrijo Sánchez, Miguel	10086	18-07-99
483	"	Aldoma, Miguel	12918	26-03-01
484	"	Hidalgo Pérez, Pedro	11308	29-04-05
485	"	Gil Herráiz, Marcelo	13377	18-06-13
486	"	Sánchez Ortega, Constante	9676	15-08-19
487	"	Cardona Viña, José	10264	15-01-18
488	"	Agudo Molina, Antonio	9040	28-04-17
489	"	Fernando Galeras, Andrés	10186	25-05-02
490	"	Benages Sánchez, Humor	13348	04-01-01
491	"	Palles Gallego, Antonio	9248	21-10-08
492	"	Sanz Llaveries Ríos, Juan	9683	15-02-98
493	14-08-41	Sabad Arnal, Antonio	10692	03-02-03
494	"	García Pedrero, Manuel	9267	16-02-01
495	"	Vergues Aleo, Pedro	11435	20-10-90
496	"	Galcerrau Loriguera, Miguel	11287	19-03-02
497	"	Estell Fanello Ramón, Juan	12940	08-06-00
498	15-08-41	Rivera Caselles, Emilio	10964	24-06-11
499	"	Vidania Larreatigue, Ángel	11506	14-12-09
500	"	Seguí, Fernando	9699	31-08-06
501	"	Andrés Cardola, Juan	11520	26-04-14
502	16-08-41	Bao Rotlan, José	12906	16-10-08
503	"	Brocal Gómez, Juan	9071	01-10-04
504	"	Lorenzo Rodríguez, Fernando	12001	20-01-20
505	"	Valero, Silvestre	10418	02-11-06
506	"	Barba Murillo, José	12250	03-01-01
507	"	Junoy Caselo, Francisco	10239	15-11-00
508	"	Gardón Márquez, Francisco	11301	28-04-00
509	"	Olives Ramón, Enrique	13145	12-04-04
510	"	Cantador Casas, Miguel	10183	29-09-06
511	17-08-41	García, Gabriel	9257	18-03-03
512	"	Clavero Ramón, Ramón	9130	08-11-97
513	"	Villalva, Manuel	9772	11-04-00
514	"	Falisa, José	9664	11-03-96

515	"	Allos Camus, Luis	10761	18-06-02
516	"	Artero Martínez, Mario	10768	02-01-96
517	"	Fernández Sánchez, Víctor	9222	11-10-86
518	"	Ferrer Salvador, Vicente	10748	03-05-00
519	"	García Chinchilla, Miguel	11620	02-07-13
520	"	Pérez Sánchez, Juan	10627	10-07-97
521	"	Salmerón Pero, Antonio	9667	17-06-19
522	18-08-41	Márquez Murcia, José	10303	07-09-00
523	"	Sagarra Casanova,Victorio	11459	03-07-05
524	"	González Juan	9312	20-03-88
525	"	Torne Noble, Lorenzo	10484	11-02-99
526	"	Camarena Estrugo, José	12221	07-06-12
527	19-08-41	Hernández Escáner, José	10529	15-04-99
528	"	Adeva Canadella, Anali	8975	15-04-13
529	"	Ruiz Casteller, José	10010	12-01-01
530	"	Malo Falun, Eugenio	11839	15-11-08
531	20-08-41	Tomás Beull ,José	11697	07-07-10
532	"	Mayoral Gascue, Antonio	10887	21-06-16
533	"	Samba Domínguez, Ana	11470	02-02-96
534	"	Monteagudo, Felipe	12907	12-02-11
535	"	Ramón Just, Fernando	11447	15-12-06
536	"	Piquer Palacios, Ignacio	10022	27-04-99
537	21-08-41	Sariñana Espanel, Francisco	11540	23-04-14
538	"	Campos Cerdán, Andrés	11623	10-02-20
539	22-08-41	Cas Gutiérrez, Donato	9858	05-07-95
540	"	Rusca Cardina, Augusto	10814	05-02-00
541	"	Lloret Peri, José	10282	11-12-12
542	"	España López, Adolfo	12398	15-08-09
543	"	Larrabia Galiano, Ramón	10894	20-03-11
544	"	Robert Baleste, Risol	10106	12-10-15
545	"	Castillo García, Lázaro	11887	28-02-07
546	"	Jiménez, Eduardo	9287	04-01-16
547	"	González, Nicomedes	9090	17-09-97
548	"	Echevarría Serrano, Augusto	10420	02-09-05
549	"	Mera Bravo, Agapito	10805	14-03-95
550	23-08-41	López, Julián	9372	21-01-13
551	"	Muñera, Juan	9481	11-07-78
552	"	Vidal Forcada, Eugenio	12390	28-12-03
553	"	Lid Muria, Juan	9481	11-07-78
554	"	Fuentes Fuentes, Víctor	11269	18-12-98
555	24-08-41	Nolello Carden, Agustín	13061	13-05-10
556	"	Soli Ballester, Magín	12216	02-02-95
557	"	Pons Carceler, Antonio	10262	09-02-13

558	"	Camacho, José	9079	17-03-14
559	"	Solans Sanvicente, José	9711	05-01-95
560	25-08-41	Mercadal Borrás, Lorenzo	11897	09-12-08
561	"	Consola Soler, José	9864	08-09-04
562	"	Puig Payos, Vicente	9553	07-04-19
563	"	Muñoz, Fernando	9484	10-01-10
564	"	Fuentes Fuentes, Salvador	11963	25-09-09
565	"	Guizals Montroig, José	11293	05-03-04
566	"	Zurita Cuenca, Francisco	13179	20-10-18
567	"	Arroyo Morán, Fermín	9812	11-03-12
568	26-08-41	Rodríguez Navarro, Francisco	10489	20-02-98
569	"	Riesgo Carranza, Francisco	10810	30-12-98
570	"	Cortés, Francisco	9146	25-09-82
571	"	Méndez Muñoz, Fernando	9439	15-05-13
572	"	Fornás González, Tomás	10419	20-06-21
573	"	Glas Roberto, Pedro	9912	06-09-12
574	"	Arias, Domingo	9095	05-06-03
575	"	Zapata, Manuel	9795	06-05-00
576	27-08-41	Marcos Sastre, Belicismo	9401	26-10-06
577	"	Cons Murillo, Joaquín	9141	15-08-09
578	"	Uson Nuvialas, Valero	9752	29-01-13
579	"	García Jara, Manuel	10240	30-05-03
580	"	Salva Almejo, Pablo	11206	16-04-06
581	"	García Orines, José	10129	14-02-14
582	"	Anglés Villanueva, Esteban	11646	04-12-07
583	"	Muñoz Fernández, Reina	11729	18-04-18
584	28-08-41	Tello Monterde, Lucas	9732	18-10-78
585	"	Astort Masip, José	9023	08-04-09
586	"	Dalmau Ferran, Juan	12928	11-01-07
587	"	Marías Vijande, Arnau	11362	16-05-08
588	"	Gallego Arcos, Manuel	11392	31-08-06
589	"	Lagima Lancer, Miguel	12231	30-03-04
590	29-08-41	Macarro Delgado, Juan	10128	20-12-93
591	"	García Ponce, José	10822	24-03-01
592	"	Morales salvador, Antonio	12200	22-01-13
593	"	Aranda Borrás	10952	16-08-00
594	"	García Grimal, Víctor	12128	22-01-07
595	"	Vendrell Casanellas, Félix	10838	07-02-00
596	"	Nieto Labrador, José	10363	25-02-08
597	"	Rodríguez Gil, Pedro	9631	31-01-00
598	30-08-41	Navarro Navarro, Vicente	10388	13-08-14
599	"	Miralada R., Félix	9987	22-02-99
600	"	Pinos, Manuel	9572	01-01-09

601	"	Sabosida Pulioto, José	10932	10-08-17
602	"	Rivera Solva, Juan	11710	05-02-08
603	31-08-41	Albalate,Trabadiel	8979	01-03-25
604	"	Soria Mancilla, Benito	10055	12-11-97
605	"	Mellado Gutiérrez, José	11380	17-11-07
606	"	Molne Minguella, Félix	11347	22-06-96
607	"	Roberte Pérez, Francisco	11441	001-01-01
608	"	Llanos Casanovas, Manuel	12909	19-02-98
609	"	Ojeda Ortega, Manuel	12027	20-06-15
610	"	Sánchez Izquierdo, Benito	10789	14-03-00
611	01-09-41	Bernabé Pérez, Víctor	12424	10-06-09
612	"	Alcame Torres, Carlos	11164	04-11-99
613	"	Morato Clemente, Manuel	10258	23-01-13
614	"	Tomás Guillermo, Gregorio	12047	24-02-01
615	"	Alloza Gascón, Bernardo	10449	16-06-00
616	"	Ruiz Jiménez, José	10009	02-01-96
617	02-09-41	Saimena Esparella, Manuel	11539	03-06-15
618	"	Artola Casals, Ramón	9018	28-05-12
619	"	Miranes Gómez, Francisco	12233	29-12-09
620	"	Moloto Feline, Emilio	12880	17-10-01
621	"	Guardiola, Santalinos	12934	19-07-08
622	"	Gómez Caballero, José	11278	15-03-09
623	04-09-41	Gonzalbo Ruesca, Mariano	9318	24-09-12
624	"	Fernández Serrano, José	10017	23-08-96
625	"	Oliver Sorias, Miguel	11704	28-02-98
626	"	Ortiz García, Eugenio	10843	01-06-09
627	"	Castillo Ortega, Manuel	12145	16-11-04
628	"	Montserrat Grau, Jaime	10856	29-05-03
629	"	Martín González, Nicolao	13382	10-09-16
630	05-09-41	García Herrero, Francisco	10179	05-01-16
631	"	Simo Bria, Manuel	10298	01-01-06
632	"	Alejas Llagostera, Pedro	9810	09-04-98
633	"	Rodríguez Caro, Ramón	10194	05-09-12
634	"	Miguel Arroyo, Paulino	12878	19-09-13
635	06-09-41	Alegre Berenguer, Domingo	8986	27-02-10
636	"	Llanes Mariu, Florián	12331	27-03-03
637	"	Sánchez Díaz, Diego	10202	03-02-03
638	"	Pina Serrano, Vicente	10031	17-01-03
639	"	Moreno León, Salvador	9970	08-08-07
640	"	Fernández Cina, Juan	13194	01-02-09
641	"	Galinier Muñoz, José	10349	04-11-02
642	07-09-41	Heredia Alomán, Manuel	9331	15-08-18
643	"	Girabau Manol, José	12179	12-07-14

644	"	Ibáñez Carrascosa, Manuel	10191	03-05-18
645	"	Aguilar Bon, Pelegrín	9820	19-02-90
646	08-09-41	Muriata Cubillo, Ramón	12997	31-08-99
647	"	Moreno Hernández, Francisco	10828	01-03-10
648	"	Landonela, José	11138	19-03-13
649	"	Ribera Granada, Francisco	9618	17-07-00
650	"	De Vega Pacheco, Antonio	10480	02-02-04
651	"	Marquillas Costas, Domingo	9430	31-01-14
652	"	Villagrasa Lorda, Gaspar	9771	28-05-19
653	"	Lanas Pozo, Juan	10758	02-02-00
654	"	Maciá Barrero, Joaquín	11372	11-06-09
655	"	Cipiés Ciprés, Francisco	11856	14-08-15
656	09-09-41	García Fernández, Salvador	13094	02-01-97
657	10-09-41	Millán Cristóbal, Juan	9446	14-02-11
658	"	Martínez, Astrada		
659	"	Berro Jove, Basilio	10094	18-12-00
660	"	Roca Mirabel, Juan	9626	03-03-06
661	"	Palla Lara, Heliodoro	10018	02-02-01
662	"	García, Abdulio	9266	14-10-98
663	"	Beltrán Barbera, Antonio	11180	10-04-98
664	11-09-41	Ribas Repollo, Francisco	10231	27-06-04
665	"	Atulora Martínez, Antonio	10357	21-11-20
666	"	Escolar Navarro, Antonio	12881	17-04-96
667	"	López Martínez, José	9382	01-02-03
668	"	Juan Fernández, Cen...	9791	16-07-06
669	"	Esteban Lacosa, Francisco	10799	03-04-01
670	"	Luatrina, Benavente	9159	19-10-14
671	"	Ortiz, Antonio	9526	14-01-20
672	"	Aradilla, Domínguez	9005	12-02-09
673	"	Xixote Álvarez, Pedro	10582	24-04-03
674	"	Meléndez Marcos, Juan	11360	24-06-01
675	"	Canales Rodríguez, Pedro	11229	11-01-20
676	12-09-41	Morales Flores, Bartolomé	10179	27-12-01
677	"	Santuy Martínez, Eusebio	10907	20-03-03
678	"	Aguilar Sánchez, Antonio	8976	27-04-02
679	"	Barrena Montones, Augusto	12071	25-12-08
680	"	Triguero Martínez, Joaquín	10083	18-08-95
681	"	Estevill Robert, Marcelino	10446	07-12-01
682	"	Sepúlveda Beamunt, Antonio	11446	24-03-02
683	"	Pastor Bueno, Silverio	9834	20-03-03
684	"	Morales Pareja, Miguel	10848	26-05-02
685	13-09-41	Trallero Escudero, Pedro	10891	13-05-05
686	"	Varanjo Ojeda, Manuel	12132	17-01-05

687	"	Andrich Teigidor, Víctor	11160	21-05-98
688	"	Cuadrado Iglesias, Víctor	12199	26-12-08
689	"	Martínez, Crespo	11674	15-04-97
690	14-09-41	Martínez de la Vega	9431	02-01-98
691	"	Cerón Félix, Pedro	10390	24-06-01
692	"	Martínez, Antonio	9913	11-01-88
693	"	Caballero Vigo, Tomás	9866	18-09-77
694	"	Hubach Perella, Marcelino	10243	05-07-94
695	"	Abad Edo, Luis	8968	07-04-17
696	"	Herrera Ferrer, Tomás	11524	10-07-93
697	"	Sanz García, Antonio	10027	27-04-03
698	"	Bernat, Enrique	9054	17-12-06
699	"	Sabater Peguerolles, José	10269	09-01-02
700	"	Pérez Alemany, Ernesto	10680	12-04-08
701	"	Burrull Pons, José	9845	11-06-00
702	"	Martínez Aguilera, Antonio	10838	15-09-97
703	"	Encueta Prats, Joaquín	9857	12-10-02
704	"	Herrero Expósito, Guillermo	627	06-04-10
705	"	Vázquez Sáez, Marcelo	12374	16-01-01
706	"	Palomares Fuentes, Eugenio	9539	08-06-10
707	"	Balameja Oliva, José	10897	06-02-15
708	"	Español Abella, Listo	9888	21-10-93
709	15-09-41	Alcázar Roldán, José	11686	21-09-03
710	"	Romero Rojos, Lorenzo	10995	21-01-10
711	"	Peñarroya García, E. D.	9551	28-08-95
712	"	Ortega, Antonio	9021	06-08-18
713	"	Arcos Sánchez, Antonio	10214	30-09-10
714	"	Yunyet Félix, José	10712	17-01-82
715	16-09-41	Pedro Simón, Joaquín	10138	27-12-19
716	"	Peláez Suárez, Jesús	9548	25-11-16
717	"	Mermejo, Julio	9441	25-02-12
718	"	Soler Espinet, Antonio	9703	17-01-03
719	"	Martínez González, José	9426	17-01-14
720	"	Méndez Molina, Manuel	9438	04-03-82
721	"	Calzado Redondo, José	13075 ·	08-04-18
722	"	Pizarre Piete, José	11417	15-06-18
723	"	Hernández, Casildo	9333	12-05-07
724	17-09-41	Buj Palos, Antonio	11188	23-07-03
725	"	García Lizando, Francisco	12174	07-07-14
726	"	Martorell Martit, Matías	11346	01-11-91
727	18-09-41	Manzanares López, Jesús	9397	12-04-16
728	"	Daza Recurejo, Víctor	10375	25-09-09
729	"	Casaos Estallos, Luis	11224	16-12-00

730	"	Quesada Olmo, Manuel	10875	02-01-03
731	"	Martínez Losada, Camilo	12916	16-07-15
732	"	Gutiérrez, Pedro	9329	22-10-86
733	"	Leal Rico, Luis	12172	04-06-06
734	"	López Pérez, Miguel	10530	03-07-07
735	19-09-41	Cruz Valle, Andreas	11660	17-12-81
736	"	Darta Díaz, José	11248	31-07-00
737	"	Girona Padres, Clemente	11305	23-02-01
738	"	Moreno Lucena, Ricardo	11357	29-09-12
739	"	Gutiérrez, José	9326	27-03-97
740	"	Puértolas Sistao, Emilio	10883	09-05-90
741	"	Berga Allega, Francisco	10947	15-09-98
742	"	Peñas Castillejos, Miguel	11401	06-07-07
743	"	Fernández Ortega, Antonio	12222	30-12-17
744	20-09-41	Fernández Alonso, Benito	9207	03-06-11
745	"	Herrero Pez, Ramón	11636	02-01-06
746	"	Núñez Mateo, José	9508	09-06-08
747	"	Andrés Ulbete, Daniel	10479	03-01-95
748	"	Castro de Opazo, Gregorio	9103	28-11-15
749	"	Berjada, Nieto	9053	12-04-14
750	"	Béllez Palles, Demetrio	11690	22-06-99
751	"	García Arillo, Antonio	10913	06-02-16
752	"	Roselló Pina, Bartolomé	10048	29-05-15
753	21-09-41	Sarrión López, Blas	10963	02-02-98
754	"	Nadal Serra, Manuel	12959	11-02-15
755	"	Camacho, Francisco	9078	06-07-09
756	"	Plaza Sabea, Joaquín	10983	09-02-08
757	"	Reich Fortil, José	10864	14-12-16
758	22-09-41	Gilberte Albaladejo, Francisco	12863	01-02-20
759	"	Valeu Repolles, Segundo	10416	26-06-93
760	"	Martínez Flores, Pascual	13172	17-05-99
761	"	Costa Sanley, Magín	9152	18-02-93
762	"	Llanos Línea, Emilio	11639	13-03-13
763	"	Alcántara Expósito, Luis	8990	21-06-09
764	"	Sánchez Moreno, José	11514	05-10-09
765	"	Javierre Casillas, Félix	9944	01-08-09
766	"	Jovet Peret, Francisco	9957	13-01-02
767	23-09-41	Rama Álvarez, José	10127	15-04-17
768	"	Vespemas Íñigo, Ernesto	9765	03-03-11
769	"	Hernández García, Ginés	9335	25-01-00
770	"	Martínez Valaro, José	9422	10-05-09
771	"	Utra Sáez, Félix	14900	01-08-07
772	"	Fins Esteban, Salvador	13108	15-05-16

773	24-09-41	Ortiz Artisen, Manuel	9525	15-09-86
774	"	Selda Lapuerta, Juan	?	22-04-04
775	"	Saldea Valiente, Felipe	9245	23-08-04
776	"	Jara Doblado, Ezequiel	10218	15-12-09
777	"	Claroso Pérez, Maguito	10482	03-05-99
778	"	García Preco, Manuel	9275	01-11-08
779	"	Soler Racasena, José	13147	30-11-09
780	"	Culero Royo, José	11081	23-04-99
781	"	Capdevilla Fons, Baldomero	10158	22-12-13
782	"	Ascaso Ferrera, Juan	9021	10-04-09
783	"	González González, L. P.	9310	26-04-00
784	25-9-41	García López, Luis	10109	18-08-14
785	"	Bartolomé, Miguel	10124	14-07-90
786	26-09-41	Puente Saiz, Lucas	9570	20-10-98
787	"	Elorenza Tudela, Manuel	11262	14-10-00
788	"	González Regueiro, José	13105	07-11-07
789	"	González Calero, Filomeno	9303	24-06-89
790	"	Queral Fonollosa, José	11427	01-04-21
791	"	Laviz López, Manuel	10825	01-01-04
792	"	Aznar García, Antonio	11883	17-01-15
793	"	Toribio Blázquez, Andrés	11483	30-11-03
794	27-09-41	Martínez Montes, Roig	11350	06-07-06
795	"	Cagigal Yama, Fausto	12186	02-03-08
796	"	Ferrer Lizando, Rafael	9892	25-04-01
797	"	Sánchez Muñoz, Pedro	10728	28-04-99
798	28-09-41	Vicario Monterilla, J.	11750	09-0585
799	"	Fuentes Ortiz Antonio	10731	19-11-05
800	"	Viu Bullí Fernando	11505	09-09-07
801	"	Fons Fernández Pedro	11637	07-06-01
802	"	Valero Villagrasa, Manuel	9755	26-05-06
803	"	Luis Mars, Juan	12023	11-11-09
804	"	Ávila Martínez, José	9807	17-07-09
805	29-09-41	Yedra Rodríguez, José	9789	28-03-04
806	"	Heras Gómez, Francisco	10465	28-12-16
807	"	Navarro Jiménez, Bautista	9492	11-04-16
808	"	Mayoral García, José	10885	03-11-20
809	30-09-41	Crespo Sancha, Lorenzo	13121	23-02-18
810	"	Tosca Blanco, Juan	13197	25-01-12
811	"	Velázquez González, Enrique	11724	23-02-99
812	"	Riva Oret, José	10015	27-12-97
813	"	Cortés Sanz, Gonzalo	9851	06-03-96
814	"	Del Río, Piedra	9169	25-12-77
815	"	Zapata Ayala, Fulgencio	9796	08-11-93

816	"	Sálvez Hernández, Ángel	12877	03-01-19
817	"	López Suárez, José	13025	05-08-08
818	"	Cabreras Barón, Antonio	10413	27-07-11
819	01-10-41	Doña Sánchez, Antonio	9179	25-08-09
820	"	Barón Villa, Esteban	11194	11-02-94
821	"	Campos Martínez, Juan	11801	12-03-04
822	"	Roca Roca, José	11148	20-06-97
823	"	Munt Costa, Enrique	10247	19-02-06
824	"	Carrillo Luque, Francisco	10209	24-09-05
825	"	Saura Benajes, Remigio	12347	24-09-03
826	"	Gómez Salmerón, Justo	9294	12-02-13
827	02-10-41	Andrés Andreu, Agustín	10455	25-02-95
828	"	Ramírez Roca, Manuel	10265	07-02-14
829	"	González Salinas, Antonio	12226	30-03-03
830	"	Rey Ferrer, Marcelino	11448	24-02-98
831	03-10-41	Mans Francés, Santiago	10402	15-01-00
832	"	Hernán Gómez, Antonio	12938	19-12-05
833	"	Rivero Garvín, Julián	10222	17-08-02
834	04-10-41	Sánchez Cadaviero, Alfonso	10041	11-04-10
835	"	Gutiérrez Manzano, Benito	9327	19-09-07
836	"	Moll Carmans, Ignacio	9456	20-11-14
837	05-10-41	Sendra Sendra, Carlos	13198	02-07-04
838	06-10-41	García Alcoy, Francisco	12340	29-01-10
839	"	García Muñoz, Emilio	13236	27-09-08
840	"	Campo Nazaires, José	12448	13-09-95
841	"	Martín Escribano, Luis	12887	11-09-15
842	"	Sanchola Bosque, Juan	10285	06-01-93
843	"	Celma Puig, Joaquín	9119	15-02-98
844	"	Ventura Tait, Salvador	9051	02-10-01
845	"	Salvador Martín, Manuel	13558	19-04-94
846	"	Vidal Pujol, Andrés	12427	16-02-09
847	07-10-41	Gil Iglesias, Graciano	10578	18-12-95
848	"	Galtes Baldas, Jaime	9247	24-05-12
849	"	Anojo Anojo, Emilio	10896	13-09-05
850	"	Cabrera Musut, José	9075	24-06-10
851	"	Saira Oliva, José	12411	19-03-95
852	"	Fernández Rodríguez, José	9220	18-10-07
853	08-10-41	Cáceres Vidal, Jacinto	10564	08-01-92
854	"	Doz Armillas, Isabelo	13047	05-09-02
855	"	Esponol Fernández, Juan	12930	11-12-17
856	"	Caumel Sánchez, Ángel	10715	11-06-00
857	09-10-41	Gorgo Borrás, Emilio	12209	14-09-91
858	"	Garrino Quiroga, Víctor	10081	18-12-03

859	"	Solanas Escarpín, A.	10477	20-08-17
860	"	Damián Dh, Germán	9884	05-11-07
861	"	Aguilera López, José	9004	21-03-15
862	"	Bel Zaragoza, Juan	10740	10-02-10
863	"	Martín Sánchez, Basilio	10502	15-04-17
864	"	Balsell Vielsa, Francisco	9073	05-02-87
865	"	Sauri May José	10649	13-11-02
866	10-10-41	Marques Cifre, José	10760	13-04-889
867	"	Romero Rico, Julián	12915	08-07-14
868	"	Rodríguez Houso, José	9635	17-02-90
860	11-10-41	Balguel Tillla, Alfonso	12862	29-05-20
870	"	Aranjo González, Antonio	9815	15-10-16
871	"	Claret Bacri, José	11208	18-05-01
872	"	Rives Monocra, Antonio	10043	09-03-09
873	12-10-41	López Lacuella, Santiago	10862	28-07-06
874	13-10-41	Carre Poliares, Tomás	10583	08-03-03
875	"	Vaquero Pernal, Joaquín	11715	03-05-01
876	"	Espejo Espejo, Rafael	10812	14-09-18
877	"	Tomás Dascón, José	9736	10-07-11
878	"	Giménes Pérez, Paulino	10539	12-02-02
879	"	Molina Matarín, Miguel	9756	06-11-99
880	"	Fernández Loncoma, Diego	10836	08-02-93
881	"	Fulillaje De Campo, J.	12388	19-09-98
882	"	Siplián García, José	12214	21-11-13
883	"	Arimo, Agustín	9014	24-03-92
884	"	Soler Soler, Juan	10669	17-12-87
885	"	Fernández López, Manuel	10967	11-11-01
886	14-10-41	Calles Ribelles, Vicente	11228	04-10-04
887	"	Ferrer Carreras, Cesáreo	11663	23-02-02
888	"	Gómez del Casell García	12954	01-01-10
889	"	Burgos Prida, Vicente	10807	27-06-93
890	"	Vallejo Román, Laure	10729	04-08-16
891	"	Montolín Algora, V.	9462	21-08-14
892	"	Mateo Marín, Antonio	13665	24-02-10
893	"	Pinero Mateo, Antonio	9573	18-06-00
894	"	Campillo Agullo, José	9083	27-10-07
895	15-10-41	Abascal Caballos, Prudencio	10387	16-11-16
896	"	Fernández Esteban, Aurelio	9211	17-01-17
897	"	Daz Molina, Eduardo	10513	13-02-96
898	"	Piruete Antigas, Bonifacio	9784	14-05-90
899	"	Soriano Vaquero, Santos	11712	07-04-00
900	"	García Rodríguez, José	12263	12-04-14
901	"	Braulio, Joaquín	9764	20-12-00

902	"	Jordán Dufo, José	11607	02-09-99
903	"	Hernández García, Serafín	10244	02-11-08
904	"	García Parrama, M.	10888	09-09-11
905	"	Cartagena Pueblo, Ángel	10464	02-10-93
906	"	Gutiérrez Perea, Juan	9327	11-03-06
907	"	Lara Roberte, Cándido	9363	02-02-04
908	"	Pubills Bonnill, Miguel	10024	01-03-01
909	16-10-41	García Gómez, Juan	10415	27-08-08
910	"	Tomás González, Miguel	10655	14-10-17
911	"	Rull Pelleja, Francisco	11446	26-01-08
912	"	López Urquiola, Fenet	11560	21-01-03
913	"	Trujillo Reva, Domingo	12923	14-12-08
914	"	Mas Moret, José	10256	10-05-10
915	"	Durán Romero, Higinio	11250	13-03-13
916	"	Crespo Carmona, Manuel	12364	28-12-09
917	"	Cruz Navas, José	9156	12-08-10
918	"	Nos J., José	9505	15-08-75
919	"	López Salomón, Cándido	12317	18-06-18
920	"	Trejo Romero, Lorenzo	10573	24-12-96
921	"	Sánchez Gómez, Antonio	11894	16-03-16
922	"	Nevot Chaca, Augusto	11532	28-08-19
923	"	Pena Losada, Andrés	10361	16-10-09
924	"	Puig Pardell, Ramón	11631	23-05-14
925	17-10-41	Falcón Catalán, Ramón	10117	01-08-99
926	"	Gori Pellicer, Antonio	13185	08-07-93
927	"	Casmo Vaquero, Ramón	13190	02-04-00
928	"	Pérez Jordan, Juan	9557	21-05-97
929	"	García González, Gerardo	12153	24-09-03
930	"	Pérez Martínez, Alberto	11403	06-01-17
931	"	Farinas Aduar, Andrés	9895	16-08-19
932	"	Blasco García, Máximo	9839	02-09-10
933	"	Expot Badía, Enrique	9178	28-12-09
934	"	Rodríguez, Castillo	9634	19-07-03
935	"	Leida Pino, Pedro	10537	12-08-97
936	"	Yosca Mediola, M.	10751	02-06-06
937	"	Ortega Díaz, Luis	10567	08-08-98
938	18-10-41	Giménez Suirrada	10879	09-10-03
939	"	Bepeada Rodríguez, Ricardo	9881	28-10-11
940	"	González Muñoz, Javier	9313	09-11-18
941	"	Pelliza Lapistrán, Víctor	10475	08-02-95
942	"	García Gimeno, Francisco	10220	25-06-99
943	19-10-41	Soler Gómez, Alejandro	13350	06-08-10
944	"	Villaneza Galot, Benito	12400	17-10-10

945	"	Folio Medina, Julio	12424	21-02-19
946	"	Vallés Pallarés, Pedro	12368	26-05-02
947	20-10-41	Cenetra Escribá, Vicente	10327	14-03-10
948	"	Higano Clavero, Antonio	11936	10-07-00
949	"	Vicente Sanz, Pedro	10092	07-01-02
950	"	Faguerri Piguero, Antonio	9343	01-07-02
951	21-10-41	Villanueva Edo, Juan	12873	02-04-10
952	"	Galonados Fuentes, Salvador	11284	27-10-02
953	"	Lanahuja Nadal, José	10426	03-03-93
954	"	Villa Martínez, Antonio	10647	28-03-13
955	"	Planells Coronas, Enrique	11940	22-08-16
956	"	Cernuda Branas, Ele	11982	18-11-08
957	"	Visitación de R., Emilio	10502	22-08-14
958	22-10-41	Molina Rincón, Antonio	9450	21-01-03
959	"	Pérez Beltrán, José	9562	28-02-67
960	"	Artigan Rivas, Jaime	13613	24-06-07
961	"	Aguardo Portilla, Francisco	11841	17-05-10
962	"	Amiento Carmen, Ramón	10277	08-12-04
963	"	Masaguer, Juan	10924	18-03-06
964	"	Biardi Casali, Bernardo	9836	17-11-12
965	"	Masagué Español, Antonio	9968	05-01-96
966	"	Suárez González, Manuel	13084	11-12-04
967	23-10-41	Espinosa Herrador, Luis	12380	21-06-11
968	"	Farro Calatayud, Brígido	11477	29-01-02
969	"	Freixas Fraco, José	11265	18-11-18
970	"	Grane Loy, Eloy	12011	21-04-12
971	"	García Calderón, Augusto	11281	21-01-09
972	"	Molins Maynón, Juan	9455	03-05-11
973	"	Tora Ros, Juan	11484	03-07-12
974	24-10-41	Miniaro García, Manuel	10364	07-05-15
975	"	Vasco Cortés, Francisco	10095	04-09-13
976	"	Creiz Claus, Isidoro	10394	19-07-96
977	"	Díaz Todillo, Joaquín	10211	02-05-08
978	"	Carreres Fons, Jaime	10503	15-06-95
979	"	Egea Díaz, Andrés	11638	19-04-01
980	"	Lloret Froch, José	10731	27-05-11
981	"	Mercader, Edaldo	9440	01-01-17
982	"	Bermejo Ribero, Vicente	10536	05-04-09
983	25-10-41	García Rodríguez, A.	9263	18-12-26
984	"	Tiemps Estrada, Francisco	10523	04-10-00
985	"	Pallarols Guiteras, Enrique	12333	210907
986	"	España Bucheca, Ung	11943	09-09-11
987	"	Gil Díaz, Tomás	10190	29-12-06

988	"	Garriga Planas, José	12334	06-04-02
989	"	Heredia, Ramón Antonio	13426	09-11-15
990	"	Rodríguez Blasco, R.	12045	14-09-07
991	"	Uso Montu, Ángel	10982	28-04-07
992	"	Galiano Morales, Juan	14316	27-07-06
993	"	Sanz Gómez, Teodoro	14474	22-04-13
994	"	Salinas Fancillas, Manuel	14464	17-11-09
995	26-10-41	Granado Ortiz, Gonzalo	9916	22-02-96
996	"	Marsal Cano, José	13860	10-04-10
997	"	Cabezuela Jiménez, J.	10884	13-05-08
998	"	Quesada Sánchez, Antonio	13152	19-07-03
999	"	Campeón Ceriso, Eduardo	14472	05-05-08
1000	"	Vascua Baldomino, J.	13763	01-07-10
1001	"	Vemuz Abada, José	11734	03-04-97
1002	"	Clamente Cami, Juan	13004	13-07-08
1003	27-10-41	Cirera Doménech, Antonio	13404	08-10-02
1004	"	Lizana Alcalde, José	11989	09-05-07
1005	"	Árbol Paracuello, Ángel	10538	17-04-99
1006	"	Carrera Guardia, Luis	14269	24-06-01
1007	"	Villar Lobos, Manuel	9774	22-07-05
1008	28-10-41	Ruesca Fernández, Alfonso	10572	10-01-03
1009	"	García Alcázar, Rogalu	10297	02-07-20
1010	"	Prieto Arin, Miguel	10528	29-09-13
1011	"	González Balcones, Florencio	10242	11-05-08
1012	"	Garrigas Frutach, Joaquín	10427	03-06-99
1013	"	Sola Gumobast, Pedro	14467	14-03-03
1014	"	Fornieles Abad, Juan	12380	20-10-15
1015	"	Jove Flotachs, Jaime	11322	24-06-99
1016	"	Ruso Mulet, Vicente	11440	20-06-19
1017	"	Escribano Ungid, Juan	13425	06-10-12
1018	"	Verdún Verdún, Juan	11716	17-03-93
1019	"	Oliva Viñas, José	9514	20-05-04
1020	"	Riana Ríos, José	9613	15-05-08
1021	"	Osurca Usalegui, José	13423	28-11-06
1022	"	Otal Bordetas, José	11601	06-07-07
1023	"	Gil Navarret, Rafael	9286	30-09-10
1024	"	Crespo Alonso, José	12105	15-11-06
1025	"	Veilla Ros, Jesús	13250	16-12-06
1026	29-10-41	Gallego Fernández, José	10911	25-02-17
1027	"	Castellet Jovet, Pascual	12254	04-04-07
1028	"	Sarroca Papasai, Blas	10063	11-02-98
1029	"	Rito Serán, Féliz	10395	22-05-06
1030	"	Pallero Sánchez, Vicente	9535	27-04-97

1031	"	Alonso Alonso, Cirilo	13209	22-07-99
1032	"	Rivera Muñoz, Manuel	10058	06-09-05
1033	"	Arenas Fernández, Esteban	11167	02-08-08
1034	"	Pérez Montalar, Francisco	12133	14-05-09
1035	"	Valero Navarro, Pedro	12321	04-02-06
1036	"	Quintanas Castillo, Joaquín	11426	13-12-99
1037	"	Orihuela Estévez, Ramiro	9520	19-11-16
1038	"	Huertos García, Nicolás	13216	02-02-06
1039	"	Núñez Ortacho, Cristóbal	10090	05-05-07
1040	30-10-41	Giménez Martínez, Ernesto	13777	30-09-15
1041	"	Moreno Alcántara, José	9479	24-07-86
1042	"	Berbería Miranda, R.	10750	18-12-02
1043	"	Domínguez Domínguez, M.	13980	01-09-11
1044	"	Hernández García, Lad...	11910	09-09-06
1045	"	Alonso González, Juan	11771	08-08-04
1046	"	Usón Alas, Clemente	13126	12-01-07
1047	31-10-41	Bau Rodríguez, Eugenio	13754	19-04-10
1048	"	Hortelano Escribano, L.	10851	12-04-14
1049	"	Navarro López, Manuel	13268	30-05-99
1050	"	Martínez Catalán, Lucas	13246	23-02-91
1051	"	Banos Cosgallas, Quintín	14241	15-02-93
1052	"	Isarre Mela, José	10372	10-11-11-
1053	"	Durán Bernarda, Eduardo	9183	22-02-93
1054	"	Isabel Ysun, Gregorio	10562	11-02-95
1055	"	Vera Expósito, Antonio	9764	15-05-02
1056	"	Gallego Letrán, Modesto	11276	11-08-14
1057	"	Suárez Raposo, José	13695	12-03-16
1058	"	Manolet Zabala, Juan	11368	15-03-11
1059	"	Galletero Romero, José	11668	22-05-09
1060	"	Aranda Chacón, Ramón	9008	03-04-18
1061	"	García Pérez, José	10880	21-05-09
1062	"	Ruiz Caballos, Segundino	10827	23-02-01
1063	"	Pella Pallas, Dionisio	10077	06-08-04
1064	"	Arto Villuendo, Miguel	11643	08-05-13
1065	"	Centellas Anes, Jaime	13072	21-04-12
1066	"	Miguel García, Lino	10385	03-12-14
1067	"	Sánchez García, Manuel	9673	01-01-13
1068	"	Suárez Rodríguez, M.	11714	22-11-97
1069	"	Calvento Navarr, F.	10281	30-08-04
1070	"	Villarejo Niebla, Rafael	10925	03-08-10
1071	"	Guinguerola Pons, José	9234	15-08-85
1072	"	Pérez Sánchez, Francisco	11785	12-02-06
1073	"	Ramón Tesa, José	11685	19-11-98

1074	"	Fuentes Ortiz, Francisco	12211	26-07-19
1075	"	Rodríguez Camacho, J.	10289	21-05-85
1076	"	Gómez Bellido, Quintín	122?4	26-06-05
1077	"	Aceituno Nagallán, D.	11992	06-04-06
1078	"	Díaz Rodríguez, Antonio	9173	14-09-04
1079	"	Gutiérrez Sánchez, Río	11760	19-06-05
1080	"	García Rodríguez, M.	9272	13-08-17
1081	"	Albereda Mari, Francisco	11168	02-01-04
1082	"	Dueso Duster, Rómulo	13233	06-07-98
1083	"	Viescas Bandus, Eleu	13640	09-10-14
1084	01-11-41	Quesada Cano, José	9597	13-08-10
1085	"	Ramón Alcaraz, José	12139	21-01-15
1086	"	Sánchez Roldán, José	12148	12-08-09
1087	"	Lara Pastrana, José	12085	04-01-04
1088	"	Jonque Ferrán, Félix	10713	17-07-20
1089	"	Granada Ranguel, Isadro	12099	03-02-08
1090	"	Cedo Megale, Domingo	10837	22-01-05
1091	"	Pérez Jiménez, Claudio	13102	22-09-05
1092	"	Cerro Colet, José	13009	16-01-08
1093	"	Fuentes Mercader, José	11273	14-02-99
1094	"	Canaselles Fernández, Augusto	11233	07-10-07
1095	"	Argues Arguilles, Francisco	9826	04-06-98
1096	"	Baudes Llanos, P. Lázaro	12345	23-02-28
1097	"	Bascuñana García, Ramón	14242	01-12-14
1098	"	Sedo Calic, José	14214	07-10-03
1099	"	Maura Duda, Salomón	9433	14-08-07
1100	"	Fenicalias Macarillas, Salvador		
1101	"	Montagult Severo, José	12065	20-06-16
1102	"	Feliú Lanas, Miguel	13170	01-01-03
1103	"	Valencia La Hoz, Luis	13240	05-08-10
1104	"	Rivas Pujol, Mauricio	11453	22-04-01
1105	"	Lafón Martínez, Pablo	11331	04-03-11
1106	"	Izquierdo García, Félix	9344	27-08-07
1107	02-11-41	Martínez Baños, Antonio	13628	26-04-11
1108	"	Carreras Martínez, Carmelo	13718	30-01-16
1109	"	Moretme Rodríguez, J.	9967	12-08-03
1110	"	García García, Francisco	14320	12-10-16
1111	"	Jurado Olmo, Francisco	10662	16-04-14
1112	"	Carrasco Muñoz, José	13189	09-04-04
1113	"	Díaz López, Antonio	12159	14-11-10
1114	"	Gil Arman, Joaquín	13257	19-03-12
1115	"	López Ortega, Antonio	13214	20-02-14
1116	"	Zapero Pino, Joaquín	9798	25-04-11

1117	"	Garrido Romero, José	12317	11-01-92
1118	"	Zamorano Escribil, José	10910	27-08-15
1119	"	Masías Cohetes, Pedro	10719	27-11-11
1120	"	Recasen Riubau, Pedro	12441	09-08-00
1121	"	López Rojo, Joaquín	11821	01-01-00
1122	"	Tollada Margeli, José	11896	14-11-11-
1123	"	Padilla Ruano, Juan	9531	01-01-07
1124	"	Col Servosa, José	11657	14-01-08
1125	"	Rubí Bermúdez, Diego	10250	20-08-15
1126	"	González Prados, Isidoro	11888	30-10-09
1127	"	Barrera Muñoz, Miguel	10118	09-05-04
1128	"	Piqué Montana, Francisco	9578	15-11-13
1129	"	Pérez Martínez, Juan	10910	07-11-14
1130	"	Sánchez Gracia, Fernando	10617	19-08-16
1131	"	Pallarés García, Antonio	13654	22-03-07
1132	"	Montaler Armina, Benjamín	10552	01-09-95
1133	"	Martínez Pueche, Antonio	10166	11-11-19
1134	"	García de Pablo, Primitivo	10346	20-02-02
1135	"	López Criado, Leopoldo	14633	24-07-05
1136	"	Gimeno Cervera, Pascual	9919	29-04-90
1137	"	Fernández Benavente, M.	9893	04-07-04
1138	"	Santos Jiménez, Gerónimo	10358	19-06-01
1139	"	Rodríguez Martínez, A.	10392	05-08-12
1140	"	Singla Bauti, Rafael	9709	16-06-12
1141	"	Binade Villalva, Jaime	9781	15-08-15
1142	"	Pinez Vázquez, Cristóbal	9734	06-06-07
1143	"	Campos Padilla, Antonio	10300	26-03-08
1144	"	Herranz Martínez, Río	10433	04-04-12
1145	03-11-41	Zamuy Vázquez, Salvador	14493	26-09-08
1146	"	Riego Mulín, Antonio	14004	13-06-15
1147	"	Aguilera Gilbert, Emilio	11547	14-01-13
1148	"	Clemente Cami, Miguel	13093	07-07-11
1149	"	Juan Zaragoza, Arturo	9942	09-02-96
1150	"	Oliveras Valls, Valentín	10556	08-03-94
1151	"	Plat Madilla, Francisco	13043	09-03-12
1152	"	Carmano Fernández, Francisco	10103	03-12-07
1153	"	López, Ángel	9373	24-12-14
1154	"	Argaz Vila, Manuel	12458	20-20-09
1155	"	Beltrán Urrutia, Julián	9094	11-02-08
1156	"	Seset Moreb, Antonio	13676	07-0513
1157	"	Casas Coral, Baldomero	13613	01-03-02
1158	"	Garriga Riera, Enrique	12999	08-09-00
1159	"	Ubieto Bandrés, Justo	10636	07-09-00

1160	"	Yedra Vaquero, David	12876	309-06-06
1161	"	Prieto Gallantes, José	10213	17-05-06
1162	"	González Juvenoll, Antonio	12249	13-02-08
1163	"	López Fernando, Juan	13183	20-06-20
1164	"	Pizarro Delgado, Antonio	9579	20-01-97
1165	"	Mur Castán, José	10469	02-11-95
1166	"	López Cuevas, Andrés	9372	24-01-07
1167	"	Uson Gamargo, Francisco	13406	04-10-13
1168	"	Parras Sánchez, José	10140	11-11-09
1169	"	Rasero Matías, Antonio	10847	27-11-03
1170	"	Manuel Blari, José	9395	07-02-97
1171	"	Fernández Gutiérrez, M.	13954	10-03-14
1172	04-11-41	Pérez Ruiz, Vicente	14488	19-07-10
1173	"	Margeli Pellicer, Delfino	14366	27-03-18
1174	"	Ruiz Domínguez, Gil	9651	01-09-01
1175	"	Tosca Ginés, Francisco	03417	07-02-15
1176	"	Llasera Ballester, Román	13338	12-09-18
1177	"	Melendo Pascual, Her...	12247	17-07-13
1178	"	Millera Millera, Antonio	10678	10-09-00
1179	"	Castilla Muñoz, Antonio	12310	
1180	"	Niu Niu, Pedro	11389	03-09-11
1181	"	López Laguna, Félix	12952	01-02-17
1182	"	Ferrer Llansás, Leandro	10696	27-02-14
1183	"	Esbertit Forcada, Salvador	02362	29-05-92
1184	"	Pajuelo Córdoba, Bande...	10844	15-04-15
1185	"	Ixquierdo Sánchez, Ginés	9345	31-08-14
1186	"	Rodríguez López, Román	14445	03-04-10
1187	"	Sánchez Molina, Ramiro	10449	13-03-00
1188	"	Pacheco Torres, Segundo	10177	01-06-14
1189	"	Campallo Manzanero, P.	11761	29-04-05
1190	"	Abello Mester, Juan	11612	23-11-11
1191	"	Márquez Anquera, Miguel	9429	29-11-09
1192	"	Muñoz Burgos, Daniel	11374	21-11-16
1193	"	Maldonado Cold, Antonio	11618	13-06-13
1194	05-11-41	Senalle Armengol,Tomás	?	11-08-20
1195	"	Gargallo Roch, Blas	13412	29-05-97
1196	"	Seguirán Barrau, Ramón	9707	15-07-05
1197	"	Gómez Asensio, Juan	11788	04-06-15
1198	"	Zapater Fullola, Valero	12420	08-12-20
1199	"	Manau Villa, Agustín	21146	05-05-20
1200	"	Rianbau Figuera, José	13007	08-09-94
1201	"	Merino Romero, Pedro	12256	18-08-18
1202	"	Carmona Martín, Antonio	9094	13-07-16

1203	"	Ollé Suárez, Mateo	12204	29-09-13
1204	"	Fortes Rubio, Antonio	13568	25-08-21
1205	"	Diego Navarro, Carlos	10737	06-05-06
1206	"	Carmona Casilla, Francisco	9874	07-08-83
1207	"	Estiarte Teixidor, Julián	10492	05-04-94
1208	"	Aragonés Martínez, Juan	11553	26-05-96
1209	"	Martí Llarc, Pedro	10612	04-08-04
1210	"	Campos Gil, Antonio	9847	17-02-09
1211	"	Pérez Díaz, Andrés	10889	15-05-09
1212	"	Ramos Méndez, Bel...	9607	17-02-94
1213	"	Pons Salvo, Jaime	11020	30-03-01
1214	"	Quirós, Juan Pablo	13824	29-06-07
1215	"	Yanec, Antón	?	10-05-18
1216	"	Pizarro Aranda, Antonio	?	10-09-42
1217	"	Porrado Izquierdo, M.	11924	09-07-13
1218	"	Enque Montlo, Alejandro	12180	10-10-01
1219	"	Oliva Ramírez, Antonio	13257	29-07-06
1220	"	Rodríguez Naranjo, Juan	14431	19-11-16
1221	"	Roberto Manzana, Patricio	14002	01-07-96
1222	"	Ruiz Afuera, Juan	11452	24-01-20
1223	"	Lujao Rodríguez, Francisco	10252	04-06-15
1224	06-11-41	Pascual Malleu, Pedro	11406	30-01-04
1225	"	Aparicio Espejo, Miguel	13163	08-01-07
1226	"	Gil Molina, José	9284	19-03-00
1227	"	García Lucía, Pedro	9363	25-01-12
1228	"	Asuar Gómez, Pedro	9027	14-04-19
1229	"	Núñez Pereira, Pedro	9725	21-11-06
1230	"	Castillo Balaguer, Vicente	10667	17-10-01
1231	"	Cruz Pérez, Gregorio	11237	25-05-12
1232	"	Castro Lamoza, José	10625	11-05-05
1233	"	Lavilla Lavilla, Estanislao	11945	22-12-97
1234	"	Guerrero Reyes, Antonio	12950	17-08-19
1235	"	Caparrós Mora, Diego	12883	12-12-14
1236	"	Pallerols Mas, Fulgencio	12970	17-08-19
1237	"	García Rodríguez, Miguel	13098	24-08-02
1238	"	Lamoza López, Alberto	13428	21-11-19
1239	"	Ferrer Mur, Francisco	14622	15-10-14
1240	"	Genovés Tamarit, José	14334	10-06-10
1241	"	Egea Sánchez, Pedro	14295	10-12-07
1242	"	Prats Andreu, Tomás	?	14-04-20
1243	"	Pérez Marquina, M.	14410	02-04-04
1244	"	Martínez Aguirre, Francisco	14379	04-10-11
1245	"	Martín Rivas, Manuel	14382	08-05-11

1246	"	González Güero, Antonio	13913	20-07-15
1247	"	Sánchez Clemente, Diego	12992	05-11-12
1248	"	Mansón Mansón, José	13899	13-03-02
1249	"	Traboll Treu, P. Baldomero	13630	31-05-10
1250	"	Ruiz Alonso,, Marcelino	10057	02-01-05
1251	"	Perrera Melmunt, Estanislao	10004	07-04-79
1252	"	Fernández Sánchez, Fernando	10772	11-07-10
1253	"	Cedo Margalet, Ramón	10840	11-11-79
1254	"	Malagón Cañizares, Rafael	10846	09-12-09
1255	"	Brisqui Delmes, Marco	9831	24-04-11
1256	"	Comen Bernardino, Mario	10515	20-05-82
1257	"	Berdú Soler, Jaime	10827	08-03-14
1258	"	Ballester Fernández, F.	9843	11-05-02
1259	"	Ruiz López, Federico	10809	30-12-01
1260	"	Hernández Pelegrín. J. J.	9933	24-02-17
1261	"	Sou Ripollés, Joaquín	10859	08-03-06
1262	"	Mateo Usido, José	11702	04-03-06
1263	"	Aba García, Alegori	11161	02-06-16
1264	"	Mirado Mazoi, Jesús	11343	11-05-97
1265	"	Lara Moreno, Francisco	11336	09-04-04
1266	"	Castán De Boll, Martín	11236	07-04-08
1267	"	Expósito Manau, Pedro	11257	29-06-00
1268	"	Gil Guillén, Tomás	12421	13-04-13
1269	"	Manzano Pérez, Francisco	12933	14-06-10
1270	"	Reig Barrufot, Jaime	13131	07-01-18
1271	07-11-41	Saura Tomás, Guillermo	9695	25-06-95
1272	"	Soler Galeos, Pelegrín	10423	20-02-93
1273	"	Suárez González, Luciano	10774	13-06-03
1274	"	Clares Pérez, Juan	11596	06-08-09
1275	"	Martín Fernández, Fidel	9962	02-11-00
1276	"	Flota Caul, Esteban	12006	25-03-04
1277	"	Moras Balanzuelas, Nicolás	12203	05-08-19
1278	"	Pont Atingas, José	13874	18-11-03
1279	"	Martínez Gay, Riera	13789	02-06-09
1280	"	Felipe Briset, Liberto	9204	11-03-10
1281	"	Utrillas Marellón, Antonio	13658	17-01-17
1282	"	Velasco Moreno, Andrés	10674	10-11-98
1283	"	Mimiz Cobos, Pedro	12057	25-06-18
1284	"	Guzmán Jiménez, Diego	10362	24-07-13
1285	"	Vivancos Zamora, Antonio	9786	15-10-18
1286	"	Montana Parra, Manuel	9558	19-06-09
1287	"	Hernández Rodríguez, G.	11941	16-03-19
1288	"	Rie Mur, Lorenzo	14349	26-09-11

1289	"	Sanjuan Lucano, José	10745	20-08-11
1290	"	Colomé Pugnen, José	11213	10-03-07
1291	"	Cazorla Zamora, Francisco	11227	06-09-19
1292	"	Campos Ruzafa, Manuel	10533	31-03-03
1293	"	Martínez Navarro, Pedro	9419	12-12-13
1294	"	Salvador Calero, Alejo	12115	02-06-15
1295	"	Maxi Arengas, Ignacio	13232	28-07-95
1296	"	Forms Nicolau, Prey...	9896	07-08-07
1297	"	Frauch Ranas, Miguel	11266	05-09-08
1298	"	Pascual Bogues, Juan	10159	23-04-00
1299	"	Lopez Rivera, Rafael	11931	24-11-01
1300	"	Francisco Salami, Esteban	13242	15-09-06
1301	"	Pérez García, Ginés	14419	02-07-11
1302	"	Robert Alba, Juan	11848	18-11-13
1303	"	Lalasga, Joaquín	11286	17-02-03
1304	"	López Rodríguez, Mauricio	11330	22-12-04
1305	"	Blázquez Fernández, B.	11169	05-06-07
1306	"	Navales Zodia, José	13794	03-03-07
1307	"	Amat Siberman, José	13864	18-04-12
1308	"	Torrecillas Baneras, Ramón	14080	12-10-04
1309	"	Loy Luzón, Juan	13909	09-10-08
1310	"	Savin Uzeto, Ángel	14000	28-02-09
1311	"	Bernal Quinto, Miguel	13010	08-02-02
1312	"	Costa Cardona, Augusto	14609	25-08-07
1313	"	Berro Cruz, Luis	14691	23-02-20
1314	"	Latorre Rufas, José	13042	06-05-06
1315	"	Pérez Flores, Claudio	13056	30-10-00
1316	"	Enrique Pérez, Domingo	13247	26-12-13
1317	"	Escuel Canado, José	13052	15-10-14
1318	"	Lozano Aranzábal, Adrián	12994	27-09-97
1319	"	Sentelles Suárez, Fulgencio	14267	17-03-19
1320	"	González Abreu, Manuel	10148	11-08-05
1321	08-11-41	Labajos González, Benito ·	14250	12-01-15
1322	"	Santandreu Tort, Carlos	11892	14-04-06
1323	"	Tomás Circos, Ramón	13201	06-12-04
1324	"	Tana Glasas, Feliciano	11774	04-04-03
1325	"	Valles Rolles, Manuel	14499	01-01-06
1326	"	Uron Abad, José	13125	23-08-03
1327	"	Castellón Nadal, Emilio	11232	16-10-09
1328	"	Pavón Simón, Eduardo	10524	07-08-00
1329	"	Ruiz Blanco, Cesáreo	11425	25-02-07
1330	"	Sanvicente Domenech, E.	13699	19-07-93
1331	"	Muñoz Fernández, Laureano	9966	03-07-06

1332	"	García Ramírez, Juan	10795	21-12-17
1333	"	Pérez Arranz, Fermín	10515	06-09-09
1334	"	Tuber Fons, Jerónimo	14490	11-04-90
1335	"	González Álvarez, Antonio	9301	24-02-08
1336	"	Batet Planas, Ramón	9045	02-02-09
1337	"	Entago González, Alberto	10431	05-10-89
1338	"	Rayo Baeborín, Manuel	14441	17-07-09
1339	"	Sánchez Martín, Víctor	11793	12-11-10
1340	"	Ruiz Dovilla, Rodolfo	10037	16-05-01
1341	"	Martorell Calane, José	10221	26-04-08
1342	"	Cerezo Sutillo, Antonio	9120	22-01-14
1343	"	Navarro López, Antonio	10483	
1344	"	Mosquita Ajenjo, Adolfo	13191	27-09-00
1345	"	Las LLop, Francisco	10377	23-03-12
1346	"	Eger Navarrete, Santiago	11252	05-03-93
1347	"	Andreu García, Máximo	12181	04-07-07
1348	"	Cuadrado, Ventura	11971	22-05-13
1349	"	Goye Diosdado, Antonio	11282	30-09-99
1350	"	Paredes Escudero, Antonio	144241	29-09-11
1351	"	Serrano Gregorio, Marcelino	10933	30-09-14
1352	"	Pérez López, Magín	11768	25-03-12
1353	"	Pons Beatote, Antonio	12130	12-04-00
1354	"	Seguí Lagos, Manuel	12967	15-05-08
1355	"	López Gálvez, Juan	14639	31-12-98
1356	"	Aranda Gomeu, M.	11693	11-03-15
1357	"	Muñoz Labalo, Wenceslao	10162	28-08-01
1358	"	Pons Vineta, Juan	11423	21-10-94
1359	"	Porta Blana, Jaime	9585	30-11-93
1360	"	Alejandro Otells, Miguel	12072	19-09-09
1361	"	Benegas Zarnán, Francisco	12168	24-01-69
1362	"	García Martínez, Enrique	14297	14-08-13
1363	"	Ramírez Sánchez, Antonio	10622	12-02-05
1364	"	Guerra González, Antonio	10141	09-02-14
1365	"	Jover Pérez, Dadiel	9352	15-07-07
1366	"	Moya Torres, Vicente	9465	15-06-12
1367	"	Ochando Bleda, José	13178	28-08-11
1368	"	Villadel Corominas	11889	17-06-16
1369	"	García Hernando, Rud...	10803	18-12-00
1370	"	López Vizabe, Antonio	12452	17-06-11
1371	"	Moncusi Pellice, Juan	11942	14-11-05
1372	"	Herreu Salva, José	10876	12-04-05
1373	"	Nieves García, Victoriano	12925	04-02-11
1374	09-11-41	Manzano Sancho, Jacinto	12238	16-08-13

1375	"	De Pompillo, Vicente	9878	27-01-03
1376	"	Villaverde Fugue, Gumersindo	10689	01-02-02
1377	"	Salvaneli Leal, Alberto	14254	06-06-12
1378	"	Ros Torres, Damián	13411	15-06-15
1379	"	Lara Simón, José	10735	19-03-01
1380	"	Noval Nivan, Mariano	10302	15-08-11
1381	"	Zalogui Manez, M.	14491	20-04-13
1382	"	Mana Abi, Francisco	12207	22-03-18
1383	"	Martín Castellán, Alfonso	12245	13-03-04
1384	"	Corominas Vert, Antonio	14279	18-03-03
1385	"	Martín Águilas, Benito	9408	07-12-16
1386	"	García Mirano, Mingo	14328	06-03-08
1387	"	Rico Sola, Rafael	9617	12-05-00
1388	"	Rey Layo, Juan	10797	09-03-11
1389	"	Hernández González, M.	12981	09-12-06
1390	"	Cardona Espinosa, B.	13572	23-02-19
1391	"	Casado Bargolla, F.	13059	19-03-12
1392	"	Bustos Muñoz, Miguel	10742	01-05-04
1393	"	Delgado Arribas, Félix	11798	19-09-11
1394	10-11-41	Planas Madic, Lamberto	11395	11-04-98
1395	"	Rubio Beagán, Antonio	14660	15-05-07
1396	"	Sola Fernández, Lucas	13415	06-03-19
1397	"	Antón Cabeza, Cándido	9819	10-01-12
1398	"	Lucas Castellón, Justo	11326	08-08-10
1399	"	De Diego Lolla, Germán	10967	10-01-03
1400	"	Durán Cuvi, Jaime	12931	04-07-93
1401	"	Martínez Diosdado, D.	12905	30-03-09
1402	"	Lucena Serrano, Antonio	11334	27-05-18
1403	"	Fábregas Pons, José	12995	24-08-05
1404	"	Cerbellos Tornella, Marc	9846	04-11-05
1405	"	Suárez Sánchez, José	12020	11-12-14
1406	11-11-41	Martín Esteban, Escolá	9406	02-09-20
1407	"	Fornell Fornell, Luis	13745	06-11-06
1408	"	Paloma Masafret, Jaime	13786	21-04-17
1409	"	Camarero Picoloste, Vicente	14263	26-06-14
1410	"	Giner Jiménez, Rufino	13208	19-06-12
1411	"	García Baleo, Timoteo	14333	10-06-98
1412	"	Sánchez López, Manuel	11462	27-12-11
1413	"	Machardón Coll, Antonio	14696	12-02-01
1414	"	Alemany Figueras, Pablo	12324	07-07-15
1415	"	Aranda Verdún, Wenceslao	12393	05-02-13
1416	"	Torres Boch, Ramón	11479	24-06-97
1417	"	Rodríguez, Baraja	10059	24-02-03

1418	"	Pinal Nullas, J. María	13673	28-04-08
1419	"	Sánchez Pérez, Aurelio	12101	20-10-04
1420	"	Latorre Martínez, Pedro	11333	19-05-03
1421	"	Cardo Pérez, Fidel	12257	23-03-17
1422	"	Palaguera Merceguer, José	10790	09-09-10
1423	"	Primera Escofet, Fernando	10090	06-03-10
1424	"	Pons Miguel, Eugenio	10184	29-11-06
1425	"	Sánchez Lanlalio, Juan	13783	14-10-09
1426	"	Raboy Laura, Francisco	10182	22-08-15
1427	"	Romero Gómez, Tomás	11533	21-12-07
1428	"	Aramun Izquierdo, Bienvenido	10738	25-07-03
1429	"	Blas Soler, J. Bautista	13873	15-07-12
1430	"	Ruiz Gómez, José	10747	13-02-91
1431	"	Bendejo Salou, José	9644	16-11-04
1432	"	Brosquet Folgue, Miguel	10841	22-02-05
1433	"	Roldán García, José		17-06-88
1434	"	Ruiz, Francisco	11648	31-03-04
1435	"	López López, Emiliano	13985	06-01-18
1436	"	Tudela García, Germán	12966	28-05-14
1437	"	Sabater Espenso, Francisco		12-08-93
1438	"	Romeu Subirat, Emilio	10045	22-12-05
1439	"	Alberich Maristany, Luis	8980	27-03-13
1440	"	García Martínez, Antonio	13114	12-02-03
1441	"	Sánchez López, Marcos	11469	25-04-08
1442	"	Hernández Fuentes, Nicolás	13840	18-05-06
1443	"	Duban Vicente, Antonio	13227	13-02-09
1444	"	Puerto Esteban, Manuel	9590	17-10-17
1445	"	García Morales, Manuel	11571	17-06-17
1446	12-11-41	Pomerín Máximo, Modesto	10628	21-05-16
1447	"	García Rubio, Francisco	12076	01-11-05
1448	"	Perujo González, Francisco	11804	19-08-10
1449	"	Roca Soldavilla, Antonio	14688	26-04-18
1450	"	Boniba Quiles, Pedro	14234	07-11-02
1451	"	Perera Moreno, Sebastián	13755	19-01-06
1452	"	Palacios Linares, Severino	9533	17-12-13
1453	"	Bozo de la Serra, Eugenio	11172	12-08-03
1454	"	Rojo Hernández, Luis	9642	13-02-09
1455	"	Llos Expósito, Enrique	11995	11-02-14
1456	"	Franco Casanero, Francisco	13882	12-11-08
1457	"	Fernández García, Nicolás	9219	02-11-00
1458	"	Aragonés Rubio, Desiderio	11733	11-02-00
1459	"	Vergues Alen, Juan	11496	13-06-86
1460	"	Latorre Francés, Valeriano	14631	29-01-02

1461	"	Romay Aire, José	12669	15-12-13
1462	"	Lerriero Cabrera, Juan	9857	10-02-00
1463	"	Gómez Izquierdo, Manuel	11277	10-05-09
1464	"	Lloguelo Canales, Francisco	9392	10-12-28
1465	"	Baque Coll, José	12336	28-12-02
1466	"	Alonso Herrero, Julián	13210	12-02-09
1467	"	Siner Miellas, Pedro	9724	14-07-16
1468	"	Martín Del Amo, Basilio	12197	09-01-17
1469	"	Candelas Plazas, Leopoldo	11205	14-04-99
1470	"	Martín Fuentes, José	9984	30-11-03
1471	"	Zambrano Penacho, Diego	10097	14-02-10
1472	"	Ramal García, José	10012	12-12-97
1473	"	Casado Sánchez, José	13153	13-05-19
1474	"	Villanueva, Andrés	9778	30-07-09
1475	"	López Velasco, Manuel	13181	07-01-12
1476	"	Ruiz López, Estanislao	14436	22-07-17
1477	"	García Jiménez, Antonio	10227	07-08-06
1478	"	García Sobrado, Antonio	9924	13-06-97
1479	"	Morer Aso, Félix	11703	03-05-03
1480	"	Camacho Mateo, Ángel	14612	13-03-05
1481	"	Muñoz González, Antonio	13697	13-02-95
1482	"	Castells Mas, Jaime	9108	24-04-11
1483	13-11-41	Fernández García, Eugenio	10187	05-09-10
1484	"	Vidal, Eliseo	9770	28-05-92
1485	"	Pérez Miranda, Agustín	10076	11-02-16
1486	"	Borrás Beneigue, Juan	12395	24-03-04
1487	"	Cantanero Ballestero, Diego	13715	10-07-10
1488	"	Molina Ávila, Manuel	13166	28-03-17
1489	"	Vives Campos, Manuel	13245	17-08-03
1490	"	Gostingar, Martín	10470	11-11-76
1491	"	Rueda Vázquez, Pedro	12912	24-05-02
1492	"	Asien, Conrado	14274	08-03-17
1493	"	Francisco Muñoz, Floren	9265	23-02-11
1494	"	Fons Rivas, Juan	10718	17-11-08
1495	"	Maqueda Muñoz, Esteban	12251	30-01-00
1496	"	Pujol Loret, Ramón	9594	08-04-20
1497	"	Bonet Esteve, Juan	10654	09-09-11
1498	"	Lorenzo González, Antonio	13015	21-09-09
1499	"	Irano Elvana, Juan	13167	03-06-17
1500	"	Guerrero Menchero, Justo	10960	25-04-09
1501	"	Callado Hernández, Baldomero	10207	10-11-16
1502	"	Díaz Gutiérrez, Antonio	9877	05-12-16
1503	"	De la Calle García, Mario	12322	09-02-17

1504	"	Granero López, Miguel	10155	08-09-19
1505	"	Alurysech Viernes, Lope	13187	15-03-06
1506	"	Giménez León, Manuel	10632	09-12-12
1507	"	Borrás Fernández, Manuel	12742	13-02-07
1508	"	Guijol González, Juan	10644	09-09-11
1509	14-11-41	Gómez García, Francisco	12225	03-12-17
1510	"	Pedeaz Panega, Amelio	12237	02-12-06
1511	"	Velázquez Murillo, Salvador	12113	29-04-12
1512	"	Suárez Gallego, Alberto	10736	26-04-18
1513	"	Coronas Garganta, Pedro	11223	02-10-19
1514	"	Gil Gil, Ramón	14335	05-01-12
1515	"	Cebrián Calero, Antonio	14246	17-01-12
1516	"	Navas Ruiz, Rosalio	12433	04-09-05
1517	"	Espejo Arroyo, Antonio	9193	15-04-98
1518	"	Alcalá Fernández, Pablo	9775	11-06-20
1519	"	Marfil Crespo, Francisco	10604	25-10-11
1520	"	Cabañas Francés, José	10963	13-03-01
1521	"	Torres Corominas, Amadeo	14483	24-02-16
1522	"	Guillén Rubio, Vicente	12296	06-10-10
1523	"	Allesto Faleo, José	11519	19-03-08
1524	"	Barrera Fons, Juan		14-04-23
1525	"	Seguido Redondo, Fortuoso	11475	02-04-12
1526	"	Doménec Cortada, José	11827	06-05-08
1527	"	Armán José, Soler	13241	27-08-17
1528	"	Giménez Simón, Antonio	10636	01-01-00
1529	"	Martínez Cebrián, Gregorio	13060	12-03-10
1530	"	Piqueras, Figolis	11424	05-11-95
1531	"	Cervera Moratín, Tedirgo	11226	01-02-03
1532	"	Garrido Sánchez, Fidel	12229	05-06-10
1533	"	Navarro Bielsa, Pedro	12092	27-05-19
1534	"	Pujol Margolet, Daniel	10620	15-06-02
1535	"	Hiján Alellán, Julio	12400	21-09-06
1536	"	Valls Caret, Teodoro	10866	24-04-17
1537	"	Ramabella, Caidoro Antonio	14432	03-03-16
1538	"	Flei Canò, Juan	14482	10-11-19
1539	"	Vilas Guimanel, Lorenzo	12025	04-10-04
1540	"	Rivero Álvarez, Saturnino	10520	06-02-06
1541	"	Gari Capdeira, Amadeo	9276	31-01-05
1542	"	Giménez Rivas, Manuel	11225	03-01-99
1543	"	Tomás Vinet, Antonio	14200	12-03-06
1544	"	Parras Ribera, Juan	13883	10-06-09
1545	"	Conesa Inglés, Juan	14281	23-11-95
1546	"	Julián Mei, Manuel	11698	17-05-06

1547	"	Uruceta Martón, Miguel	13063	29-06-06
1548	"	Martín Aguilera, Luis	10979	01-04-17
1549	"	Cebrián García, Manuel	9117	21-12-16
1550	"	Rollo Alluera, Joaquín	10801	14-06-12
1551	"	Flores Martín, Macario	13762	02-02-09
1552	"	Forrico Castillejos, Lucrecia	14499	25-02-12
1553	"	Rodríguez Morán, Pedro	13762	02-03-09
1554	"	Diéguez Canales, Ángel	13030	25-03-18
1555	"	Paredes Meda, José	9541	02-01-06
1556	"	Cerratos, Ramón	12090	12-01-15
1557	"	Bonilla Malita, José	9065	03-02-18
1558	"	Pascual Garne, Pascual	9545	02-08-14
1559	"	Trulenque Medina, Manuel	10067	21-01-13
1560	"	Vilches Gallardo, Antonio	9780	15-07-11
1561	"	Castello Heraude, Pedro	10208	17-02-16
1562	"	Vives Campos, José	13142	03-05-01
1563	"	Suárez Suárez, Valeriano	10546	29-10-13
1564	"	Carvajal Martín, Federico	13776	02-04-00
1565	"	Tarradellas Lara, Joaquín	14302	16-08-02
1566	"	Marco Calleja, Juan	12413	03-05-06
1567	"	Barberá Sola, Juan	14605	06-01-10
1568	"	Blas Sánchez, Manuel	10808	27-01-19
1569	"	Peláez Ramiro, Cecilio	13203	22-11-03
1570	"	Aliaga Casanovas, Francisco	14217	18-11-16
1571	"	Ríos Estallos, José	9624	17-09-19
1572	"	Bueno Quiñones, Pedro	11546	24-11-03
1573	"	García Blázquez, Pedro	14060	30-10-06
1574	"	Ripoll Peri, José	12318	06-07-90
1575	"	Ordóñez Pérez, Manuel	11391	31-07-02
1576	"	Mansera Ruiz, Juan	11364	14-12-08
1577	"	Martínez Capanez, Juan	9428	16-03-02
1578	"	Bellez Moreno, Juan	14486	08-08-02
1579	"	Sánchez Pérez, Ramón	13162	08-01-09
1580	"	Covo Eruso, Manuel	14260	14-06-07
1581	"	Bro Marco, Salvador	11184	10-04-99
1582	"	Gómez Gómez, José	10172	09-09-15
1583	"	Deza Guijada, Antonio	14282	18-12-17
1584	"	Navarro García, Antonio	13693	13-06-13
1585	"	Herrera Almira, José	9932	22-04-03
1586	"	Vinder Cacharrero, Guillermo	11503	25-06-13
1587	"	Vidal Moreno, Emilio	13677	11-03-18
1588	"	Giménez Fernández, Saturnino	10679	06-02-02
1589	"	Villaverde Petralando, P.	10229	07-06-15

1590	"	Alcázar Gómez, Manuel	8983	07-12-07
1591	"	Alino Martínez, Juan	10461	21-03-93
1592	"	García Alarcón, Francisco	13169	04-06-10
1593	15-11-41	Molina Muñoz, Pedro	9453	29-06-06
1594	"	Rojas De la Cruz, Manuel	12987	11-04-08
1595	"	Amarat Rebollo, Juan	11165	24-04-21
1596	"	Sánchez Castro, Manuel	13227	15-08-05
1597	"	Gálvez Belliure, Rafael	11594	15-12-12
1598	"	Rodríguez Alonso, Segundo	11876	12-04-15
1599	"	Del Amo Díaz, Antonio	13403	08-10-14
1600	"	Pinto Galán, Rafael	9577	30-01-14
1601	"	Madi Molina, Emilio	11370	12-02-10
1602	"	Aznar Galipienso, Elías	11174	18-04-17
1603	"	Pons Serra, Ramón	13410	11-06-84
1604	"	Colón Abadía, Antonio	12163	06-06-17
1605	"	Dueso Ros, Santiago	14285	13-09-11
1606	"	Latorre Erame, Antonio	10272	19-02-01
1607	"	Molina Paredes, Francisco	9951	09-10-99
1608	"	Fernández Martínez, José	14304	08-10-15
1609	"	Guevara Molina, Francisco	12988	05-09-08
1610	"	Ferrer Anos, Antonio	12316	23-07-16
1611	"	Carnero Escano, Lucas	13683	16-11-04
1612	"	Mauri Vives, Raimundo	11549	20-08-94
1613	"	Pano Contreras, Mariano	11400	16-04-07
1614	"	Guillén Gómez, Francisco	10577	11-12-09
1615	"	Moya Román, Jesús	11375	21-02-01
1616	"	Muñoz Baijo, Lorenzo	10350	09-07-10
1617	"	Vega Vicente, Pedro	13412	09-07-16
1618	"	Soler García, Joaquín	11722	28-05-16
1619	"	Manit Perrier, Antonio	12131	01-11-06
1620	"	Tomás Noguera, Alfonso	11917	10-11-12
1621	"	Felasa Aguilón, Antonio	14660	04-01-02
1622	"	López Tarragona, Antonio	9385	21-01-02
1623	"	Escribá Morán, Francisco	13612	26-09-93
1624	"	López Rubio, Vicente	13251	19-04-05
1625	"	Blesa Muñoz, Joaquín	13629	05-12-09
1626	"	Bague Danatín, Luis	10404	02-03-03
1627	"	Pogas Penai, Miguel	11193	17-10-97
1628	"	Porta Planas, Genaro	9584	14-02-92
1629	16-11-41	Montero, Cayetano	10087	16-04-01
1630	"	Bonilla Ercas, José	10597	22-11-01
1631	"	Fontanillas Tite, Cristóbal	14201	01-12-09
1632	"	Álvarez Escudero, Marcelino	14202	05-10-05

1633	"	Rodríguez Sánchez, Felipe	14447	12-09-12
1634	"	Polo Tapias, Fernando	11818	11-06-14
1635	"	Seguez Manciner, Pablo	13731	09-04-19
1636	"	Piñero Montallona, Cristóbal	11405	27-06-11
1637	"	Sierra Gutiérrez, Santiago	11461	03-05-14
1638	"	Ruiz De la Peña, Vidal	10359	03-11-06
1639	"	Fernández Martínez, José	11530	16-11-09
1640	"	Tordesilla Abelano, Juan	11489	3003-08
1641	"	Gascón Antón, Pedro	10865	01-06-92
1642	"	Fivau Martínez, Emilio	11777	05 04-97
1643	"	Ríos Belmonte, Enrique	9622	12-08-21
1644	"	García Cánovas, Ramón	14625	15-10-19
1645	"	Peña Lara, Manuel	9549	01-04-99
1646	"	López Raimúndez, Octavio	11235	17-02-07
1647	"	Arriano Barrido, Antonio	13261	17-01-96
1648	"	Lozano Arto, Joaquín	11599	05-05-18
1649	"	Gutiérrez García, Francisco	13956	07-03-11
1650	"	Querri Bonastre, Florencio	11005	07-11-07
1651	"	Pérez Arocha, José Luis	12036	25-08-15
1652	"	Peiri Miró, José	10185	20-05-15
1653	"	Sanz Piro, Agustín	12135	22-05-10
1654	"	Alueva Millán, José	11905	07-03-17
1655	"	Cabrera Tarraco, Juan	12170	03-05-14
1656	"	Parra Salinas, Fausto	13837	24-12-07
1657	"	Planells Guasch, Antón	9588	07-04-13
1658	"	Prefase Alberola, Francisco	14005	08-03-08
1659	"	Ruiz Carrillo, Antonio	14033	18-05-14
1660	"	Escareo Ucedo, Fausto	9189	13-10-10
1661	17-11-41	Mellado Mellado, Felipe	13652	26-05-13
1662	"	Torrida Capellades, Antonio	11885	29-07-01
1663	"	Cornella Boronal, Francisco	9144	23-01-02
1664	"	Llop Cardona, José	13978	10-03-06
1665	"	Solano Sanjuán, Miguel	10062	25-05-03
1666	"	Llasat Caros, Tomás	13937	03-01-18
1667	"	Zaroa Villaescusa, Rafael	14492	24-10-13
1668	"	Gálvez Aguirre, Santos	13964	16-05-17
1669	"	Pinol Cortés, Juan	11773	01-01-07
1670	"	Martínez Jiménez, Tomás	13912	29-06-09
1671	"	Sánchez Santos, Juan	12102	12-08-18
1672	"	Sánchez Valderas, Juan	13023	06-05-09
1673	"	Gómez López, Alfredo	10978	12-08-14
1674	"	González Rivera, José	12061	13-05-16
1675	"	Huerta Prado, Juan	9930	30-07-18

1676	"	Benito Arra, Víctor	11802	10-10-17
1677	"	Varo Gili, Pedro	11199	29-06-11
1678	"	Merino Blandreu, Nicolás	13739	06-12-09
1679	"	Fernández Rodríguez, José	14306	14-03-06
1680	"	Mudarra García, Ángel	10160	07-04-15
1681	"	Rizo Torres, Antonio	14442	27-03-15
1682	"	Roza Buslar, Hermógenes	14495	15-08-93
1683	18-11-41	Solas Cáceres, Victoriano	14078	10-10-08
1684	"	Fernández Pedret, Francisco	9225	09-11-98
1685	"	Murnols Forné, Emilio	13085	11-01-11
1686	"	Rodríguez Díaz, Antonio	13707	05-07-11
1687	"	Del Río Requena, Miguel	12198	15-08-06
1688	"	Espinosa Madero, Lotero	13229	16-05-10
1689	"	Murillo Calabrias, José	10196	02-09-07
1690	"	Cedre Arocha, Domingo	13140	18-12-06
1691	"	Ribero Prat, José	14405	14-09-03
1692	"	Del Tell Prat, José	12064	15-09-11
1693	"	Alcedo Blanco, Juan	8974	21-01-06
1694	"	Villa Senar, Eduardo	10609	22-12-97
1695	"	Aranda Gimeno, Segundo	9813	20-02-02
1696	"	Cerver Morell, José	9123	19-03-17
1697	"	Ferrer Blasco, Salvador	10500	13-02-91
1698	"	Ruiz Agüera, Diego	9650	01-10-12
1699	"	Carrasco Tapia, Antonio	10144	14-11-02
1700	"	López García, Francisco	10145	06-02-04
1701	"	López García, Andrés	10156	21-11-05
1702	"	Montán Ferrer, Vicente	11342	19-11-05
1703	"	Marín Córdoba, Alfonso	13794	06-02-09
1704	"	Martínez Benito, José	10228	19-02-10
1705	"	Gálvez Cervera, Juan	14628	06-10-05
1706	19-11-41	Sendra Morella, Andrés	13954	15-02-08
1707	"	Blanco Blach, Antonio	9057	16-02-02
1708	"	Rodríguez Espinosa, Antonio	9630	12-01-10
1709	"	Eriego Ortega, Antonio	14032	14-01-17
1710	"	Molina González, Valentín	12162	14-02-15
1711	"	Fernández Martínez, Juan	13977	11-07-11
1712	"	Sáez Ukei, Eladio	12236	23-11-92
1713	"	Arenas Alamuc, Rafael	9009	24-12-14
1714	"	Rodríguez Olivares, Jesús	9633	05-07-10
1715	"	Soriano González, Elías	12142	31-05-14
1716	"	Luis Bagueña, Miguel	14630	15-02-15
1717	"	Ferreira Erinan, José	10936	04-09-15
1718	"	Juanico Mateu, José	14351	16-03-19

1719	"	Vega Gutiérrez, Manuel	11828	22-05-10
1720	"	Marandi Martínez, Augusto	9434	14-07-15
1721	"	Giménez Rodanas, Juan	10494	08-05-15
1722	"	López Tejero, Fernando	10665	20-06-09
1723	"	Ramero López, Antonio	14453	12-09-15
1724	"	Luadid Moncilla, Antonio	11270	29-04-06
1725	"	García Lacuesta, Francisco	12124	04-01-10
1726	"	Peñuelas Escapa, Claudio	12326	30-10-12
1727	"	Castillo Delgado, Manuel	9115	10 08 10
1728	"	Callo Forrico, Antonio	14272	10-05-16
1729	"	García Roga, Sebastián	14313	07-12-07
1730	"	Ballester Pérez, Francisco	9034	01-04-15
1731	"	Beltrán Fora, Grudino	10112	10-06-96
1732	"	Serradell Santanora, Lu	12335	06-07-04
1733	"	Belana Imato, Martín	11734	27-04-12
1734	"	Beltrán Cantero, Francisco	13819	09-03-18
1735	20-11-41	Esteban Monleón, Félix	10560	20-11-91
1736	"	Abalo Portero, Lucas	11151	30-03-07
1737	"	Blanco Lavilla, Felipe	11652	13-03-07
1738	"	Garrigo Paián, Manuel	9279	15-10-17
1739	"	García Barrera, Pedro	14334	29-06-06
1740	"	Cuellas García, Salvador	14266	08-07-98
1741	"	Gil Díaz, Vicente	9283	19-07-00
1742	"	Duo González, Julio	12078	310106
1743	"	De la Torre Gallego, José	10065	12-04-07
1744	"	Baldo Zanón, Jaime	9031	06-02-98
1745	"	Reina Moya, Manuel	9611	30-05-04
1746	"	Rovira LLanoso, Fernando	11904	16-07-18
1747	"	Martín Zaragoza, Fernando	13427	22-08-95
1748	"	Machuca Santana, Elías	9399	20-07-09
1749	"	Mas Robertes Arturo, Juan	11345	22-01-04
1750	"	Llopart Solo, José	13895	17-05-00
1751	"	Ricardo Villanueva, Juan	13696	07-09-13
1752	"	Rodríguez Trujillo, Juan	9639	11-06-89
1753	"	López García, Manuel	12432	10-12-09
1754	"	Belles Beltrán, Manuel	13968	09-04-09
1755	"	Castillo Pérez, Juan	10180	13-02-08
1756	"	Rivas Delgado, Gregorio	9614	23-12-03
1757	"	Flores Mata, Hilario	9237	14-04-11
1758	"	Barrofe Barrofo, Antonio	11842	14-07-06
1759	"	Campos Alonso, Teodoro	12392	10-02-92
1760	21-11-41	Arias Fernández, Ramón	13104	01-08-01
1761	"	García García, José	11667	24-12-15

1762	"	Morales Bueno, Justo	11340	24-07-02
1763	"	Dosch Mauri, Juan	14283	02-08-07
1764	"	Padilla Escobar, Antonio	10330	18-11-07
1765	"	Gallego Bernardo, Benigno	10576	16-10-02
1766	"	Carmona Vicente, Francisco	14013	05-02-03
1767	"	Cabeza Fernández, Adolfo	11531	23-05-11
1768	"	Aparicio Bernardo, Juan	12961	14-03-17
1769	"	Soria Rovira, Joaquín	14465	12-05-12
1770	"	Molina Mario, José	14061	31-12-97
1771	"	Morchu Rojas, José	13671	16-10-97
1772	"	Quero González, Francisco	10558	23-03-95
1773	"	Adell Guardiola, Augusto	14203	11-07-15
1774	"	Merli Carmellano, Antonio	13832	18-04-97
1775	"	Fernández Sotero, Jara	9224	22-03-03
1776	"	Pardo Azón, Bernardo	14404	20-05-15
1777	"	Ruiz García, Aroicino	11809	11-10-21
1778	"	Plaza Montalbán, Pedro	13182	22-05-11
1779	"	Lorente Lorente, Manuel	13265	25-02-90
1780	"	González Márquez, Andrés	14322	04-02-08
1781	"	Ramírez Muñoz, Ángel	13141	15-09-15
1782	"	Nosmol Mellado, Antonio	10544	10-02-10
1783	"	Plana Palome, Juan	13114	30-10-16
1784	"	Gea Ruig, Martín	10447	18-01-17
1785	"	Castro Mingaranza, José	11218	01-08-17
1786	"	Castilblánquez Grao, Pedro	13833	02-02-00
1787	"	Iglesias Hinojosas, Luis	13769	03-07-09
1788	"	Bujarda Martínez, Juan	10782	27-09-04
1789	22-11-41	Brust Bois, Antonio	13154	15-08-06
1790	"	Deu Casanova, Juan	11891	27-06-17
1791	"	Sirvén Domingo, José	10175	27-06-97
1792	"	Gómez Aranda, Eugenio	11300	15-01-17
1793	"	Martínez Zafra, Eulogio	11367	11-03-16
1794	"	Barrio Carrasco, Fidel	11179	25-03-08
1795	"	Reina Milla, Ángel	12355	10-06-17
1796	"	Berdusán Gascón, Manuel	10756	03-12-13
1797	"	Pérez López, Antonio	13716	30-04-17
1798	"	Alcázar Personal, José	10272	08-03-14
1799	"	Martínez Rodríguez, Vicente	9409	19-07-21
1800	"	Manzano Morillo, Juan	12246	15-01-10
1801	"	Illot Ester, Beldrich	12971	22-07-09
1802	"	Catafau Radaba, José	11879	07-09-14
1803	23-11-41	Tapia Roig, Juan	11476	09-06-04
1804	"	Palmo Pascual, Felipe	14413	28-01-00

1805	"	Martínez Ruiz, José	13157	20-04-14
1806	"	Durán Fernández, José	14290	02-03-10
1807	"	Calvo Sánchez, Miguel	13206	17-06-05
1808	"	Visa Morell, Francisco	10574	29-07-01
1809	"	Quintero Brascho, Juan	9602	28-02-14
1810	"	Vila Soler, Francisco	10354	23-09-10
1811	"	Ferrer Villamola, Andrés	9226	10-08-02
1812	"	Pérez Fernández, José	9566	14-09-10
1813	"	Freres Álvarez, Martín	9229	13-09-92
1814	"	Bartret Lanet, José	14232	01-02-05
1815	"	Grandez Segarra, Manuel	14336	11-02-11
1816	"	Sánchez Morales, Pedro	13627	02-01-04
1817	"	Alentores Tarrago, Casto	8988	08-06-06
1818	"	Martínez Caloneiro, José	13798	16-08-01
1819	"	Ilguena Alcántara, Aquilino	12888	05-12-16
1820	"	Soler Morales, Luis	10040	05-01-15
1821	"	Dalón Aguilera, Joaquín	14287	09-09-10
1822	"	López Lauri, Antonio	10592	14-05-00
1823	"	Agui Cilón, Emilio	13611	28-04-05
1824	"	Pena Palos, Manuel	10497	15-09-04
1825	"	Martín Sanz, Eugenio	13784	12-11-01
1826	"	Suárez López, Manuel	13808	22-03-08
1827	"	Oregón, Villón	13384	16-03-14
1828	"	Pérez Soler, Teodoro	12231	04-07-07
1829	"	Márquez Fuquet, Salvador	10151	16-10-18
1830	"	Dueso Ros, Simón	14284	11-09-08
1831	"	Pariente Águeda, Cristóbal	11973	08-02-16
1832	"	Loubie, Lucien	12879	11-02-07
1833	"	Rodríguez Sánchez, Benito	11908	19-07-06
1834	"	Justo Lampo, Francisco	10517	06-06-96
1835	"	Hernández Sanz, Antonio	9332	10-01-14
1836	"	Fernández Pinero, Santos	9223	01-11-17
1837	"	Viñas Villanueva, Juan	14486	17-11-18
1838	"	Bueno Ruiz, Rafael	11746	05-03-13
1839	"	Álvarez Durán, Francisco	11857	03-05-06
1840	"	Villacañas Suárez, Gabino	13759	14-12-16
1841	"	Julián Gil, Nicolás	12217	22-11-08
1842	"	Llucano Tejera, José	11035	28-07-08
1843	"	Sánchez Pons, Agustín	12077	09-04-08
1844	24-11-41	Florido Ballero, Bartolomé	11516	13-08-99
1845	"	Sanz Martín, Urbano	10070	15-03-02
1846	"	Cobas Sánchez, José	14065	11-01-19
1847	"	Barba García, Joaquín	12315	05-09-04

1848	"	Garmendia Ganise, Ignacio	13422	07-04-10
1849	"	Castilón Pena, Jaime	12184	26-01-03
1850	"	Peña Martínez, Manuel	14416	10-12-08
1851	"	Checa Palau, Carmelo	13975	15-03-14
1852	"	Bonet Vives, Francisco	10414	17-11-11
1853	"	Maza Gloria, Gregorio	9965	23-03-00
1854	"	Aurioles Ruiz, Federico	14604	30-05-98
1855	"	Alea Barón, Mariano	12440	07-10-02
1856	"	Laborda Gallego, Pedro	13797	17-02-96
1857	"	Buchaca Paramona, H.	12057	140106
1858	"	Roma Serra, Juan	11878	19-05-08
1859	"	Veija Domínguez, Manuel	94146	12-05-18
1860	"	Gómez López, Ramón	12215	29-10-08
1861	"	Palacios Torralba, Domingo	11946	02-05-18
1862	"	Pérez Les, Felipe	12141	23-08-15
1863	25-11-41	Montilla Vaquero, Rafael	9961	02-10-11
1864	"	Escartín Torres, Ramón	14618	14-02-06
1865	"	Forné Abejaro, Bernardo	(MO)165	11-06-17
1866	"	González León, Manuel	13749	30-11-09
1867	"	Alegre Moine, Damián	11717	14-07-07
1868	26-11-41	López Beluda, José	11617	19-03-12
1869	"	Rojas López, Antonio	13241	26-07-06
1870	"	Mulero Herrero, Antonio	9480	16-01-04
1871	"	Verdaguer Dorea, Gregorio	13551	25-01-12
1872	"	Reig Barrufel, Antonio	13132	29-06-05
1873	"	Olea Madrid, Augusto	11393	28-07-12
1874	"	Copa Sanz, Domingo	10167	12-05-10
1875	"	Sánchez Castell, Cirilo	10143	07-09-12
1876	"	Villanueva Sáez, Federico	12057	03-04-13
1877	"	Torre Villa, Antonio	9733	28-06-13
1878	"	Fernández Calleja, Vicente	13032	21-01-14
1879	"	Nieto Cerrato, Juan	9502	12-02-14
1880	"	Alarcón Guillén, Vicente	10398	01-08-19
1881	"	Nieto González, Antonio	13218	26-06-03
1882	"	Torres Marsán, Isidoro	13699	31-12-12
1883	"	Cantalejo Sánchez, Joaquín	10786	22-01-05
1884	"	Vives Roselló, Asensio	13943	14-04-96
1885	"	Noirego Lago, Plácido	11956	17-06-04
1886	27-11-41	Mercader Canellas, Pedro	14370	12-11-13
1887	"	Belchi Caba, Ginés	11775	06-01-07
1888	"	Morales Bodás, Serafín	11355	12-10-17
1889	"	Copons René, José	12076	12-12-06
1890	"	Romaquiro Pastor, Ramón	14449	22-03-18

1891	"	Soler Noguera, Manuel	13862	01-05-07
1892	"	López Serrano, Juan	9384	31-01-23
1893	"	Borja Mena, Aurelio	10303	26-09-12
1894	"	Montero Vázquez, Manuel	14371	01-02-07
1895	"	Martínez Cuesta, Antonio	9414	22-03-06
1896	"	Sintard Pérez, José	13401	21-04-94
1897	"	Roig Rumas, José	13981	17-01-12
1898	"	Belmonte Martínez, Ramón	12784	15-08-18
1899	"	García Granados, Ramón	10227	09-02-11
1900	"	Madrid Morales, Miguel	13760	15-08-17
1901	"	Saiz Mico, Vicente	9660	08-09-16
1902	"	Cano García, Antonio	10327	05-01-07
1903	"	Nogales Domínguez, José	14400	24-12-13
1904	"	Carrasco Cortijo, Manuel	11217	07-03-15
1905	"	López Gracia, José	9375	07-09-03
1906	"	Alensón García, Narciso	11215	27-09-02
1907	"	Llach Fernández, Antonio	13850	17-01-15
1908	"	Yera Sueno, José	11988	01-11-20
1909	"	Torres Juancasa, Francisco	12858	03-08-20
1910	"	Lluch Vieto, Mariano	14363	29-01-10
1911	"	Caldera Arlenguis, Pablo	13710	07-07-15
1912	28-11-41	Alda Balanos, Ramón	14206	09-08-97
1913	"	Donadín Boscolén, Isidoro	9179	15-03-18
1914	"	Carmona Marfil, Ramón	11727	26-04-13
1915	"	Lucas Ripoll, Francisco	13971	11-11-02
1916	"	Siegas Aller, José	11759	10-02-07
1917	"	Pérez Colomer, Francisco	11707	11-02-95
1918	"	Nogales Caballero, Pablo	11387	01-06-10
1919	"	Fernández García, Antonio	9394	17-07-14
1920	"	Carrasco Carretero, Ángel	12182	17-08-96
1921	"	Llanos Gutiérrez, Rafael	14067	28-11-01
1922	"	Beltrán, Juan Casimiro	13550	04-03-22
1923	"	Villa Del Olmo, Pedro	11582	22-02-00
1924	"	Vega Vicente, Gregorio	11010	21-10-11
1925	"	Sánchez Gallego, Viviano	10052	02-09-16
1926	"	Estrada Jurado, Antonio	9201	07-10-18
1927	"	Tomás Catini, Julio	10855	05-03-13
1928	"	Fernández Gómez, Manuel	13276	07-01-07
1929	"	Fernández Escames, Antonio	10467	20-11-99
1930	"	Martín Valeroso, Félix	11546	20-07-15
1931	"	Balastegui Caparrós, Antonio	14690	31-05-09
1932	"	Torres Alevinde, Miguel	14484	11-12-10
1933	"	Bergalto Adrián, Pedro	10878	14-04-13

1934	"	Barguel Sánchez, Pedro	9238	27-04-16
1935	"	Birme Andrés, Mariano	11720	02-07-99
1936	"	La Peira Rodríguez, José	12689	22-12-10
1937	"	Herrero Monzón, Antón	10304	24-02-02
1938	"	Lizano Álvarez, Fermín	10996	13-04-13
1939	"	Murgat Llos, Luis	14647	25-08-06
1940	"	Córdoba Córdoba, Ignacio	13983	28-08-16
1941	"	Boada Oliver, Eduardo	14238	06-06-04
1942	"	Velázquez Brava, Anselmo	11737	27-08-11
1943	"	Zafra Torres, José	11538	05-02-14
1944	"	Miralles Barberá, Juan	13632	04-03-04
1945	"	Guinot Molina, José	11893	15-11-21
1946	"	Escudero Beltrán, Lorenzo	11259	13-02-18
1947	"	González Giménez, José	9308	29-04-03
1948	"	García Martín, José	13747	11-01-96
1949	"	Morales Padilla, Manuel	9767	16-04-03
1950	"	Ramírez López, Fernando	13644	18-04-07
1951	"	Muñoz Sánchez, Joaquín	11363	15-04-11
1952	"	Rives Cruz, Eduardo	13420	25-07-08
1953	"	Alemany Ferret, Rosendo	13566	06-01-20
1954	"	Camora Fernández, Francisco	13685	28-05-10
1955	"	Pérez Marcia, Ramón	10670	09-08-03
1956	"	Pérez De la Seu, Manuel	11119	24-10-15
1957	"	Gómez Agudo, Cristino	13945	05-10-12
1958	"	Muñoz Pérez, Francisco	12188	14-06-14
1959	29-11-41	Jardines Torres, Jesús	12454	01-01-07
1960	"	García Prieto, Ricardo	13047	09-06-10
1961	"	Garci García, Velardino	12255	02-05-11
1962	"	Boch Casanas, Alfredo	9066	21-05-02
1963	"	Agustín Bromboy, José	88977	28-12-96
1964	"	Feitras Muro, Fernando	14667	01-09-77
1965	"	Andrés Julín, Francisco	10339	03-06-16
1966	"	Laguna Díez, Santalión	10137	27-07-07
1967	"	Ferre Llambrich, Gabriel	9227	21-01-17
1968	"	Díaz Agulla, Robustiano	10241	24-05-19
1969	"	Zamora De Dios, Antonio	12150	11-03-13
1970	"	Alegre Soldevilla, Tomás	13681	28-07-16
1971	"	Esteve Gutiérrez, Antonio	14296	19-01-17
1972	"	Tomás Berenguer, Antonio	11855	10-11-14
1973	"	López López, Pedro	12986	30-02-10
1974	"	Navarrete González, Ángel	9490	09-04-06
1975	"	Martín López, Vicente	14049	18-07-10
1976	"	Fernández Barriento, Teodoro	10759	22-04-08

1977	"	Fernández Yaerde, José	9214	04-05-11
1978	"	Arca Castillo, Andrés	10598	02-01-09
1979	"	Duarte Casanovas, Ángel	11598	31-05-96
1980	"	Ruiz Amestoy, Manuel	13879	02-01-00
1981	"	Senar Baros, Miguel	10653	27-09-00
1982	"	Cartagena Ballester, Manuel	14026	25-04-11
1983	"	Sánchez Montoro, Salvador	14773	16-02-18
1984	"	Álvarez Muñoz, Antonio	12311	17-03-15
1985	"	Ruiz Cortés, Nicasio	10941	13-12-90
1986	"	Colomer Vila, Vicente	9138	16-02-09
1987	"	Viera Gil, Tomás	9070	11-03-11
1988	"	Hernández Sebastián, Tomás	11312	16-12-10
1989	"	Sánchez Galera, Francisco	13012	25-08-05
1990	"	Velázquez Herrero, Félix	14384	15-12-15
1991	"	Lahosa Viñas, Antonio	9953	10-02-98
1992	"	Beltrán, Calisto	14235	25-08-00
1993	"	Giménez Requena, Pascual	14320	25-09-12
1994	"	Sánchez Conesa, Pedro	13728	30-11-17
1995	"	Montañez Castillo, Francisco	13870	15-05-09
1996	"	Pardo Arón, Santiago	14409	05-12-17
1997	"	Maldonado Diego, Gerónimo	11650	09-09-96
1998	"	Biendicho Molanos, Francisco	10437	14-05-92
1999	30-11-41	Parramón Borija, Francisco	12901	01-11-12
2000	"	Gil Aballa, Joaquín	10813	28-10-05
2001	"	Lomba Lacasa, Lertario	10407	08-06-97
2002	"	Sevilla Recito, Severiano	10407	21-12-07
2003	"	Costa Jiménez, Joaquín	9149	24-07-07
2004	"	Atienza Súñer, Roque	9024	18-08-93
2005	"	Darnos Ortiz, Agustín	13100	05-05-09
2006	"	Caparrós Gutiérrez, Gabriel	13826	24-12-12
2007	"	Molina Martín, Manuel	14368	22-01-13
2008	"	Carmona Gavila, Juan	10587	06-10-10
2009	"	Bartos Romeo, Antonio	10378	07-09-10
2010	"	Brell Manzano, Amado	99069	06-01-13
2011	"	Romeo Agudo, Manuel	11429	12-12-10
2012	"	Esteban Montes, Victorio	14617	23-01-12
2013	"	Linares Rivera, Salvador	10903	17-07-07
2014	"	Sánchez Bandera, Ceferino	13022	27-08-06
2015	"	Blázquez Campillo, Mauricio	10642	10-06-09
2016	"	Martí Herrera, Adelino	10991	03-02-17
2017	"	Rivera Mallans, José	10263	25-08-14
2018	"	Hernández Piedad, Lulio	14097	03-06-16
2019	"	Sánchez Rodríguez, Tomás	11919	11-06-11

2020	"	Pérez Castro, Miguel	10805	13-07-10
2021	"	Paredes Consuegra, Félix	9542	01-05-18
2022	"	Ortiz Salamanca, Domingo	13078	09-02-11
2023	"	Santabiestra Ortigosa, Ramón	10053	23-05-08
2024	"	Díaz Burgos, Francisco	10870	07-09-15
2025	"	González Galera, Juan	11628	30-03-19
2026	"	Hinojosa Zamora, Francisco	12277	26-01-14
2027	01-12-41	Gabas Miu, José	13876	10-11-09
2028	"	Fernández Luján, Fermín	12726	24-03-07
2029	"	Bonet Villaroba, Ramón	10516	03-06-95
2030	"	Soler Barlet, Martín	13414	03-03-93
2031	"	Romero De la Fuente, Francisco	11443	08-05-14
2032	"	Pérez Huescas, Joaquín	11415	04-06-10
2033	"	Cámaras Parras, Manuel	13155	17-07-18
2034	"	Torrent Canasta, Nicolás	13247	23-12-00
2035	"	Mortado Villar, Pedro	9485	16-11-05
2036	"	Rovira Isart, Miguel	9647	12-09-00
2037	"	Conde Ramos, Ramón	11764	28-11-07
2038	"	Grao Ginovar, Martín	10404	15-10-04
2039	"	Ibarz Brianco, José	13016	15-06-09
2040	"	Delgado Rivadilla, Juan	13215	05-06-01
2041	"	Ruiz Guira, Juan	11444	23-09-00
2042	"	Pérez Garvas, Pedro	12435	07-10-12
2043	"	Crivilles, Juan	10739	09-07-09
2044	"	Serrano Palacios, Antonio	10371	09-07-03
2045	"	Sánchez Martínez, José	13921	12-04-13
2046	"	Vega Pozo, Rafael	10677	26-10-13
2047	"	Fernández Domínguez, E.	11313	26-03-13
2048	"	Ramos García, Rafael	12900	23-09-12
2049	"	García Criado, Juan	11597	15-01-14
2050	02-12-41	Capitán Cabeza, Juan	9090	19-12-09
2051	"	Artola Querol, Jaime	12118	04-05-07
2052	"	Villegas Geli, Pedro	9706	04-11-07
2053	"	Canales Manes, Melchor	11639	07-11-99
2054	"	Valverde Ortega, Francisco	13955	06-06-99
2055	"	Marcela Lozolla, Esteban	10764	26-12-97
2056	"	Dorado Martínez, Ignacio	12240	01-02-09
2057	"	Aceituno Magallón, Francisco	11990	19-05-01
2058	"	Hernández Pujante, José	11996	26-04-04
2059	"	García García, Pedro	10383	30'12'19
2060	"	Espinosa Casablanca, Eloy	12989	10-06-05
2061	"	Ramón Mora, José	10071	08-09-98
2062	"	García Pina, Pedro	14325	14-09-14

2063	"	Romero Arayo, Juan	12552	15-09-12
2064	"	Méndez-Álvarez, Serrano	12975	13-01-14
2065	"	Lahuerta Abla, Joaquín	10521	23-08-17
2066	"	Andrés Bascones, Cirilo	12554	09-03-13
2067	"	Brunet López, Ángel	13038	15-01-12
2068	"	Reyes Pérez, Vidal	13751	13-03-06
2069	"	Portugués Díaz, Isidoro	11708	10-04-21
2070	"	Giménez Ávila, Andrés	10225	15-08-88
2071	03-12-41	Esquerro Montillo, Ramón	12149	13-04-07
2072	"	Gascón Calvo, Enrique	10962	11-04-11
2073	"	Cervera Ortiz, Manuel	9124	10-01-10
2074	"	Martínez Saiz, Miguel	10694	29-09-10
2075	"	Morato Millán, Juan	10932	18-07-01
2076	"	Calzado Redondo, Manuel	13997	01-01-11
2077	"	Moracho Martínez, Juan	14377	08-03-12
2078	"	Esteve Picantes, Ramón	10212	24-12-99
2079	"	Pérez López, Manuel	11679	05-01-05
2080	"	Canelles Manes, Esteban	11662	02-06-06
2081	"	Rodríguez Tormos, José	11432	16-04-16
2082	"	Blanco Camacas, Manuel	14228	02-07-12
2083	"	Andrés, Víctor	8997	13-09-95
2084	"	Merino Montes, Luis	9973	15-07-06
2085	"	Formosa Fernández, Eligio	13687	18-08-14
2086	"	Giménez Muñoz, Eusebio	12173	26-11-19
2087	"	Zaisalejo Sedo, Antonio	13810	27-07-19
2088	"	Sintes Pons, Crescencio	13612	19-05-11
2089	"	Yanes Mauras, Miguel	14354	14-04-20
2090	"	Pérez Moreno, Joaquín	9350	10-08-13
2091	"	Chaparro Rodríguez, Luis	12864	14-07-20
2092	"	Guirau Durán, Joaquín	10329	10-02-09
2093	"	García Gómez, Antonio	13071	27-01-19
2094	"	Pérez Díaz, Juan	12096	22-07-10
2095	"	Ivalla Jara, Andrés	13858	19-02-11
2096	"	Estrada Fábregas, José	14293	27-05-17
2097	"	García Aguilera, Máximo	12387	02-09-02
2098	"	Fustero Cerma, José	10864	19-03-01
2099	"	Capilla García, Rafael	14275	01-05-15
2100	"	Salazar Flores, Francisco	14470	04-01-17
2101	"	Bomentón Bomentón, José	13637	03-03-01
2102	"	Barrero Prieto, José	13055	27-11-07
2103	04-12-41	Alquerrar Celma, Domingo	13795	12-12-02
2104	"	González Escobar, Pablo	14309	20-07-07
2105	"	Gálvez Fuiger, Gabriel	11562	14-04-13

2106	"	Pérez Clemente, Ladislao	11910	26-06-19
2107	"	Esteban Esteban, Florencio	14292	15-10-15
2108	"	Fernández Álvarez, Eduardo	14307	16-03-09
2109	"	Garrido Manzanar, Eusebio	9277	12-08-07
2110	"	Rodríguez Martínez, Francisco	11434	23-12-12
2111	"	Simasqueros Oda, Francisco	10313	18-09-08
2112	"	Gañán Rejas, Damián	13741	20-05-11
2113	"	Nualart Teixidó, Martín	14308	29-11-10
2114	"	Fort Segue, Miguel	14305	14-02-20
2115	"	Espierres Novales, Victorio	10870	02-04-08
2116	"	Cañadas Redondo, Cecilio	13950	04-02-20
2117	"	Cano Garrido, Rufino	11217	01-06-07
2118	"	Cierco Castell, Félix	10319	10-07-99
2119	"	Huerto Santiago, Juan	10376	21-10-07
2120	"	Ruiz Olmo, Eleuterio	10446	06-09-06
2121	"	Jurado Rueda, Justo	10127	27-12-09
2122	"	Sos Navarro, Eleuterio	13686	04-08-18
2123	"	Torres Marín, Manuel	10780	19-09-95
2124	"	Escales Butirato, Alberto	11616	15-12-13
2125	"	Solanas Lazarrandio, Juan	11927	11-06-19
2126	"	Pepo Martínez, José	10133	14-07-09
2127	05-12-41	Busen Rodríguez, Antonio	12854	17-10-20
2128	"	Gutiérrez López, Manuel	11634	20-01-11
2129	"	Belches Serrano, José	11500	06-06-00
2130	"	Galboso Ortrega, Joaquín	14626	17-08-14
2131	"	Ramos González, Emilio	14433	24-11-17
2132	"	Cataba Martín, Vicente	13402	08-13-17
2133	"	Albuo Muniesa, Antonio	8981	29-04-01
2134	"	Reyes Orihuela, José	14443	07-02-13
2135	"	Cerasuala Chela, Ángel	10800	01-10-15
2136	"	Lozano Serrano, Cipriano	10547	22-04-09
2137	"	Martín Marios, Luis	12030	06-02-09
2138	"	Hermosilla Rubio, Cecilio	14007	28-08-15
2139	"	García Sánchez, Manuel	14319	02-06-16
2140	"	Moratalla Sánchez, Pedro	12975	27-02-14
2141	"	Torres Palomares, Emilio	13674	02-09-10
2142	"	Abella Barredo, Antonio	14216	26-02-12
2143	"	González Bejilla, Serafín	?	22-05-17
2144	"	Ferreras Fernández, Vicente	10457	22-01-97
2145	06-12-41	Maso Subirás, Luis	14373	18-06-05
2146	"	Muñoz Frutos, Juan	11755	08-12-11
2147	"	Bao Batre Coloma, José	13244	04-07-02
2148	"	Salpurrada Garrido, Cándido	11813	16-02-16

2149	"	Peña Navarrete, Ángel	10080	26-05-21
2150	"	Simón Sanahuja, Félix	12381	20-07-00
2151	"	Blasco Bordetas, Simón	12218	11-12-08
2152	"	López Soriano, Ángel	10945	13-03-08
2153	"	Fernández Gil, Manuel	13792	10-11-07
2154	"	Ponce López, Juan	9581	10-02-95
2155	"	Puig de Lloses Sastre, Ramón	13803	17-02-20
2156	"	Barrionuevo, José	12352	17-02-08
2157	"	Hurtado Allavill, Ramón	10309	04-04-17
2158	"	Miras Miras, José	14457	09-12-12
2159	"	Jordán Cacao, José	10917	01-03-12
2160	"	Blanco Albergue, Jorge	14230	03-09-12
2161	"	Cano Cano, Jesús	13664	11-11-16
2162	"	López, Tomás Ramón	13727	14-02-12
2163	"	Sáez Rodríguez, Luis	14467	11-04-16
2164	"	Ibais Alba, José	11331	31-01-15
2165	"	Pérez López, Joaquín	10026	31-01-01
2166	"	Cisena Lola, Francisco	14261	15-02-05
2167	"	Pina Pérez, Antonio	13176	27-07-09
2168	"	Pascual Pascual, Juan	14421	16-04-00
2169	"	Paredes Monje, Juan	10602	09-03-01
2170	"	Moreno Moreno, Vergeas	17753	22-03-15
2171	"	Pradell Alfes, Miguel	11397	15-07-95
2172	"	Serrano, Ramón Isidoro	14661	04-04-01
2173	07-12-41	Guzmán Guzmán, J. Antonio	10691	28-03-13
2174	"	Gutiérrez Sebastián, Alejo	10115	17-02-05
2175	"	Nogué Llovera, Vicente	13665	26-03-17
2176	"	Ferrer Chaufer, Agustín	13188	30-03-12
2177	"	Antolín Mora, Juan	13942	16-10-16
2178	"	Alcañiz Castillo, Félix	10322	27-04-13
2179	"	Sala García, Fernando	10831	12-08-14
2180	"	Martín García, Luis	9979	14-02-07
2181	"	Rodríguez Santiago, Isidoro	14346	27-12-01
2182	"	Gómez, Julián Miguel	14495	19-03-13
2183	"	Gaberten Maciá, Antonio	13603	28-02-08
2184	"	García Suárez, Cayetano	12337	22-02-05
2185	"	García Hijes, Ángel	14317	27-01-15
2186	"	Herrero Alonso, Feliciano	10569	09-06-00
2187	"	Castro Varela, Fabián	11235	15-08-05
2188	"	López Jiménez, Salvador	10858	25-07-17
2189	"	Carrasco García, Miguel	12425	29-07-17
2190	"	Casas Guillomat, Ramón	10527	09-06-17
2191	"	Pérez Sánchez, Sinás	13631	19-06-14

2192	"	Sáez Murillo, Roque	13623	07-05-12
2193	"	Cortezón Martínez, Roberto	12655	08-12-10
2194	"	Alujos Bergat, José	12598	06-01-21
2195	"	Sánchez García, Ángel	16626	25-04-09
2196	"	Gómez Vendau, Justo	13800	29-01-94
2197	"	Pérez Bolsón, Federico	13859	16-02-10
2198	"	Villarrubia Martín, Pablo	9779	26-01-13
2199	"	Gutiérrez Abad, Miguel	14321	15-09-14
2200	"	Ribero Gallego, Mariano	9625	07-02-92
2201	"	Estrada Abad, Luis	12372	19-03-96
2202	"	Villas Tomás, Luis	11932	05-06-00
2203	"	Mugaz Valderas, Higinio	12365	11-01-21
2204	"	Nadal Fuentes, Santos	9979	22-08-05
2205	"	Herrera Sánchez, Francisco	14342	04-06-18
2206	"	Agnenet Frigolo, Francisco	11172	11-02-96
2207	"	Aceituno Magallón, Simón	11992	30-07-03
2208	"	Guillén Lloviera, Pedro	11638	14-09-74
2209	"	Perelló Formo, Rafael	11756	11-01-11
2210	"	Luis Bores, Pedro	10776	06-01-06
2211	"	Vallecillos Molina, Manuel	11600	15-06-06
2212	"	García González, Domingo	9901	14-10-02
2213	"	Ramón López, Vicente	13156	11-09-03
2214	"	Alegri Belmonte, Laureo	8985	14-06-88
2215	"	Fernández Girón, José	13063	18-12-89
2216	"	Collado Fernández, Gregorio	10206	25-05-18
2217	"	Candela Xicot, Arturo	13801	22-09-09
2218	"	Cañizares Lorente, Ramón	14611	04-06-10
2219	"	Suárez Cañete, Francisco	11465	15-08-94
2220	"	Martínez Doménech, Pascual	11339	13-08-10
2221	"	Juan Álamo, Juan	10169	10-01-17
2222	08-12-41	Torres Santiago, Antonio	10066	11-02-08
2223	"	Ortiz Mesaguer, Marcelino	11843	22-03-19
2224	"	Moreno Luengo, Santiago	9477	25-05-93
2225	"	Pollato Ávila, Antonio	13966	11-03-12
2226	"	Pelegrín, Porqueras	11118	28-07-96
2227	"	Miras Costa, Martín	12187	09-11-06
2228	"	Rivera Blanco, Rafael	14076	11-07-12
2229	"	Bravo Calamardo, Julio	10133	22-02-12
2230	"	San Andrés Díaz, Santos	13219	01-04-02
2231	09-12-41	Díaz Capilla, Vicente	13725	25-06-06
2232	"	Vacas Poruno, Manuel	13713	10-10-12
2233	"	Monteagudo Pérez, Antonio	10599	20-08-12
2234	"	García Bastida, Antonio	13177	14-02-14

2235	"	Martí Rebull, Ramón	12977	12-04-16
2236	"	Martínez Fernández, José	13173	02-11-10
2237	"	Carmona Esteve, Antonio	14608	25-09-17
2238	"	Rodríguez Torres, Rafael	10826	25-07-07
2239	"	Lara Cuadrado, Pedro	12983	10-03-16
2240	"	Olano Prat, Francisco	13735	10-02-07
2241	"	Fuentes Riverdun, Vicente	12385	13-02-08
2242	"	Sanz Tartera, Miguel	13666	20-10-14
2243	"	Soler Musech, Damián	10654	21-02-12
2244	"	García Cesteros, Manuel	13771	09-01-14
2245	"	Ferrer Díez, Elicio	13743	26-06-07
2246	"	Benito Genil, José	12190	13-11-10
2247	"	López Pardazas, Rafael	12884	24-10-19
2248	"	García Castillo, Antonio	13005	22-04-03
2249	"	Calabuig Puiges, Enrich	13405	23-09-18
2250	"	Gras Ferrer, Jorge	11295	12-06-12
2251	"	Fernández Garri, Manuel	12095	03-01-04
2252	"	Blasco Hidalgo, José	10205	26-02-96
2253	"	Casanovas Miguel, Vicente	12958	21-09-12
2254	"	Martín Cabreros, José	10206	26-06-96
2255	"	Ciprés Carpi, Emilio	13115	10-08-09
2256	"	Santo Villares, Agustín	14031	02-05-18
2257	"	González Gabriel, Indalecio	9297	28-06-19
2258	"	Pérez Maganto, Paulino	13887	29-04-17
2259	"	López García, Francisco	10607	25-04-18
2260	"	Simón Dulce, Alejandro	12937	26-11-96
2261	"	Pastor Cuberdo, Ramón	13805	12-08-19
2262	"	Rubianes Castroviejo, Segundo	13802	13-04-18
2263	"	Ferrer Hueslol, Alberto	10798	07-08-04
2264	"	Fernández González, Julio	13787	12-04-13
2265	"	Carlos Escrihuela, Miguel	13920	06-03-09
2266	"	Sueca Gracia, Manuel	14632	16-11-99
2267	"	Pérez Vela, Bonifacio	13962	14-05-12
2268	10-12-41	Fornell Doll, Antonio	9239	28-01-14
2269	"	Santiago Aida, Valvino	14667	11-11-09
2270	"	García Herrera, Guillermo	11824	10-01-15
2271	"	Ruiz Hidalgo, Enrique	13804	15-07-15
2272	"	Cantos Capilla, José	10691	08-03-09
2273	"	Gimeno Giménez, Alejandro	10584	26-11-03
2274	"	Pazo Pazo, Diego	13910	09-09-11
2275	"	Esteban Carrascosa, Antonio	11256	15-11-13
2276	"	Dávila Rico, Manuel	11243	12-02-11
2277	"	Ortiz Bordonada, Pascual	10441	21-12-05

2278	"	Roma Casas, Juan		08-09-99
2279	"	García Aceituno, Leandro	13851	09-07-19
2280	"	Paredes Moreno, Alvino	12343	05-02-19
2281	"	Gómez López, Aureliano	11302	08-06-16
2282	"	Puertas Ramos, Juan	10908	20-06-10
2283	"	García Herrera, Evaristo	11823	26-10-09
2284	"	Parra Cazorla, Evaristo	14414	28-08-05
2285	"	Montiel Luque, Andrés	14637	06-05-15
2286	"	González Salduano, Antonio	9913	11-09-18
2287	"	Castell Barberá, Manuel		07-04-18
2288	"	Alcázar Listoy, Ramón	12885	06-09-10
2289	"	Muñoz Navarro, Antonio	14389	12-12-17
2290	"	Mora Mora, Miguel	13940	01-02-13
2291	"	De la Cruz Simón, Francisco	9166	02-04-16
2292	"	Torre Cabrera Nicolás, Juan	13948	20-02-02
2293	"	López Mora, José	13064	05-11-18
2294	"	Suárez García, Servando	13959	11-10-10
2295	"	Estrada Púa, Juan	13729	27-01-16
2296	"	Montes Cor, Rafael	11381	24-10-06
2297	"	Salou Delgado, Leopoldo	11980	04-01-19
2298	"	Sánchez Noguera, Francisco	14460	25-03-17
2299	"	Ramón Rodríguez, Juan	12927	29-10-11
2300	"	Ruiz Fernández, Antonio	10352	01-01-13
2301	"	Palo Ferrer, Pedro	14054	31-12-11
2302	"	Márquez Olivares, Federico	12444	15-09-11
2303	"	Fernández Caldera, Julio	13639	12-04-04
2304	"	Luque Espejo, Luis	10877	22-06-15
2305	"	Rodríguez Pérez, Manuel	10700	06-09-11
2306	"	Amorós Rojas, Miguel	13767	18-09-15
2307	"	Ugía Torrado, Francisco	13892	11-11-18
2308	"	García Hipólito, Juan	9943	22-08-11
2309	"	Rojas González, Francisco	13601	15-02-18
2310	"	Miguel Erranz, Bernardo	14381	02-07-12
2311	"	Ramos Solarne, Manuel	11952	12-09-07
2312	"	Pedrola Molins, José	10550	17-07-18
2313	"	Batalla Subanosa, Miguel	13961	15-05-10
2314	"	Díaz Morato, Fernando	9174	06-05-06
2315	"	Cortés Baus, Jorge	12328	25-04-00
2316	"	Olague Esparis, Juan	14407	13-06-12
2317	"	Sastre Sánchez, Francisco	12156	25-01-10
2318	"	Martín Hernández, Eusebio	11376	15-05-13
2319	"	Caballero Caballero, Vicente	12634	06-10-00
2320	"	Blanco González, Antonio	11196	12-05-19

2321	"	García Pardo, Valentín	11903	23-12-10
2322	"	Tasrín López, José	9347	17-08-03
2323	"	Fontanet Moreno, José	9241	27-09-02
2324	11-12-41	Aisat Bruno Mora, Ángel	14213	30-04-15
2325	"	Llanes Villegas, José	14352	28-07-15
2326	"	Rodríguez Fernández, Tomás	10135	03-07-14
2327	"	Delgado Maestre, Antonio	13036	08-01-01
2328	"	Artes Navarro, Manuel	10990	10-03-00
2329	"	Sanz García, Salvador	14666	11-01-97
2330	"	De Baños, Baldomero	11651	12-05-04
2331	"	Gómoz Núñoz, Tomás	9922	04-11-06
2332	"	Linares Gisbert, Joaquín	9366	01-08-08
2333	"	Tomás Brotono, José	14477	23-12-18
2334	"	Fernández Lorenzo, Guillermo	12157	22-09-12
2335	12-12-41	Giménez López, Francisco	11757	10-03-16
2336	"	Nieto González, Eduardo	13701	24-12-96
2337	"	Sánchez Martín, Manuel	13238	13-01-17
2338	"	Sánchez Llanesa, José	11457	11-03-08
2339	"	Mona Angelaga, Jaime	9394	08-12-17
2340	"	Otín Sopena, Antonio	11705	18-02-05
2341	"	Conde García, Atilano	9859	05-10-18
2342	"	Polo Espín, Agustín	14418	13-04-00
2343	"	Roche Carrais, Miguel	10042	05-01-03
2344	"	Allue Arnol, Valentín	13861	15-12-15
2345	13-12-41	López Najove, Julián	10794	04-08-14
2346	"	Hidalgo Requeri, José	9934	08-04-04
2347	"	Castores, Bernal	10737	11-02-08
2348	"	Sánchez Cubillas, Diego	10607	24-09-96
2349	14-12-41	Roig Peruet, José	10397	16-11-07
2350	"	Ortega Sanaus, José	14054	02-01-18
2351	"	Víctor Micó, José	9768	31-05-12
2352	"	Álvarez Ridaura, Manuel	12327	07-03-16
2353	"	Perona Quintana, Pedro	13818	05-02-16
2354	"	Calvo Ramírez, Cristóbal	12161	28-06-10
2355	"	Lamilla Sánchez, Manuel	10884	06-11-13
2356	"	Castell Tort, Ortell	12846	25-04-07
2357	"	Asensio Sanramón, Epifanio	13969	06-04-11
2358	"	Mascot Triset, Juan	11377	27-11-98
2359	"	Minguer Rodríguez, Manuel	12746	01-04-07
2360	15-12-41	Castelán Pastor, José	13650	13-10-13
2361	"	Roca Sánchez, José	11428	18-10-13
2362	"	Ballester Serrano, José	11182	10-05-10
2363	"	Cuberes Portao, José	10498	11-02-15

2364	"	Huerta Sánchez, Ángel		
2365	"	Rodríguez Valles, Rafael	12911	09-12-98
2366	"	De la Torre, Guijarro	9740	30-04-07
2367	"	Garbi Delgado, Celestino	10074	19-05-04
2368	"	Martí Ortez, José	11349	03-05-08
2369	"	Capilla Manzano, Julio	11658	21-03-18
2370	"	Gómez García, Rufino	12072	18-06-18
2371	"	Brun Bertoli, José	13001	07-10-18
2372	"	Ruiz Fernández, Salvador	10833	30-06-07
2373	"	Hues Vidal, Pablo	12861	17-01-20
2374	"	Costa Cueta, Miguel	10275	17-01-14
2375	16-12-41	Camp de Armona, Juan	17780	29-05-17
2376	"	Fornés Sabater, Sebastián	10555	22-05-15
2377	"	Anglés Anglés Venancio	13963	04-05-12
2378	"	Noguera Olives, Antonio	11386	07-04-12
2379	"	Gil Calizas, Antonio	10700	06-07-12
2380	"	Caliza Cipriano, Jesús	9810	08-10-18
2381	"	Trallero Escobero, Francisco	14067	24-09-02
2382	"	Sebastián Martín, Miguel	13217	12-08-08
2383	17-12-41	Zamubero Arroyo, Luis	14413	22-04-11
2384	"	Zafia Morato, Manuel	9792	01-01-13
2385	"	Arnás Garlada, José	9016	21-11-07
2386	"	Guijarro Sánchez, Lucio	12982	03-03-03
2387	"	Román Eyba, José	10318	12-09-09
2388	"	Serrano López, Miguel	11559	08-05-14
2389	"	Manau Taberner, Juan	13570	08-04-20
2390	"	Campillo Juvenol, Salvador	11230	16-09-07
2391	"	Paramino Adaner, Eduardo	10374	05-01-08
2392	"	Vives Pujol, José	9787	19-09-13
2393	"	Vera Corral, Florencio	10769	27-11-17
2394	"	Ferreiro Segura, Jaime	13419	26-01-16
2395	"	López Galeote, Cecilio	9380	15-06-15
2396	"	Perales Cami, Salvador	13243	04-08-98
2397	"	Baltaina Asín, Víctor	11654	23-03-16
2398	"	Suesma Gascón, José	11327	20-02-17
2399	"	Sabater Gerga, Rafael	11325	22-11-11
2400	"	Serrano Revelles, Ramón	10312	23-09-14
2401	"	Aragonés Pinol, Víctor	10704	30-05-04
2402	"	Pérez Rodríguez, Ángel	13356	01-12-10
2403	"	Sierra Molina, José	13633	19-03-16
2404	"	Elías Romero Juan	12123	12-02-12
2405	18-12-41	Camilla Rebollo Clemente	9188	18-06-17
2406	"	García Rodríguez José	14331	25-08-02

2407	"	Cort Ortiz, José	11602	20-03-12
2408	"	Colón Masó, Joaquín	11912	15-06-16
2409	"	García Méndez, Antonio	10641	15-09-15
2410	"	García García, Celestino	13766	06-04-11
2411	"	Antimano Montalvo, Melchor	10685	25-04-07
2412	"	Molina Martínez, Eloy	14390	17-03-18
2413	"	Delcampo Valardebo, Francis	13193	04-02-05
2414	"	Montesinos Uribe, Juan	11382	05-01-08
2415	"	Casa Jiménez, Bernardo	12359	20-08-20
2416	"	Comellas Oliva, Alfonso	11041	06-02-15
2417	"	Amigu Nuñez, Juan	13062	21-12-11
2418	"	Mínguez Soriano, Tomás	12100	01-01-09
2419	"	Calero Calero, Juan	14258	28-03-15
2420	"	Huete Rodríguez, Gregorio	12201	29-04-15
2421	19-12-41	García Escudero, Víctor	10581	10-06-08
2422	"	Ferreira, Juan	10381	20-10-09
2423	"	Rodríguez Forjado, Manuel	9636	18-05-17
2424	"	Agudo Ballestero, Ciprián	11175	10-06-12
2425	"	Áreas Jiménez, Francisco	11850	10-10-17
2426	"	Nuag La Hoz, Francisco	12038	11-12-09
2427	"	Zosguera Pérez, Francisco	11605	07-01-07
2428	"	Martínez Hermosa, Ramón	10776	08-03-09
2429	"	Gascón Ballester, Manuel	10060	15-03-03
2430	"	Torres Cecilio, Rafael	13690	03-03-19
2431	"	Alvera Puerta, Enrique	10174	08-07-08
2432	"	Mayorqui Alber, Alberto	13936	17-09-09
2433	"	Meli Barba, Pedro	10595	18-07-01
2434	"	Moreno Calpe, Juan	9476	07-07-00
2435	"	Rincón Echalba, Balbino	10905	31-03-16
2436	"	Navarro Chaparro, Antonio	9991	02-12-02
2437	"	Rodríguez Expósito, Juan	14456	29-12-12
2438	"	Checa Ortiz, Mario	9125	13-06-09
2439	"	Gómez García, Mariano	11283	01-02-00
2440	"	Antiente Martínez, Juan	10139	25-07-10
2441	"	Ruiz Sánchez, Bonifacio	14451	22-02-11
2442	"	Morales Larrea, Pedro	9469	19-10-25
2443	"	Rodríguez Manzano, Luis	13957	19-08-11
2444	"	Martínez Ezguerri, Vicente	10505	07-06-07
2445	"	Piedra Ortero, Juan	11399	20-07-09
2446	20-12-41	Dalmau Camas, Rafael	13977	02-09-13
2447	"	García Vidal, Francisco	14315	28-03-12
2448	"	Beneix Navarón, José	12260	03-12-99
2449	"	Hernández Rayión, Pedro	12339	04-12-16

2450	"	Iglesias Ribera, José	11218	21-11-97
2451	"	López Araque, Pedro	14357	23-10-17
2452	"	Moreno Mena, Miguel	13976	15-07-11
2453	"	Beltrán Pérez, José	10403	06-11-13
2454	"	Cerezos Cipriano, Antonio	9968	08-10-18
2455	"	Cancer Vicarra, Restituto	12109	10-07-09
2456	"	Capete González, Ramón	10706	11-09-18
2457	"	Contreras López, Juan	14068	16-05-07
2458	"	Montes Eles, Agustín	13839	24-02-15
2459	"	Vidal Ortiz, Juan	10344	08-10-07
2460	"	Giménez Vano, Dionisio	10975	09-04-18
2461	"	Gil González, Joaquín	13256	05-05-16
2462	"	Garcés De la Torre, Alejo	11621	26-02-03
2463	"	Fernández Santos, José	13228	17-02-01
2464	"	Famari Alejo, Juan	10075	16-03-01
2465	"	Valencia Conesa, Francisco	14045	10-05-18
2466	"	Sánchez Noguera, José	14461	05-09-14
2467	"	Rinaldo Sánchez, Jerónimo	9619	20-08-15
2468	"	Coll Valero, Juan	12158	19-03-12
2469	"	Serra Portillo, Luciano	14466	25-05-13
2470	"	Sebastián Clemente, Joaquín	14662	05-07-15
2471	"	León Marcos, Teófilo	14359	05-03-15
2472	"	Amat Perol, Ramón	11939	01-02-17
2473	21-12-41	Hernández Izquierdo, Julio	13733	27-10-06
2474	"	Díaz Fernández, Juan	12121	15-06-13
2475	"	Pérez Pleza, Rafael	13102	08-12-10
2476	"	Caballero Ferrera, Juan	11234	03-04-15
2477	"	Ruiz Ranchal, José	11614	01-06-10
2478	"	Baseda Murlau, Pedro	11199	19-06-01
2479	"	Gil Sanz, Basilio	12903	04-06-02
2480	"	Ocaña Solís, Antonio	9509	17-06-10
2481	"	Marín Crespo, Victorio	11341	17-01-03
2482	"	Chiva García, Miguel	11846	11-05-04
2483	"	Rubio Gómez, Manuel	10793	02-01-00
2484	"	Ramírez Domínguez, José	12194	14-10-14
2485	"	Mercadel Aral, José	10162	10-07-00
2486	"	Rafanell Teresa, Salvador	13006	04-08-09
2487	"	García Guirado, Manuel	10254	18-04-18
2488	"	Vaquero Casals, Emilio	11871	19-03-05
2489	"	Alos García, Sebastián	10931	08-03-06
2490	"	Surimat Serrat, Jerónimo	12077	15-07-09
2491	"	Bescos Callao, José	9830	24-06-05

2492	"	López Rama, José	12608	28-08-06
2493	"	López Pérez, Urbano	13091	08-03-14
2494	"	Pérez Anedo, Juan	13118	18-06-03
2495	"	Granados Mura, Emilio	11581	30-07-17
2496	"	Áreas Jiménez, Doroteo	13707	20-10-16
2497	"	Giménez Sánchez, Martín	13086	07-11-06
2498	"	Fontal Cordero, Martín	13037	16-06-16
2499	"	Bosque Jiménez, Francisco	13854	24-04-10
2500	"	Benedet Boix, Miguel	13165	09-05-05
2501	22-12-41	Giménez García, Enrique	14016	04-10-15
2502	"	Milla Padilla, Esteban	10444	27-11-06
2503	"	Abengózar Lampas, Salvador	11826	23-02-11
2504	"	Hurtado Álvarez, Vicente	11307	10-02-07
2505	"	Pujol Arengal, Vicente	13793	29-01-15
2506	"	Desarraga Hueso, Rafael	10039	15-02-12
2507	"	Camarasa García, Emilio	9080	15-01-21
2508	"	Martín Arribas, Ángel	13035	14-02-09
2509	"	Gil Longa, Amadeo	9285	16-09-11
2510	"	Batalla Paulo, Manuel	13740	28-10-14
2511	"	López Cardo, Modesto	11563	13-02-09
2512	"	Martori Masols, Francisco	12367	17-08-17
2513	"	Montero Ganet, Pablo	11344	15-10-10
2514	"	Pineda Romero, Antonio	12932	27-07-19
2515	"	Valeu Brau, Miguel	11498	30-06-09
2516	"	Casanovas Cudina, Pedro	12055	04-02-95
2517	23-12-41	Yomet Sentís, Pedro	11669	07-07-04
2518	"	Cajal García, José	13553	14-05-20
2519	"	Latorre Ruiz, José	13353	19-06-11
2520	"	Manzanares Del Val, Manuel	13276	14-04-12
2521	"	López Boluda, Juan	13549	01-09-19
2522	"	Cuervo Fernández, Enrique	14096	14-08-18
2523	"	Juga Conde, Severino	10709	12-02-02
2524	"	Sánchez Sánchez, Andrés	11964	10-11-19
2525	"	Berto Coti, José	10411	26-09-98
2526	"	Hernández Ollaque, Alejo	11599	27-02-07
2527	"	Molina Silvestre, Andrés	14066	07-10-17
2528	"	Pons Freisas, Antonio	11422	13-06-17
2529	"	Lascano Moreno, Cristóbal	11477	15-05-13
2530	"	Campo Urlau, Modesto	?	15-06-15
2531	"	García Baonza, Ricardo	11610	07-02-09
2532	"	Ramírez Rey, Ceferino	12962	13-05-11
2533	"	Bailén Segura, Pedro	9032	27-04-08
2534	"	Puertas Artero, Leandro	10988 ·	27-02-99

2535	"	Moliner Macipe, Daniel	13400	14-02-96
2536	"	Díaz Sánchez, Faustino	14286	12-05-15
2537	"	Ávila Amadeo, Manuel	9821	12-02-09
2538	"	García Acera, Juan	10811	17-10-93
2539	"	Moreno Alonso, Hilario	13938	21-10-12
2540	"	López Martínez, Allue	11188	15-12-17
2541	"	Samper Inglés, Antonio	9667	16-05-08
2542	24-12-41	Fernández Esteban, Antonio	14619	13-06-09
2543	"	Julio Bruguera, José	14350	11-10-17
2544	"	Cuello Blecua, Valero	14250	01-04-19
2545	"	Sánchez Molina, Juan	11640	14-08-18
2546	"	Lago Balenas, Antonio	11466	09-05-10
2547	"	Urbano Rubio, Juan	11837	06-12-13
2548	"	Reina Molla, Antonio	13234	12-09-09
2549	"	Ereu Dalmau, Jacinto	14344	30-06-07
2550	"	Figueras Samuy, José	10320	24-10-09
2551	"	Fernández García, Manuel	13984	14-09-12
2552	"	Sánchez Mora, Antonio	13783	17-11-07
2553	"	Martín García, Francisco	13643	15-01-11
2554	"	Sánchez Valero, Avelino	14459	20-03-16
2555	"	Ferrera Garrido, Víctor	12108	17-05-13
2556	"	Gransinvares Gómez, Ambrosio	10679	20-03-06
2557	"	Vidal Ganquerna, Salvador	10999	18-01-05
2558	"	Ara Villacampo, Domingo	14602	05-03-07
2559	"	Ramos Gálvez, Antonio	13054	09-03-16
2560	"	Gerus Costa, Juan	14303	23-01-13
2561	"	Ballester Navales, Domingo	9033	22-09-21
2562	"	Barato Leopoldo, Francisco	9833	24-11-10
2563	"	Ruselló Gómez, Gruesto	13192	25-10-17
2564	"	Álvarez Sánchez, Sotero	12084	22-04-14
2565	"	Becina Prieto, Eugenio	10540	13-07-19
2566	25-12-41	Pérez Martel, Francisco	11402	15-05-15
2567	"	González Reche, Francisco	13951	11-07-17
2568	"	Vicente García, Victoriano	10916	17-12-11
2569	"	Guardiola Quílez, Antonio	13821	03-07-16
2570	"	Martín López, Augusto	13758	05-09-19
2571	"	Castejón Pérez, José	14268	27-10-01
2572	"	Muñoz Romero, Andrés	9487	20-02-12
2573	"	Abelar Fernández, Marcelino	8971	30-11-17
2574	"	Óptimo Hervás, Fernando	?	20-07-12
2575	"	Serrano Hidalgo, Julio	13730	27-02-14
2576	"	Guerra Cansillo, Miguel	10921	20-06-10
2577	"	Vineros Mateo, Manuel	11874	01-01-01

2578	"	García Crial, Félix	13898	10-04-07
2579	"	De la Fuente Moreno, Eleuterio	12028	06-09-15
2580	"	Navarro Nuca	9993	23-06-01
2581	"	Navarro Escalante, Fernando	14404	06-04-18
2582	"	Calestus Muñoz, Antonio	12086	12-12-07
2583	"	Sánchez Delgado, José	12147	25-05-17
2584	"	Ametres Tapia, Gabriel	10918	08-07-04
2585	"	Parellada Barcas, José	13863	11-11-11
2586	"	Jordá Santamaría, José	13831	17-05-19
2587	"	Arroyo Alonso, Saturnino	12212	10-08-15
2588	"	Domínguez Navarro, Jerónimo	11242	17-11-17
2589	"	Madoro Rodríguez, José	10829	20-09-15
2590	"	Martí Oliva, José	14387	06-02-10
2591	"	Solé Torres, José	13875	12-09-09
2592	"	Fernández Agudo, Santiago	13259	24-07-12
2593	"	Inglada Ginés, José	11901	13-03-01
2594	"	Villena Oliver, Juan	10816	09-01-05
2595	"	Cuervo Hernández, Sebastián	14249	04-10-96
2596	"	Fernández Torres, Manuel	11270	05-07-07
2597	"	Trillana Madueso, Miguel	13996	29-09-15
2598	"	Padreiro Valentín, Enrique	10102	11-06-16
2599	"	Araque Jiménez, José	9006	09-01-15
2600	"	Mateo Hernández, Juan	11348	13-08-05
2601	"	Álvarez Morella, Hidalgo	13079	10-03-01
2602	26-12-41	García Martín, José	14623	25-07-13
2603	"	Martín Ferrer, Jaime	13044	24-03-13
2604	"	Agramunt Tarrago, Ramón	12068	13-01-07
2605	"	Salves Laborda, Antonio	13186	19-11-03
2606	"	Blanco Guijo, Juan	13706	22-02-16
2607	"	Fontano Pérez, Ángel	9989	13-01-03
2608	"	Contreras Saboll, Dionisio	14255	06-12-17
2609	"	Luis de Llaura, Antonio	11332	05-04-18
2610	"	Rico Rodríguez, Antonio	10688	23-03-14
2611	"	Torres Gispert, Daniel	11261	17-05-02
2612	"	Fernández Seijas, Antonio	?	14-06-21
2613	"	Borrell Roure, Juan	11655	29-10-14
2614	27-12-41	Morea Lara, Antonio	10824	21-10-20
2615	"	Villar Peñón, Manuel	11862	02-08-14
2616	"	Florido Manzanares, Diego	13692	11-09-18
2617	"	Tallón Charlán, Enrique	12042	04-06-12
2618	"	Vidal Torres, Ramos	13836	16-01-06
2619	"	Díaz de Prado, Manuel	9875	01-01-07
2620	"	Aguilar García, Trino	14219	19-07-21

2621	"	Rodríguez Alonso, Mariano	11456	17-10-11
2622	"	De la Cuba Espinosa, Casto	10443	17-01-95
2623	28-12-41	Mestre Rivas, Juan	9444	28-11-10
2624	"	Rivero González, Juan	17752	18-02-18
2625	"	Marcial Abad, Valentín	11730	12-07-09
2626	"	García Gonzalbo, Juan	13231	07-04-26
2627	"	Borrás Soler, Miguel	11191	17-09-15
2628	"	Sáez Hernández, Luis	14463	19-01-05
2629	"	Flores Rocha, Isabelo	9238	19-11-07
2630	"	Rodríguez Orol, Tomás	12159	10-10-12
2631	"	Torre Borra, Julián	13594	30-10-21
2632	"	Badenaz Sánchez, Francisco	14227	18-05-11
2633	"	Llobregat Serra, Manuel	9369	14-07-17
2634	"	Molina Valderrábanos, Antonio	11356	08-10-09
2635	"	Delgado Labriato, J. María	13349	25-03-09
2636	"	López Cerdán, José	10292	07-05-07
2637	29-12-41	Bolans Díaz, Manuel	10331	15-05-12
2638	"	Villamayor Prieto, Augusto	10577	27-01-96
2639	"	Mercadell Tell, Juan	11868	30-01-18
2640	"	Folch Pons, Antonio	11909	30-12-07
2641	"	Ruiz Sánchez, Paz	10030	24-01-09
2642	"	Arranz Sangar, Teodoro	14201	14-04-15
2643	"	Martínez Pereira, Jaime	11886	14-07-17
2644	"	Amar Cantor, Juan	12098	12-05-18
2645	"	González Álvarez, Antonio	13158	01-11-97
2646	"	Tortosa González, Leopoldo	13908	23-03-13
2647	"	Rodríguez Forgues, Serafín	12981	09-12-02
2648	"	Aledo Martínez, Francisco	14049	21-10-08
2649	"	Castillo Lozano, Juan	10783	10-03-10
2650	"	Sebastián Muñoz, José	12347	24-04-06
2651	"	Moceduill, Eduardo	12405	10-05-98
2652	"	Fernández Fernández, Manuel	10835	24-10-13
2653	"	Martínez Taylor, Miguel	14383	29-09-18
2654	30-12-41	Díaz Doria, Juan	14289	24-12-13
2655	"	Gómez Iglesias, Francisco	14332	17-05-17
2656	"	Cabra Toro, Juan	13993	24-12-99
2657	"	Rapún García, José	11567	25-04-12
2658	"	García García, Amable	13946	11-12-10
2659	"	Santaolalla Pena, Juan	13649	02-06-11
2660	"	Valverde Ros, Pedro	11852	02-12-11
2661	"	Navarro Félix, Francisco	13182	31-12-06
2662	"	Soria Rovira, Antonio	11749	05-05-98
2663	"	Benito Tejedo, Diego	?	13-01-35

2664	"	Rodríguez López, Canuto	11442	21-05-08
2665	"	Piñolas Sispet, Juan	19395	21-09-17
2666	"	Chavarría Martínez, Salvador	10266	29-04-14
2667	"	Carba Martín, José	9351	17-11-08
2668	"	Pereira Pérez, José	11794	22-07-14
2669	"	García Cano, Antonio	12617	23-12-15
2670	"	Gómez González, Fernando	13557	10-08-21
2671	"	Romero Arias, Carlos	10147	17-06-19
2672	"	Rábena Casco, José	14048	28-01-13
2673	"	Campo Vives, Antonio	14251	15-09-99
2674	"	Cano García, Segundo	10591	11-08-18
2675	"	Colera González, Antonio	9535	10-11-10
2676	"	Guillermo Sobrino, Cristóbal	10985	04-12-00
2677	"	Barrera Jiménez, Antonio	9838	14-02-00
2678	"	Ruiz Fortines, José	13703	15-04-01
2679	"	García Cuervo, José	9262	30-04-23
2680	"	Serrano López ,Luis	15580	09-01-13
2681	31-12-41	Blázquez Ruiz, Daniel	l9061	10-04-17
2682	"	Garrido Rodríguez, Pedro	14085	04-06-05
2683	"	Delgado Díaz, Mariano	14615	01-01-19
2684	"	Arenas Castillo, Felipe	11171	17-09-08
2685	"	Ramírez Pantoja, Ángel	9604	01-09-12
2686	"	Lospiedra Lluch, Víctor	10892	19-03-16
2687	"	Raya Medina, Cristóbal	11445	05-08-03
2688	"	Blázquez Pascual, Domingo	11929	30-07-21
2689	"	Orus Castón, Antonio	11392	19-06-07
2690	"	Sánchez Francés, Joaquín	10337	18-12-17
2691	"	Blanco Mesa, José	13212	16-08-10
2692	"	Pacheco Parra, Antonio	13184	01-02-18
2693	"	Andreu Méndez, Antonio	14221	21-04-07
2694	"	Rodríguez Martínez, Guillermo	11433	16-09-15
2695	"	Sánchez Martín, Andrés	10121	18-04-19
2696	"	Navas Caballero, Pedro	14724	07-10-10
2697	"	Alcolea García, José	10705	18-03-15
2698	"	Leiva Martínez, Juan	10238	14-09-06
2699	"	García Calles, Luis	9351	22-02-13
2700	"	Simón Carmona, Antonio	14029	25-07-08
2701	"	Robles Monferra, José	14429	07-09-03
2702	"	Navarro Asensio, Juan	13136	05-09-15
2703	"	Gil Serrano, Máximo	14001	14-04-14
2704	"	Pérez Banderas, José	11404	23-01-93
2705	"	Hernández Ruiz, Tomás	14629	22-05-15
2706	01-01-42	Ayuso Camino, Juan	10934	24-06-15

2707	"	Barón González, Manuel	12852	13-02-20
2708	"	Antolín Sánchez, Teodoro	13139	08-02-17
2709	"	González Hurtado, Tomás	13239	07-03-07
2710	"	Alegría Mateo, Ángel	9814	03-10-18
2711	"	López Valencia, Tomás	11337	21-12-11
2712	"	Soriano Jiménez, Vicente	9718	07-12-15
2713	"	López Robles, Antonio	14635	17-01-20
2714	"	De la Rúa Solís, Mariano	11854	08-12-15
2715	"	Medizo Rivas, Agustín	12046	14-12-17
2716	"	Moreno Pacheco, Francisco	10360	30-11-11
2717	"	Miró Reig, Miguel	13816	23-06-98
2718	"	Follera García, Modesto	10291	01-04-02
2719	"	Martínez Gutiérrez, Hilario	12117	03-12-13
2720	"	Ranas Sánchez, Antonio	10047	17-03-09
2721	"	García Aceituno, Benito	13152	21-03-11
2722	"	Royo Hernández, Eulalio	9641	12-02-13
2723	"	Aparicio Barrios, Delfino	10668	06-04-17
2724	"	Saursero Lafía, Benigno	13408	03-04-12
2725	"	Campo Pérez, Juan	13590	26-01-22
2726	"	Oribe Alonso, Antonio	11853	24-05-14
2727	"	Romero Almaraz, Ramón	11568	09-08-12
2728	"	Vidal Casanellas, Francisco	11780	24-12-12
2729	"	Lover Perol, José	12171	12-12-04
2730	"	Sáez Galera, Francisco	11753	31-10-11
2731	"	Aparicio León, José	10790	24-05-20
2732	"	Porta Rius, Miguel	13965	04-06-09
2733	"	Moreno Urbano, José	14386	15-05-17
2734	"	Castellanos López, Enrique	14280	12-11-16
2735	"	López Suárez, José	13756	10-08-18
2736	"	Villamora Ramírez, Félix	13820	07-01-14
2737	"	Colón Marco, Miguel	10744	27-12-12
2738	"	Sarriol Castella, Ramón	11799	06-07-02
2739	"	Martínez Buendía, José	14052	03-05-17
2740	"	Amo, Juan Mariano	12166	09-09-01
2741	"	Casasús Esparza, Pedro	11783	28-08-04
2742	"	Ramos Torres, Jaime	11438	25-07-19
2743	"	González Zarzosa, Antonio	13171	26-06-06
2744	"	Arce Gutiérrez, Pedro	9806	19-10-10
2745	02-01-42	Calarisa Urquida, M.	12014	06-09-13
2746	"	Ayala Dueña, Francisco	10950	15-04-10
2747	"	Vidal Admiral, Andrés	11493	15-11-12
2748	"	Vera Llano, José	9763	15-10-05
2749	"	Delgado Aguilera, Rafael	11246	24-11-05

2750	"	Mestre Mestre, José	11359	04-05-13
2751	"	Fernández Pina, César	11271	04-03-13
2752	"	Arco Orte, Francisco	14208	22-12-19
2753	"	Giménez Rodríguez, Basilio	14353	17-02-12
2754	"	Pelai Jordán, Ramón	12067	31-08-13
2755	"	Pérez Navarro, G.	11555	28-02-12
2756	"	Vallecillo Sánchez, Antonio	11504	13-08-17
2757	"	Espinosa Zamora, Juan	13991	26-06-17
2758	"	Clemente Martínez, Antonio	14606	04-09-13
2759	"	Gómez Villegas, Francisco	13409	18-07-17
2760	"	Pérez Medina, Vicente	13717	11-03-15
2761	"	Ordóñez Martínez, L.	9525	16-04-95
2762	"	Navarro Becerra, Enrique	14396	08-03-15
2763	"	Migallón Moreno, Juan	12968	08-06-07
2764	"	Perelló Verdes, José	13842	03-10-10
2765	"	Sánchez Fernández, José	14298	12-10-17
2766	"	Rodríguez Garena, Francisco	14143	24-07-05
2767	"	Jaramillo Zarapa, Remigio	3034	21-02-94
2768	"	González Fernández, Jesús	9905	25-03-05
2769	"	García Arévalo, Emiliano	13791	09-02-11
2770	"	Adán Gómez, Jesús	10287	05-10-08
2771	"	Giménez Rodríguez, Asensio	9353	13-01-08
2772	"	Montaner Rodríguez, Casto	13855	28-03-13
2773	"	Ferrer Vell, Miguel	13736	26-01-14
2774	"	Fernández Martín, Elías	11264	13-03-14
2775	"	García Roca, Ramón	14312	29-11-12
2776	"	López Manella, Tomás	11099	13-07-13
2777	"	Álvarez Bartola, Ametre	13994	23-11-10
2778	"	Alarcia Obregón, Eugenio	11572	01-01-14
2779	03-01-42	Marín Fernández, Manuel	10152	24-12-11
2780	"	Ruano Pucho, Ramón	9647	15-05-15
2781	"	Del Puello Sánchez, Anastasio	13897	11-05-05
2782	"	Bonifaes Lutarda, Luis	12017	11-09-23
2783	"	Nolet, Marco Antonio	10820	05-04-05
2784	"	Sera Castilla, Francisco	9700	12-03-07
2785	"	Espejo Díaz, Luis	14271	22-08-17
2786	"	Vel Ortiz, Guzmán	14047	05-03-16
2787	"	Cerezuelo Gallego, Felipe	11645	03-08-18
2788	"	Miros Melacher, Ginés	14639	10-10-05
2789	"	Valles Peralta, Joaquín	10639	27-06-11
2790	"	Rodón Beltrán, David	11781	15-03-12
2791	"	García Martínez, Pedro	10929	15-05-16
2792	"	Ajuelo Manzano, Pedro	11107	17-02-03

2793	"	Ceu Campos, Francisco	11898	14-08-14
2794	"	Munilla Ceselo, Miguel	14028	15-07-16
2795	"	Mateo Abellano, Nicasio	14652	19-09-13
2796	"	Molina López, José	9447	25-01-10
2797	"	Gallego Hernández, José	14330	08-02-13
2798	"	Serrano Bruno, Juan	13982	25-07-13
2799	"	Muñoz Amor, Pablo	10646	09-09-11
2800	"	Naval Ortiz, Francisco	9995	11-03-99
2801	"	Zaragoza Ceville, Juan	13852	24-10-19
2802	"	Vicario Ramón, Juan	13843	14-08-17
2803	"	Ruiz Santos, Jesús	13151	31-05-12
2804	"	Calvete Águilas, Luis	12396	25-08-98
2805	"	Sánchez Flores, Gregorio	11728	03-11-10
2806	04-01-42	Del Rey, Segundo	8500	20-'6-12
2807	"	Galgandón García, Francisco	12230	22-02-01
2808	"	Ceida Perague, Juan	11215	23-12-00
2809	"	Obere Bondía, Fermín	13380	07-01-12
2810	"	Abad Carmen, Antonio	11177	17-09-07
2811	"	Castell Puig, Román	12446	17-01-98
2812	"	Nieto, Manuel	9503	15-05-19
2813	"	Giménez Ramírez, Manuel	12126	10-08-18
2814	"	Molina Alcolea, Francisco	10969	11-12-16
2815	"	Cloquell Pallas, Bueno	9132	29-06-13
2816	"	Adribe Poveda, Francisco	10210	03-07-14
2817	"	Calao Cirasuela, Julián	9134	29-06-22
2818	"	Sanz Sausa, José	14364	12-12-12
2819	"	Banal Traball, Pedro	13936	04-07-15
2820	"	Bardavis Casanovas, Juan	12063	17-02-07
2821	"	Nogues Membrado, Luis	14403	21-06-00
2822	05-01-42	Munme González, Pedro	13974	06-10-10
2823	"	Pacheco Palomero, M.	14414	27-07-11
2824	"	José Elbes, Ricardo	13922	19-11-05
2825	06-01-42	Chamena Moll, Rafael	13057	15-04-01
2826	"	Torán Martínez, Bernardo	14476	20-08-18
2827	"	Mir Soler, Vicente	12404	10-05-14
2828	"	Carbonell Figueroa, Félix	14257	03-09-11
2829	"	Lozano Martínez, Ramón	11329	01-09-07
2830	"	Parras Barlia, Agustín	13355	27-12-05
2831	"	Bano Berdú, José	13772	17-09-11
2832	"	García Alarcón, Ramón	12013	21-06-20
2833	"	Mas Heras, Juan	11371	06-01-09
2834	"	Libiano Colmenero, José	13721	22-08-16
2835	"	Alonso Losada, Andrés	9818	24-01-08

2836	"	Pons Barbas, José	9999	10-01-08
2837	"	Díaz Ortas, Victoriano	11840	22-05-10
2838	"	Saiz Alarcón, Antonio	12151	26-06-20
2839	"	Domínguez Hervás, Jacinto	11847	26-04-03
2840	"	Tomás Mojinos, Vicente	14779	15-09-10
2841	07-01-42	Pardo Vales, Rafael	13123	18-07-12
2842	"	Vicente Carrizosa, Manuel	12126	11-02-17
2843	"	Asensio Asensio, Bernabé	9808	11-06-14
2844	"	Crespo Trujillo, Pedro	11619	19-07-00
2845	"	Quero Romero, Manuel	9596	16-05-17
2846	"	Díaz Bailes, Esteban	10585	11-02-01
2847	"	Casteras Auro, Esteban	9170	26-12-99
2848	"	Bertoli Creus, Francisco	10356	11-02-01
2849	"	Baulo Ramírez, Felipe	14224	01-05-17
2850	"	Pina Salver, Manuel	11678	01-01-00
2851	"	Jurado Bernal, Adrián	12992	28-10-09
2852	"	Rodríguez López, Regino	14086	16-03-20
2853	"	Espinosa López, Andrés	9090	10-02-10
2854	"	Almagro de Ruiz, José	10217	13-08-17
2855	"	Fernández González, Cándido	10616	03-06-03
2856	"	Gómez Hernández, Crescencio	9291	31-05-11
2857	"	Teu Campos, José	13848	10-10-10
2858	"	Cañada Murcia, José	13773	17-03-11
2859	08-01-42	López Barberián, Teófilo	10325	04-11-06
2860	"	Forjado García, José	14030	16-06-20
2861	"	Arévalo Rubio, Isidoro	14207	03-04-18
2862	"	Santiago Hinojosa, Emilio	14470	14-09-14
2863	"	Gallego Romero, Pedro	11698	01-01-17
2864	"	Berrocal Paluco, Francisco	12394	25-01-89
2865	"	García Francisco, Juan	13938	23-11-17
2866	"	Huertas Martínez, Francisco	14005	08-03-08
2867	"	Iglesias Iglesias, Tomás	13150	09-06-03
2868	"	Bueno Chalot, José	12976	01-01-13
2869	"	Vivero Ruiz, José	13260	19-03-09
2870	"	Piqué Vargas, Arturo	13888	15-09-00
2871	"	Hilario Planella, Antonio	9329	13-01-09
2872	09-01-42	Bagneste Valleviejo, José	14098	27-10-16
2873	"	López Sánchez, Francisco	13830	19-03-07
2874	"	Mas Catalán, Manuel	10192	22-02-10
2875	"	Rodríguez Domínguez, Arturo	11454	09-03-13
2876	"	Vega Delgado, Mateo	14672	31-01-19
2877	"	Sánchez Martín, Diego	10766	31-03-17
2878	"	De las Heras Vázquez, Ángel	13017	03-09-16

2879	"	Ayuna Ramos, Ignacio	9026	03-01-18
2880	"	Montroig Cuartero, Jesús	9463	09-04-03
2881	"	Arane Senovilla, Antonio	13712	10-06-19
2882	"	Sanz Sanz, Amador	10900	14-04-12
2883	"	Sancho Méndez, Manuel	9680	22-11-21
2884	"	Driles Timonet, Martín	13698	18-06-16
2885	"	Caubes Pons, José	12248	03-06-11
2886	"	Calvo Canales, Roberto	11656	19-02-14
2887	"	Iniesta Martínez, José	14345	24-08-12
2888	"	Gutiérrez Prat, Aparicio	10702	02-05-07
2889	"	Alcalá Naranjo, Emilio	13103	17-04-07
2890	"	Gómez Fernández, Teófilo	13424	22-07-79
2891	"	Nicolás Navarro, José	13770	28-12-14
2892	"	Canales, Aurelio	9856	17-10-09
2893	"	Nabot ,Esteban Joaquín	13599	10-10-20
2894	"	Díaz Majías, Rosaredo	13089	21-09-18
2895	"	Toledo Herrero, Ramón	14485	15-11-07
2896	"	Prida Perma, Antonio	10017	31-03-15
2897	"	Patuto Ortiz, Ambrosio	13720	28-04-15
2898	"	Suárez Palacios, José	14462	14-07-17
2899	"	Moreno Morales Rafael	11369	30-11-09
2900	"	Mínguez Casero, José	10104	10-03-08
2901	"	Mariu Mariu, Ricardo	14394	22-09-12
2902	"	Murillo Pirado, Tiburcio	13932	16-05-17
2903	"	Durán Martori, José	11245	02-03-01
2904	"	Romero Fabre, Francisco	12455	02-03-01
2905	"	Sanmiguel Prados, Víctor	11471	03-09-14
2906	"	Rubio Aparicio, Jacinto	14099	27-11-07
2907	"	Godino Jiménez, Enrique	13565	25-02-20
2908	10-01-42	Sánchez Sánchez, Pascual	13884	20-08-14
2909	"	Carretalia Clement, José	12106	08-05-14
2910	"	Jaime Colbuar, Juan	10271	04-05-12
2911	"	Sole Longares, Juan	13811	14-03-17
2912	"	Laspreda Herrero, Antonio	15669	24-10-18
2913	"	Pérez Natera, Manuel	13120	23-08-16
2914	"	Camacho Camacho, Cecilio	13880	08-08-11
2915	"	Yebra Dacoba, Manuel	11762	15-009-14
2916	"	Muñoz Caro, Diego	13662	28-08-12
2917	"	Rodríguez Abad ,Antonio	9628	19-10-12
2918	"	Juve Farré, Benjamín	13998	25-06-08
2919	"	Tejedor Lea, Antonio	14050	15-05-19
2920	"	Durán Domínguez, Francisco	13844	12-09-17
2921	"	Cura Boch, Arturo	14259	24-05-04

2922	11-01-42	Capdevilla Monserrat, Víctor	12220	07-05-09
2923	"	Águilas Moral, Juan	13672	20-08-17
2924	"	De Oro González, Salvador	12369	16-05-13
2925	"	De la Cruz Carrasco, Anastasio	11249	20-01-14
2926	"	Rivas Luixercos, Juan	14438	13-05-07
2927	"	Belches García, José	13979	14-08-12
2928	"	Aisa Berao, Feliciano	13048	21-06-07
2929	"	Navarro Varela, Ramón	12239	16-11-14
2930	"	Pastor, Juan Sirio	13668	02-02-12
2931	"	Perice Comillas, Antonio	12004	20-07-08
2932	"	Salinas Sarene, Antonio	13592	02-05-22
2933	"	Ricardo Carrillo, Rafael	10105	14-03-10
2934	"	Pla Carreres, Daniel	14425	01-01-10
2935	"	Rubio Jorquera, Manuel	10330	06-07-16
2936	"	Guerrero Rodríguez, Miguel	13270	15-08-98
2937	"	Paniagua Sánchez	14433	25-12-17
2938	"	Sánchez Gómez, Justo	9674	13-12-19
2939	"	López Fernández, Germán	10697	25-02-18
2940	"	Trill Franqueza, Joaquín	13635	21-09-15
2941	"	González León, Juan	10126	06-01-03
2942	"	Pérez Serrano, Francisco	10763	15-04-07
2943	12-01-42	Martín Masó, José	12366	24-05-12
2944	"	Navarrete Navarrete, José	14399	28-06-05
2945	"	Palacios García, Ezequiel	14418	10-04-15
2946	"	Riva Prat, Antonio	11450	02-05-12
2947	"	Huart Lumbarte, Orencio	13967	10-03-13
2948	"	Esplugas Jiménez, Francisco	9197	21-07-06
2949	"	Boch, Antonio	11958	26-11-04
2950	"	Martínez Mancha, Agustín	13180	20-01-15
2951	"	García Bernal, Lucio	13274	15-11-11
2952	"	Cambronero Díaz, Benjamín	9850	31-03-07
2953	"	Almerdo Martínez, Librado	11170	01-11-08
2954	"	Fons Mallat, Emilio	13870	11-06-17
2955	"	Roselló Miña, Salvador	10044	31-01-87
2956	"	Fernández Vidal, Francisco	12029	15-08-18
2957	"	Ramírez Fernández, Ginés	14454	29-02-14
2958	"	Arminio Del Valle, José	14220	08-11-17
2959	"	Zaragoza Gómez, Juan	13856	13-12-17
2960	"	Domínguez Ramos, Pedro	14288	06-03-18
2961	"	Hernández Rodríguez, Antonio	11314	24-08-09
2962	"	Sánchez Medina, Miguel	13985	06-09-15
2963	"	Carrero Pérez, Juan	13970	20-08-17
2964	"	Rodríguez González, Antonio	13837	03-08-16

2965	"	Martínez Martínez, Pedro	11378	22-02-13
2966	"	González Belches, Antonio	13141	05-11-13
2967	"	Moras Torres, Ceferino	13092	28-04-12
2968	"	Mora Fernández, Clemente	11744	23-11-16
2969	"	Tejedo Soto, Manuel	13949	28-10-13
2970	"	Marín Justicio, Juan	10543	05-08-13
2971	"	Altes Faba, Pedro	8954	11-03-11
2972	"	Canal García, Juan	13889	26-06-18
2973	"	Martínez Cundidor, Gregorio	13929	20-10-08
2974	"	Nogueruela García, Crespo	13771	09-04-91
2975	"	Calderón Díez, Castro	14271	20-12-07
2976	"	Valencia Javalcio, Víctor	13769	04-06-16
2977	"	Rodríguez Fernández, M.	10348	19-01-95
2978	"	García Segués, Fernando	14314	15-04-15
2979	"	Moreno Catarro, Julián	13622	04-11-01
2980	"	Solo Gómez, Antonio	12441	26-08-08
2981	13-01-42	Perales Expósito, Simón	13702	31-05-06
2982	"	Baches Cerezuela, Teodoro	11827	09-11-17
2983	"	Rodríguez Melchor, Juan	14450	09-03-17
2984	"	Muñoz Irenco, Miguel	12002	20-02-12
2985	"	García Garrido, Juan	12874	11-01-19
2986	"	Martín Arez, Francisco	13576	11-06-20
2987	"	Uso Nicolau, Joaquín	12066	23-06-21
2988	"	Pulido Noguera, Manuel	11748	09-03-06
2989	"	Soler Noguera, Elicio	13865	10-05-06
2990	"	Oreste Oreste, José	13133	21-11-09
2991	"	Sánchez Ortiz, Mariano	14474	29-02-15
2992	"	Pérez Pulgar, Rafael	13213	10-05-10
2993	"	Morella Ramírez, Cesáreo	10517	25-02-96
2994	"	Razola Guniel, Francisco	13903	21-08-17
2995	"	Cabañas Bell, Martín	10557	13-09-18
2996	"	Martínez Andújar, Leandro	11742	03-08-17
2997	"	Riucep Franch, Marcelino	14415	30-12-13
2998	"	Colín García, Celestino	14256	10-09-19
2999	"	Mer Escarp, Casimiro	11935	04-06-16
3000	"	Martínez Flores, Francisco	12402	04-10-07
3001	"	De Juan Peinado, Leoncio	10108	21-03-19
3002	"	Pascual Fernández, Agustín	13073	11-07-05
3003	"	Corcoy Suruca, José	13814	19-05-14
3004	"	Carretero Velasco, Tomás	14276	29-12-19
3005	14-01-42	Riva Prato, Pedro	12138	24-09-10
3006	"	Villa Tervino, Marcelino	10068	17-07-98
3007	"	Vázquez, Bernet	13589	01-09-21

3008	"	Hernández García, Agustín	12973	22-05-18
3009	"	Curiel Sánchez, Ricardo	14023	04-05-19
3010	"	Baste Enrico, Francisco	13082	06-11-04
3011	"	Rodríguez García, Guzmán	10171	06-02-15
3012	"	Genose Florencio, Jesús	11304	07-06-07
3013	"	Segarra Mateo, Juan	9659	16-01-16
3014	"	Bustamante Larraga, Antonio	10203	21-11-14
3015	"	Zapero Mellado, Bernardo	10096	20-05-09
3016	"	Pellicer Benito, Ricardo	14412	02-02-16
3017	"	Cortés Maya, Antonio	14080	20-05-20
3018	"	Perlado Calleja, Teodoro	10338	09-11-16
3019	"	Corominas Rivas, Andrés	9862	02-02-99
3020	"	Illescas Martín, Francisco	9937	11-09-07
3021	"	Molina Olmo, Francisco	14071	19-01-17
3022	"	Hernández Pérez, Manuel	14343	22-09-12
3023	"	Moreno Ortiz, Miguel	13902	03-09-00
3024	"	Fornés Serra, Joaquín	10720	28-12-01
3025	"	Giménez Ariza, Benito	10902	03-04-12
3026	"	Rosas López, Miguel	14444	07-08-10
3027	"	Blanco Calle, Víctor	11198	10-11-11
3028	"	Guardia Bonet, José	14310	25-04-14
3029	"	Las Heras Nazavie, José	12196	12-02-18
3030	"	Muñoz Escobar, Félix	11803	14-11-14
3031	"	Laforga Villanueva, Ramón	12418	06-11-19
3032	"	Díaz Villegas, Cristóbal	13559	09-02-21
3033	"	Llagostera Roig, Francisco	13584	16-07-20
3034	"	Sepúlveda Rueda, Antonio	14663	09-10-14
3035	"	Marín Fernández, Juan	13882	17-06-12
3036	"	Rodríguez Fernández	14448	24-03-12
3037	"	Arcos Trallero, Mariano	10704	11-06-09
3038	"	Madrigal Ortega, Benito	14376	05-02-06
3039	"	Gómez Cortés, Ángel	9288	12-10-90
3040	"	Moreno Rodríguez, Antonio	11979	06-10-16
3041	"	Martínez Lizarte, José	14645	13-05-18
3042	15-01-42	Cubel Cops, Juan	12175	13-03-18
3043	"	Cortés Grao, José	12351	2-09-18
3044	"	Díaz Galiano Núñez, Luis	13790	04-12-11
3045	"	Espada Zamora, Amigo	11255	27-01-10
3046	"	Aguirre Fernández, Antonio	10671	24-09-16
3047	"	Maya Carrera, Isidoro	14636	09-05-12
3048	"	Fernández, Pedro	13944	12-12-10
3049	"	Blanch Doménech, Ramón	14236	02-08-13
3050	"	Giménez Garrido, Manuel	13768	14-11-04

3051	"	Domínguez Redondo, Rafael	11772	02-03-16
3052	"	Mollado Tapia, Rafael	11739	25-11-17
3053	"	Villares Arias, Manuel	9776	01-01-13
3054	"	García Moreno, Antonio	11603	16-01-10
3055	"	Pérez Canado, José	12236	25-04-08
3056	"	Donadoy Serrano, Pedro	13671	21-04-08
3057	"	Campos Puiggros, Miguel	14252	05-08-19
3058	"	Jurado Maduero, Ilario	12991	03-01-14
3059	"	González Toledo, Fabián	11806	13-01-18
3060	"	Domínguez Palazuelo, José	14694	11-02-09
3061	"	Millán Martínez, José	14045	20-12-15
3062	"	Putelbas Pujol, Pedro	13995	10-04-10
3063	"	Camarasa Montlui, José	9081	09-08-08
3064	"	Montero Barca, Julián	11522	04-04-15
3065	"	Casals Amorga, José	13563	12-03-20
3066	"	Cheva Ibáñez, José	13585	05-03-21
3067	"	Gómez Rebollo, Juan	9900	13-06-18
3068	"	Figuerola Gene, Javier	14262	07-08-17
3069	"	Calvet Febrer, José	13083	01-11-14
3070	"	Escolano Martínez	11288	19-03-09
3071	"	Oliva Corrodiano, Máximo	13735	05-05-17
3072	"	Braña Álvarez, Luis	9067	04-10-17
3073	"	Catalá López, Emilio	12177	20-03-03
3074	"	Villanueva Cortés, Benedicto	10294	23-08-15
3075	"	Martínez De Palo, Marcelo	13647	29-10-16
3076	"	Culedo Casares, Vicente	12329	08-06-04
3077	"	Belcher Costal, Álvaro	12008	07-10-07
3078	"	Muñoz Mayorga, Jesús	10525	18-04-08
3079	"	Carbonell Nicolau, Antonio	13265	23-12-08
3080	"	Fuentes González, Feliciano	12323	02-02-16
3081	"	García Valera, Justo	13988	13-09-11
3082	"	Castro Ortega, Ramón	14245	20-04-15
3083	"	Mancilla Francisco, Andrés	14643	30-11-14
3084	"	Alvendiu Navarro, Miguel	9816	07-07-10
3085	"	García Romaner, Miguel	10369	17-09-02
3086	"	Plascencio Sánchez, Cipriano	13646	11-07-17
3087	"	Valcarce Aroca, Manuel	11492	03-06-13
3088	"	Bruno Téllez, José	12185	24-12-12
3089	"	Malimano Blesa, José	12979	24-01-11
3090	"	Moreno Salado, Antonio	9963	14-01-15
3091	"	Ruiz Rodríguez, Alfredo	11745	07-11-17
3092	"	Alfonso Soto, José	11754	10-10-08
3093	"	Cero Caruero, Vicente	13110	30-08-11

3094	"	Parra Alcalde, Manuel	9543	17-05-10
3095	"	Díaz Salazar, Antonio	13555	21-10-20
3096	"	García Gimeno, Rafael	13060	21-10-16
3097	"	González Posadas, Juan	11298	10-01-20
3098	"	Canelles Margallo, Esteban	14203	27-03-09
3099	16-01-42	Arias Martínez, Blas	13107	03-02-09
3100	"	Sancho García, Antonio	13614	04-05-13
3101	"	Sánchez Ramos, José	9677	16-07-02
3102	"	Anglada Pascual, Enrique	13069	13-03-15
3103	17-01-42	Moreno Cortés, Antonio	10766	25-07 12
3104	"	Lorente Campayo, Gabriel	10624	18-03-11
3105	"	Maránguez Díaz, Pedro	13127	10-03-15
3106	"	Godoy Pinto, Antonio	12993	04-03-10
3107	"	Giménez Salinas, Manuel	11303	01-01-13
3108	"	López Sánchez, Francisco	14358	25-11-17
3109	"	Pascual Moreno, Ezequiel	10219	10-04-14
3110	"	Rionda Méndez, Alfredo	9621	19-09-18
3111	"	Calcina Blaret, Eugenio	12005	27-05-04
3112	"	Meniá Burgues, José	13796	09-04-17
3113	"	Cano Sáez, Braulio	11816	20-06-14
3114	"	Valiente Villano, Joaquín	11591	12-02-18
3115	"	Gutiérrez Sánchez, Juan	10953	24-06-13
3116	18-01-42	Torres Martínez, Eugenio	14670	06-05-15
3117	"	Acebal Álvarez, Aurelio	8773	18-02-19
3118	"	Pérez Martínez, Miguel	14422	10-02-19
3119	"	Bilbao Badala, Pedro	12926	10-04-16
3120	"	María Díaz, Camilo	14084	04-05-98
3121	"	Martí Torregrosa, Elicio	14392	12-09-08
3122	"	Soler Rombell, José	11472	21-06-07
3123	"	Lorente Ferrer, Antonio	9387	27-03-16
3124	"	González Vázquez, José	12210	21-12-14
3125	"	Fernández Mellán, Amadeo	14620	12-04-08
3126	"	Morella Fernández, Severino	11953	27-12-04
3127	19-01-42	Granaje Martínez, José	9917	27-09-13
3128	"	Caballero Huertas, Joaquín	14287	04-03-13
3129	"	Castro Molinero, Domingo	14248	27-09-14
3130	"	Diego Rodríguez, Manuel	14616	12-01-17
3131	"	Riva Call, Andrés	14452	12-12-10
3132	"	Perull López, Luis	12434	21-06-17
3133	"	Noguer María, Martín	10417	23-03-91
3134	"	Santolario Capolo, Francisco	13641	23-02-16
3135	20-01-42	Triguero González, Justo	10082	05-09-19
3136	"	Meana Álvarez, Rico	11570	02-04-09

3137	"	Zalamero, José	10779	17-04-08
3138	"	Maldonado Tenorio,, Serafín	14072	18-08-18
3139	"	Aloy Montblanc, Benito	12972	03-01-10
3140	"	Tomás Bartola, Mariano	10088	02-01-01
3141	"	Sanz Sanjuán, Manuel	13421	19-06-01
3142	"	Del Puello, Ángel	12241	01-03-18
3143	"	Allendit Navarro, Santos	10845	18-06-05
3144	"	Costa, Demetrio	13782	14-04-95
3145	"	Baltanás Dueñas, Pedro	14233	19-02-16
3146	"	Doménec Rigau, Estanislao	10976	19-02-16
3147	"	Pérez Aroca, Antonio	12032	24-06-08
3148	"	Sabater Roque, Francisco	13872	24-03-04
3149	"	García Fernández, Francisco	13825	24-03-12
3150	"	Borrás Soriano, Valentín	10977	25-01-77
3151	"	Giménez Salido, Francisco	10871	10-04-11
3152	"	Blanco Morales, Antonio	10204	01-01-17
3153	21-01-42	Vidrier Jiménez, Vicente	13262	25-10-10
3154	"	Martín Romacho, Antonio	12886	26-03-17
3155	"	Mugilst Antolín, Ricardo	14641	18-11-17
3156	"	Lugiez Rivero, Alfonso	12189	10-12-02
3157	"	Requena Sánchez, José	10909	09-12-19
3158	"	Nosas Ángel, José	11676	15-03-18
3159	"	Naverro Fuentes, Basilio	9990	22-03-08
3160	"	Baldomero, Mario	13070	20-11-14
3161	"	Pasenal Cano, Juan	10606	15-09-10
3162	"	Martín Prado, Estanislao	14375	14-11-12
3163	"	Navarro Méndez, Patricio	14401	02-02-12
3164	"	Vela González, Eduardo	12996	21-10-10
3165	"	García Sánchez, José	14327	06-06-14
3166	"	García Pérez, Enrique	13418	12-09-05
3167	"	Amat Pérez, Manuel	14601	08-08-02
3168	"	Borras Maned, Salvador	14237	17-07-12
3169	"	Donati, Euso	10631	28-06-03
3170	"	Expósito González, Antonio	10683	19-04-00
3171	22-01-42	Pallanes Aguilar, Felipe	13809	05-02-04
3172	"	Les Torralba, Ángel	14401	03-01-14
3173	"	Fábregat Fábregat, Eduardo	12875	13-05-15
3174	"	Vindez Castello, Baltasar	10333	15-10-15
3175	"	Giménez Herrera, Juan	9918	03-04-09
3176	"	Mesonero Torrecilla, Luciano	11888	27-07-14
3177	"	Montero López, Ginés	12075	03-06-18
3178	"	Pascual Martínez, Darío	10001	09-06-10
3179	"	Balaguer Barberá, Eduardo	12119	06-03-03

3180	"	Zamorano Zapata, Julio	13667	26-02-16
3181	"	Tollería Rodríguez, José	14480	19-12-05
3182	23-01-42	Vigo García, José	12853	19-03-20
3183	"	Veiga López, Ángel	9759	02-01-15
3184	"	Vicielo González, Bonifacio	10199	25-03-15
3185	"	Jordano Jordano, Antonio	14355	24-02-12
3186	"	Ibáñez, Joaquín	14347	10-09-09
3187	"	Valera García, Jesús	11784	16-12-20
3188	"	Serrano Martínez, Damián	13111	12-02-08
3189	24-01-42	Silva Caballero, Manuel	12094	06-06-16
3190	"	Pascual Pujol, José	10399	12-02-15
3191	"	Quirol Pueblo, Eugenio	14657	26-05-16
3192	25-01-42	Lafuente Maniestro, Germán	13561	24-04-20
3193	"	Urgel Barceló, Jaime	13558	30-06-20
3194	"	Real Santos, Rafael	13806	15-11-05
3195	"	Castillo Budes, Francisco	13028	05-06-05
3196	"	Allendín Navarro, Rafael	10360	02-08-02
3197	"	Úbeda Siles, Juan	11846	25-04-07
3198	"	Ruiz Osa, Luis	13807	30-04-10
3199	"	Ibáñez Egea, Félix	14348	18-05-13
3200	"	Suela Cuadrado, Nicolás	13645	31-01-14
3201	26-01-42	Expósito Lucio, Evaristo	10659	26-03-04
3202	"	Llaneza Rodríguez, Rubio	13113	30-06-02
3203	"	Gómez Garvi, Luis	9393	22-04-17
3204	"	García Margallo, Pedro	10112	13-12-20
3205	"	Ponce Llana, Valentín	14308	06-05-07
3206	"	Celma Celma, Luis	9118	30-08-03
3207	"	Ruane Clemente, Eusebio	14479	12-09-08
3208	"	Grano Salva, Pedro	10834	15-03-13
3209	"	Fabrat Galobarde, Calixto	12325	14-05-02
3210	"	Lucas Martínez, Manuel	11805	03-12-19
3211	27-01-42	Pagues Granollers, Juan	14655	21-12-12
3212	"	Carralero Page, Patricio	9097	28-04-09
3213	"	Esteban Moreno, José	11955	10-12-10
3214	"	Rueda Jiménez, Manuel	10635	08-09-04
3215	"	Sánchez Zambrana, Adelino	12361	09-03-11
3216	"	Mayor Catalá, Manuel	12116	13-06-13
3217	"	Morales Espejo, Antonio	12130	23-08-15
3218	28-01-42	Curia Gotius, Enrique	10154	15-02-11
3219	"	Bonifacio Gallardo, Juan	12069	11-01-09
3220	"	Boch García, Antonio	13891	16-05-08
3221	"	Solanas Mascaró, José	10732	01-11-00
3222	"	Miralles Rodas, Enrique	12457	08-10-98

3223	"	Budas Buriel, Lorenzo	13591	30-04-21
3224	"	Santana Martín, Miguel	13932	19-02-08
3225	29-01-42	González Martín, Santos	12309	23-11-17
3226	"	Espes Villas, Manuel	9194	29-08-18
3227	"	Gejo Soriano, Juan	11408	12-09-08
3228	"	Mur Ferrer, Vicente	10276	12-03-15
3229	"	Solas Vera, Ramón	12007	19-11-05
3230	"	García Crespo, Manuel	13918	01-04-19
3231	"	Emilio López, Marcos	11721	18-06-13
3232	"	Franco Nicolás, Esteban	13230	19-10-16
3233	"	Martín Díaz, Eduardo	11628	17-01-18
3234	"	Tejedor Rovilla, Vicente	13707	09-01-00
3235	30-01-42	Mazanera Hernández, Juan	10724	20-06-12
3236	"	Quirós González, José	13620	05-10-11
3237	"	Vela Dares, Ambrosio	9760	31-03-10
3238	"	Ortega Arando, Melchor	9522	24-03-17
3239	31-01-42	Gimeno Ferxianeda, Silvestre	11280	09-11-16
3240	"	Ballester Salcedo, Enrique	10850	12-10-18
3241	"	Playan Buil, Baltasar	14038	09-04-19
3242	"	González Navarrete, Daniel	10863	12-07-04
3243	"	Rodríguez Román, Jerónimo	13688	07-07-05
3244	"	Ferrer Cerverón, José	11264	11-05-19
3245	"	Callariza Albañal, Tomás	11815	14-04-15
3246	"	Fracesa Alentado, Pascual	10323	05-12-12
3247	"	Rivas Lucas, José	12365	08-06-17
3248	"	Lloren Bru, Ricardo	14362	31-03-18
3249	01-02-42	Trujillo Trujillo, Juan	10660	08-09-16
3250	02-02-42	Mir Valles, Francisco	13134	30-08-11
3251	"	Gómez Rodríguez, Rafael	14022	24-09-18
3252	"	Yepes Moreno, Antonio	10098	18-10-13
3253	"	Ferrero López, Miguel	14087	31-03-17
3254	"	Camas Gil, José	13939	15-07-18
3255	"	Barreras Permia, Pablo	13122	27-01-07
3256	"	García Carrasco, Juan	13351	10-11-19
3257	"	Serrano Ginés, Manuel	13095	14-07-14
3258	"	Noeda Santacruz, Silverio	12243	20-06-18
3259	"	Alemán Nanarre, Miguel	13679	22-12-10
3260	"	Ortega García, Antonio	12406	27-08-15
3261	"	Cerdán Bonachero, Antonio	13548	04-04-12
3262	"	Márquez Romero, Luis	14083	05-01-17
3263	"	Cuenca Zamora, Ricardo	12088	23-10-12
3264	"	Martínez Pérez, Cecilio	14011	28-11-13
3265	"	Rivester Carmi, Juan	14437	13-05-11

3266	"	Jamas Saulis, José	14036	01-09-08
3267	"	Aguilar Bonavida, Vicente	10980	15-08-08
3268	03-02-42	Hidalgo Antero, Daniel	13137	21-03-93
3269	"	Majano Agudo, Esteban	11609	28-11-15
3270	"	Márquez Cepina, Antonio	14628	14-05-16
3271	"	Herrero Pallarés, José	14341	01-04-14
3272	04-02-42	Escartín Torres, Mariano	11949	12-10-10
3273	"	Juan Martí, José	14006	27-12-18
3274	"	Grau Roca, Ricardo	9324	06-04-98
3275	"	Monzón Arbendez, Sergio	11518	22-06-11
3276	"	Barragán Díoz, Eloy	13077	08-09-12
3277	"	Lamela Marcote, Ramón	12056	01-09-14
3278	"	Moreno Ballester, Antonio	9973	17-01-17
3279	"	Calsa Barrales, Eloy	11027	19-04-07
3280	"	Giménez Ortiz, Pedro	14019	20-01-14
3281	"	Guerrero Roldán, Manuel	13175	08-12-09
3282	"	Gómez Lacamnio, Agustín	9921	02-03-07
3283	05-02-42	Torres Gutiérrez, Pablo	10849	24-06-19
3284	"	Navarro Arce, Mariano	13407	15-08-15
3285	"	Burgos Martínez, Víctor	12258	05-11-17
3286	"	Sauro Marcos, José	9694	27-07-15
3287	"	Mulet Reula, Vicente	13163	17-03-12
3288	"	Matas García, José	11770	03-12-12
3289	06-02-42	Boltrán Jardiner, Víctor	14244	17-03-19
3290	"	Ros Conesa, Andrés	14440	18-05-01
3291	"	Flores Trinidad, Ildefonso	13724	03-01-03
3292	"	Lansevos Lobatos, Gabriel	13866	02-03-06
3293	"	Parra Ramírez, Miguel	13609	21-01-16
3294	08-02-42	Ruiz Carrete, Carlos	12009	12-04-15
3295	09-02-42	Vázquez Navarro, Benjamín	13849	19-01-19
3296	11-02-42	Nuria Nuria, Jaime	11390	04-04-08
3297	"	Vázquez Navado, Lázaro	14074	23-01-16
3298	"	Santamaría Ocaña, José	10408	30-01-15
3299	"	Parra Quintana, Liberto	13817	15-09-11
3300	13-02-42	Romero Colas, Andrés	14025	03-02-07
3301	14-02-42	Bundos Sega, Salvador	9835	13-11-99
3302	"	Pérez Urris, Luciano	14450	13-12-16
3303	15-02-42	Balaguer Navarro, Benito	10474	17-07-95
3304	"	Arias González, Octavio	11592	17-05-17
3305	16-02-42	Grande Jiménez, Pedro	13834	24-01-17
3306	"	López Martín, Rufo	10970	27-08-07
3307	17-02-42	Esparbes González, Martín	13088	28-01-10
3308	"	Vieto Vieto, Serafín	13972	08-03-15

3309	"	Segura Seco, Francisco	13680	03-02-13
3310	18-02-42	Rodríguez Gómez, Manuel	11832	16-04-16
3311	"	Méndez Sánchez, Gabriel	12169	16-12-08
3312	"	Alcalde Jiménez, Emilio	13917	23-04-17
3313	"	Moraleda García, Jesús	14651	03-06-13
3314	"	Ferrer Coll, José	9228	19-03-00
3315	"	Nadal Bonet, Francisco	11675	10-07-19
3316	"	Sarabia Vázquez, José	13841	14-08-14
3317	"	Andújar Villaescusa, Francisco	11543	27-04-18
3318	19-02-42	Pascual, Estanislao	10446	07-05-09
3319	"	Rey Nieto, Santiago	13119	30-06-13
3320	20-02-42	Quintana Caldera, Antonio	13575	15-06-21
3321	"	Herrera Delgado, José	13916	02-10-14
3322	21-02-42	Bruño Nuria, Jesús	13106	26-04-13
3323	22-02-42	Peñalvis Villanueva, Ricardo	9550	13-03-13
3324	"	Escartín Faulo, Elías	9190	25-06-05
3325	"	Ortega Rodríguez, José	14063	11-05-05
3326	23-02-42	Montesinos Martínez, José	13117	28-12-17
3327	"	Rodríguez Manguilla, Miguel	13013	10-03-04
3328	"	Noya Santos, Manuel	14070	21-04-13
3329	"	García Sáez, Paulino	13080	09-10-03
3330	24-02-42	Rodríguez Rodríguez, José	11430	20-05-18
3331	"	Zorrilla Pozorio, Mariano	9749	15-08-19
3332	"	Antonio Vidal, Juan	13580	26-07-20
3333	"	Solas Pino, Manuel	11458	08-05-11
3334	"	Serrano Castany, Antonio	13670	17-01-14
3335	"	García Rodríguez, Mariano	12429	19-08-16
3336	"	Rodríguez Gull, José	14430	10-02-17
3337	"	Otero Pinero, Antonio	13657	28-07-12
3338	"	Tomás Ceniandi, Bartolomé	11486	25-03-19
3339	"	García Díez, Agustín	10773	07-05-13
3340	25-02-42	Pérez , Francisco	13618	12-07-14
3341	26-02-42	Fernández Pérez, José	12140	20-09-07
3342	"	Rubio Lasera, Manuel	14059	03-06-15
3343	"	López García, Joaquín	12313	01-08-13
3344	"	López Garcés, Juan	11954	25-07-15
3345	"	Carabante Pérez, José	12428	02-06-10
3346	"	Pérez Álvarez, Antonio	14994	06-12-10
3347	27-02-42	Martínez Buendía, Antonio	14051	25-04-14
3348	01-03-42	Echebarría Vilellas, Ramón	13046	31-08-03
3349	"	Morilla Pinto, Benito	9471	31-10-10
3350	02-03-42	Gómez Astacho, José	11595	27-10-09
3351	"	Hidalgo Busto, Cesáreo	13625	16-12-06

3352	04-03-42	Rafael Doménech, Eusebio	15063	02-09-91
3353	"	Rodríguez Velásquez, M.	13209	04-06-12
3354	"	González Díaz, Vicente	14311	22-01-08
3355	05-03-42	Santamaría Tortosa, Luis Fr.	11970	05-10-05
3356	"	Hidalgo Martín,, Cecilio	12354	17-02-17
3357	"	Nuria Molina, José	9488	02-03-17
3358	"	Sánchez , Enrique	13957	05-02-15
3359	"	Sánchez, Martín	13734	29-03-18
3360	"	Navarro Castileo, Antonio	11383	21-04-03
3361	"	García Quintana, Juan	10299	09-02-21
3362	"	López Llorente, Sandalio	10495	03-09-10
3363	"	Moreno Zamora, Celestino	13663	24-07-11
3364	"	Sánchez Moreno, Victorio	13885	17-11-09
3365	"	Martín Hernández, Lorenzo	12235	12-04-11
3366	06-03-42	Martínez Muñoz, José	14388	20-09-16
3367	08-03-42	Herrero Esteban, Antonio	13919	06-01-06
3368	09-03-42	Medina Cerbat, Sebastián	11573	01-03-08
3369	"	Ramos Loja, Juan	13097	08-12-07
3370	10-03-42	Cervera Moratín, Isidro	11225	24-09-99
3371	11-03-42	Zaragoza Gallego, Sebastián	11507	07-05-09
3372	13-03-42	Moreno, Flores	11375	04-02-17
3373	"	Coma Aura, Juan	9140	24-06-09
3374	"	Amado Mayos, Eugenio	13138	06-01-06
3375	"	Sánchez Mendoza, Rafael	13722	02-08-14
3376	15-03-42	García Morales, Antonio	13146	13-10-13
3377	"	Rogueros Morales, Antonio	13829	05-09-16
3378	16-03-42	Fustes Prats, Manuel	13933	05-09-12
3379	17-03-42	Fernández Fernández, Manuel	9212	22-04-16
3380	"	Pérez Moreno, Emilio	10452	11-09-03
3381	"	Lacruz Moguillet, Francisco	11865	10-05-19
3382	"	Martínez Vargas, J. Luis	11672	05-10-13
3383	18-03-42	Raus Santamera, Francisco	13099	10-10-15
3384	"	Dionisio Dueso, Félix	9981	07-08-16
3385	19-03-42	González González, Cándido	13000	02-02-10
3386	"	Abrill Castell, Joaquín	9817	24-01-07
3387	"	Teixidor Basis, José	11689	05-06-13
3388	"	Quintana Romero, Antonio	12073	05-07-09
3389	"	Martínez Lazo, Miguel	12960	20-12-20
3390	21-03-42	Cercelles Moya, Félix	14021	08-11-08
3391	22-03-42	Giral Carlonero, Pedro	14040	03-10-09
3392	"	Seguí Javal, Jaime	13881	28-02-18
3393	"	Parras Andújar, Clemente	13994	19-05-16
3394	"	Gómez Martí, Vicente	10946	21-03-12

3395	23-03-42	Vergues Clasperols, Juan	14486	24-01-10
3396	24-03-42	Gómez Cabrera, Andrés	10722	18-04-04
3397	"	Cuenca Carpio, José	13004	06-10-03
3398	"	Rodríguez Miró, José	14459	25-04-07
3399	"	Buendía Gallego, Bernardino	9834	16-02-12
3400	"	Torres Torrent, Miguel	12165	20-03-10
3401	25-03-42	García salcedo, Julián	13379	25-09-17
3402	"	Ayala Sánchez, Jaime	13999	08-03-18
3403	"	García Pombo, Timoteo	12459	24-01-12
3404	"	Ordaz Pérez, Antonio	9998	25-10-17
3405	"	Rubio Del Valle, Luciano	10682	19-11-11
3406	"	Orellano Cano, Antonio		
3407	26-03-42	Fraquet Borau, David	13087	01-07-11
3408	28-03-42	Navas Navas, Martín	12242	11-11-09
3409	30-03-42	Romanach Coll, Armengol	11538	23-04-06
3410	31-03-42	Marín Gavín, Teodoro	10532	14-07-16
3411	02-04-42	Delgado Bravo, Joaquín	10447	25-07-03
3412	06-04-42	García Berrado, Casimiro	14418	07-05-15
3413	07-04-42	Martínez Jiménez, Manuel	14393	23-06-17
3414	08-04-42	Rivas Llinás, José	14434	03-05-08
3415	09-02-42	Carvajal Vázquez, Manuel	12208	15-01-07
3416	"	Rodríguez Ramón, Claudio	13687	30-10-08
3417	10-04-42	Sanz Vázquez, Francisco	12042	24-09-14
3418	"	Bergues Estrada, Aniceto	14239	05-02-07
3419	12-04-42	Pascual Palligas, Macario	11807	02-01-12
3420	14-04-42	Laznan Guzmán, Telesforo	12974	05-01-16
3421	"	Pozas Alfonso, Marín	13615	15-04-11
3422	15-04-42	Fernández Castillo, Víctor	10993	06-11-18
3423	"	Castell Águilas, Juan	11221	13-06-01
3424	18-04-42	Abad Allastos, Florencio	11766	02-01-04
3425	"	Valdés , Alfonso	14075	14-04-14
3426	20-04-42	Martín Rodríguez, Pedro	10771	15-10-14
3427	"	López Rojas, Manuel	13385	07-08-16
3428	"	Perra Córdoba, Hilario	14417	24-12-17
3429	"	Martínez Vinesa, Herminio	14638	20-11-09
3430	21-04-42	Arman Tárrega, Manuel	10571	15-09-99
3431	22-04-42	Casado Builac, Miguel	9103	22-06-17
3432	"	Simón Sánchez, José	11473	02-01-98
3433	"	Altesa Oro, Ramón	13616	08-01-11
3434	26-04-42	Gómez García, Claudio	9289	08-07-14
3435	"	González Méndez, Felipe	13904	28-11-17
3436	28-04-42	Caballo Vázquez, Pedro	9871	08-04-97
3437	"	Rodríguez Romero, José	10069	15-12-12

3438	30-04-42	Casado Sancho, Claudio	10629	08-06-05
3439	"	Expósito Campos, Arcadio	12087	10-06-07
3440	"	Ramón Ramón, Francisco	11592	02-07-18
3441	"	Sánchez Aña, Félix	10948	02-05-15
3442	"	Telechea Villaguas, Paulino	10869	03-09-15
3443	01-05-42	Tabares Hernández, Rubén	9726	23-03-19
3444	"	Pérez Torrondell, Juan	11844	30-08-19
3445	02-05-42	Martín Gómez, Mariano	14371	04-09-16
3446	04-05-42	Sabato Hierbas, Celedonio	13207	25-10-13
3447	05-05-42	Larroca Victoria, Juan	10255	24-01-06
3448	06-05-42	Pivernat Pérez, José	13732	01-03-19
3449	08-05-42	Echevarría Villelas, Francisco	13045	10-04-02
3450	"	Martínez Álvarez, José	13126	09-07-17
3451	09-05-42	López Álvarez, Francisco	13984	10-10-10
3452	11-05-42	Calot Salas, Rafael	11214	10-02-10
3453	"	Ruano Garrido, Francisco	14498	03-10-15
3454	"	Rubio Ortiz, Luis	13878	08-10-15
3455	"	Lucas Muñoz, José	13124	24-04-06
3456	12-05-42	Grao Ibáñez, Francisco	11947	12-03-16
3457	13-05-42	Valles Gómez, Antonio	10093	21-06-09
3458	"	Trallero García, José	11478	18-03-98
3459	"	Hernández Díaz, Félix	11600	20-10-04
3460	"	Tamarid Ros, José	12378	14-11-16
3461	"	Chicharrero Biudel, Fermín	12944	27-11-18
3462	"	Fernández Parada, Manuel	13953	05-10-15
3463	"	Boch Inglés, Antonio	14225	23-09-18
3464	"	Lozano Rivera, Diego	14360	30-10-16
3465	14-05-42	Feruz Fusar, Baltasar	13636	05-01-11
3466	15-05-42	Muñoz Rubio, José	12191	09-03-14
3467	"	García Navarro, Bautista	13659	21-04-17
3468	"	Jiménez Pereira, Serafín	13719	08-02-11
3469	21-05-42	Bonfil Alesa, Ramón	9457	06-02-02
3470	24-05-42	Solache Villamarín, Fernando	10290	11-01-11
3471	"	Torres Torrent, Miguel	12165	20-03-10
3472	29-05-42	Abengoza Arau, Julián	14603	12-12-12
3473	09-06-42	Baldajos Fernández, Evaristo	11499	26-09-10
3474	11-06-42	Caballero Domínguez, Juan	11201	07-04-15
3475	15-05-42	Plaza Turpín, Pedro	10959	01-04-15
3476	17-06-42	Corredera Pérez, Juan	10468	29-04-16
3477	"	Suárez Segarra, Vicente	13663	03-03-12
3478	18-05-42	Lorenzo Callazos, Víctor	13931	24-07-17
3479	19-05-42	Churruca Buves, José	11791	26-02-14
3480	"	Viñas Ventura, José	11566	01-01-06

3481	22-06-42	Yagüe Martínez, Pedro	157	29-04-10
3482	25-06-42	Caballero Bruno, Adolfo	15372	12-07-18
3483	29-06-42	Camarero Sijo, José	11216	11-02-10
3484	"	Rebollo García, Gregorio	11877	17-11-03
3485	"	Martín López, Casimiro	12129	04-03-14
3486	"	Marchante López, Juan	13058	29-04-11
3487	"	Pérez Fernández, Luis	13907	09-08-07
3488	30-06-42	Aparicio Conejero, Pablo	10890	10-08-14
3489	"	García Birlán, Modesto	15375	23-06-18
3490	03-07-42	García González, Ovidio	196	21-02-98
3491	"	García García, Manuel	12199	01-04-18
3492	06-07-42	Leijas Fusuna, José	12422	07-04-11
3493	"	García Pomares, José	14012	02-03-16
3494	"	Gil Camarasa, Salvador	14624	24-11-21
3495	08-07-42	Camarero Orajada, Marcelino	9901	01-01-18
3496	"	García Castañeda, Alonso	10163	13-09-12
3497	"	Valles Surcol, Francisco	10499	09-08-13
3498	09-07-42	Gutiérrez Heras, Atanasio	10899	02-05-12
3499	10-07-42	Moncas Cortés, Jesús	14050	05-01-19
3500	"	Montes Maza, Antonio	14385	22-05-14
3501	"	Martínez Sánchez, Antonio	10972	26-03-17
3502	"	Yaglera Escoba, Vivente	10699	13-01-08
3503	"	Mollano Rodríguez, Plácido	11808	05-10-08
3504	"	Piquer Borrachina, Ramón	10867	08-03-19
3505	"	Portillo Tejero, Blas	11420	20-05-18
3506	"	Pozo Treja, Famoso	14075	13-12-01
3507	"	Rojas Palomo, Manuel	13845	12-01-18
3508	"	Romero Pérez, Juan	10770	10-03-05
3509	"	Salvador Sabater, Emilio	11922	24-08-05
3510	"	Callejón Martínez, Federico	175	24-01-12
3511	"	Castro De la Encarnación, José	10248	19-10-19
3512	"	Cubeda Carda, Pedro	13638	25-03-14
3513	"	Domínguez García, Remigio	11244	02-06-18
3514	"	García Segura, Rafael	13651	07-02-18
3515	"	Friante Uribe, Miguel	11319	14-07-05
3516	11-07-42	Margalet Freig, Francisco	9405	08-08-17
3517	"	Martín Martín, Eulogio	13094	25-07-13
3518	"	Sánchez Pedro, José	13750	18-03-07
3519	"	Alastoy Butaya, Santiago	14205	25-07-14
3520	"	Valcárcel Martínez, Juan	17488	11-05-07
3521	"	Mingolla Ruedo, Cristóbal	163	02-02-95
3522	13-07-42	Díaz Fernández, José	11241	02-03-17
3523	14-07-42	Esteve Chape, Bernardo	13578	05-08-18

3524	"	Moya Torres, Ramón	14372	24-06-14
3525	"	Viana Arronez, Segundo	173	29-03-98
3526	15-07-42	Ruiz Sánchez, Juan	156	07-08-07
3527	"	Sentís Valentín, José	13925	28-08-07
3528	17-07-42	Jiménez Murcia, Eduardo	10643	29-05-10
3529	18-07-42	Martín Sebastián, Juan	14037	14-10-11
3530	22-07-42	Redondo Muñoz, Julián	10716	17-06-04
3531	"	Redondo Del Faro, Ceferino	13086	12-05-04
3532	"	Nalimarra Blesa, Enrique	12978	15-06-95
3533	23-07-42	González Jiménez, Larci	13072	13-01-12
3534	24-07-42	Coronas Canesco, Miguel	13008	08-03-08
3535	"	Chartier, Robert	15994	12-06-11
3536	25-07-42	Larrades Casanova, Pedro	168	11-04-11
3537	"	Fernández López, Francisco	162	11-09-11
3538	"	Rubio García, Rafael	13088	29-10-13
3539	"	González Pérez, Tomás	13752	05-11-06
3540	"	Miguel Maruenda, José	14003	24-08-16
3541	26-07-42	López Figón, Jesús	9379	10-03-12
3542	"	Caldero Aldalo, Salvador	15371	29-06-15
3543	29-07-42	Lanilla Sánchez, Luis	9361	20-03-14
3544	"	Bullich Simot, Frutos	15370	09-02-13
3545	"	Vázquez Díaz, José	14073	13-03-12
3546	30-07-42	Mas Pons, Joaquín	12373	21-10-12
3547	"	García Figueras, Bienvenido	11858	21-03-17
3548	"	Nieto Picón, Julián	13597	24-05-21
3549	"	Díaz Valderrama, Andrés	10733	20-05-08
3550	"	Francés Vidal, José	11541	31-08-17
3551	"	Agudo Castillo, Martín	14095	26-08-18
3552	"	Berenguer Palacios, Alfonso	10309	13-02-10
3553	"	Marín Miralles, Rafael	11583	22-02-00
3554	"	Pérez Calventos, Mariano	9569	05-10-15
3555	31-07-42	Aleina Amaro, José	10261	17-05-09
3556	"	Cainas López, Luis	13648	05-02-18
3557	"	Simermán, Antón	9852	03-01-11
3558	"	Ballesteros Bravo, Antonio	9035	14-03-21
3559	01-08-42	Martínez Jiménez, Antonio	13161	10-04-18
3560	03-08-42	Martínez Vargas, J. Antonio	11671	10-03-19
3561	04-08-42	Champín Cuesta, Andrés	10927	12-02-03
3562	"	Galindo Serra, José	11297	04-08-12
3563	"	García García, Manuel	11957	20-11-14
3564	"	Fernández Ferrorco, Francisco	13606	04-04-20
3565	"	Mateos Garcés, José	13624	21-03-17
3566	"	Martín Pérez, Rafael	13933	08-06-03

3567	05-08-42	Rosa Villas, Manuel	9775	28-01-17
3568	06-08-42	Jiménez Moreno, Domingo	142	02-03-08
3569	07-08-42	Busquet Belver, Rosendo	10673	13-06-15
3570	09-08-42	Pardo García, Bruno	13235	03-08-03
3571	"	Valles Tomás, Benito	10400	14-01-13
3572	10-08-42	Carren Delgado, Ramón	12859	10-07-20
3573	"	Pagués Álvarez, Eulalio	13684	27-01-15
3574	12-08-42	Villegas Fernández, Félix	11920	06-11-13
3575	13-08-42	Hernández Sánchez, Ángel	160	02-08-15
3576	"	Algarra Del Álamo, Amancio	9822	06-12-17
3577	"	Montes Izquierdo, Máximo	14365	08-01-09
3578	15-08-42	Pérez Pérez, José	11398	01-04-11
3579	16-08-42	Rodríguez Cano, J. María	11455	08-09-18
3580	17-08-42	Buestes Camino, Antonio	14436	10-02-05
3581	"	Quiroga Andreu, Gerardo	12143	07-07-07
3582	18-08-42	Torres Lima, Francisco	11481	03-08-13
3583	21-08-42	Planas Vila, José	11409	05-12-15
3584	"	Carrillo Pérez, Juan	9101	18-10-18
3585	"	Coto Coto, Antonio	167	07-02-11
3586	23-08-42	Manubo Espitón, Luis	33	01-10-10
3587	"	Torres Fresquet, Amado	9745	16-03-20
3588	"	Sánchez Soria, Franco	12969	19-02-12
3589	25-08-42	Bencal Ortega, Antonio	13708	07-03-18
3590	"	Cuenca Caballero, José	14613	14-09-15
3591	"	Hernández Moreno, Juan	15376	11-05-18
3592	26-08-42	Leiva González, José	9365	22-01-17
3593	"	Ramos Romero, Vicente	13595	22-05-22
3594	"	Broncaus Barba, Rafael	14240	28-03-19
3595	27-08-42	Segura Martínez, Antonio	10054	25-11-18
3596	"	Torres Márquez, Marcelo	12994	08-06-12
3597	01-09-42	Pericas Perrona, Rogelio	12093	14-10-10
3598	03-09-42	Gómez Mancilla, Juan	10872	15-06-18
3599	"	Ballesta Martínez, A.	11181	12-12-10
3600	"	Samínguez Tallada, Pascual	11593	01-11-14
3601	06-09-42	Perona Pelegrín, Ricardo	14416	08-06-19
3602	08-09-42	Tejeda Jiménez, Segundo	14488	09-08-16
3603	11-09-42	Brasile Ferdinand, Francisco	15497	10-02-12
3604	13-09-42	Alvarado Rodríguez, Dionisio	10590	09-10-08
3605	17-09-42	López Ripoll, Juan	13266	05-12-12
3606	"	Blanco González, Ángel	13877	04-07-10
3607	18-09-42	Valverde Llorente, Francisco	165	15-06-03
3608	"	Zapata Sánchez, Ricardo	9797	18-07-10
3609	"	Ramos Díaz, Antonio	10011	13-08-18

3610	22-09-42	Rodríguez Trillo, Juan	10008	17-02-15
3611	23-09-42	Pizarro Cros, Félix	10857	16-12-06
3612	"	Martínez Hernández, Juan	170	22-10-16
3613	01-10-42	Esteban Milón, Enrique	9883	15-11-13
3614	05-10-42	Oger Buíll, Augusto	12660	02-08-20
3615	06-10-42	Ordites Pérez, Pedro	14209	29-03-14
3616	08-10-42	Roig Balselles, Vicente	12857	04-03-21
3617	09-10-42	Poves Pastor, Agustín	11536	30-01-09
3618	10-10-42	Postigo Colas, Joaquín	9606	07-07-08
3619	"	Dorado García, Gregorio	13109	13-11-09
3620	13 10-42	Arerul Padrol, Joaquin	14427	13-11-12
3621	"	Garcet Blasco, Domingo	12227	07-06-13
3622	"	Tollas Arias, Benedicto	11664	12-12-14
3623	"	Molina Ortega, Antonio	13220	21-05-12
3624	14-10-42	Ruiz Zafra, Antonio	14090	13-06-13
3625	16-10-42	Hus Villanueva, Pedro	11879	13-07-01
3626	"	Maldonado García, Antonio	13164	31-12-11
3627	18-10-42	Sampietro Alegra, Simón	10966	02-10-13
3628	19-10-42	Pagao Gil, Alberto	12111	18-06-14
3629	"	Bonilla Chacón, Jacinto	11869	22-05-20
3630	20-10-42	Manzanares Mestre, José	11725	25-09-03
3631	"	Ramis Mateo, Pedro	154	22-03-12
3632	"	Tomás Tomás, Rufo	13757	03-05-12
3633	21-10-42	Ruiz Vivas, Juan	13717	26-06-10
3634	"	Del Valle, Antonio	10992	09-01-05
3635	22-10-42	Martínez Montejo, Rafael	14055	13-05-19
3636	23-10-42	Muñoz Martínez, Domingo	9975	14-05-08
3637	24-10-42	Bondía Dolcet, Juan	14226	16-05-10
3638	25-10-42	Ramírez Del Campo, Antonio	10412	17-01-18
3639	26-10-42	Abadía Del Ruste, Emilio	8970	04-03-12
3640	"	Castro Domínguez, José	9114	20-02-12
3641	27-10-42	Saura Moll, Rafael	171	13-12-07
3642	"	Callado Blázquez, José	9136	10-04-18
3643	"	Cruz Ortiz, José	11551	01-01-01
3644	29-10-42	Fernández Gutiérrez, Antonio	152	04-03-15
3645	"	Pulgarín Ranado, José	153	12-01-19
3646	"	Porta Solana, Pedro	10974	07-05-13
3647	"	Ortega Yerga, Ricardo	12337	25-05-06
3648	30-10-42	Marín Morales, Andrés	9402	13-11-19
3649	"	Rodas Castro, Tomás	159	25-06-98
3650	31-10-42	Vico Martínez, Antonio	10956	20-04-09
3651	"	Miguel, Pascual	11445	06-01-15
3652	"	Gallego Fernández, Román	12253	22-02-07

3653	02-11-42	Aguilar Lej, José	164	01-11-08
3654	"	Hernández Gratascós, Tomás	11790	13-12-13
3655	05-11-42	Sánchez Marto, Marcelo	174	07-12-13
3656	"	Puerto Pérez, Manuel	9163	25-10-18
3657	"	González López, José	11624	13-04-13
3658	"	Fernando Escribano, Teodoro	11626	11-01-11
3659	"	Jiménez Cubell, Carlos	12337	11-06-18
3660	"	Ortiz Pérez, Ángel	13723	01-05-08
3661	11-11-42	Ortega Mateo, Andrés	10024	30-12-11
3662	"	Gallardo Alonso, Tiburcio	13642	14-04-14
3663	12-11-42	Fuente Nieto, Manuel	9244	18-12-12
3664	"	Montero Malagón, Pedro	10787	27-01-10
3665	"	Martín Rufino, Agustín	10852	23-12-10
3666	"	Berja Jiménez, Pedro	11195	01-02-12
3667	13-11-42	Mullo, Alois	143	24-06-12
3668	"	Ferrer Forrelo, Domingo	10500	20-07-12
3669	"	Gago López, Arturo	11299	02-09-03
3670	"	Muñoz Montes, Fernando	13934	02-06-14
3671	16-11-42	González Romero, Cristóbal	13835	10-10-17
3672	17-11-42	Sanfulgencio Donderis, Agustín	9682	27-04-09
3673	"	Suárez Lorenzo, Antonio	13748	09-01-18
3674	18-11-42	Sánchez López, Manuel	9675	14-04-14
3675	"	Serrano Serrano, Pastor	10051	09-07-17
3676	22-11-42	Pérez Gómez, Dionisio	13555	21-04-21
3677	23-11-42	Cerbete Ruiz, Gonzalo	11211	19-11-14
3678	"	Téllez Carrasco, Fernando	13847	03-04-05
3679	"	Cabbete Portijo, Antonio	14277	02-07-13
3680	24-11-42	Barrena Bartolomé, Félix	178	25-03-14
3681	25-11-42	López Playa, Pascual	180	14-04-18
3682	"	Carabante Pérez, Cecilio	12427	12-08-11
3683	"	Lozano Borrego, Alfonso	14034	12-08-19
3684	"	Angulo Vega, Felipe	14204	11-04-19
3685	26-11-42	Feleriano Rivas, Ángel	179	09-02-16
3686	"	Castillón Ball, Antonio	11202	02-03-04
3687	"	García López, Domingo	14018	22-04-06
3688	27-11-42	Pérez Carrasco, Juan	10001	20-11-10
3689	"	Brandi Martín, Eduardo	10686	10-07-07
3690	"	Borrego Garera, Aurelio	14222	21-01-08
3691	28-11-42	Pardo Lázaro, José	141	29-05-09
3692	"	González Gallego, Faustino	13225	17-11-19
3693	29-11-42	Roselló Morales, Cecilio	10472	11-04-05
3694	01-12-42	Villegas Cabezas, José	10288	09-02-17
3695	02-12-42	Carrero García, Miguel	9990	30-07-17

3696	"	Martín López, Elías	12644	17-04-13
3697	03-12-42	Valverde Carrero, Luis	11969	07-04-20
3698	05-12-42	Albaner Galimat, José	14218	22-05-15
3699	"	González Cabrero, Julio	13560	16-02-23
3700	06-12-42	Mares Florencio, José	15485	20-11-06
3701	08-12-42	Alcaraz González ,Francisco	2547	04-02-00
3702	"	Cabero Obenzo, José	2599	21-04-08
3703	10-12-42	Millán Montilla, José	9983	25-05-15
3704	"	Fernández Villavieja, Francisco	13915	13-04-14
3705	"	Mora Gómez, José	10504	12-02-19
3706	13-12-42	Vallejo Sanpedro, Fabiano	13263	31-08-15
3707	15-12-42	Marín-Núñez Mateo, Vicente	417	15-08-14
3708	"	Toro De la Fuente, Gabriel	11482	25-09-17
3709	"	Moreno González, Filomeno	11787	27-06-04
3710	"	Solano Gómez, Cristóbal	12856	18-11-20
3711	"	Muñoz Pujol, Hernando	14062	17-08-17
3712	17-12-42	Jiménez Castejón, Antonio	10788	09-02-14
3713	19-12-42	Coto Servent, Francisco	4475	14-02-08
3714	20-12-42	Bedoba, Luigi	10549	26-12-98
3715	23-12-42	Guinovart Rabasa, Ramón	10507	14-01-16
3716	24-12-42	Guado Perals, Vicente	13264	02-03-05
3717	26-12-42	Marcelino Vidal, Manuel	14692	01-03-10
3718	27-12-42	García López, Bruno	14338	06-10-17
3719	29-12-42	Calbentos Sánchez, Manuel	9179	25-12-09
3720	"	Lamarca Benedet, Ángel	9358	11-09-12
3721	"	Maldonado Araque, Luis	9977	28-08-13
3722	30-12-42	López Fernández, Francisco	3073	10-05-06
3723	31-12-42	Salcedo Rabanaque, Fernando	9662	16-11-17
3724	"	Pons Marín, Manuel	13068	28-08-20
3725	05-01-43	Pastor Blanco, Joaquín	9546	07-12-00
3726	"	Casanova Soler, Antonio	14274	11-04-17
3727	10-01-43	Oliver Sapeda, Salvador	13705	10-04-02
3728	"	Olivares Torres, Isidoro	11535	15-06-06
3729	13-01-43	Meseguer Saldón, Juan	4179	19-06-11
3730	18-01-43	Gea Ricarte, José	3841	31-05-10
3731	19-01-43	Bebegnes Crespo, Miguel	2601	25-05-02
3732	21-01-43	Valera Cantero, Enrique	12015	03-09-19
3733	"	De la Torre Sánchez, Juan	13781	08-03-17
3734	23-01-43	Escuín Garrido, Luis	13224	01-01-14
3735	24-01-43	Rodríguez Núñez, Antonio	10666	15-05-06
3736	25-01-43	Jerez López, Emilio	14719	25-03-17
3737	31-01-43	Loreto Gálvez, Manuel	13075	13-06-12
3738	01-02-43	Gascón Agnal, Pablo	9279	28-03-19

3739	02-02-43	Barroso Vela, Rafael	9042	23-04-09
3740	03-02-43	López Alarcón, Joaquín	19361	16-08-17
3741	08-02-43	Mur Escamilla, Martín	2349	25-09-08
3742	12-02-43	Barribaig Rivas, José	10249	03-03-14
3743	15-02-43	Landeta Tudor, Melchor	9278	29-12-03
3744	24-02-43	Zamora Marcerito, José	144	02-11-11
3745	27-02-43	Pastor García, Mariano	19095	10-09-20
3746	01-03-43	Pérez Galindo, Antonio	11526	17-03-11
3747	"	Cosilla Monje, Plácido	13223	21-07-18
3748	08-03-43	Aroca Boleo, Eliseo	14210	28-03-15
3749	13-03-43	Valles Mas, Perquiño	12035	25-07-15
3750	14-03-43	Navarro Escobedo, Julio	13227	10-12-09
3751	16-03-43	Forjado Sánchez, Mariano	12268	16-08-19
3752	"	Moreta Arroyo, José	11369	18-04-14
3753	19-03-43	Andrés Medrano, Antonio	13788	16-06-18
3754	"	Martín Laguna, Heriberto	13859	27-12-16
3755	"	Soriano Lariz, Bienvenido	14496	03-10-14
3756	22-03-43	Hernández López, Pedro	13237	10-09-14
3757	25-03-43	Abad Fernández, Marcos	11979	20-10-10
3758	26-03-43	Artiga Gómez, Enrique	10951	05-10-20
3759	"	Hernández Cuervo, José	13641	07-03-18
3760	"	Barrena Pineda, Alfredo	9041	25-08-12
3761	"	Heppe Pérez, Antonio	13352	21-08-07
3762	01-04-43	Molero Díaz, Manuel	4180	05-02-09
3763	"	Torres Balada, Ramón	14478	29-11-18
3764	02-04-43	Mejías Vacas, Severo	11354	03-09-09
3765	03-04-43	Marino Granel, Esteban	3850	17-02-09
3766	05-04-43	Puig Torres, Martín	10311	11-11-07
3767	09-04-43	Valera Tolosa, Rafael	11451	11-05-16
3768	10-04-43	Fernández Díaz, Ildefonso	14299	18-09-16
3769	15-04-43	Ortega Grimaldo, Antonio	9523	24-12-21
3770	16-04-43	López Musilla, Joaquín	11324	15-09-05
3771	20-04-43	Álvarez Pineda, Juan	11825	17-05-20
3772	"	Valladolid Hernández, Pedro	14029	01-08-18
3773	07-05-43	Rodríguez Escursell, José	11683	03-02-19
3774	10-05-43	Ruiz Velasco, Antonio	12814	19-06-18
3775	11-05-43	Flores Díaz, Luis	4176	27-08-10
3776	15-05-43	Riera Closa, José	10260	26-03-06
3777	"	Hernández Barrigón, Fidel	10246	23-03-15
3778	"	Termes Brío, Manuel	13619	12-07-18
3779	"	Zurita Nogales, Domingo	13947	05-09-03
3780	21-05-43	Navarro Lorente, Juan	14653	21-10-18
3781	25-05-43	Gaspar Remolina, Emilio	10345	25-10-18

3782	30-05-43	Rincón Corrales, Restituto	10160	12-01-16
3783	01-06-43	Fuentes Bonito, Francisco	14656	23-04-15
3784	02-06-43	Coto Martínez, Manuel	14264	25-12-12
3785	03-06-43	Mallen Cuenca, Álvaro	4118	04-11-05
3786	18-08-43	Rodríguez González, Juan	1647	19-05-04
3787	04-10-43	Callejón Martínez, Ángel	4173	25-05-19
3788	20-10-43	Ordóñez Arias, Manuel	11394	05-04-07
3789	28-12-43	Muñoz ramón, Francisco	10754	02-04-14
3790	08-01-44	Ballesteros Ojeda, Antonio	9036	14-01-15
3791	12-01-44	De la Hija Cabello, Juan	12091	01-06-20
3792	26-02-44	Pérez López, Ángel	49251 / 845	17-05-05
3793	"	Herrero Catalina, Pedro	49596 / 10935	13-05-12
3794	21-03-44	Talco Durán, Rafael	49265 / 15273	05-10-15
3795	30-03-44	Palomar Colavia, Ángel	49260 / 13195	22-07-09
3796	02-04-44	Aznar Colot, Félix	49269 / 9811	21-10-13
3797	02-05-44	Comis Agraz, Marcelino	62187	01-06-97
3798	23-05-44	Alleso Oujo, Mariano	49253 / 172	17-04-01
3799	25-05-44	Gonzalo Alonso, Julio	43903 / 10954	19-08-18
3800	07-06-44	Grueso Muñoz, José	46021 / 181	03-06-13
3801	07-07-44	Luengo Garene, Juan	46734 / 11670	30-01-18
3802	02-08-44	Buison Sampere, Blas	45702 / 10429	04-07-08
3803	04-08-44	Pérez Vacas, Francisco	49279 / 11025	15-05-13
3804	09-08-44	Moreno Suárez, Ignacio	48970 / 10143	19-09-16
3805	21-09-44	Capdevila Sanz, Santiago	46660 / 9690	30-04-21
3806	"	Pena Pérez, José	47220 / 10902	12-11-18
3807	27-09-44	Sánchez López, Miguel	49262 / 11747	08-10-17
3808	05-11-44	Ruiz Carreta, Agustín	49450 / 12010	21-08-11
3809	22-11-44	Beltrán Lorén, José	53623 / 22390	?
3810	30-12-44	Jasque Carbonell, Manuel	4092	26-12-13
3811	01-01-45	Fecha Luna, Antonio	48295 / 14044	10-10-18
3812	03-01-45	Martínez Talarón, José	49258 / 15377	14-09-16
3813	08-02-45	Díez Bustamante, Pedro	3929	07-10-98
3814	17-02-45	Gómez Torres, Antonio	43261 / 13815	13-06-19
3815	28-03-45	Yuste López, Mario	6927	29-05-14
3816	"	Carmona César, Carlos	49589 / 10917	21-01-99
3817	30-03-45	Anglés García, Pedro	47226 / 9824	24-06-06
3818	13-04-45	Crespo Espinera, Miguel	4421	15-01-12
3819	14-04-45	González, Ramallo	3388	21-06-18
3820	22-04-45	Chafer Daroca, Ricardo	44141	01-05-15

Índice

PRIMERA PARTE

SEGUNDA PARTE